최문자 시세계의 지평

The Horizon on the Poetry World Choi, Moon Ja

박영호 · 정동환 · 구광본 편

푸른사상

최문자 시인

최문자 시세계의 지평

□ 책을 펴내며

　최문자 시인의 공식적인 시력(詩歷)은 올해로 25년이다. 이 세월도 짧지 않지만 고백에 따르자면 훨씬 더 오랜 시간 시를 생각하며 살아 온 삶이었다. 그런데도 시에 지치기는커녕 오히려 요 근래에는 시가 터져 나온다는 느낌을 준다. 왜 이 책을 퇴임이나 은퇴라는 말과 뒤섞고 싶어 하지 않는지 이해하게 되지 않을 수 없다.

　올해 봄 이 책을 엮기로 한 뒤 두 계절이 훌쩍 지나갔다. 협성대학교 문예창작학과에서 길고 짧음의 차이는 있지만 함께 학생들을 가르친 사람들로서, 그동안 여러 평자들이 쓴 글을 한 자리에 모아, 가까이 있어 오히려 제대로 봐내지 못했을 최문자 시인의 시세계를 함께 확인하고, 또한 새로운 출발을 앞둔 시인에 대한 축하를 하고자 한 것이 애초의 뜻이었다. 책을 펴내는 지금은 그 뜻을 담아낼 만큼 단단하면서도 아름다운 짜임새를 갖추었는지 주저하며 돌아보게 된다. 하지만 준비하는 과정에 먼저 읽어보게 된 여러 글들에 대한 믿음이 그런 불안을 대부분 덜어주고 있다. 막 발표된 최문자 시인의 시에 대한 월평과 작품론 등의 평문들은 당시의 시단 분위기와 함께, 1990년대 중반 이후 한 시인으로서의 존재감을 분명히 인지시키던 순간들을 되새길 수 있게 한다. 그리고 어느새 다섯 권의 시집을 상자하는 동안 개별 시집에 대한 해설과 서평은 만만치 않은 분량을 쌓게 되었다. 이것만으로도 앞으로 최문자 시인의 시세계를 좀더 분명히 들여다보고 함께 시(쓰는 삶)의 영광된 고통을 누리고자하는 독자들에게는 훌륭한 길잡이가 될 만하지 않은가 한다.

여기에 최문자 시인의 시세계를 전체적으로 되돌아보는 총론 격의 새로운 원고 4편이 제각각의 색깔을 내면서 보태어져 엮은이들의 행복은 더하기만 하다. 김수이 교수의 「벽 속에서 꺼낸 최문자의 시」는 제일 앞자리에 놓여 "최문자의 시들이 다루어 온 주제의 범주는 대체로 '고통과 사랑과 생명의 트라이앵글' 안에 수렴된다"고 요약하며 독자를 안내한다. 그리고 윤석산 교수(제주대)의 「욕망과 갈등의 시학」은 다섯 권의 시집 자서에 나타난 의도와 실제 시를 긴밀하게 연결시키면서, 최문자 시인의 시학을 "삶이나 신앙이나 문학을 어떤 것이라고 단정지은 다음 '그 규범에 따라' 살아가는 게 아니라 그렇게 찾아가는 과정이 곧 삶이고, 신앙이고, 문학이라고 믿"는 까닭에 "찾아가는 도(道)의 시학"이라고 종합적으로 정리해내고 있다. 한편 정동환 교수의 「최문자 시어 연구」는 만만찮은 작업이었을 시어 분석을 통해, 박덕규 교수의 「팽이의 춤」은 비평시극이라는 새로운 형식을 통해 최문자 시인의 시세계를 새로운 차원에서 접근할 수 있게 해주고 있다.

이 책이 앞으로 최문자 시인을 연구하는 데 중요한 디딤돌이 되리라 감히 믿는다. 수록을 허락한 모든 필자들과, 촉박한 시간에도 정성을 다해준 푸른사상사 여러분께 어서 감사의 말씀을 드리고 싶다.

2006년 늦가을
구광본(편집위원들의 뜻을 모아 씀)

차 례

■ 책을 펴내며

총론

벽 속에서 꺼낸 최문자의 시	김수이	13
욕망과 갈등의 시학詩學	윤석산	27
최문자 시어 연구	정동환	46
팽이의 춤	박덕규	76

시집해설

땅에다 쓴 시, 더 이상 세상에 매달리지 못하는 것들에 대하여	함돈균	105
통증과 사랑의 시적 형식	유성호	119
꽃과 뿌리의 시학	오형엽	132
내면 속에 깃든 절망	홍정선	146
일상적 사상事象의 새로운 인식	윤석산	154

작품론

꽃만큼 자라는 풀	김정란	165
어눌한 언어, 어눌한 깨달음	김강태	175
근원과 절대를 향한 감각적 상상력	송기한	208
살아남은 자의 슬픔	권혁웅	222
푸른 바닷속에 잠긴 말	이희중	230
종교적 수렴과 시적 확산	이성우	240

최문자 시세계의 지평

서평

내면에 꾹 눌러 두었던 사랑의 본능과 기억들	나희덕	257
움직이는 시선	박수연	259
물기 없이 피는 꽃, '독한' 아름다움	김수이	266
위기를 넘어서는 운명의 언어	고봉준	276
번뇌와 적멸의 거리	홍용희	286
닫힌 공간 열기, 혹은 황폐한 정신 공황 탈출하기	박진환	300
닿고 싶은 곳	김순일	309
잃어버린 신화, 귀향, 여성적 자아 찾기	유재천	312
꽃과 쇠의 드라마	홍용희	324

월평 / 계간평 / 단평

여류시와 페미니즘 그리고 기담시奇談詩	최동호	335
여성시의 화려한 폭죽	이숭원	347
마음의 올과 결	이숭원	356
벽의 너머로	김동원	365
비극적 현실의 서정적 풍경들	오정국	375
눈물과 침묵에 대한 겨울 이미지	이규리	383
마주침, 그리고 단상들	김유중	390
죽음의 의미를 탐색하다	이승하	398
'詩而吾', 그리고 '땅에다 시 쓰기'	전도현	401

차 례

월평 / 계간평 / 단평

꽃으로 피어나는 슬픔	이숭원	409
심미적 대상으로부터 환기된 내면의 울림	오태호	419
견딤의 방법론, 부재하는	김수이	430
빛과 그리고 그림자	강성철	437
말들의 풍경	유성호	454
삶과 꽃 사이, 적요에 이르는 그토록 많은 길	유지현	464
최문자의 「꽃냉이」를 읽고	손현숙	471
몸을 통한 세상과의 소통	오정국	473
절망과 희망의 이중주二重奏	박영호	478

대담 기타

시인의 근황	이희중	493
사랑은 나에게 있어서 꽃같은 공포였다	주병율	502
삶, 그 '상처'의 본성	최광임	512
■ 문학적 연대기		
고통이여, 감사한 고통이여	구광본	527

총론

벽 속에서 꺼낸 최문자의 시 • 김수이
욕망과 갈등의 시학詩學 • 윤석산
최문자 시어 연구 • 정동환
팽이의 춤 • 박덕규

벽 속에서 꺼낸 최문자의 시
— 최문자론

김 수 이
(문학평론가 · 경희대 교수)

1. 고통 · 사랑 · 생명의 트라이앵글

　1982년에 ≪현대문학≫으로 등단한 최문자 시인은 2006년에 햇수로 시력(詩歷) 25년을 맞이한다. 25년이라는 짧지 않은 세월 동안 최문자는 늦깎이로 시인의 길에 들어선 개인적 사정을 상쇄하는 차원을 넘어, 누구보다 부지런히 시를 쓰고 발표해 왔다. 최문자의 시들이 다루어 온 주제의 범주는 대체로 '고통과 사랑과 생명의 트라이앵글' 안에 수렴된다. 고통과 사랑과 생명으로 이루어진 최문자 시의 세 가지 핵심 범주는 각기 몇 개의 하위 개념(유사와 인접 관계의)을 거느린다. 사랑은 이별, 열망, 체념 등을 포함하고, 고통은 정신적인 것과 육체적인 것, 이미 내면화된 것과 결코 수락할 수 없는 것 등으로 분화되며, 생명은 유한한 것과 영원한 것, 생물학적인 것과 종교적인 것 등으로 나누어지는 것이다.
　고통과 사랑과 생명은 최문자에게는 평생에 걸쳐 그녀를 맹렬히 공격해 온 실존의 문제이자, 그녀가 소유한 독실한 기독교 신앙과 직결된 종교적 문제이기도 하다. 주지하다시피 고통과 사랑과 생명은 기독교의 토대를 이루는 덕목들인바, 최문자는 자신의 삶의 가혹한 경험으로부터 이 덕목들을 세속적인 삶과 종교적인 삶의 본질적 토대로 체득해 왔다. 구체적으로 말하면, 최문자에게 시〔문학〕는 세속적인 영역과 종교적인 영역에 동시에 속해 있는 실재이다. 최문자가 고통과 슬픔으로 포화된 자신의 내면을 핏빛 잉크 삼아 한 줄 한 줄 시를 써내려 갈 때, 그녀의 시쓰기는 세속적인 삶의 출구이자 종교적인 삶의 입구가 된다. 이 출구와 입구는 최문자의 앞에서 무수히 열리고 닫히면서, 서로 맞물린 요철의 형태를 하고 있다.1)

미학의 관점에서 보면, 최문자 시의 형성과 전개의 원리는 역설과 아이러니를 뼈대로 한다. 최문자의 시는 수사법은 물론 구성과 시적 서사의 측면에서도 역설과 아이러니를 필연의 원리로 내재화하고 있다. 역설과 아이러니는 최문자가 고통으로 점철된, 그리하여 자신의 내부에서 사랑과 생명을 구하는 자가발전(自家發電)의 삶을 운명으로 살아내야 했던 생애 속에서 자연스럽게 터득해 온 시와 삶의 원리이자 실존적 고투의 형상이다. 한마디로 말하면, 최문자에게 시쓰기는 고통이 삶을 극(極)한 상황에서 그 극한 지점을 헤집고 들어가 고통과 그 일련의 것들을 낱낱이 분해해 사랑과 생명의 원자(原子)로 되돌리는 행위이다. 이 녹록치 않은 행위는 최문자로 하여금 실패와 좌절을 자주 만끽(?)하게 하면서 또 다른 역설과 아이러니의 지점으로 그녀를 이끈다. 최문자의 시가 이음동의어에 의한 언어유희나 펀

---

1) 이 점에 대해서는 최문자의 다음의 진술을 참조할 만하다.
"최; 전 어렸을 때부터 기독교인이었어요. 그래서 하나님이 문학을 버려라 하면 어떻게 할 것인가를 고민한 적이 있어요. 결국, 하나님은 문학을 하라고 나를 이 세상에 보냈으니까 절대 그러지는 않으실 거라 생각하고 다시는 그런 질문은 하지 않겠다고 다짐했어요. 남은 고민의 하나는 기독교와 문학의 만남에 관한 겁니다. 제가 있는 대학의 건학이념이 기독교라서 신학과 강의를 하기도 합니다. 거기서 전, 어떤 성서적인 어휘나 성서적인 용어, 성서적인 제스처로 하나님을 노래해야 한다고 생각하지 마라, 문학 자체로 훌륭한 문학이 하나님께 드리는 가장 아름다운 선물이다, 라고 말합니다. 제가 아직까지도 하나님 찬양하는 시를 못 쓰는 까닭이 여기 있어요. 가장 선하고 티 없고 순결한 것을 드려야 될 텐데, 아직까지 그 경지에 이르지 못한 채 함부로 그런 냄새를 피우고 싶지 않아요. 먼 후의 제 일이겠지요."(최문자·이희중 대담, 「시인의 근황」, ≪시와시학≫, 1997. 가을)

fun의 효과를 잘 살려내는 것도 이러한 역설과 아이러니의 시학의 한 부분을 이룬다.

2. '난청지역'과 '시계(視界) 밖'의 삶

예를 들면, 첫 시집 『귀 안에 슬픈 말 있네』(문학세계사, 1989)에서 최문자를 사로잡고 있던 '이명(耳鳴)'은 단순한 환청이나 무의미한 음향이 아니라, 그녀의 "귀 안에 들어 있는 슬픈 말"이었다. 최문자의 시는 이 언어화되지 않은/않는 슬픈 말을 받아 적는 일에서, 즉 자신의 존재를 내파(內波)하는 고통스러운 삶의 이면을 밖으로 표출하는 발화점(發話点/發火点)에서 시작한다.

> 언제부터인가 귀에서 이명이 들린다.
> 소리로 변신한 말이다.
> 귀 안에 들어 있는 슬픈 말이다.
>
> (…)
>
> 혼자일 때
> 그 말은
> 한 판 춤까지 추다가
> 고호처럼
> 내 귀를 자르고 싶게 질긴 고통을 만든다.
>
> 의사는 詩를 써 보라지만
> 詩는 약하고
> 소리는 진해서
> 詩가 소리에게 먹혀 죽는 밤은
> 내 귀는 난청지역
> 귀와 인연을 끊고 싶은 순간이다.

> 40년을 나와 살고도
> 맞대면하고 쏟아놓지 못하는 말.
> 그 말을 하기 위하여
> 어두운 의식을 향해 던지는
> 소리의 돌팔매
>
> 이 새벽
> 나는 더는 못 참고
> 백기를 든다.
> 남은 생은
> 잘 듣기 위해 살겠노라고
> 두 귀의 행복을 위해 살겠노라고.
>
> ―「귀 안에 슬픈 말 있네」 부분

 이명에 시달리는 '나'에게 의사는 "귀 안에 들어있는 슬픈 말"을 꺼내기 위해 시를 쓰라고 권유한다. 하지만 "詩는 약하고/소리는 진해서/詩가 소리에게 먹혀 죽는 밤은/내 귀는 난청지역"이 되기 일쑤이다. 역설적이게도 최문자의 시는 거의 예외 없이 이런 순간에 탄생한다. "고호처럼 내 귀를 자르고 싶게 질긴 고통"은 최문자에게는 시쓰기의 독이자 약이다. 최문자의 시쓰기는 "시가 소리에게 먹혀 죽는 밤"의 두려움을 이겨내는 일이면서, 그 극복 혹은 실패의 과정을 통해 "백기를 들"고 시를 향해 나아가는 일이기 때문이다. '이명'과 '난청'의 청각적 이미지로 상징화된 역설과 아이러니의 시학은 시집 『나는 시선 밖의 일부이다』(현대문학사, 1993)에서는 '시선'과 '시계 밖의 외물(外物)'의 상징을 통해 시각의 감각으로 변주된다. 감각의 생생한 묘사와 변주는 최문자 시의 두드러진 특징으로, 최문자의 시에는 피가 흐르고 생살이 찢기며 내장이 마르는 통렬한 감각들이 자주 출현한다. 그러나 이는 최문자가 감각 자체에 대한 탐미적 지향성을 강하게 지닌 까닭에 생긴 결과는 아니다. 최문자의 시에서 감각은 대체로 감각적 차원과 관념적 차원의 이중적 두께를 지닌 상태로 형상화된다. 단적인 예로, 다음의 시에서 "보아도 보이지 않는다"는 진술은 '보다'라는 시각의 감각 속에 감각과 인식의 능력을 함께 내포하고 있다.

> 나는 보아도 보이지 않는다. 중독된 눈을 뜬 자들에게 뜨일 검은 사물이 아니다. 잘못 보다가 잃어버린 나는 시계 밖의 外物이다. 저 불안한 안구들의 외곽에 편안하게 자리잡은 나는 자유로운 모습이다. 불꽃 같은 욕망으로 나를 바라본다면 나는 뼈까지 숨어버릴 테다. 온갖 잡눈들 속에서 오히려 난 흰 눈발로 내려주겠다. 새하얗게 쌓인 내 의식 위를 바라본대도 그것은 헛자국. 결국 아무것도 볼 수 없으리라. 생으로 지워지던 무게. 생으로 가벼워지던 詩. 시계 불명의 정상에서 눈을 버리고 마주치리라. 살아남아서 돌아온 눈들과 마주치리라. 감아도 감아도 밝게 떠지는 눈과 만나서 삭제된 시선 밖에서도 나는 행복하리라.
> ― 「나는 시선 밖의 일부이다」 전문

이러한 이중성은 "잘못 보다가 잃어버린 나는 시계 밖의 외물이다"라는 진술에서는 주체와 대상의 경계선 이동으로 확산된다. 앞의 문장의 맥락으로 볼 때 '나'를 '잘못 본' 주체는 "중독된 눈을 뜬 자들"이고 '나'를 '잃어버린' 것도 그들이지만, 이 시의 주제문 격인 문장에서 "잘못 보다가 잃어버린"의 주체는 '나'가 되어 주체와 대상의 관계를 은근슬쩍 역전시키고 있다. 이렇게 역전되며 모호해진 관계 속에서 '잘못 보다가 잃어버린 나는 시계 밖의 외물이다'라는, 주체와 대상의 다원적 관계를 전제한 최문자의 자신에 관한 정의문(定義文)이 탄생하게 되는 것이다. 그런데 문제는 '시계 밖의 외물인 나'를 바라보는 '나'의 시각에 있다. '나'는 시계(視界)의 소실점을 넘어 그 바깥에 존재하는 '나'의 실재에 도달(하고자)한다. 따라서 '나'는 시계의 출발점과 소실점 너머의 아득한 곳에 동시다발적으로 존재하면서, 그 머나먼 거리를 왕복하고 있는 셈이 된다. '나'의 잠정적인 결론은 이렇다. "생으로 지워지던 무게. 생으로 가벼워지던 詩. 시계 불명의 정상에서 눈을 버리고 마주치리라. 살아남아서 돌아온 눈들과 마주치리라. 감아도 감아도 밝게 떠지는 눈과 만나서 삭제된 시선 밖에서도 나는 행복하리라". '나'(이 시에 상정된 최종 심급의 시적 주체)는 '시계 밖의 외물인 나'에게 이르러 '생으로 가벼워지던 시'를 만나고, "삭제된 시선 밖에서도 나는 행복하리라"는 것을 예감한다. 더 정확히는 그러한 상태를 지향한다. 최문자가 시집 『나는 시선 밖의 일부이다』에서 집요하게 추구하는 세계 또한 여기에 있다. 「어두운 일기」 연작과 「실연기」 연작, 「상처」 연작, 「출근」 등의 시에서 이 점은 선명히 드러난다. 일상의 피로한 노동과 마모된 관계들 속에서 "어느 시인이/삶에게 당했다는 추문이 한동안 무성했"(「시인」)던 시절이 이 시들 속에는 고스란히 기록되어 있다.

최문자의 삶의 주체이자 시적 주체 '나'가 시계의 출발점에서 소실점 너머까지를 왕복할 수 있는 에너지는 '사랑'에 있다. '내'가 사방이 꽉 막히고 닫힌 삶의 폐쇄구역 혹은 난청지역에서도 '바깥'을 그리워하고 그곳을 향해 흘러가는 힘은 '사랑'이다. '사랑'이 이처럼 막무가내로 '나'의 바깥으로 흐를 때, 그 종착점에 있는 것은 '나'이면서 '나'가 아니다. 그것은 '나'이면서, 또한 '나'의 동일자이자 타자인 '당신'이거나 '그'이다. 사랑은 '나'를 타자로, 타자를 '나'로 끊임없이 번역(비록 오역일지라도)하고 충전하는 '존재 전환'의 행위이기 때문이다. 인간에 대한 사랑이 신에 대한 사랑과 만나는 지점도 이 부근에 있을 터이다. 다음의 시는 그 좋은 예로, 이성적 사랑의 표층 의미 속에 담긴 종교적 의미의 심층 맥락을 읽어내게 한다.

> 대문을 잠그고/현관문을 잠그고/거실 유리문을 잠그고/가슴을 잠그고/멀거니 앉아/바깥에 있을 사람을/그리워한다./막혀서/갇혀서/불가능해서/잠가도/더욱 흐른다./새어나간다./그의 피와 섞이기 위해.
> ― 「어두운 일기 · 4 ― 내출혈」 전문

"막혀서 갇혀서 불가능해서", 그렇기 때문에 오히려 역설적으로 "그의 피와 섞이기 위해" "흐르"고 "새어나가"는 '나'의 움직임은 멈추지 않는다. 최문자가 '내출혈'이라고 부르는 증상은 이처럼 자신을 최소화하면서 자신의 밖으로 흘러넘치는 사랑의 열정을 가리키는 것이다. '그의 피'에 섞이기를 원하는 '나의 피'에 기독교적인 희생의 이미지가 깔려 있음은 물론이다.

3. '사랑'의 이중적 의미

'나'를 '당신(그대)'이나 '그'로, '당신'과 '그'를 '나'로 존재 전환하는 '사랑'이라는 총체적 행위, 감각과 인식과 상상의 전 영역에 걸친 이 행위는 '난청지역'과 '시계'를 벗어나 쉽게 '바깥'에 도달하지 못한다. 시간과 공간의 경계, 현실과 일상의 경계, 도덕과 관습의 경계, 교감과 소통의 경계들이 '나'의 사방에 빽빽한 울타리로 둘러쳐져 있기 때문이다. 『울음소리 작아지다』(세계사, 1999)에는 최문자가 경험한 감금의 정황과 탈주의 이력들이 진솔한 고백체와 직설적이면서도 상징적인 화법으로 서술되어 있다.

> 밤 내내 장출혈을 견디다가 새벽녘에야 응급실로 갔다.
> 대여섯 가지 관련 검사를 받은 후 원인을 알게 되었다.
> 내가 잃어버린 것은 물이었다.
> 얼마 남지 않은 체액까지 말리고 싶은 그와
> 한 식탁에 마주보고 앉아 그동안 오래오래 마른식사를 해왔다.
> 피곤의 된밥과 빡빡한 고통의 반찬들
> ─ 「죽음에 이르는 식사」 부분

『울음소리 작아지다』는 최문자의 시세계를 독자들과 평자들의 뇌리에 각인하는 데 결정적인 역할을 한 비중 있는 시집이다. 그 중에서도 시 「죽음에 이르는 식사」는 많은 사람들에게 회자되면서, 특히 가정주부로서 답답하고 고달픈 삶을 살아온 여성들의 깊은 공감을 불러일으켰다. "내가 잃어버린 것은 물이었다"는 중의적 표현은 육체의 '물'[체액, 생리학적]과 정신의 '물'[삶과 내면의 내용물, 실존적]을 모두 함의하면서, "얼마 남지 않은 체액까지 말리고 싶은 그와/한 식탁에 마주보고 앉아 그동안 오래오래 마른 식사를 해"온 '나'의 비극적인 삶의 전모를 한 줄에 요약한다. '나'에게 장출혈을 일으키고 응급실로 달려가게 한 '마른 식사'의 본질은 음식물 자체에 있지 않다. '내'가 먹어온 것들이 모두 "피곤의 된밥과 빡빡한 고통의 반찬들"이었던 것은 '얼마 남지 않은 체액까지 말리고 싶은 그'와의 '마른' 관계에 기인하는 것이다. 최문자에게 사랑이 결여된 관계는 생명까지 위협하는 고통의 진원지가 된다. 최문자의 시가 '여성의 일상과 실존'의 문제를 즐겨 다루면서도 여성시의 범주에 간단히 귀속되지 않는 이유도 여기에 있다. 최문자에게 '사랑'은 타자와의 관계의 형식이나 내용, 미학의 범주를 넘어선 자리에 있다. 최문자에게 '사랑'은 삶의 매 순간을 살아가는 자세의 문제이며, 그녀가 존재하는 방식에 관한 근원적이며 존재론적인 문제이다. "최문자의 시는 지나간 사랑에 대한 추억과 회한으로 점철되어 있다. 이별의 아픔과 공허한 자기 확인에서 촉발되었을 사랑에 대한 추억은, 미련과 후회의 감정을 넘어 사랑의 본질에 대한 탐구를 통해 존재론적 성찰로까지 이어지고 있다."라는 오형엽의 해설(「꽃과 뿌리의 시학」, 『울음소리 작아지다』)도 이러한 맥락에서 나온 것이다. 사정이 이러하므로, 최문자에게 '사랑'은 차라리 삶의 노동이며 존재의 노동이라고 말해야 옳다.

> 사랑이 미끄러운 줄
> 나는 안다.
> 속도제한 없는 아우토반 free-way
> 그곳을 나는 안다.
>   (…)
> 쓸쓸한 바퀴의 노동 끝에 묻었다가
> 지상으로 떨어지는 진흙빛 허무를 내려다보며
> 사랑만 닳아지는 공회전을 한다.

> 헛바퀴가 돌아갈 적마다
> 헛소리를 지르다 제자리에 기절해버리는
> 그런 아픈 바퀴를
> 나는 네 개씩이나 달고 다닌다는 사실을
> 뒤늦게야 알게 되었다.
> ―「공회전」 부분

> 아무 시간에도 내가 나처럼 남아 있지 않았다
> 그때마다 누르고 누른 것이 사랑이었다
> 만지기만 해도 뼈가 아픈 시간이
> 시간 밖에서 들찔레 같은 사랑을 하고 있었다
> 한없이
> 한없이
> 부자연스럽게
> 그래서 독하게
> ―「시간 밖에서 보낸 시간」 부분

 한 가지 주목해야 할 사실은 최문자가 '사랑'을 긍정적이고 적극적인 지향의 대상으로만 보고 있지 않다는 것이다. 최문자에게 '사랑'은 금지하고 억압해야 하는 것이며, "시간 밖에서" 부자연스럽고 독하게 추구해야 하는 것이기도 하다. 최문자가 "헛바퀴가 돌아갈 적마다/헛소리를 지르다 제자리에 기절해버리는" "사랑만 닳아지는 공회전"을 계속하며, "아무 시간에도 내가 나처럼 남아 있지 않"은 속에서 "그때마다" 사랑을 "누르고 누른" 것은 사랑에 대한 그녀의 이숭석인 사세에서 촉발된 것이다. '사랑'의 이름 앞에 현실원칙과 윤리를 가차없이 반납하는 몇몇 도발적인 여성시인들과는 뚜렷이 구별되는 모습이다.
 간단히 말하면, 최문자에게 '존재와 삶의 노동'을 의미하는 '사랑'은 존재론적인 차원의 것인 동시에 윤리적인 차원의 것이다. 최문자의 '사랑'에 관여하는 윤리가 현실의 질서에 속한 것인지, 그녀가 믿고 있는 종교적 섭리에 따른 것인지는 시에 드러난 정황만으로는 분명하지 않다(어느 쪽인가를 따지는 것도 그리 중요한 일은 아닐 것이다). 다만, 최문자의 '사랑'이 어떤 지극한 견딤과 스스로에 대한 엄격한 단련을 통과하며 형성되어온 것만은 분명하다고 할 수 있다. "참을 수 없어/아예 한 자리에 서 있는 나무"가 되어 "기둥만한 말의 허기"(「나무들」)로 말하는 최문자의 시들은 그래서 사랑에 대한 행복한 찬사와 축사가 되기도 하고, 쓰라리고 슬픈 애도사가 되기도 한다.

시집 『나무고아원』(세계사, 2003)에 오면, 사랑의 (불)가능성과 그에 대한 통찰의 시선은 강도와 깊이를 더해가는 한편으로, 관조적인 여유를 곁들이게 된다. 이 시집에서 최문자는 "사랑은 내게 마지막 남은 들판이다."(「노랑나비」)라고 선언하거니와, 사랑에 대한 최문자의 자세와 마음가짐은 간절하면서도 담백하다.

깊게 사랑을 파 봐!
주르르 흐르다 그대로 남은
그 끝은 눈물뿐이야.
어떤 것의 한끝은 바람이야.
무엇이 될 듯 그냥 마구 푸들푸들 떠는 바람이야.
바람은 옴폭 들어간 바닥에 가서나 멈추지
바닥에 누워 봐!
이마를 짚어줄 손끝이 내려오지.
　　　　　　　　　　　　　　── 「바닥을 향하여」 부분

어떤 사랑도
처음엔 저렇게 반짝였겠지.
처음을 뭉턱뭉턱 잘라내면
처음의 새살이 자꾸 자라서
저렇게 영롱한 처음이 다시 떠오르는 줄 알았겠지.
　　(…)

반짝였으면,
정말 사랑했던 마지막 여자처럼
끝이 반짝였으면,
아직도 묵묵부답인 끝을 더듬어본다.

— 「끝을 더듬다」 부분

 이 시들은 최문자가 평생 열망해온 '사랑'이 결과가 아닌 과정에 속한 것이며, 보상이 아닌 구원을 위한 것임을 알게 해 준다. 결과나 보상과 애초에 거리를 둔 사랑은, 그 주체에게는 "무엇이 될 듯 그냥 마구 푸들푸들 떠는 바람"의 자세로 "묵묵부답인 끝을 더듬어보"는 무용하고 기약 없는 행위가 된다. 이렇게 볼 때, 최문자가 평생을 힘겹게 견뎌온 대상은 수없이 겪은 혹독한 고통이라기보다는, 그 고통 속에서도 사랑을 잃지 않고자 한 자신의 의지 자체이며, 자신이 믿는 것들에 대한 믿음과 사랑을 포기하지 않고자 한 노력 자체라고 할 수 있다. 시[문학]의 차원에서 그것은 진정성의 문제였고, 종교의 차원에서 그것은 신앙의 문제였다. 최문자의 신앙의 대상인 '하나님'이 그녀에게 준 것도 고통 자체가 아니라, 고통을 극복하고 그것을 사랑으로 바꾸는 힘이었다. "하나님은/내가 재가 되기를 기다렸다./하루 종일 재가 되고 났는데도/아직 남아 있는 뭔가 있을까? 하여/쇠꼬챙이로 뒤적거리며 나를 깊이 파 보고 있었다"(「눈물 1」)와 같은 진술은 최문자에게 '하나님'이 어떤 역할을 하는 존재인가를 확연히 보여주고 있다. 역설과 아이러니가 최문자 시의 수사와 구성의 원리로 육화되어 있는 것도 그것이 사랑의 (불)가능성과 소멸을 감내하면서 끝내 사랑을 시켜온 최문자의 삶의 자세와 일치하기 때문이다. 『나무고아원』의 해설을 쓴 유성호는, "그의 시는 자신이 살아온 시간들을 견디고 내면화하면서 동시에 그것 스스로가 되어가는 자기 확인의 과정을 철저히 밟아간다. (…) 최문자의 시학을 일차적으로 구성하고 있는 것은 자신의 육체 안에 도사리고 있는 '상처'나 '통증'을 바라보는 일이며, 나아가 그것을 '비극성'의 힘으로 견디고 미학화하는 일이다."라고 이러한 측면을 요령 있게 정리하고 있다.

"평정을 잃은 것들이 제 궤도를 한 번 이탈할 때마다 세상은 생채기로 가득 찬다. 그 가생이에 새끼줄을 둘러치면 고아원이 된다". 시집 『나무고아원』의 서두에 실린 최문자의 '자서'의 전문이다. 세상의 모든 존재와 사물이 본질적으로 고아라는 의식은 최문자의 '사랑'의 중요한 토대를 형성한다. 최문자의 사랑의 대상이 특정한 사람이나 사물이 아니라, 세상에 존재하는 것들 전반이라는 사실이 드러나는 부분이다.

> 참나무를 자꾸 베어 숯을 구워 내도
> 내 안의 아픈 산들은 나무로 울창하다.
> 저 포근했던 가루, 사랑의 기억 때문에
> ─「가루를 향하여」 부분

> 당신의 풀을 헤치다 돌아온 날은
> 밤새 그 생풀에 마음을 베이다 베이다
> 떨리는 사랑의 예감으로
> 블라우스 앞섶에 풀얼룩 하나 깊어만 갔습니다.
> 당신 속으로 깊어질수록
> 아찔한 고통의 들판이 생기고
> 발버둥칠수록 철없는 풀꽃들이
> 오늘도 함부로 피어났습니다
> ─「당신의 풀」(『나무고아원』) 부분

시간의 흐름과 무관하게, "내 안의 아픈 산들"과 "아찔한 고통"과도 무관하게 끊임없이 "피어나"는 이 "울창하"고 "철없는" 사랑을 어떻게 요약하면 좋을까? 사랑이 존재에게 내장되어 있는 고유한 에너지가 아니라, 한 존재가 자신의 전부를 걸고 발휘하는 능력임을 알게 하는 장면이다. 단정할 수 없기는 해도, 최문자가 가진 가장 큰 재산이자 유일한 재산은 바로 이것, 사랑의 능력일 터이다.

3. 땅 위에 쓰는 사랑의 시

　이 글에서는 2006년 가을에 출간된 시집 『그녀는 믿는 버릇이 있다』(랜덤하우스코리아)에 대해서는 자세히 다루지 않기로 한다. 최문자의 시들은 지금 이 순간도 "떨리는 사랑의 예감으로" "울창하"게 피어나는 중이므로, 총론의 패찰을 단 이 글은 미완의 글이 될 수밖에 없는 까닭이다. 다만, 한 가지만은 말해두고 이 글을 맺음하기로 하겠다. 그것은 이 시집에 실린 「서쪽산」 연작이 내비치고 있는 어떤 징후에 관한 것이다.
　「서쪽산·1」에는 "끝없는 벌판에서, 나도/벌레처럼 詩에다 구멍을 내고 있는 사이/날개 달은 시인들은 서쪽산을 넘어갔다"는 상징적인 풍경이 그려져 있다. 이것이 실재하는 풍경이 아니라, 시인의 내면을 이미지화한 관념의 풍경임은 말할 것이 없다. '서쪽산'은 '나'와 '날개 달린 시인들'의 경계에 자리하면서, "벌레처럼 詩에다 구멍을 내고 있는" '나'에게는 "넘어가"기 어려운 장애물로 의미화되고 있다. '나'의 인식과 상상 속에 존재하는 '서쪽산'은 최문자가 최근 시에서 탐구하는 중요한 문제가 무엇인가를 시사해 준다. '서쪽산'은 "날개 달은 시인들"은 넘어갈 수 있지만, "벌레처럼 시에다 구멍을 내고 있는" '나'는 넘어갈 수 없는, 혹은 넘어가지 않는 경계이다. '서쪽산'은 최문자가 설정한 자의적인 경계로, 그녀가 자신이 쓰는 '시'에 대해 너우 임중한 기준을 갖게 되었음을 암시해 준다. 그런데 최문자가 쓰는 '시'란 그녀가 살아내는 삶과 사랑의 총합이므로, '서쪽산'은 최문자가 "당신의 풀을 헤치다 돌아온", 사랑의 핏자국이 꽃으로 피어나는 그 산과 다른 것이 아니다. 즉 '서쪽산'에는 수십 년의 시력을 지닌 많은 시인들이 걸어간 초월과 관조의 길을 선택하지 않겠다는 최문자의 강력한 의지가 투영되어 있는 것이다. "벌레처럼 시에다 구멍을 내"는 것은 최문자가 감행하는 시와 삶에 대한 가장 진솔한 사랑의 방식을 표상한다. 그렇게 최문자는 '서쪽산'의 너머가 아닌 이쪽에서, 이 혼곤한 세상의 땅 위에 "벌레처럼" 온 힘을 다해 시를 써나가고자 한다. 사랑의 힘으로 시의 농도를 최대한 높이면서 최문자는 변함없이 세상의 고통을 '생으로' 앓는 시인으로 남으려는 것이다.

욕망과 갈등의 시학(詩學)
— 최문자의 의도와 그의 시학

윤 석 산
(시인·제주대 교수)

1. 의도(意圖)와 시학

 필자는 최문자(崔文子) 시인의 시학(詩學)을 구명하기 위해, 그가 이제까지 펴낸 5권의 시집에 실린 자서(自序)를 통해 표명한 의도(意圖)를 살피고, 그를 어떤 방식으로 작품 속에 형상화했는가를 따져보려고 한다.[1]
 물론 이런 방식은 윔샛(W. K. Wimsatt)과 비어즐리(M. C. Beardsly)가 지적한 '의도론적 오류(intentional fallacy)'를 범하는 결과를 가져올는지도 모른다. 그러나, 시학이 시인의 의도를 작품화하기 위해 구조와 조직에 적용하는 원리라고 한다면, 그 시인의 의도를 살피는 일부터 시작해야 할 것이다.
 그리고 그의 작품에 대한 평가 작업 역시 마찬가지이다. 비평가의 주관적 기준에 따르기보다는 어떤 의도로 썼으며, 그를 작품 속에 어느 정도 반영했는가, 그런 의도가 독자들에게 어떤 영향을 미쳤는가, 선대와 동시

---

1) 그가 이제까지 펴낸 시집은 다음과 같다.
 ①제1시집 『귀 안에 슬픈 말이 있네(총 57편)』(문학세계사, 1989)
 ②제2시집 『나는 시선 밖 일부이다(총 71편)』(현대문학사, 1993)
 ③제3시집 『울음소리 작아지다(총 81편)』(세계사, 1999)
 ④제4시집 『나무고아원(총 59편)』(세계사, 2003)
 ⑤제5시집 『그녀는 믿는 버릇이 있다(총 65편)』(랜덤하우스코리아, 2006)

대 작품들 간에 어떤 차이가 있는가를 기준으로 평가해야 한다.

이런 목적에서 첫 시집의 자서를 살펴보면, 우리는 당혹하지 않을 수 없다. 인간은 자기 상실에 빠지지만 '신의 축복 때문에' '본래 모습을 재발견'한다는 니체의 「비극의 탄생」을 인용한 다음에 아래와 같은 발언을 하고 있기 때문이다.

> (전략)그러나 나의 상실은 재발견 없는 영원한 것이기를 바란다. 가지고 있으면 불안하다. 가지고 있는 것의 무게만큼 불안하다. (중략) 잡고 있던 것을 아무데나 스르르 흘려버리고 주먹을 좍 펼 때, 그 때의 쾌감은 상당한 것이어서 나를 울렁거리기에는 충분히 흥분되고 있다.
> (*밑줄은 필자가 임의로 그은 것임. 이하 동일)

그러니까, 그는 누구나 갈망하는 자아의 회복 상태를 불안하고 고통스럽다는 것이다. 그리고 그런 상실의 상태를 유지하기 위하여 모든 것을 버리며 살겠다는 것이다.

물론 시인의 발언을 모두 그대로 믿을 수는 없는 일이다. 특히 자기 작품에 대한 발언을 믿는 것처럼 위험한 일은 없다. 독자들의 시선을 끌기 위한 과장(誇張)이나 역설(逆說)로 말하는 경우가 허다하기 때문이다.

그러나, 그로부터 4년 후에 펴낸 제2시집의 자서를 살펴보면, 첫 시집에서 말한 상실이나 비우기가 결코 수사적 차원의 발언이 아니라는 것을 발견할 수 있다.

> 시각장애가 심할수록 자기 시선에 확신을 갖는다/나는 시선 밖에 있고 싶다/굳세게 믿고 있는 그런 시선을 되쏠만한 반사경을 갖고 있지 못하기 때문이다/어느 날 시간의 풀이 막 자라나서 이상한 시계를 덮고 시선을 열어준다면 나는 그 때 껍질을 벗고 나와 그의 향기를 가지고 싶다.

이 글에서는 상실의 상태를 유지하기 위해 자아를 버리겠다고는 만하기 않는다. 대신, 자신에게는 대상을 정확히 보고 있는가 여부를 확인해 줄 '반사경'이 없기 때문에 '시선 밖에 있고 싶다'고 말하고 있다. 하지만, '자아의 소유 확보 상태'를 '시선 집중'에 대응시킬 경우, '시선 밖'에 머물고 싶다는 욕망은 '상실' 또는 '비우기'로 이어진다. 그러므로 표현만 달리했을 뿐 동일한 이야기라고 보아도 무방하다.

이런 발언은 그 후에 발행한 세 시집의 자서들과 연결할 경우 결코 어느 특정한 발언의 일부를 확대 해석한 게 아니라는 점을 확인할 수 있다.

ⓐ 당나라의 시인 한유는 '<u>무릇 사물이란 평정을 잃으면 소리를 내는 법이다</u>'라고 했다. …(중략)…<u>시를 쓰는 일도 사실은 소리를 내는 일이다.</u> 수겹의 옷을 껴입은 <u>고통이</u>, 고통과 내통하면서 <u>나에게도 소리가 난다.</u>
ⓑ <u>평정을 잃은 것들은 제 궤도를 한 번 이탈할 때마다 세상은 생채기로 가득 찬다.</u> 그 가생이에 새끼줄을 둘러치면 고아원이 된다.
ⓒ (전략) <u>제대로 된 플롯 없이</u> 새파랗게 돋다가 으깨지는 풋잠의 구간에서 <u>그동안 시를 써왔다.</u>/ 내 속에서 풋내 나는 피가 돌다가 언제 멈출지 몰라 두려웠다./<u>다른 구간으로 넘어가는 비상구를 찾아야한다.</u>/손아귀에 힘이 빠지기 전에 그 문을 열어야 한다.

ⓐ는 제3시집, ⓑ는 제4시집, ⓒ는 제5시집의 자서이다. 그런데, ⓐ와 ⓑ는 모두 '평정의 상실'에 대해 이야기하고 있다. 그러니까, '평정'을 잃은 삶은 '생채기'를 입게 되고, 그로 인해 '소리'를 내며, 그 소리가 곧 '시'라는 것이다. 그리고 ⓒ는 이제까지 '플롯'도 없이 시를 써왔다는 자성(自省)과 '손아귀에 힘이' 더 빠지기 전에 새로운 시를 쓰겠다는 의지를 담고 있다.

그런데, 다섯 권의 시집에 실린 자서들을 연결하면, '①버리며 살려고 했음 → ②완전한 버리기에 도달하지 못하여 자주 평정을 잃었음 → ③그 아픔 때문에 시를 써왔음 → ④ 앞으로는 아픔에서 벗어나 새로운 시를 쓰겠음'라는 이야기가 성립된다. 따라서 그의 시학을 구명하려면 먼저 왜 버리며 살려 했는가를 구명해야 한다. 그리고 완전히 버리지 못하는 원인은 무엇이며, 그와 상반된 것들이 작품 속에서 어떤 역할을 했는가, 그로 인해 발생하는 갈등을 표현하기 위해 어떤 구조와 어법을 택해왔는가를 살펴봐야 할 것이다.

2. 비우기 또는 버리기의 정신적 배경

인간은 누구나 소유하기를 열망한다. 그리고 타자에 의하여 상실했을 경우 어떤 방식으로든지 회복하려고 한다. 존재한다는 것은 결국 '소유'를 의미하며, '상실'은 죽음으로 이어지기 때문이다.

그렇다면 그는 타자에 의해 뺏기지도 않고 스스로 '비우기'를 열망했을까? 이에 대한 원인을 알아보려면 그의 성장사(成長史)와 가치관을 살펴볼 수밖에 없다.

우선 작품을 통해 그의 성장사를 추적해보기로 하자.

 ⓐ그 시절에/남빛 스란치마 챙겨 입고/육간 대청에 빛을 돋우시던 어머니/밤마다/등피를 닦듯/우리의 아픔을 닦아내고/양손을 풀어/정을 가꾸시던 곳 (후략)

— 「생가(生家, ①)」에서

 ⓑ다섯 살 때는 사랑방이 웅덩이로 보였다. <u>그 중에서도 할아버지는 제일 깊은 곳에 빠진 사람처럼 보였다.</u> 그렇지 않고는 한 번 들어앉으면 몇날 며칠을 그렇게 버틸 수 있으랴? <u>골패짝 소리</u>에서 무능한 남자가 흘리는 태만의 냄새를 맡았다. 그 냄새는 할머니의 가슴을 지나 어머니의 가슴을 타고 또아리를 틀고 굳어버렸다.//노름은 귀신, 이 방 저 방 드나드는 귀신. <u>골패만 봐도 토악질하던 아버지가 오래 전에 잃은 할아버지의 은전을 찾아서 다시 웅덩이에 앉아 죄의 숨결로 가득 찬 대를 잇는다.</u>

— 「최씨가(崔氏家) 노름 계보(①)」에서
(*괄호 안의 원문자는 시집의 순서, 이하 동일)

이 두 작품을 종합하면, 어렸을 때 그의 집안은 상당히 부유했던 모양이다.2) 그랬던 집안이 할아버지의 '골패'로 잦아들고, 그런 할아버지를 혐오하던 아버지마저 노름에 빠졌고, 그 과정에서 과도한 소유욕이 인간을 '죄'의 웅덩이로 빠뜨린다는 것을 자각하여 비우기를 추구했다고 볼 수 있다.

이러한 가정사와 더불어 어려서부터 믿어온 기독교의 영향도 적지 않은 것으로 보인다. "부자가 천국에 들어가기는 낙타가 바늘 구멍으로 들어가기보다 어렵다"는 성경의 구절도 있거니와, 예수는 가난을 선포하며 더욱이 온당하지 못한 방법의 소유는 부덕이라고 가르치고 있기 때문이다.

그가 기독교의 영향을 받았다는 증거는 여러 방면에서 찾을 수 있다. 3편의 인터뷰 기사가 이를 입증할 뿐 아니라, 다섯 권의 시집 고루고루 성경(聖經)이나 종교 생활에서 얻은 모티프로 쓰여진 작품들이 상당한 비중을 차지하고 있다. 그리고 학위 논문도 기독교 윤리와 문학과의 관계를 논의한 것이고, 대학에서 맡은 강좌 가운데 하나도 종교와 문학의 관계를 다루는 과목이다.3)

다음 작품들만 해도 그렇다. 성경과 종교 생활을 제재로 채택하고 있다.

ⓐ태초 신이/방심하고 있는 한 사나이의 가슴에서/성한 뼈 하나를 빼낼 때부터/남자들은 방황하기 시작했다.(중략)//흙 속에 /남녀 합장되어 해체되는 날/비로소 주인을 찾는/슬픈 뼈 하나.

— 「뼈 하나의 상실을 위하여·1(①)」에서

---

2) 실제로 김강태의 「어눌한 언어, 어눌한 깨달음」(《현대시》, 2002. 9)이나 최광임의 「삶, 그 '상처'의 본성 : 최문자 시인의 유년을 찾아서」(《시와상상》, 2006. 3·4) 등의 인터뷰 기사에 의하며, 그의 집안은 상당히 부유했고, 아버지는 5대 독자이며, 의사가 아니면서도 원효로 4가에 있던 대형 병원을 소유한 적이 있는 분이라고 한다.
3) 그의 박사학위 논문은 「윤동주 시 연구-기독교 원형상징의 수용을 중심으로」(성신여대, 1996)이며, 김강태와 최광임, 그리고 이희중과의 대담에서도 기독교적 영향을 받았음을 밝히고 있다.

ⓑ사흘째 되는 날, 미명(未明). 나는 막달라 마리아처럼 확신을 가지고 바위로 갔다./ '구멍을 뚫어라.'/늘 빛나던 탑으로 보이던 내 가죽부대에 구멍을 뚫는다. 줄줄줄 쉼없이 쏟아져 씻길 사이도 없이 잔 돌에 산산이 조각나는 주홍빛 무게. 끝도 없이 쏟아져 내리는 낙하(落下)의 행렬(行列). 처음으로 맛본다. 이 기분 좋은 나의 부재(不在).

— 「기도원에서(ⓛ)」에서

그러나, 우리가 이들 작품에서 주목할 것은 제재의 출처만이 아니다. 그보다는 오히려 자서를 통해 표명했던 그의 의도를 담고 있다는 점이다. ⓐ의 경우, 평생 되찾으려 했던 자기 '뼈'를 찾는 것은 같이 살다가 '합장'한 부부의 몸이 '해체'될 때라고 하고 있다. 그리고 ⓑ의 경우, 자기 몸을 의미하는 '가죽부대'를 뚫어 '주홍빛'인 내장을 쏟아낼 때 황홀을 맛본다고 하고 있다. 이와 같은 설정에서 '해체' 또는 '뚫음' 역시 비우기에 해당하며, '되찾음'과 '황홀'은 비움으로써 회복에 이른다는 또 다른 표현이다.

따지고 보면 종교인들이 소유를 죄악시하는 것은 새로운 인식이 아니다. 성경에서는 하나님의 아들이 죄인이 되어 십자가에 매달리는가 하면, '천국'은 '가난한 자'의 것이라고 주장하고, 불교에서는 석가모니가 왕자의 자리를 버리고 설산(雪山)을 향하며, 유교에서는 안빈낙도(安貧樂道)를 추구하고 있다. 이 세상 모든 종교와 윤리는 소유를 죄악시하고 있다.

그런데 그의 버리기는 천국(天國)이나 열반(涅槃)과 같은 또 다른 소유를 위해서만이 아니다. 그보다는 타자(他者)를 위해서이다. 그것은 다음 작품들을 살펴보아도 확인할 수 있다.

ⓐ배추를 절이다가/녹지 않는 소금 하나를 본다.//물에 녹기를 배반하고/투명하게 살아 있는 목숨//녹기만 하던/오랜 삶./그 위선의 잠에서 깨어나는 의식//녹아서 다시 태어날 때/소금이 될까 두려워/녹지 못하는 영혼//그 푸른 의식에/배추의 무성한 잎이 시든다.

— 「소금(ⓛ)」에서

ⓑ나무는 죽을 때 슬픈 쪽으로 쓰러진다. /늘 비어서 슬픔의 하중을 받던 곳. /그 쪽으로 죽음의 방향을 정하고서야 /꽉 움켜잡았던 흙을 놓는다. //새들도 마지막엔 땅으로 내려온다. /(중략)/새처럼 죽기 위하여 내려온다. /허공에 떴던 삶을 다 데리고 내려온다./종종거리다가 /입술을 대고 싶은 슬픈 땅을 찾는다.//죽지 못하는 것들은 모두 서 있다./아름다운 듯 서 있다. /참을 수 없는 무게를 들고 /정신의 땀을 흘리고 있다.

— 「닿고 싶은 곳(③)」에서

훗설(E. Husserl)은 우리가 무엇인가 말하는 것은 화자의 의식이 그 쪽으로 지향(志向)하고 있기 때문이라고 주장한다.[4] 그리고 이런 주장이 타당한 것이라면, ⓐ에서 '소금'을 화제로 선택한 것은 자기도 세상의 소금이 되고 싶다는 원망 때문이라고 보아야 할 것이다. 그리고 ⓑ에서 '나무'와 '새'의 죽음을 화제로 삼은 것은 제2시집의 제호(題號)처럼 '시선 밖에서' 조용히 살다가 죽고 싶다는 원망 때문이라고 볼 수 있다. 따라서 그가 비우거나 버리려고 하는 것은 소금처럼 타자를 위해 살다가 나무나 새처럼 죽기 위해서라고 보아도 무방할 것이다.

3. 비우기에 저항하는 육체적 자아

앞에서 살펴봤듯이 그의 의도는 종교적인 신념에서 비롯된 것이라고 할 수 있다. 그러나, 의도가 아름답다고 아름다운 작품이 되는 것은 아니다. 아름다운 의도 속에는 그에 상반된 욕망이 담겨있기 마련이고, 이를 은폐할 경우 시인 자신은 위선(僞善)에 빠지거니와, 독자들도 욕망으로 들끓는 자신과 다르다면서 외면한다.

예컨대 예수의 경우만 해도 그렇다. 그가 진정으로 하나님의 아들이라면

---

4) 차인석, 「현상학에서 지향성과 구성」, 한국 현상학회 편, 『현상학이란 무엇인가』(심설당, 1993), pp.45~48.

십자가에 못 박히는 처형쯤은 문제가 되지 않는다. 그럼에도 불구하고 처형 전 날 저녁에는 최후의 만찬을 갖고, 십자가 위에서는 '주여 나를 버리나이까?'라고 울부짖으며, 견딜 수 없는 고통 속에서도 자기를 조롱하는 자들을 위해 용서해주시라고 기도했기에, 우리와 다를 바 없이 인간의 몸 속에서 태어난 사람이면서도 신성(神性)에 도달한 것이다.

아니, 실제로 이 세상에는 '절대 선(善)'이나 '절대 성(聖)'은 존재하지 않는다. 그리고 '절대 악(惡)'과 '절대 속(俗)'도 존재하지 않는다. 이들 사이에는 다만 '양(量)'과 '위치(位置)'와 '빈도(頻度)'의 차이만 있을 뿐, 연속된 상태라고 보아야 할 것이다.

앞에서 인용한 작품들만 해도 그렇다. 「소금」은 깨끗이 녹아버리길 소망하면서도 녹는 두려움 때문에 녹지 못하고, 「닿고 싶은 곳」에서는 '나무'처럼 죽고 싶으면서도 그렇게 죽는 것이 억울해 '정신의 땀'을 흘리면서 있다.

하지만, 이런 욕망을 드러내기는 쉬운 일이 아니다. 선을 향한 의지가 강한 자일수록 더욱 그렇다. 그럼에도 불구하고 최문자가 이를 드러낼 수 있었던 것은 앞에서 살펴본 바와 같이 선도 악도 모두 비우고 인간의 본성으로 돌아가려 했기 때문이다.

그렇다면 그를 갈등하도록 만든 것들은 무엇이었을까? 이에 대한 진단은 분석자마다 달리 말하겠지만, 필자는 우선 '여성성(女性性)의 자각'을 꼽고 싶다. 다음 작품들만 해도 그렇다.

ⓐ이십 년 넘게 벽 같은 남자와 살았다. (중략) 벽을 치면 소리 대신 피가 났다. 피가 날 적마다 벽은 멈추지 않고 더 벽이 되었다. 커튼을 쳐도 벽은 커튼 속에서도 자랐다. 깊은 밤, 책과 놀다 쓰러진 잠에서 언뜻 깨보면 나는 벽과 뒤엉켜 있었다. 어느새 벽 속을 파고 내가 대못처럼 들어가 있었다. (중략) //요즘 밤마다 내가 박혀 있던 자리에서 우수수 돌가루 떨어지는 소리가 들린다. 벽의 영혼이 마르는 슬픈 소리가 들린다. 더 이상 벽을 때릴

수 없는 예감이 든다. (중략) 벽에 머리를 오래 처박고 식은땀 흘리는 나는 녹슨 대못이었다.

— 「벽과의 동침(③)」

ⓑ유럽 여행 중/이름 모를 이국의 해변에서/온몸에 머드팩을 한 적이 있다./(중략)/여자의 몸에는 깊은 꽃잎이 있는 듯 했다./(중략)/몸의 정맥에 대고 속삭이는 꽃잎/자신만의 풍경을 가지고 있는 꽃잎/이브가 수치를 가릴 때/흔들리던 부표, 그 떨리던 꽃잎/자장가처럼 간지럽게 흘러내리는 꽃잎/ (중략) /진흙을 뚫고 여자로 움트던 꽃잎/진흙 위에 진흙을 바르며 꽃잎을 느꼈었다./가장자리가 다 닳아빠지도록/그 동안 얼마나 창백하게 내버려둔 꽃잎인가?(후략)

— 「꽃잎(④)」에서

ⓐ는 부부 생활을 다룬 작품이다. 하지만, 특별히 문제가 있었던 건 아니다. 집에서 반대하는 결혼을 하고, 보증금 3만원에 월세 2000원씩 내는 사글세방에서 신혼 생활을 시작하고, 세 딸을 기르고, 30대 후반에 시인으로 등단을 하고 석사 과정을 다니고, 40대 후반에 박사가 되고 교수가 되었으니 말이다.[5] 따라서, '깊은 밤 책과 놀다 쓰러'지는 사람들만이 아니라 보통 부부에서 흔히 발견되는 절망이라고 보아야 할 것이다.

사실, 인간에게 완전한 사랑은 불가능한 것일는지도 모른다. 사르트르(J. P. Sartre)의 말대로 인간의 실존적 가치가 너와 나의 관계인 대자(pour-soi)에서 발생한다고 하면, 우리가 누군가를 만나 결혼하는 것은 '너'라는 안정된 거울을 통해 나를 확인하기 위해서인데, 시로기 상대라는 거울을 통해 내 모습만을 응시하기 때문이다. 그러므로 완전한 사랑에 도달하려면 '나라는 거울'을 깨뜨려 상대가 자신을 못 보도록 만들고, 나 역시 '상대라는 거울'에 비쳐지지 않게 해야 한다.

이와 같이 소통(communication)이 단절된 상태에서는 누구나 자기 내면을

---

5) 김강태, 앞의 글

들여다볼 수밖에 없다. ⓑ가 바로 그렇게 들여다 본 자아의 모습이다. 그러니까, 자신도 사랑하는 사람의 손길이 닿으면 화르르 떠는 여자임을 깨닫고, 그러나 '가장자리가 다 닳아빠지도록' 내버려둔, 그래서 창백한 '꽃잎'임을 발견하고 절망과 갈등을 느꼈다고 볼 수 있다.

그리고, 이와 같은 상황에서는 결핍된 대자(對自)를 확보하기 위해 상상으로든 실제로든 진실로 믿는 사랑을 찾아 나설 수밖에 없다. 누군가를 사랑하고, 사랑 받고 있다는 믿음은 정신적 위안에 그치는 게 아니라 실존(實存)을 구성하는 요소 중 하나이기 때문이다.

  ⓐ사랑만한/슬픈 山이 있었다.//오르면 오를수록/슬픔이 높아가는 산이 있었다.//비린내 품은 본능의 숲을 지나/굵은 눈물방울로 떨어지는 폭포를 지나/찌를 때마다 더욱 엉겨붙는 가시덤불을 헤치면/천근으로 내려앉는 절망의 바위.//(후략)

           — 「슬픔에 오르다(③)」에서

  ⓑ우리는 어쩔 수 없이/서로를 징그러운 뱀으로 생각하기로 했다./그리고 이 겨울 안으로/그 뱀 한 마리를 죽이기로 했다./부끄럼의 털이 나지 않는/그 맨질맨질한 그리움 먼저 돌로 치고//(중략)/가슴 파먹던 자갈을 들추고 조금씩 길을 내다가/살아난 뱀과 마주쳤다./자갈과 흙을 넘어서/그 뱀의 겨울이 다시 오고 있었다.

           — 「간빙기·2(④)」에서

ⓐ에서 '산', '숲', '굵은 눈물방울', '폭포', '가시덤불'은 성(性)의 원형상징이거나 은유에 해당한다. 그리고 ⓑ의 '뱀'과 '부끄럼의 털' 역시 마찬가지이다.

그런데, ⓐ에서는 사랑은 '오르면 오를수록/슬픔이 높아가는 산'이 되고, ⓑ에서는 사랑하던 사람들끼리 상대를 '뱀'으로 가정하고 '돌'로 쳐죽이기로 약속한다. 하지만 사랑을 갈망할수록 슬픔만 높아가며, 아무리 돌로 쳐도 사랑이라는 뱀은 되살아나 찾아오고 있다. 그를 주목하는 비평가들이 그의 시적 화자를 '끝나버린 사랑의 한 끝을 잡고 놓지도 당기지도 못한다'고 말하는 것도 이 때문이다.

하지만 그가 처음부터 이랬던 것은 아니다. 완전한 합일을 위해 모든 노력을 기울인다. 다음 작품들이 그런 예에 속한다.

ⓐ맨 처음/그대가 왼손으로 서툴게 다가와 시작했으므로/나도 별안간 왼손잡이가 되었다./왼손이 이렇게 오른손처럼 되긴 처음이다./그대가 왼손으로 마우스를 잡고 클릭했을 때/장난처럼 마구 움직이던/ 헛짚은 세상/헛짚은 사랑처럼/서로가 서로를 잡으려다 배운 헛손질/다 끝나고 나니,/오른손은 왼손의 잔량처럼 작아 보였다.
　　　　　　　　　　　— 「왼손잡이 사랑(④)」에서

ⓑ막다른 집에서 꽤 오래 산 적이 있다./헐어빠진 나무대문들을 /희망처럼 보이게 하려고
페인트로 파랗게 칠을 했었다. /대문의 나뭇결은 숨을 그치고 /그날부터 파랗게 죽어갔다. /(중략) /그 대문을 바라보고 /가끔 생각난 듯 개가 짖어댔다. /(중략)/엘리베이터에서 내리면 / 긴 골목도 없이 나를 막아서는 802호 /지금은 거기에 산다. /(중략)/하루 종일 /이 색깔 저 색깔로 덧칠 당하고 돌아온 나를 /아무도 눈치채지 못한다. /희망처럼 보이는 푸르딩딩한 폐허를 /아무도 짖어대지 않는다. /사라진 개를 /찾아나서고 싶다.
　　　　　　　　　　— 「파란 대문에 관한 기억(⑤)」에서

ⓐ에서는 왼손잡이인 '그대'와 합일을 이루기 위해 자신도 왼손잡이가 된다. 그리고 ⓑ에서는 사랑하는 그대와 함께 사는 '집'이 '희망'이 있는 것처럼 보이도록 만들기 위해 대문에 '페인트' 칠을 한다. 어찌 보면 눈물겨울 만큼 노력한 것으로 보인다.

그러나 앞에서 인용한 작품들과 마찬가지로 모두 실패로 돌아가고 만다. ⓐ에서는 '서로가 서로를 잡으려'고 '헛손질'만 배우고, 본래 사용하던 '오

른손'마저 '왼손의 잔량'처럼 작아진다. 그리고, ⓑ에서는 그렇게 노력하여 '엘레베이터'가 있는 '802호'의 집을 얻지만, 세상은 이 색깔 저 색깔로 덧칠 당한 '가짜의 나'를 그게 진짜 나로 알고 있다.

이처럼 그의 작품은 비우기를 통해 소유하고자 하던 욕망과 그 좌절 사이의 갈등으로 요약할 수 있다. 그리고 그와 같은 갈등은 가장 내밀한 정체성, 그러니까 여성성에 의해 유발된다고 보아야 할 것이다.

4. 상반된 욕망을 표현하기 위한 구조와 조직

이제 그의 의도와 각 작품에 나타나는 의미적 국면에 대한 분석을 마쳤으니, 이런 전개하는 최문자의 시학을 찾아보기로 하자.

이와 같이 상반된 욕망에 시달리는 사람들은 자연히 할 말이 많을 수밖에 없다. 그리고, '자전적(自傳的) 화자'를 내세우기가 일쑤이다. 그가 발표한 300여편의 작품 대부분이 '환유적 어법(換喩的語法)'과 '자전적 화자(自傳的話者)'를 내세우고 있는 것도 이 때문이다.

그런데, 이런 선택의 타당성을 따지기 위해서는 종래의 화자와 어법에 대한 논의를 재검토해야 한다. 대부분의 사람들은 야콥슨(R. Jakobson)의 주장을 받아들여, 'A→B→C→D…'로 이어지는 모티프 가운데 연접된 방향으로 이동하는 환유적 어법은 산문의 어법으로, 'A=B' 또는 'A=D'로는 치환하는 은유적 어법은 시의 어법으로 분류하면서,6) 환유적 어법을 채택한 작품은 산문적으로 평가한다. 그리고, 현대의 다양한 주제를 소화하기 위해서는 자전적 화자보다는 허구적(虛構的) 화자를 채택하는 것이 타당하다고 주장한다.

그러나, 이런 관점은 문학을 '모방(模倣)'으로 보고, 자기 정서를 표현하려는 서정마저도 가시적으로 만들어야 한다는 서구의 전통적인 문학관에 적

---

6) R. Jakobson, *Language in Literature*, 신문수 역, 『문학 속의 언어학』(문학과 지성사, 1989)

지 않은 원인이 있다. 그러나 이런 생각은 편협한 것일 뿐이다. 우선 문학을 자아의 '표현(表現)'으로 보는 한자문화권의 『시경』의 작품들만 해도 그렇다. 전체 작품 305편 가운데 은유적 어법에 해당되는 '비(比)'는 21편에 불과하고, 환유에 해당하는 '부(賦)'는 161편이며, 역시 환유이되 선경후정(先景後情)의 어법을 택하는 '흥(興)'은 56편이다.7)

또 독자들의 반응을 살펴봐도 마찬가지이다. 서구 모더니즘의 대표작으로 꼽히는 엘리엇(T. S. Eliot)의 「황무지(The Waste Land)」 역시 주제만 은유했을 뿐 환유적으로 전개하고 있다. 그리고 「진달래꽃」, 「님의 침묵」, 「모란이 피기까지는」, 「나그네」와 같이 독자들이 애송하는 작품들은 환유적 구조를 취하고 있다.

그렇다면 시와 산문을 어법으로 구분할 때 무엇을 기준으로 삼아야 할까? 이를 위해서는 러시아의 형식주의자인 쉬클로프스키((V. Šklovsky)의 은유에 대한 분류를 참조할 필요가 있다. 그는 'A→B→C→D…'로 이어지는 연상(聯想) 가운데 'A=B'처럼 연접된(유사한) 것으로 바꾸는 것은 '산문적 은유(prosodic metaphor)'로, 'A=D'처럼 거리가 먼(낯선) 것으로 바꾸는 것은 '시적 은유(poetic metaphor)'로 분류한다.8) 그러니까, 쉬클로프스키는 은유라고 모두 시적 기능을 지닌 게 아니라 상상력을 자극할 수 있는가 여부

---

7) 참고로 주희(朱熹)의 『시경집주(詩經集註)』를 살펴보면 다음과 같다.

시경의 어법

편 명	부(賦)	비(比)	흥(興)	흥부(興賦)	흥비(興比)	부비(賦比)	부비흥(賦比興)	계
풍(風)	74	17	41	13	7	7	1	160
아(雅)	49	4	13	26	5	2	6	105
송(頌)	38		1	1				40
계	161	21	55	40	12	9	7	305

8) Viktor Šklovski, *Xod konja* (Moscow-Berlin,1923), 이 책에서는 Victor Erlich, Russian Formalism: History, Doctrine, 박거용 역, 『러시아 형식주의』(문학과 지성사, 1983), p. 226.

로 판단해야 한다는 것이다.

이와 같이 시와 산문의 차이가 상상력을 야기(惹起)하는 정도의 차에 의해 결정된다면, 이런 기준은 환유에도 적용할 수 있을 것이다. 그러니까, 'A→B→C…'처럼 연접된 모티프로 옮기는 것은 '산문적 환유(prosodic metonymy)'로, 'A→(   )→(   )→D→(   )→F'처럼 '빈 틈(Lück)'을 만들면서 옮길 것은 '시적 환유(poetic metonymy)'로 구분할 수 있다.

그렇다면 그가 채택한 자전적 화자와 환유적 어법은 그의 시에서 어떤 역할하고 있을까? 우선 자전적 화자는 그의 시를 진지하게 만들고, 이런 진지성은 독자들을 공감하도록 만든다는 점을 꼽을 수 있다. 문학에서 공감하도록 만드는 요소는 '선(善)'이나 '미(美)' 또는 '기(技)'가 아니다. 그보다는 '진실함'과 '진지함'이다. 그의 작품들이 육체적 욕망을 다루는 것들이 상당수임에도 불구하고 호소력이 큰 것은 독자들이 '나도 저런 면이 있지'라며 자아와 동일시하기 때문이다.

또, 환유적 어법은 그의 시의 의미를 풍부하게 만들고 전달력을 강화시키는 기능을 하고 있다. 'A=B'라고 말하는 은유는 원관념(tenor, A)과 보조관념(vehicle B)이 지시하는 의미와, 그렇게 치환한 이유를 찾기 위해 발휘한 상상력으로 만들어낸 의미로 제한된다. 그리고 원관념과 보조관념 사이가 좁으면 진부한 작품으로 떨어지고, 너무 멀면 전달이 되지 않는다.

반면에 시적 환유는 시인이 제시한 각 모티프의 의미(N) 이외도 그들 사이의 빈틈을 연결하기 위해 독자들이 동원하는 N-1개의 상상력과, 앞부분을 잘못 읽었을 때 이를 수정해서 연결하기 위해 동원하는 상상력으로 인하여 훨씬 많은 의미를 만들어낸다.[9] 그리고, 아무리 빈틈을 넓게 설정해도 모티프의 이동 방향으로 미루어 연결할 수 있다. 그의 테마가 비일상적인 것임에도 불구하고 원활하게 읽히고 또 다양한 의미로 확산되는 것도

---

9) 필자, 「한국 현대시의 두 가지 語法 : 金春洙와 金潤成 詩를 중심으로」, 대한민국예술원 논문집·37(예술원, 1997) 참조.

이런 어법을 채택했기 때문이다.

그런데, 어법의 유형에는 '동일(同一) 화자'가 정면으로 자기 의도를 방법만 있는 것은 아니다. 동일 화자가 '표층적(表層的) 화자'와 '심층적(深層的) 화자'로 분열하고, 각기 다른 발언을 하는 유형이 있다. 예컨대, 표층적 진술과 심층적 진술이 엇갈리는 반어(irony)나 풍자(satire) 또는 역설(paradox)이 이런 어법에 해당한다.[10]

이런 기준으로 그의 작품을 살펴보면 대부분의 작품들이 표층과 심층 화자로 분열하면서 엇갈리게 말하는 어법을 채택하고 있다. 그것은 앞에서 인용한 작품들을 살펴봐도 확인할 수 있다. 그러니까, 「뼈 하나의 상실을 위하여·1」에서 그렇게 찾으려하던 뼈를 죽어서 '해체'될 때 되찾는다는 설정이나, 「기도원에서」 내장을 쏟아버림으로써 충만감을 느낀다는 설정은 비극적 아이러니(tragic irony)나 역설(paradox)로 해석할 수 있다. 그리고 녹고 싶어하면서도 녹는 두려움 때문에 못 녹는다는 「소금」과, 죽은 것들은 행복하고 살아있는 것들은 '참을 수 없는 무게'를 견딘다는 「닿고 싶은 곳」도 마찬가지이다.

다음 작품은 풍자(satire)와 희극적 아이러니(comic irony)로 해석할 수 있다.

> 구두 한 켤레를 고르기에/두 시간이 걸렸다./수없이 고르다 보니/그건 구두가 아니라 /발이 되어 있었다.//무수히 /사람을 놓친 발들이/발을 찾고 있다./ 만발한 발을 지나서/나는 엉뚱한 구두 한 켤레를 산다.//두 시간 동안 /만났던 발들이/나를 보고 일제히 웃는다./개발의 편자라고(후략)
> ― 「구둣방에서·1(①)」에서

'발'을 위해 두 시간 동안 '구두'를 고르지만 결과적으로는 '발'만 고생시키고 있다. 그로 인해 '구두→발'이 되고, '발→구두'가 되는 위치 역전 현상이 일어나고, 그렇게 골랐지만 '엉뚱한 구두'를 골라 고르지 않은 구두

---

10) Sharon Cameron, *Lyric Time*(The Hopkins University Press., 1979) pp.97~98.

들이 고른 구두를 '개발의 편자'라고 비웃고 있다. 그리고, 작중의 화자만 이렇게 어리석은 게 아니라 우리 모두가 그렇지 않은가 되돌아보게 만들고 있다.

그가 이런 어법을 채택한 것은 비우기를 갈망하면서도 비울 수 없는 화제를 채택했기 때문이다. 그리고, 그런 욕망과 갈등에서 벗어나지 못하는 화자 자신과, 그렇게 만드는 청자를 못마땅하게 받아들기 때문이다.

그런데, 이런 화자의 분열과 어법은 단지 시인이 말하고자 하는 바들을 모두 이야기하도록 만드는 데 그치지 않는다. 의미적 국면의 '비우려는 욕망'을 대변하는 '표층화자'와 '비우지 않으려는 욕망'을 대변하는 '심층화자'를 대조시켜 구조적 국면을 입체화한다. 따라서, 최문자의 시학은 화제에 의하여 화자를 선택하고, 그에 따라 구조와 어법을 선택하며, 상반된 요소들을 대조하여 입체화하는 것으로서 매우 적절하다고 평가해도 무방할 할 것이다.

그러나, 우리는 그의 작품의 조직적 국면을 대할 때는 당황하지 않을 수 없다. 다음 작품만 해도 그렇다.

ⓐ처음엔 여린 줄 알고 풀로 장난을 시작했다. ⓑ블라우스 앞섶에 풀의 눈물을 묻히고 쓸쓸해서 풀처럼 한번 쓰러져 보았다. ⓒ공포도 없이 고향 같은 빛깔 위로 그냥 쓰러져봤다. ⓓ은은했던 외로움이 풀물 들고도 모자라 우리는 와락 껴안고 어느 날 사랑이 되었다. ⓔ풀물이 눈물로, 눈물이 핏물로, 끝내는 나의 내장의 베고도 풀잎은 얼마든지 무죄였다./ⓕ풀밭에서 일어섰을 때는 으깨어진 풀잎에 더욱 피가 묻어 있었다./ⓖ잔혹한 사랑.(후략)
― 「풀장난(③)」에서

우선 행(行)의 배치부터 살펴보기로 하자. 이 작품의 첫 행은 ⓐ에서 ⓔ까지 5개의 문장으로 이뤄졌다. 그리고 둘째 행은 한 문장(ⓕ)으로, 셋째 행은 하나의 관형어구(ⓖ)로 이뤄졌다. 이와 같은 배치는 보통 한두 구절을 초과하거나 부족하게 조직하는 관행에 비춰볼 때 음량(音量)이든지 의미의 크기로서든지 너무 이탈의 정도가 크다.

하지만, 이 정도의 이탈은 오히려 자유분방함으로 해석하면서 상찬하는 사람도 있을 것이다. 그러나, 문장의 층위로 넘어가면 종래 시론을 수정하지 않고는 도저히 인정할 수 없는 단계에 이른다. 예컨대 ⓐ에서 보어(補語) 성분을 생략한 것만 해도 그렇다. 생략할 수 없는 성분을 생략하여 풀잎이 여린 것인지 사랑하는 사람이 여린 것인지 판단하기 어렵게 만들고 있다.

또 '풀잎'에 대한 의미 변용(變容)도 마찬가지이다. ⓐ를 읽을 때는 풀잎 그 자체를 이야기하는 것으로 받아들여진다. 그리고, ⓑ를 읽을 때는 의인화(擬人化)한 것으로 받아들여진다. 그러나 ⓓ와 ⓔ로 넘어오면 연인으로 바뀌어 너무 비약시킨다는 느낌을 버릴 수 없다. 특히 ⓔ의 밑줄 그은 부분은 문법상으로는 별 하자가 없지만, 의사진문(擬似眞文)에 해당한다. 화자가 먹지 않으면 풀잎은 '내장'과 닿을 수 없으며, 먹어도 씹어 먹었을 것이므로 내장에 상처를 줄 수 없기 때문이다.

그렇다면 이와 같이 비인과적이고 폭력적인 조직적 국면을 어떻게 평가해야 하는가? 이를 위해 먼저 종래의 구조관(構造觀)이나 문장관(文章觀)을 다시 검토해보기로 하자. 자아, 그럼 자기 집 뒤꼍에 불이 났다고 하자. 그리고 노쇠하신 아버지는 아무 것도 모르고 태연히 방안에 앉아 계신다고 하자. 종래의 관점에서는 '아버지! 지금 뒤꼍이 활활 타고 있으니, 제 생각에는 어서 피하시는 것이 좋을 것 같습니다'라고 말해야 옳을 것이다.

그러나, 그러면 아마 아버지는 '아이구, 이 답답한 인간아!'라고 말씀하실 것이다. 그렇다. 다급할 때는 다급한 어조로, 그리고 일부 성분을 생략하고, 뒤틀린 어순(語順)으로 말하는 것이 더 어울릴 것이다.

라이트(T. G. Wright)는 이런 경우를 염두에 두고, 화자의 유형을 '문명화자(文明話者, civilized persona)'와 '원시화자(原始話者, elemental persona)로 나눈다. 그리고 감정이 격한 상태에서 등장하는 원시화자의 화법은 언어적 관습을 파괴하는 것도 용인한다. 그러니까 '계열의 축'과 '결합의 축'을 뒤틀리게 조직하는 것도 무방하다.11)

예컨대 미당(未堂)의 「화사(花蛇)」 경우만 해도 그렇다. '내가 돌팔매를 쏘면서 쏘면서 네 놈의 뒤를 따르는 것은' 다음 문장으로는 무엇 때문이라는 이유가 와야 하는데, '석유 먹은 듯 석유 먹은 듯 가쁜 숨결'로 연결하고 있다. 그리고 뱀이 무슨 액체라도 되는 듯 '입술'로 '스며라'고 명령하고 있다. 그것은 성적 욕망에 사로잡힌 남성 화자를 등장시켰기 때문이다.

그렇다. 최문자의 조직적 국면에 나타나는 혼란은 격정적이면서 이중적인 화제를 살리기 위하여 원시화자를 등장시켰기 때문이라고 보아야 할 것이다. 그리고, 이와 같은 혼란의 방치는 어느 정도 그가 열망한 비우기에 도달했음을 암시한다.

5. 여언(餘言)

필자는 이제까지 최문자 시의 의도에서부터 그런 의도를 표현하려는 작품의 조직적 국면까지 검토해왔다. 그리고 그의 시학은 화제에 따라 화자를 선택하고, 전 국면을 화자의 성격에 따라 자연스럽게 표출시키는 것임을 밝혀냈다.

하지만 이 글은 그의 퇴임 논총을 위한 것이니, 한두 가지 이야기만 덧붙이고 끝맺기로 하자.

우선 시인의 유형은 '상상을 쓰는' 사람과 '삶 자체'를 쓰는 사람으로 나눌 경우, 그는 전자 쪽에 속하는 시인이라고 말하고 싶다. 그리고 작품 속에 투영된 시인의 정신적 초상화는 아주 소박하고 순수하며, 그래서 잘 속고, 그래서 아파하고, 그러면서도 사랑하지 않고는 못 견디는 사람이라고 말하고 싶다.

---

11) 필자, 『현대시학』(새미, 1996), pp.130~132 참조

이와 같은 초상화는 제5시집의 표제시(標題詩)에 해당하는 다음 작품을 살펴봐도 확인할 수 있다.

> 그녀는 믿는 버릇이 있다. /금방 날아갈 휘발유 같은 말도 믿는다. /그녀는 낯을 가리지 않고 믿는다. /그녀는 못 믿을 남자도 믿는다. /한 남자가 잘라온 다발 꽃을 믿는다. /꽃다발로 묶인 헛소리를 믿는다. /밑동은 딴 데 두고 /대궁으로 걸어오는 반 토막짜리 사랑도 믿는다. /고장난 뻐꾸기 시계가 네시에 정오를 알렸다. /그녀는 뻐꾸기를 믿는다. /뻐꾸기 울음과 정오 사이를 의심하지 않는다. /그녀의 믿음은 지푸라기처럼 따스하다./먹먹하게 가는귀 먹은/그녀의 믿음 끝에 어떤 것도 들여놓지 못한다.//그녀는 못 뽑힌 구멍 투성이다./믿을 때마다 돋아나던 못,/못들 껴안아야 돋아나던 믿음./그녀는 매일 밤 피를 닦으며 잠이 든다.
> ―「믿음에 대하여(⑤)」

그리고 이와 같이 상처를 받으면서도 그런 사람을 믿고 사랑하는 것은 삶이나 신앙이나 문학을 어떤 것이라고 단정 지은 다음 '그 규범에 따라' 살아가는 게 아니라, 그렇게 찾아가는 과정이 곧 삶이고, 신앙이고, 문학이라고 믿기 때문으로 보인다. 따라서, 그의 시학은 '인간답게, 그리고 찾아가는 도(道)의 시학'이라고 보아도 무방할 것이다.

최문자 시어 연구
— 서술어 표현 양상을 중심으로

정 동 환

(협성대 교수)

1. 머리말

시인은 뛰어난 언어 감각으로 최선의 언어 표현을 추구하는 이상적 화자이다. 문학 작품의 언어는 매우 풍부하고 섬세하며 세련되어 언어 사용의 본보기가 되고 시금석이 된다. 특히 시는 모국어의 특색과 아름다움을 창조적으로 가꾸고 살려 고도로 승화되고 심화된 언어의 경지를 나타낸다.

일상 언어를 주 연구 대상으로 엄밀한 과학적 논리를 세우려는 언어학은 문학 연구에 대해서 소극적인 경향이 있었고 예술적 차원의 해석은 문학의 몫으로 간주해 왔다. 그러나 언어학이 언어의 다양하고 특징적인 양상과 기능에 두루 열려 있어야 한다면 문학 언어야말로 언어의 시적 기능, 미적 측면, 의미 창조 과정을 찾는 데에 가장 중요한 원천이 된다.[1] 최근 국문학 작품에 대한 어학적 관심이 높아져서 문학 작품 언어의 가치와 중요성을 인정하고, 문학 작품에 대해 국어학이 무엇을 할 수 있는가를 놓고

---

[1] 김완진(1996)은 『문학과 언어의 만남』에서 문학 작품 언어의 가치와 중요성을 통찰하여 문학 언어의 구명이 언어학자의 한 임무임을 강조하였고 국어 음운, 문자론을 심화하는 데에 주력하였으며 국어학의 시야를 넓히고 새 영역을 열어 가는 데에 공헌하였다.

많은 고민을 하고 있으며, 시 작품과 소설 작품을 어학적인 측면에서 분석하고 있다.

최문자 시인은 자신이 살아온 시간들을 견디고 내면화하면서 동시에 그것 스스로가 되어가는 자기 확인의 과정을 철저하게 밟아간다. 그것은 '종교적 상상력'에 의한 내적 제의를 통해, 또 사물과 자신의 내면을 등가적 비유관계에 놓는 과정을 통해 이루어진다. 이처럼 최문자 시학을 일차적으로 구성하고 있는 것은 자신의 육체 안에 도사리고 있는 '상처'나 '통증'을 바라보는 일이며, 나아가 그것을 '비극성'의 힘으로 견디고 미학화하는 일이다.[2]

최문자 시인이 바라보고 견디며 미학화하는 과정에서 사용한 문학 언어는 시적 기능, 미적 측면, 의미 창조 과정을 찾는 데에 매우 가치가 있다고 보았다. 따라서 최문자 시인의 시어 분석을 통하여 문학 언어의 지평을 넓히고 문학 언어의 정체와 비밀을 정밀하게 밝히고자 연구를 시도하게 되었다. 연구 대상은 최문자 시인이 그동안 발표한 시집 5권[3]을 중심으로 하였고, 어학적인 분석이 매우 광범위하기 때문에 이 연구에서는 서술어의 표현 양상[4]에 한정하여 분석하고자 한다.

---

[2] 유성호(2003)는 최문자 시집 『나무고아원』 해설에서 시적인 것과 비극성의 결합, 비극성과 종교적 상상력의 공존과 상충, 몸의 기억 속에 '머무는 상처들로 나누어 '통증과 사랑의 시적 형식'에 대하여 예리한 평을 한 바 있다.
[3] 연구대상으로 한 최문자 시인의 시집은 『귀안에 슬픈 말 있네(1989)』, 『나는 시선 밖의 일부이다(1993)』, 『울음소리 작아지다(1999)』, 『나무고아원(2003)』, 『그녀는 믿는 버릇이 있다(2006)』 5권이다.
[4] 서술어는 문장에서 주어의 동작, 상태, 성질 따위를 서술하는 말이다. 이 논문을 작성하기 위하여 5권의 시집에 수록된 시를 모두 분석하고 분류한 결과, 서술어의 양상이 어미, 조사, 보조용언 등 다양하게 나타나 이를 중심으로 차례를 잡아 논문 작성을 하였다. 논문에서 자료 예시는, 가장 많이 나타나는 자료는 10개로 한정하였고, 보통으로 나타나는 자료는 5개로 한정하였으며, 드물게 나타나는 자료는 있는 그대로 예시하였다.

2. 어미

2.1 종결어미5)

2.1.1 해라체6)의 종결어미

(1) －구나
① 그 모습 그대로 정지한다 해도 잃을 것은 하나 없구나. (폭포)
② 부드럽던 강물이 떠나니 돌이 되고 말았구나. (돌·1)
③ 이 아침 피 흘리며 발포하는구나. (아침 산행)
④ 못, 너였구나. (상처1)
⑤ 저렇게 절망이 되는구나. (감이 있던 자리)

어미 '－구나'는 형용사의 어간이나 시제의 '－았(었)－, －겠－' 등에 붙어 새삼스러운 느낌을 나타내는 해라체의 감탄형 종결어미이다. 최문자 시인7)의 작품에서는 이미 알고 있는 일인데도 새로운 일인 것처럼 생생한 느낌을 줄 때, 지난 일을 이제 와서 공연히 들추어내는 느낌을 표현할 때에 주로 사용하고 있다.

(2) －ㄴ다
① 발꿈치 옆에 순한 풀들이 숨어서 자란다. (소외층)
② 太古의 소리로 다시 태어난다. (작곡가 J씨에게)

---

5) 종결어미는 활용어의 어말 어미의 한 갈래로 한 문장을 끝맺는 꼴로 되게 하는 어말어미를 말한다.
6) '해라체'는 상대높임법의 한 갈래로 말을 듣는 손아랫사람에게 아주 낮추어 말하는 종결어미의 한 유형이다.
7) '최문자 시인의 작품'에 대한 글 마디가 이 논문 본문에 많이 나오기 때문에 앞으로는 '이 시인'이라 줄인다.

③ 시간이 좋은 맛으로 흐른다. (시간 뒤에서)
④ 언제부터인가 귀에서 이명이 들린다. (귀 안에 슬픈 말 있네)
⑤ 깃을 떨린 새도 새처럼 보인다. (오해)
⑥ 키싱어 한 마리가 눈을 감는다. (안질)
⑦ 나는 더는 못 참고 백기를 든다. (귀 안에 슬픈 말 있네)
⑧ 시청앞에서 지하철을 내린다. (좋은 서울)
⑨ 사랑보다 진하게 춤을 춘다. (병신춤)
⑩ 방충망에 모기 한 마리 부르르 몸을 떤다. (한 여름밤)

어미 '-ㄴ다'는 받침 없는 동사 어간, 'ㄹ' 받침인 동사 어간 또는 어미 '-으시-' 뒤에 붙어 해라할 자리에 쓰이는 종결어미로 현재 사건이나 사실을 서술하는 뜻을 나타내기도 하고, 자기 스스로에게 묻기도 하며 물음을 나타내기도 한다. 이 시인의 작품에서는 주로 현재 사건이나 사실을 서술하는 뜻을 나타내는데 많이 활용하고 있다.

(3) -라
① 눈 뜨지 마라. (사랑 금지)
② 쓰러져 잠든 내 언어들을 해독해 보라. (편지)
③ 바람아, 쓸지 마라. (이별)
④ 읽고 또 읽어 주라. (0의 얼굴로3)
⑤ 나를 꽃으로만 보지 말라. (開心寺 목백일홍)
⑥ 모두 문 열고 나와 보라. (병신춤)
⑦ 흰 옷자락 펄럭이며 얼마든지 추라! (병신춤)
⑧ 내 피로 너를 적시게 하라. (돌·1)

어미 '-라'는 모음으로 끝난 동사 어간 또는 높임의 '-시-'에 붙는,

문어투의 해라체 종결어미로 쓰이기도 하고, '아니다'의 어간에 붙어 뒷말의 서술 내용과 맞섬을 보이는 연결어미로 쓰이기도 한다. 이 시인의 작품에서 '-라'는 해라체의 종결어미로 권하거나 명령하는 뜻을 나타내는데, 권하는 것과 명령하는 것이 고루 나타나 있다.

(4) -리라
① 잿빛, 너는 죽으리라. (未明)
② 가장 순수한 시간을 기다렸으리라. (눈[雪] 이야기)
③ 內心은 山에 가 있으리라. (난초)
④ 이 한 꽃으로 팽팽하리라. (아침 산행)
⑤ 탯줄을 끊고 가벼워지리라. (감이 있던 자리)
⑥ 진초록 풀 먹인 빳빳한 풀을 찾으리라. (풀)
⑦ 파묻히는 고통에서 내년 봄쯤 뿌리 하나 생기리라. (뿌리)
⑧ 마음을 내놓고 잎은 괴로웠으리라. (푸른 고통)
⑨ 이 추위 깊숙이 저 아래 어쩌면 내가 있으리라. (여름 산책)
⑩ 시계를 보며 시각을 읽었으리라. (유언)

어미 '-리라'는 모음으로 끝난 어간이나 높임의 '-시-'에 붙는 해라체의 종결어미로 '-ㄹ 것이다'의 뜻으로 쓰이고 있다. 이 시인의 작품에서는 주로 대상의 행위에 대한 추측이나 중심 사상에 대한 미래의 의지를 나타낼 때 '-리라'의 종결어미를 많이 활용하고 있다.

(5) -자
① 진 것처럼 그렇게 살자. (가위, 바위, 보에서 진 것처럼)
② 병신 어깨 다 내어 놓고 고독한 모습으로 춤을 추자. (병신춤)
③ 두고 보자. (폭포)

④ 그래 이제 이별하자. (이별2)
⑤ 툰드라 벌판에 우물 하나 파기로 하자. (간빙기1)

어미 '-자'는 동사의 어간에 붙어 평교간이나 손아랫사람에게 함께 하자는 뜻을 나타내는 해라체의 종결어미로 주로 쓰이고, '하고자' 하는 뜻을 나타내는 연결어미와 어떤 동작이나 상태가 막 끝나고 다른 동작이나 상태가 바로 이어지는 연결어미로 쓰이기도 한다. 이 시인의 작품에서 어미 '-자'는 해라체의 종결어미로 함께 하자는 뜻을 나타내면서 시인이 의도하는 방향으로 의미 부여를 하고 싶을 때에 많이 활용되고 있다.

해라체의 종결어미에서 가장 많이 쓰인 어미는 '-ㄴ다'와 '-리라'이고, 보통으로 쓰인 어미는 '-구나', '-라', '-자'이며, 쓰인 예가 많지 않아 위에 소개하지 않은 어미로는 '-마'(아직도 철철 흐르는 내 피를 자르지 마.<물봉선>), '-으라'(저절로 열리는 것들에게 축복 있으라. <어떻게 열리는가?>)가 있다. 이 시인의 작품에서 비교적 해라체의 종결어미를 다양하게 활용하고 있다.

2.1.2 해체[8]의 종결어미

(1) -고
① 날아가도 니는 새가 아니라고. (오해)
② 0의 형상을 하고. (0의 얼굴로2)
③ 아직 날개가 살아있나 하고. (시의 날개)
④ 눈물 같은 이슬만 내리고. (칼을 쓰는 밤)
⑤ 시와 뒹구는 시인을 보고. (밥의 오해)

---
[8] '해체'는 상대높임법에서의 종결어미의 한 체이다. 비격식체의 반말로 해라체와 하게체에 두루 쓰이는 부드러운 말씨이다.

어미 '-고'는 용언의 어간이나 높임의 '-시-' 등에 붙어서 연결어미로 쓰이기도 하고, 동사의 어간에 붙어 해체의 종결어미로 쓰이기도 한다. 이 시인의 작품에서는 상대의 의사에 항변하는 투로 되묻는 뜻을 나타내기도 하고, 그렇게 됨을 인정하거나 체념하는 뜻을 나타내기도 한다.

(2) -ㄹ까
① 이렇게 황홀한 떨림으로 되살아올까? (자정)
② 무엇을 찌르다 흘린 자국일까? (쇠 속의 잠1)
③ 그 고요함이 다시 꽃으로 돌아와 필까? (이별2)
④ 누구의 짓이었을까? (내 안의 돌)
⑤ 정말 푸른 벽지는 없을까? (푸른 벽지)
⑥ 어디가 환부였을까? (失戀記2)
⑦ 죽음보다 견디기 어려운 절망일까? (중심을 이동합니다)
⑧ 상한 언어들을 어떻게 꺼내야 할까? (무거운 기도)
⑨ 어디까지 떠내려가다가 섬이 되었을까? (아웃 오브 아메리카)
⑩ 죽으면 이 무거운 손을 어디다 놓을까? (평안)

어미 '-ㄹ까'는 모음으로 끝난 어간이나 높임의 '-시-'에 붙는 해체의 의문형 종결어미로 앞일을 짐작하여 말하는 뜻을 나타내기도 하고, 행동 주체의 의사를 나타내기도 하며, 의문이나 가능성을 나타내기도 한다. 이 시인의 작품에서는 주로 앞일을 짐작하여 말하거나 의문, 가능성을 나타낼 때 많이 활용하고 있다.

해체의 종결어미에서 가장 많이 쓰인 어미는 '-ㄹ까'이고, 보통으로 쓰인 어미는 '-고'이다. 쓰인 예가 많지 않아 위에 소개하지 않은 어미로는

'−ㄹ래'(안 지울 거라고 나는 아예 말할래.「보통리 저수지에서」), '−아'(철 없는 그 사랑이 좋아.「평창을 돌다가1」), '−어'(더는 견딜 수 없어.「근황」), '−어라'(열 번씩 헹구며 머리 감고 싶어라.「生家」)가 있다. 이 시인의 작품 에서 해체의 종결어미는 주로 '−ㄹ까'와 '−고'를 많이 활용하고 있고, 활 용 빈도는 약하지만 다양한 어미를 폭넓게 활용하고 있다.

2.1.3 하게체9)의 종결어미

(1) −ㄴ가

① 왜 도처에 돌뿐인가? (내 안의 돌)
② 미명의 이 찬란한 곡절을 감지하려 했음인가? (未明)
③ 얼마나 더 오래 서 있을 것인가? (山)
④ 한 눈 안에 잠긴 어둠이 성한 시력마저 거두어 갔는가? (외출)
⑤ 우울증에 걸린 거미는 어디로 가서 망을 보는가? (안개)
⑥ 또 어디를 뚫어낼 뼈인가? (아픈 날)
⑦ 어느 쪽에다 내버릴 것인가? (흐린 날2)
⑧ 순결한 흙의 입술에 정신을 대고 있는 꽃의 시간은 얼마나 따스한가? (헌화가)
⑨ 그녀는 얼마나 가벼운가? (꽃다발)
⑩ 데생에 가담하지 못하는 반대의 손은 왜 떨리고 있는가? (왼손잡이)

어미 '−ㄴ가'는 모음으로 끝난 형용사의 어간이나 높임의 '−시−'에 붙는 하게체의 현재시제 종결어미로, 스스로의 의심이나 손아랫사람에게 묻는 뜻을 나타낸다. 이 시인의 작품에서는 시인이 자기의 생각을 명확하 게 제시하면서도 독자가 스스로 생각할 수 있는 여지를 던져주기 위해 스

---
9) '하게체'는 상대편을 예사 낮추는 뜻을 나타내는 높임법의 한 체이다.

스로 궁금한 것을 표현할 때에 어미 '-ㄴ가'를 활용하고 있다.

(2) -나
① 바다에서 나와 땅에서 떠돌기 얼마나 쓸쓸했나? (외출)
② 어떤 고통은 엎드리고 어떤 고통은 날아가나? (나무고아원2)
③ 이 허망을 걸칠 곳이 어디였겠나? (뿔2)
④ 왜 차례로 꺼지고 있나? (푸른자리1)
⑤ 나는 여름 동안 어디 있었나? (여름 산책)
⑥ 구두는 왜 신나? (구둣방에서·4)
⑦ 꿈틀대는 온 몸을 맡겨도 되나? (구둣방에서·4)

어미 '-나'는 모음으로 끝난 어간이나 높임의 '-시-'에 붙어 연결어미로 쓰이기도 하고, 상대적인 뜻을 가진 두 용언이 '-나~나'의 꼴을 이루어 '언제든지', '항상'의 뜻을 나타내기도 하며, 강조의 뜻을 나타내기도 한다. 이 시인의 작품에서는 동사 어간이나 높임의 '-시-' 또는 시제의 '-았(었)-', '-겠-' 등에 붙어 '-는가'의 뜻을 나타내는 하게체의 의문형 종결어미로 주로 쓰이고 있다.

(3) -네
① 얼음을 껴안고도 불태우고 있네. (얼지 않는 여자1)
② 의자 위에서 죽었네. (그녀의 의자4)
③ 꼭 독한 년 눈물이네. (눈물1)
④ 포도빛으로 충혈된 감성만 내 것이네. (자화상)
⑤ 가파른 계단을 휘청휘청 내려가고 있네. (출간 이후)

어미 '-네'는 용언의 어간 또는 높임의 '-시-'나 시제의 '-았(었)-',

'-겠-' 등에 붙는 하게체의 평서형 종결어미로 베풀어 말할 때 많이 쓰인다. 이 시인의 작품에서는 어떤 사실이나 느낌을 스스로에게, 또는 손아랫사람이나 같은 또래에게 베풀어 말할 때 주로 활용하고 있다.

(4) -니
① 나는 큰소리칠 때 있을 테니. (폭포)
② 영하의 차가움이 쏟아지니. (눈〔雪〕 이야기)
③ 이 모든 총알이 날아와 다 박히다니. (자목련)
④ 영원히 나무가 되는 꽃이니. (開心寺 목백일홍)
⑤ 두 알씩 삼키고 내 피가 평안해지다니. (달맞이꽃을 먹다니)

어미 '-니'는 모음으로 끝난 형용사 어간에 붙어 하게체의 평서형 종결어미로 쓰이기도 하고, 동사 어간이나 모음으로 끝난 형용사 어간 또는 높임의 '-시-'나 시제의 '-았(었)-', '-겠-' 등에 붙는 해라체의 의문형 종결어미로 쓰이기도 한다. 이 시인의 작품에서는 하게체의 평서형 종결어미로 경험을 바탕으로 하여 믿는 바를 일러주는 뜻을 나타낼 때 활용하고 있다.

(5) -지
① 죽어도 쉴 곳이나 보게 하지. (안질)
② 작은 심장이 소리도 없이 일시에 터졌을 테지. (山行길)
③ 매일 낳은 시간의 알은 모두가 무정란이었지. (사막일기 22)
④ 위험한 감성의 가시를 감추고 있지. (詩人)
⑤ 다시 한 번 살을 데이려 들지 않았겠지. (뜨거운 재)
⑥ 달밤에 흰돌산 기도원 뜰을 걸었지. (동전 한 닢)
⑦ 짐승처럼 우포늪 가를 어슬렁거렸지. (늪으로 갔다)

⑧ 나무 위에서 몇 송이 죽은 꽃도 있지. (나무들)
⑨ 태초에 능금을 파먹고 이브의 눈물도 이렇게 자랐지. (자라는 눈물)

어미 '-지'는 용언 어간에 붙는 하게체의 종결어미이다. '-지'는 앞의 내용을 강조하기도 하고, 그렇게 하기를 권하거나 시키는 뜻을 지니기도 하며, 묻는 뜻을 나타내기도 하는 세 가지 의미를 가지고 있다. 이 작품에서는 다양하게 표현하고 있다.

하게체의 종결어미에서 가장 많이 쓰인 어미는 '-ㄴ가', '-지'이고, 보통으로 쓰인 어미는 '-나', '-네', '-니'이다. 쓰인 예가 많지 않아 위에 소개하지 않은 어미로는 하게체의 명령형 종결어미 '-게'(다시 날아가는 새 같은 여자 좀 보게.「얼지 않는 여자1」)와 스스로에게 묻거나 반어적으로 되묻는 뜻을 나타내는 하게체의 종결어미 '-리'(나, 그대에게 가리.「0의 얼굴로3」)이다. 이 시인의 작품에서 하게체의 종결어미는 스스로 의심나는 것을 묻는 '-ㄴ가'와 권하거나 시키거나 되묻는 '-지'를 많이 활용하고 있다.

2.1.4 하오체10)의 종결어미

(1) -오
① 자, 눈을 뜨십시오. (K케이트)
② 이 디딜 곳 없는 추위를 해제하는 종을 쳐다오. (뿔1)
③ 그 검정 우산을 착 펴 드십시오. (선물1)

---

10) '하오체'는 상대편에 대하여 예사 높이는 뜻을 나타내는 높임법의 한 체이다.

하오체의 종결어미는 어미 '-오'가 유일하게 나타난다. 이 시인의 작품에서 어미 '-오'는 모음으로 끝난 어간이나 높임의 '-시-'에 붙어 현재의 동작이나 상태에 대한 서술이나 의문 또는 어찌 하라고 시키는 뜻을 나타내고 있다.

2.1.5 합쇼체11)의 종결어미

(1) -세요(-셔요)
① 언제나 날카롭게 직립하세요. (빈 집)
② 팽이 치러 나오세요. (팽이)

합쇼체의 종결어미는 '-세요(-셔요)'가 유일하게 나타나는데, '-세요(-셔요)'는 높임의 선어말어미 '-시-'와 어미 '-어요'가 합하여 준 말이다. 이 시인의 작품에서 어미 '-세요'는 모음으로 끝난 어간 뒤에 붙어 그리하도록 권하는 뜻을 나타낸다.

2.1.6 그 밖의 종결어미

(1) -ㄴ데
① 고분고분 초록빛만 영롱한데. (소외층)
② 몇 굽이를 돌아 흐르면서 벼르고 별렀는데. (폭포)
③ 저 빈 자리에 봄은 오는데. (구둣방에서·2)
④ 윤이 나서 가죽일 것밖에 없는데. (구둣방에서·4)
⑤ 빈 세상으로 지워질 텐데. (어린 게의 음모)
⑥ 긴 형식 없이 동그랗게 콩이 되는데. (푸른자리1)
⑦ 절반은 칼날에 남아 피 흘리고 있을 텐데. (절반의 습성)

---

11) '합쇼체'는 상대 높임법 중 격식체의 한 가지로 상대편을 아주 높이는 뜻을 나타낸다.

⑧ 긴 시간 한 여름 푸른 청잎으로 진작 닦았어야 했는데. (부활절)

(2) -랴
① 굽이굽이 돌아가는데 어찌 눈 떠 보지 않으랴! (병신춤)
② 우리 손 잡고 끼어들지 않으랴? (병신춤)

그 밖의 종결어미에서 어미 '-ㄴ데'는 종결어미로 쓰이기도 하고 연결어미로 쓰이기도 한다. 이 시인의 작품에서는 주로 종결어미로 쓰였으며, 어떤 사실에 대하여 남의 동의나 의견을 구하는 투로, 가벼운 느낌을 담아 나타낼 때에 자주 활용하고 있다. 어미 '-랴'는 모음으로 끝난 어간이나 높임의 '-시-'에 붙어 종결어미로 쓰이기도 하고, 모음으로 끝난 동사 어간에 붙어 해라체의 의문형 종결어미로 쓰이기도 한다. 이 시인의 작품에서는 종결어미로 주로 쓰였고 '-ㄹ까 보냐'의 뜻으로 반어적 의문을 나타내고 있다.

2.2 연결어미[12]

(1) -노라고
① 두 귀의 행복을 위해 살겠노라고 (귀 안에 슬픈 말 있네)

(2) -면서
① 또 때로는 아슬아슬하게 떨기도 하면서. (기도원에서)

(3) -여

---

[12] '연결어미'는 한 문장을 끝맺지 않고 다시 다음 문장이나 용언에 연결되게 하는 어말어미인데, 최문자 시인의 작품에는 '연결어미'로 끝을 맺은 예가 있다.

① 아직 남아 있는 뭔가 있을까? 하여 (눈물1)
② 독한 눈물을 닦기 위하여 (눈물1)

연결어미에서 어미 '-노라고'는 동사 어간이나 어미 '-으시-', '-었-', '-겠-' 뒤에 붙어 예스러운 표현으로 쓰기도 하고, 화자가 자신의 행동에 대한 의도나 목적을 나타내는 연결어미이다. 이 시인의 작품에서는 지은이의 의도나 목적을 확고하고 명확하게 하고 있다.

어미 '-면서'는 '이다'의 어간, 받침 없는 용언의 어간, 'ㄹ' 받침인 용언의 어간 또는 어미 '-으시-' 뒤에 붙어 두 가지 이상의 움직임이나 사태 따위가 동시에 겸하여 있음을 나타내기도 하고, 두 가지 이상의 움직임이나 사태가 서로 맞서는 관계에 있음을 나타내는 연결어미이다. 이 시인의 작품에서는 두 가지 이상의 움직임이나 사태 따위가 동시에 겸하여 있음을 나타내고 있다.

어미 '-여'는 '하다'나 '하다'가 붙는 용언의 어간 뒤에 붙어 시간상의 선후 관계를 나타내거나 방법 따위를 나타내거나 까닭이나 근거 따위를 나타내는 연결어미로 쓰인다. 이 시인의 작품에서는 까닭이나 근거 따위를 나타내고 있다.

위의 연결어미 '-노라고', '-면서', '-여' 등이 종결어미처럼 활용하여 서술어의 표현으로 활용하는 것이 특이하다.

3. 조사

3.1 서술격조사13)

3.1.1 종결형14) 서술격조사

(1) -이다 (평어체 현재형)
① 그녀의 얼굴에 떠올려진 울음이다. (혼자)
② 무거운 승리 내려놓고 향긋하게 지는 것이다.
　　　　　　　(가위, 바위, 보에서 진 것처럼)
③ 잘 닦여진 길로 쏜 살이다. (시간 뒤에서)
④ 소리로 변신한 말이다. (귀 안에 슬픈 말 있네)
⑤ 기다리고 있는 순한 마음들이다. (구둣방에서 · 2)
⑥ 물 튀기며 미역감는 너희들은 떠도는 섬이다. (너희는 섬이다)

<-이었다 (평어체 과거형)>
① 외로울 때 돌아와 보면 튼튼한 삶이 되던 끈이었다.
　　　　　　　(뼈 하나의 상실을 위하여 · 4)
② 당신이 悲歌를 작곡할 때 우리는 눈물이었다. (慕, 膜)
③ 실상은 생명을 건 싸움이었다. (안질)
④ 모두가 생생하게 살아오를 때 더욱더 혼자였다. (혼자)
⑤ 시선은 인간보다 더 비겁한 눈길이었다. (山行길)
⑥ 그것은 커다란 아픔이었다. (폭포)

---

13) '서술격 조사'는 체언에 붙어 그 체언을 문장의 서술어가 되게 하는 조사이다. '이다'를 기본형으로 하는 모든 활용형이 이에 속하는데, 받침 없는 말 뒤에서는 '이'가 생략되기도 한다.
14) '종결형'은 용언의 활용어가 문장의 서술어가 되어 그 문장을 끝맺는 형식이다.

⑦ 눈 온 밤은 꿈속이었다. (生家)
⑧ 山에서 뽑힐 때 이미 풀이었다. (난초)
⑨ 무방향으로 돌아앉은 절망의 높이였다. (슬픔에 오르다)

<-입니다 (경어체 현재형)>
① 그것은 언제나 피흘리는 모습입니다. (사랑 자국)
② 나의 사상은 늘 우울한 혼돈입니다. (사랑 자국)
③ 나는 시 쓰기를 망설입니다. (불면·2)

<-이었습니다 (경어체 과거형)>
① 보이는 것은 모두 흐린 꽃이었습니다. (외출)
② 더욱 선명해지는 건 안으로 뜨는 눈이었습니다. (외출)

조사 '-이다'는 자음으로 끝난 체언에 붙어 사물을 지정하는 뜻을 나타내는 종결형 서술격 조사이다. '-이다'는 평어체 현재형, 평어체 과거형, 경어체 현재형, 경어체 과거형으로 나눌 수 있는데, 이 시인의 작품에서는 이들 형태 가운데 평어체 과거형(-이었다)이 가장 많이 나타나고, 평어체 현재형(-이다), 경어체 현재형(-입니다), 경어체 과거형(-이었습니다) 순으로 다양하게 나타난다.

(2) -요
① 뜨겁게 삼킨 닭을 다시 얼리고 있었어요. (얼지 않는 여자2)
② 나무도 자식을 버리나 봐요. (나무고아원3)
③ 푸른 전류의 행간 속에 지글거리며 있어요. (고백)
④ 색깔이 변했어요. (이별2)

조사 '-요'는 모음으로 끝난 체언 뒤에 쓰이는 하오체의 종결형 서술격 조사로, 무엇을 단정하여 일러주는 뜻을 나타내기도 하고, 궁금한 것을 묻는 뜻을 나타내기도 하며 존칭이나 주의를 끌게 하는 뜻을 나타내기도 한다. 이 시인의 작품에서는 무엇을 단정하여 일러주는 뜻을 나타내는 것이 많고 간혹 주의를 끌기 위하여 활용하고 있다.

(3) -이에요(-이어요)
① 나를 거둬가는 그대 때문에 나는 빈집이에요. (빈 집)

조사 '-이에요(-이어요)'는 체언에 붙어 친근한 느낌을 담아 사물을 긍정적으로 단정하여 말하거나 지정하여 묻는 뜻을 나타내는 종결형 서술격 조사이다. 이 시인의 작품에서는 사물을 긍정적으로 단정하여 말할 때에 많이 활용하고 있다.

(4) -라고
① 개발의 편자라고. (구둣방에서 · 1)

조사 '-라고'는 모음으로 끝난 체언에 붙어 남의 말을 인용하는 뜻을 나타내기도 하고, 남의 말을 인용하되 그것을 하찮게 여기는 뜻을 나타내기도 하며, 남에게 일러주는 뜻을 나타내는 종결형 서술격 조사이다. 이 시인의 작품에서는 남의 말을 인용하는 투로 되묻는 뜻을 나타낼 때에 활용하고 있다.

3.1.2 평서형15) 서술격조사

(1) －이야
① 나를 꿰맬 수 있는 가장 굵은 절망의 바늘이야. (빛나는 살성)
② 그것은 불같은 언어야. (나무들)
③ 그 꽃 따서 사랑을 고백할 줄이야. (나의 詩)
④ 꽃처럼 보이지만 바람이야. (꽃처럼 보이지만)

조사 '－이야'는 자음으로 끝난 체언에 붙어 긍정적으로 단정하는 뜻을 나타내기도 하고, 사물을 지정하여 묻는 뜻을 나타내기도 하며, 별다르거나 특수함을 나타내기도 하는 평서형 서술격 조사이다. 이 시인의 작품에서는 주로 단정하는 뜻을 나타내거나 별다르고 특수한 것을 나타낸다.

3.2 호격조사16)

(1) －아
① 돌 밖에 서 있는 푸른 것들아. (내 안의 돌)

(2) －이여
① 서둘러 깨어난 몸들이여. (해동)
② 세워둔 깃들의 쓰러지고 싶은 슬픈 내력이어. (실족1)
③ 뿌리가 될 것 같지 않은 돌이어. (돌)

조사 '－아'는 자음으로 끝난 명사에 붙어 손아랫사람이나 짐승 또는 어

---
15) '평서형'은 말하는 이가 어떤 사실을 평범하게 서술하는 형식이다.
16) '호격 조사'는 문장에서 사람이나 사물의 이름 뒤에 붙어 쓰이어, 그 말이 부르는 말이 되게 하는 조사이다.

떤 사물을 부를 때에 쓰이는 호격조사이고, '-이여'도 자음으로 끝난 체언에 붙어 호칭의 대상을 감탄조로 높여 부를 때에 쓰이는 호격조사이다. 이 시인의 작품에서는 조사 '-아'보다 '-이여'를 즐겨쓰고 있으며, 호칭의 대상을 감탄조로 활용하고 있다.

4. 보조용언17)

4.1 보조동사

1) -있다(평어체 현재형)18)

① 새는 산으로 넘어가지만 갈증은 목에 걸려 있다.
　　　　　　　　　　　　(그지없이 외로울 때)
② 꼽추 하나가 병신춤을 추고 있다. (병신춤)
③ 모기와 내가 마주 서 있다. (한여름밤)
④ 무수히 사람을 놓친 발들이 발을 찾고 있다. (구둣방에서·1)
⑤ 한 사람의 마음 끝에서 呼名을 기다리고 있다. (구둣방에서·5)
⑥ 그 끝마다 관능이 몸을 떨고 있다. (단 발)
⑦ 허전한 웃음이 땅으로 떨리고 있다. (광인의 봄)

---

17) '보조 용언'은 홀로는 문장의 주체를 서술할 힘이 없어 본용언(본동사와 본형용사) 다음에 그 뜻을 돕기 위하여 사용하는 동사나 형용사를 말한다. 이때에 그 뜻을 돕는 동사를 보조 동사라 하고, 그 뜻을 돕는 형용사를 보조 형용사라 한다.
18) '있다'는 보조 동사로 쓰이기도 하지만 자동사로도 쓰인다. 보조 동사로 쓰일 때에는 '동작이 현재 계속되고 있다'의 의미이고, 자동사로 쓰일 때에는 '존재하다, 자리를 차지하다'의 의미이다. 이 시인의 작품에서 자동사로 쓰인 예는 다음과 같다.
　① 사랑만한 슬픈 山이 있었다. (슬픔에 오르다)
　② 새장을 빠져나오는 뼈 하나가 있습니다. (뼈 하나의 상실을 위하여·2)
　③ 맨 나중까지 남는 것이 있습니다. (뼈 하나의 상실을 위하여·3)

⑧ 세상의 모든 남자들에게 열병을 가르치고 있다. (崔氏家 노름 계보)
⑨ 바람 위에서 바람이 불고 있다. (바람·1)
⑩ 강가 들풀 위에 나란히 떨고 있다. (시인의 익사)

<-있었다 (평어체 과거형)>
① 그녀는 죽기 전에 이미 죽어 있었다. 혼자 죽어 있었다. (혼자)
② 키싱어 두 마리의 싸움이 있었다. (안질)
③ 잘린 다리 옆에서 빵을 굴려가고 있었다. (山行길)
④ 그건 구두가 아니라 발들이 되어 있었다. (구둣방에서·1)
⑤ 그의 눈엔 오히려 내가 미쳐 있었다. (광인의 봄)
⑥ 모두 입술을 움직이고 있었다. (기도원에서)
⑦ 눈물이 따[地]에 창백하여 얼어 있었다. (눈[雪] 이야기)
⑧ 詩人의 속살을 찾고 있었다. (시인의 익사)

<-있습니다(경어체 현재형)>
① 새 한 마리가 사로잡혀 있습니다. (뼈 하나의 상실을 위하여·2)
② 눈먼 귀뚜라미 떼가 매달려 울고 있습니다. (외출)
③ 같은 높이에 묶여 장난치고 있습니다. (APT소묘)
④ 달빛의 끝은 이마에 걸려 체온으로 남아 있습니다. (달빛)

보조동사 '-있다'는 앞의 본동사와 연결되어 그 풀이를 보조하는 동사로 쓰인다. 주로 본동사 뒤에서 '-어 있다' 구성으로 쓰여 앞말이 뜻하는 행동이나 변화가 끝난 상태가 지속됨을 나타내는 말로 쓰이기도 하고, 본동사 뒤에서 '-고 있다' 구성으로 쓰여 앞말이 뜻하는 행동이 계속 진행되고 있거나 그 행동의 결과가 지속됨을 나타내는 말로 쓰인다. '-있다'는 평어체 현재형, 평어체 과거형, 경어체 현재형으로 나눌 수 있는데, 이 시인의 작품에서는 이들 형태 가운데 평어체 현재형(-있다)을 가장 많이 활용하고 있고, 평어체 과거형(-있었다), 경어체 현재형(-있습니다) 순으로 다양하게 활용하고 있으며, 의미는 앞말이 뜻하는 행동이나 변화가 계속 진행되는 경우와 행동의 결과 지속되는 경우의 두 가지로 활용하고 있다.

(2) 하다
① 幕을 걷어올리고 희망에서 깨어나게 하였다. (幕, 膜)
② 하나님이 그 수를 기억하고 계신다고 했다. (단 발)
③ 너의 우중충한 사상은 내일까지 돌이 되어야 한다. (未明)
④ 나는 빼어난 하나를 선택해야 한다. (돌·1)
⑤ 모래를 품고도 <normal>로 살아야 한다. (사막일기2)
⑥ 온몸으로 뒹구는 것이라고 했다. (실족2)

보조동사 '-하다'는 동사나 형용사 뒤에서 '-게 하다', '-고 하다', '-아(어)야 한다'의 구성으로 쓰여 앞말의 행동을 시키거나 앞말이 뜻하는 상태가 되도록 함을 나타낸다. 이 시인의 작품에서는 주로 앞말의 행동을 하거나 앞말의 상태가 되기를 바라거나 되는 것이 필요함을 나타내는 의미로 활용하고 있다.

(3) 못하다
① 어둠도 이 눈물을 지우지 못한다. (혼자)
② 겹쳐진 그 점을 삼키고 지는 목숨 입도 닫지 못했다. (밤낚시)
③ 아무도 모래를 빼내지 못한다. (사막일기2)

보조동사 '-못하다'는 동사 뒤에서 '-지 못하다'의 구성으로 쓰여 앞말이 뜻하는 행동에 대하여 그것이 이루어지지 않음을 나타낸다. 이 시인의 작품에서는 앞말이 뜻하는 행동에 대하여 그것이 이루어지지 않거나 그것을 이룰 능력이 없음을 나타내는 의미로 활용하고 있다.

(4) 가다
① 불가능의 높이로 쌓여만 간다. (눈〔雪〕 이야기)

보조동사 '-가다'는 주로 동사 뒤에서 '-어 가다' 구성으로 쓰여 말하는 이, 또는 말하는 이가 정하는 어떤 기준점에서 멀어지면서 앞말이 뜻하는 행동이나 상태가 계속 진행됨을 나타낸다. 이 시인의 작품에서 자주 쓰이지는 않지만 불가능의 기준점에서 멀어지면서 멀어진 상태가 계속 진행될 때에 적절하게 활용하고 있다.

4.2 보조형용사

(1) -싶다
① 나는 하늘을 향해 오색 꽃잎을 뿌리고 싶다. (혼자)
② 돌 중의 돌 나는 찾고 싶다. (돌·1)
③ 나는 그대의 왼손을 잡고 싶다. (왼손잡이 사랑)
④ 꼭 삼 일만 금식하고 싶었다. (공복)
⑤ 뿌리만은 살아 있고 싶었다. (후회하는 풀)
⑥ 불행한 눈알을 갖고 싶다. (악의 꽃)
⑦ 흐린 날은 날 버리고 싶다. (흐린 날2)
⑧ 내 영혼도 죽음 많은 돌이 되고 싶었다. (강가에서1)
⑨ 세워둔 것들은 쓰러지고 싶다. (실족1)
⑩ 바람을 달라는 딸에게 꽃을 주고 싶다. (헌화가)

보조형용사 '-싶다'는 동사나 형용사 뒤에서 '-고 싶다', '-을까 싶다', '-었으면 싶다'의 구성으로 쓰여 앞말이 뜻하는 행동을 하고자 하는 마음이나 욕구를 갖고 있음을 나타내기도 하고, 말대로 될까 걱정하거나 두려워하는 마음이 있음을 나타내기도 하며, 앞말이 뜻하는 행동을 하고자 하는 마음이나 생각을 막연하게 갖고 있음을 나타낸다. 이 시인의 작품에서는 주로 '-고 싶다'의 구성이 많이 쓰이고 앞말이 뜻하는 행동을 하고자 하는 마음이나 욕구를 갖고 있음을 나타내는 데에 활용하고 있다.

(2) -보다
① 山을 향해 길 떠났나 보다. (난초)
② 꿈에서 바람이 된 엄마를 만나나 보다. (바람·2)
③ 남아 있는 일들이 썩는가 보다. (아픈 날)
④ 시커멓게 썩었던 힘으로 살아왔나 보다. (색채요법1)
⑤ 상처도 기억도 자라나 보다. (멍들다)

보조형용사 '-보다'는 '-은가, -는가, -나 보다' 구성으로 쓰여 앞말이 뜻하는 행동이나 상태를 추측하고 있음을 나타낸다. 이 시인의 작품에서는 앞말이 뜻하는 행동이나 상태를 추측하고 있음을 나타내기도 하고 더 나아가 어렴풋이 인식하고 있음을 인정할 때에 많이 활용하고 있다.

5. 명사형 서술어

① 그럴수록 더욱 사라지는 뼈 (뼈 하나의 상실을 위하여·1)
② 더욱 무시할 수 없는 돌의 무게. (뼈 하나의 상실을 위하여·4)
③ 태양이 되고 싶어 목이 마른 빛살. (未明)
④ 음표 위에 쓰러진 눈물. (작곡가 J씨에게)

⑤ 등을 돌린 잠은 하늘로 새어나가는 새. (불면·1)
⑥ 나는 눈알만 큰 벌레. (불면·1)
⑦ 눈을 감으면 안에서 안으로 바람처럼 열리는 눈. (눈 감기)
⑧ 이 시대의 마당 끝에서 한판 어우러지는 병신춤. (병신춤)
⑨ 죄를 위해 다시 살아날 풀. (단발)
⑩ 생채기를 만지다 돌아온 밝은 미소. (신춘)

시에서 명사형으로 서술어 표현을 마무리하는 경우가 있다. 산문에서는 명사형으로 마무리하는 것은 문장의 이론적인 측면에서 보면 바람직하게 보지는 않고 있다. 다만 강조할 때는 인정하고 자주 쓰지 않도록 권장하고 있다. 가능하면 완결된 문장을 쓰는 것이 좋겠지만 시에서 명사 다음에 온점(.)을 찍어서 문장을 마무리하는 것은 특수한 효과를 노리는 경우라고 보아 인정하지 않을 수 없다. 이 시인의 작품에서는 명사형 서술어를 적절하게 잘 활용하고 있고 더욱이 문장에 힘을 실어주고 독자에게는 강한 인상을 남기게 해 주는 특수한 효과가 있어 매우 바람직하다고 본다.

6. 생략형 서술어

① 짧은 귀뚜라미 소리에 쫓기며……. (외출)
② 내 벌거숭이 몸 속에 웅성거리는 피를 보고……. (한 여름밤)
③ 가슴을 움직여야 하는데……. (기도원에서)
④ 반짝이는 것이라고 다 그의 것이 아닌데……. (기도원에서)
⑤ 세 시간 속강으로……. (걸리는 기쁨)
⑥ 올리고 있던 힘을 바닥에 모두 눕히고……. (그녀의 의자1)
⑦ 무릎이 굴러 떨어지는……. (그녀의 의자2)
⑧ 툭툭 때 아닌 막대 부딪는 소리라도 들릴 것만 같은데……. (사막일기22)

⑨ 집게발 하나를 걸치고……. (어린 게의 음모)
⑩ 그대의 혀끝을 떫게 하리리……. (죽은 생선 사기)

생략형 서술어는 할 말을 다하지 않거나 군더더기를 빼어서 간결하게 하는 서술어 문장이다. 이는 문장의 흐름을 강하게 하거나, 여운이나 여정을 남겨 그것을 독자의 상상이나 판단에 맡기는 것이다. 이 시인의 작품에서는 독자에게 여운이나 암시를 주기 위하여 또는 주제에 대한 판단을 독자의 몫으로 돌리기 위하여 많이 활용하고 있다.

7. 도치형 서술어

① 의자에서 스르르 빠지고 싶다, 못처럼. (그녀의 의자4)
② 금방 날아가 죽을 것처럼 푸드득거렸다, 왼손은. (왼손잡이 사랑)
③ 나는 기다리고 있어, 시월을. (물봉선)
④ 꽃처럼 감추고 있다, 컹컹컹 짖을 날을 위하여. (뿔2)
⑤ 맑은 구멍에게 확 물리려고 식은땀 흘린다, 신이 나에게 피 흘려주는 새벽에. (구멍)
⑥ 살구처럼 익어갔어요, 개의 언어가. (낯선 하루)
⑦ 누군가가 가슴을 내밀고 받아 적었어야 했다, 손목에 차고 있던 그 말을. (유언)
⑧ 손바닥 위에 나를 올려놓으려고 한다, 갈기를 떨고 있는 점 하나를.(섬)
⑨ 용케 알아보고 찾아온다, 내 손바닥을. (못의 행방)
⑩ 영롱하겠지, 그 물방울. (물방울)

도치형 서술어는 정상적인 어순을 뒤바꾸어 놓은 서술어 문장이다. 감정이 격해져 감정에 파도가 일어나게 되면, 언어 표현도 그 질서를 잃거나 어순이 바뀌기 쉬운데 그 표현이 비문법적이거나 논리적인 순서를 잃고 거꾸로 나타나게 된다. 이 시인의 작품에서는 정서의 환기와 변화감을 끌어내기 위하여 말의 차례를 바꾸어 놓았는데 주제를 가시적으로 드러내놓기 때문에 매우 효과적이었다.

8. 줄임형 서술어

① 그래야 편해지실 겁니다. (K케이트)
② 무정란은 다시 태어난 거야. (사막일기22)
③ 안으로 파열음을 내는 거지. (나무들)
④ 추억의 힘으로 다시 꽃이 될 거다. (이별)
⑤ 먹은 양 만큼 뒤뚱거려야 한다는 걸. (새)
⑥ 거리 때문일 거야. (그 멀고 먼)

줄임형 서술어는 서술어의 일부 낱말을 줄여 놓은 서술어 문장이다. '-겁니다', '-거야', '-거지', '-걸', '-거야' 등으로 나타나는데, 이는 '-것입니다', '-것이야', '-것이지', '-것이다', '-것을', '-것이야' 등의 줄임형이다. 이 시인의 작품에서는 서술어를 줄임형으로 써서 독자에게 친근감 있게 다가가고 독자에게 확신과 믿음을 주기 위하여 활용하고 있다.

9. 마무리

최문자 시인이 바라보고 견디며 미학화하는 과정에서 사용한 문학 언어는 시어 분석을 한 결과 시적 기능, 미적 측면, 의미 창조 과정을 찾는 데에 매우 가치가 있다고 규명하였다. 더욱이 최문자 시인은 서술어를 다양한 양상으로 표현하여 문학 언어의 지평을 넓히는 데에 큰 공헌을 하였다.

지금까지 최문자 시인의 작품을 대상으로 분석한 서술어의 표현 양상(어미, 조사, 보조용언 등)을 요약하면 다음과 같다.

(1) 어미
① 어미는 종결어미와 연결어미, 종결어미는 해라체, 해체, 하게체, 하오체, 합쇼체의 형태가 나타난다.
② 해라체의 종결어미에서 가장 많이 쓰인 어미는 '-ㄴ다'와 '-리라'이고, 보통으로 쓰인 어미는 '-구나', '-라', '-자'이며, 드물게 예가 나타나는 어미로는 '-마'와 '-으라'가 있다.
③ 해체의 종결어미에서 가장 많이 쓰인 어미는 '-ㄹ까'이고, 보통으로 쓰인 어미는 '-고'이다. 드물게 예가 나타나는 어미로는 '-ㄹ래', '-아', '-어', '-어라'가 있다.
④ 하게체의 종결어미에서 가장 많이 쓰인 어미는 '-ㄴ가', '-지'이고, 보통으로 쓰인 어미는 '-나', '-네', '-니'이다. 드물게 예가 나타나는 어미로는 '-게', '-리'가 있다.
⑤ 하오체의 종결어미는 어미 '-오'가 유일하게 나타난다.
⑥ 합쇼체의 종결어미는 '-세요(-셔요)'가 유일하게 나타난다.
⑦ 그 밖의 종결어미는 'ㄴ데'가 자주 나타나고, '-랴'가 드물게 나타난다.
⑧ 연결 어미 '-노라고', '-면서', '-여' 등이 드물게 나타나는데, 종결어미처럼 활용하여 서술어의 표현으로 활용하는 것이 특이하다.

(2) 조사
 ① 조사는 종결형 서술격 조사, 평서형 서술격 조사, 호격 조사가 나타난다.
 ② 종결형 서술격 조사에서 다양한 시제로 가장 많이 쓰인 조사는 '-이

다'이고, 보통으로 쓰인 조사는 '-요'이며, 드물게 나타나는 조사는 '-이에요'와 '-라고'가 있다.
③ 평서형 서술격 조사에서는 유일하게 '-이야'가 자주 나타난다.
④ 호격 조사에서 자주 나타나는 조사는 '-이여'이고, 드물게 '-아'가 나타난다.

(3) 보조용언
① 보조용언은 보조동사와 보조형용사의 형태가 나타난다.
② 보조동사에서 다양한 시제로 가장 많이 쓰인 동사는 '-있다'와 '-하다'이고, 보통으로 쓰인 동사는 '-못하다'이며, 드물게 나타나는 동사는 '-가다'이다.
③ 보조형용사에서 가장 많이 쓰인 형용사는 '-싶다'이고, 보통으로 쓰인 형용사는 '-보다'이다.
(4) 명사형 서술어, 생략형 서술어, 도치형 서술어, 줄임형 서술어가 다양하게 나타난다.

참고 문헌

김계곤, 『우리 말글은 우리 얼을 담는 그릇이니』, 어문각, 1994.
김상태, 『언어와 문학세계』, 이우출판사, 1989.
김재홍, 『시어 사전』, 고려대학교출판부, 1997.
김승곤, 『한국어 통어론』, 건국대학교출판부, 1991.
김시태, 『문학의 이해』, 태학사, 1999.
김완진 외, 『문학과 언어의 만남』, 신구문화사, 1996.
김윤식・최동호, 『소설어 사전』, 고려대학교출판부, 1998.
신현숙, 『의미분석의 방법과 실제』, 한신문화사, 1986.
오하근, 『김소월 시어법 연구』, 집문당, 1995.
윤명구 외, 『문학개론』, 현대문학, 1994.
이익섭, 『현대의미론』, 민음사, 1985.
임지룡, 『국어 의미론』, (주)탑출판사, 1993.
전규태, 『언어와 문학』, 백문사, 1992.
장재성, 『문장표현사전』, 문장연구사, 1998.
정동환, 『국어 복합어의 의미 연구』, 서광학술자료사, 1993.
정동환 외, 『우리말 의미 연구』, 도서출판 박이정, 1996.
정동환 외, 『우리 말글과 문학의 새로운 지평』, 도서출판 역락, 2000.
정동환, 「문학작품에 나타난 의미 분석 －김동리의 '역마'를 중심으로－」, 한말연구 제6호, 한말연구학회, 2000.
정동환, 「문학작품에 나타난 의미 분석 －최인호의 '타인의 방'을 중심으로－」, 한말연구 제8호, 한말연구학회, 2001.
정동환, 「문학작품에 나타난 의미 분석 －황순원의 '소나기'를 중심으로－」, 한말연구 제10호, 한말연구학회, 2002.
정동환, 「문학작품에 나타난 의미 분석 －이청준의 '병신과 머저리'를 중심으로－」, 협성논총 제16집, 협성대학교, 2004.
조재수, 『윤동주 시어 사전』, 연세대학교 출판부, 2005.
최문자, 『귀 안에 슬픈 말 있네』, 문학세계사, 1989.
최문자, 『나는 시선 밖의 일부이다』, 현대문학, 1993.
최문자, 『울음소리 작아지다』, 세계사, 1999.

최문자, 『나무고아원』, 세계사, 2003.
최문자, 『그녀는 믿는 버릇이 있다』, 랜덤하우스코리아, 2006.
허 웅, 『언어학 개론』, 샘문화사, 1983.
허 웅, 『국어학 -우리 말의 오늘과 어제-』, 샘문화사, 1983.

비평시극*

팽이의 춤

박 덕 규

(소설가 · 단국대 교수)

등장인물

아이, 여자, 남자. 전 3장의 상황에 맞게 연령과 신분이 바뀌면서 등장한다.

제1장

빙판 위.

아이가 아까부터 팽이를 돌리려 애쓰고 있다. 팽이를 손으로 힘껏 돌리고 일어나서 팽이채로 팽이를 때리려 하면, 팽이채가 팽이에 가 닿기도 전에 쓰러지고 만다. 여러 차례 시도해 보지만 번번이 실패다. 울상을 짓는 아이.

해가 기울면서 아이의 그림자가 길어졌다. 그래도 아이의 팽이치기는 진전이 없다. 아이의 그림자를 밟고 남자가 나타난다.

---
* 비평시극. 시에 대한 비평을 일반적인 평론 형식이 아닌 무대극을 위한 극본 형식으로 취한 데서 내가 붙인 이름이다.

남자 : 얘, 그만 놀고 집에 가야지.

아이는 돌아보지 않고 팽이를 돌리는 데 열중한다. 다시 손으로 팽이를 돌리고 얼른 일어나 팽이채를 휘두르는 아이. 이번에도 실패다.

남자 : 얘야, 팽이를 팽이채로 때릴 땐
　　　팽이가 도는 방향으로 쳐야지.

세상에 그런 걸 모르는 애가 어디에 있나. 아이는 남자 쪽을 힐끔 돌아보았다가 다시 팽이를 돌린다.

남자 : 팽이채를 바닥에서 30도 각도로 들고
　　　팽이를 내리칠 땐 15도 각도로 눕혀서

아이는 돌아보지도 않는다. 남자는 어떻게든 자기 말로 설복을 시키려 애를 쓰고.

남자 : 손으로 팽이를 돌릴 땐
　　　상체를 숙인 자세에서 손을 앞으로 뻗어
　　　오른손을 몸 앞으로 힘껏 돌리면서…… 그렇지!

그런 정도를 모르고 팽이를 돌리려 들까. 남자의 말은 아까부터 아이가 하는 행동을 말로 옮기는 것에 불과하다.

남자 : 팽이가 왜 팽이냐 하면 말이지.
　　　(아이가 등을 남자 쪽으로 돌리자
　　　아이가 볼 수 있게 자꾸 다가선다)

팽이는 원래 뱅뱅 돈다는 뜻이란다.

아이와 남자, 잠시 팽이처럼 무대 위를 돈다.

남자 : (아이에게 외면당하고, 근엄한 표정으로 관객들 쪽으로 다가와)
모든 사물에는 그 근본이 있고
그 근본을 제대로 알아야 그 사물을 제대로 볼 수 있는 법.
팽이의 근본을 모르고서
어떻게 팽이를 돌릴 수 있단 말인가!
(아이가 들으란 듯이)
요즘 애들은 도무지 근본을 몰라!

아이 : 와! (마침내 팽이채 끈을 쳐서 팽이를 돌렸다)

남자 : (팽이치기에 성공한 아이를 아랑곳하지 않고 여전히 관객을 향해)
팽이치기는 도토리나 상수리처럼 둥글고 길쭉한 걸
바닥에 놓고 돌리기 시작한데서 놀이가 되었죠.
사람은 누구나 둥근 걸 보면 굴리고 싶어지잖아요.

아이 : (팽이채 끈으로 쳐서 두 번만에 팽이가 쓰러지자 아쉬워하다가
자기 몸을 빙글 하고 팽이처럼 돌려본다.)
히히. (그게 재미있는 듯 자기 몸을 여러 바퀴 돌려본다.)

남자 : (갑자기 차렷 자세로 꼿꼿이 서서 기계적인 발성으로 또박또박)
나는 바퀴를 보면 굴리고 싶어진다.
자전거 유모차 리어카의 바퀴
마차의 바퀴

굴러가는 바퀴도 굴리고 싶어진다.
가쁜 언덕길을 오를 때
자동차 바퀴도 굴리고 싶어진다.[1]
(유식한 척 뻐기는 표정을 짓고는 다시 부드럽게)
굴리고 싶을 때는 굴려야죠.
욕망을 채우려면 머리를 써야죠.
나무 열매가 없으면 사람들은
나뭇가지를 깎아서 둥글게 만들어 돌리기도 하고

그 사이 아이는 여러 차례 팽이처럼 도는 시늉을 한다. 마치 팽이를 몸 전체로 이해하려는 듯.

남자 : 동전이나 단추 같은 것도 팽이로 삼아 돌리기도 하고,
　　　쇠로 팽이를 만들어 돌리기도 했죠.
　　　유리로 팽이를 만든 나라도 있었답니다.
　　　(유리로 팽이를? 말을 하고도 잘 이해가 안 된다는 듯이
　　　 중얼거리며 고개를 갸웃갸웃)
　　　팽이를 더 잘 돌리려니 팽이채가 있어야 했구요.
　　　팽이! 팽이! (팽이 치는 흉내를 내보고)
　　　겨울철 빙판 위에서 아이들이 할 수 있는 놀이로는 그만이었죠.

아이 : (다시 팽이를 돌리고 재빨리 팽이질! 성공!)
　　　햐, 됐다, 됐어!

남자 : 팽이란 말의 어원은 핑이.

---

1) 황동규 시 「나는 바퀴를 보면 굴리고 싶어진다」를 활용했다. 시를 좀 안다는 사람은 이 대목에서 고개를 끄덕끄덕할 거다.

핑이가 팽이가 되었다는 거죠.
그럼 핑이가 어떻게 팽이가 되었나.

아이 : (팽이질) 히히!

남자 : (보고도 못 본 척하는 여유)
핑이라는 말은 여린말로 빙이라 하죠
핑과 빙은 모두 돈다는 뜻입니다.
빙 글 빙 글 핑 글 핑 글, (말 연습을 시키듯이)
빙 빙, 핑 핑, 빙그르르, 핑그르르……

아이 : 히히 (남자의 말보다 먼저 도는 팽이를 따라가며 팽이채 질)

남자 : 뱅글뱅글 팽글팽글……
빙, 핑, 뱅, 팽……
여기에 물건을 나타내는 접미사 '이'를 붙이면
빙이, 핑이, 뱅이, 팽이……
팽이란 말은 바로 이런 언어적 역사 속에서 탄생한 것이지요.
(스스로 으쓱해 하는 표정)

아이 : (팽이를 치고 한번 돌고, 팽이를 치고 한번 구르고
한번 치고 구르고 한번 치고 돌고……)
히히히(웃고) 랄랄라(노래하고, 춤춘다)

아이의 춤은 팽이와 혼연일체가 된다. 날이 어두워지는데, 아이의 춤은 아름답게 빛난다.

이때 무대로 등장한 여자. 춤추는 아이의 모습을 보면 대견하다는 듯, 보기 좋다는 듯 조용한 박수로 호응하고.

간간이 아이를 따라 몸짓을 따라해 보는 여자. 춤을 추는 듯한 여자.

남자도 아이의 춤과, 그 춤에 어우러지는 여자의 그윽한 호응에 취한다.

남자 : (혼잣말처럼)
　　　사물을 운영하려면 그 근본을 알아야 하고
　　　그것이 변천해온 역사와 문화의 전통을 이해해야 하며……
　　　(관객들까지 아이의 춤에 빠진 걸 보고 얼른 정신을 차리고 본연의 자세로)
　　　우리나라에서 하던 팽이치기 놀이가 고려 때 일본으로 전해졌지요.
　　　그래서 일본에서는 팽이를 고려를 뜻하는 고마라고 불러요
　　　(그러고 보니, 남자의 코밑수염을 보니 일제 순사처럼 생겼다. 그러나 장엄하게)
　　　이 조그만 놀이기구에도
　　　이처럼 엄청난 역사의 비밀이 담겨 있다는 걸 알아야 해요.

아이의 춤이 끝나자 여자와 포옹. 남자를 힐끔 쳐다본 여자, 어쩔 수 없다는 듯 아이를 데리고 퇴장. 퇴장하는 둘의 모습도 춤추는 듯.

남자 : (여자와 아이의 행동을 모르는 체하며)
　　　뺑이! ('베이'와 비슷한 발음. 소리쳐 놀라게 해 놓고)
　　　팽이를 뺑이라 부르는 사람도 있죠
　　　바로, 갱상도 하고도 갱상남도 사람이 그렇고요.

경북 일부에서는 핑딩('핑디'와 비슷한 발음), 이렇게 불러요.
전라남도에서는 팽돌이를 강하게 발음해서 뺑돌이!
이렇게 부르기도 하죠.
제주에서는 팽이를 뭐라고 할까요?
도래기. 제주에서는 도래기라 합니다.
그 밖에도 빼리, 빼새이, 봉애, 포애, 세리……
팽이 이름 참 많죠? 그죠?
(싸늘한 반응에 그제야 무대 위에 자기 혼자뿐이라는 걸 깨닫는다.)

벌써, 캄캄해졌다.

남자 : 어디 갔지?
(여자와 아이가 사라진 쪽으로 부르는 손짓을 하며 종종걸음)
같이 가!

천천히 암전.

제2장

봄날의 공원이다.

멀리 삐죽삐죽 솟은 빌딩이 보인다.
빌딩의 어느 벽에 스크린 장치가 되어 있는데, 그게 관객들에게 잘 보이면 좋겠다.

공원 한 켠에서 아이가 스케이트 보드를 타고 있다. 아이가 스케이트 보드를 타는 모양이 빌딩 벽 스크린에 무늬로 나타나는 방식이다. 천천히, 몸을 놀리는 아이. 스크린은 아이의 동작을 팽이가 돌아가는 모습으로 이미지화하는 거다. 아이가 스케이트 보드를 타는 모습이, 팽이가 돌 때 팽이 표면에서 일어나는 색깔 변화처럼 스크린의 변화무쌍한 무늬로 표현된다.2)

이를테면 넓은 꽃밭에 무수한 꽃들이 만개하는 동안 온 우주에서 온갖 벌나비들이 날아드는 형상……

공원이니까, 당연히 사람들이 앉아 쉬었다 가는 벤치 같은 게 있겠지. 아니나다를까, 좀전까지 남자가 앉아 아이가 노는 걸 보고 있기는 했던 모양인데, 모습이 드러날 때는 남자가 걸려온 휴대전화를 받느라 바쁜 상황. 한 손에는 커피가 든 종이컵이 들렸고 휴대전화에 결국은 어디론가 다녀와야 하는 남자.

남자가 빠진 그 자리로 여자가 들어서는데, 여자와 눈길이 마주친 남자가 금방 돌아오겠다는 손짓을 한다. 여자도 공책에 뭔가 끄적거리며 오는 터라 남자의 손짓을 본 것 같지도 않다.

벤치에 앉아서도 공책에서 눈을 못 떼던 여자는 잠깐 고개를 들어 아이가 노는 걸 본다.

---

2) 무대 설치 때 스크린 장치를 만들지 않는다면, 아이의 동작으로 이미지를 만들어 간다. 아이가 스케이트 보드를 타는 모습도 실제로 스케이트 보드를 타는 걸로 설정하지 않으면 타는 동작, 팽이 도는 모습 등을 다양하게 몸 동작과 춤으로 표현한다.

아이의 유연한 몸놀림.

귀에 대고 있던 휴대전화를 내리며 남자가 등장한다.

여자 : (결국은 감탄한다) 어쩜 저렇게 신기할까!

남자 : (여자 곁에 앉으며) 팽이 도는 거 첨 보세요?
    (여자가 그럴 나이가 아니라는 걸 놀리는 뜻도 있다.)

여자 : (눈 흘기는 시늉을 하고 나서)
    잘 도네.

남자 : 저 정도야 뭐. 난 저것보다 더 잘 돌렸는데.
    (잠깐 팽이 돌리고 치는 시늉)

여자 : 피!

남자 : 팽이를 직접 만들기도 했지.

여자 : 만들기꺼정?

남자 : 소나무를 깎아서 거기다가 못을 박아서
    팽이채로 팽! 그러면 딴 녀석들 팽이로 가서
    팍 쓰러뜨리고……
    (큰 동작을 한다)

여자 : 팽! (잠깐은 재밌다는 듯이 쳐다보다가, 잊었다는 듯이 공책 몇 장

을 넘겨 보이며)
이건 어떻게 할 건가요?

남자 : (팽이 치는 시늉을 멈추는 통에 우스꽝스러워진 몸짓)
글쎄……, 그건 시간이 필요하죠.

남자와 여자는 조금 짜증나는 대화를 이어간다.

그러다 남자는 또 누군가의 전화를 받고 자리를 뜨고, 여자는 황급히 공책을 꺼내 몇 자 적다가, 시계를 보더니 일어나 자리를 뜬다.

그 빈 자리에 다시 돌아오는 남자. 그때껏 손에 든 종이컵을 우그려 던지고는 지친 듯 고개를 숙인다.

잠시 어두워진 무대에서 노는 아이 모습이 돋보인다. 이때부터는 아이가 스케이트 보드를 타는 것보다 직접 춤을 추는 것이 좋다. 스크린도 적당히 그 춤추는 모양을 보여주다가 닫히고.
남자의 자리도 어두워지고.

춤추는 아이의 모습만이 황홀하다.

남자(목소리) : 팽이가 돈다
어린아이고 어른이고 살아가는 것이 신기로워
물끄러미 보고 있기를 좋아하는 나의 너무 큰 눈앞에서
아이가 팽이를 돌린다.

아이의 춤이 잠시 멈추는 듯한 기색을 보이자

남자(목소리) : (황급히, 이 낭송은 제대로 안 들려도 좋다) 살림을 사는 아이들도 아름다웁듯이/노는 아이도 아름다워 보인다고 생각하면서/손님으로 온 나는 이집 주인과의 이야기도 잊어버리고/또한 번 팽이를 돌려주었으면 하고 원하는 것이다.

아이의 춤이 아예 멎어 버렸다. 어둠 속에 있던 남자가 아이 쪽으로 들어서면서 모습을 드러내고, 언제 무대에 와 있었는지 여자도 남자 뒤를 따라 모습을 반쯤 드러냈다.

다시 천천히 몸을 움직이는 아이. 이때부터는 스크린이 켜져 빠른 무늬 변화를 보여주는 것이 좋다. 당초 스크린 설치가 없었다면 끝까지 아이의 빛나는 춤이 이어져야 한다.

남자 : (아이 주변을 빙글빙글 돌아가며)
　　　도회 안에서 쫓겨 다니는 듯이 사는
　　　나의 일이며
　　　어느 소설보다도 신기로운 나의 생활이며
　　　모두 다 내던지고

여자 : (남자 뒤를 돌고 있다)
　　　모두 다 내던지고

남자 : (여자 소리에 놀라 멈춰 섰다)
　　　점잖이 앉은 나의 나이와 나이가 준 나의 무게를 생각하면서
　　　(여자가 따라 하지 않는 것에 안심하며)
　　　정말 속임 없는 눈으로

　　　　지금 팽이가 도는 것을 본다.

여자 : (얼른 따라서)
　　　　정말 속임 없는 눈으로
　　　　지금 팽이가 도는 것을 본다.

잠시, 아이의 춤이 멎고. 스크린도 정지.

남자, 여자 : 그러면 팽이가 까맣게 변하여 서서 있는 것이다.

잠시, 모든 것이 정지되었다가.

남자 : (천천히 시작해서 빠르게)누구 집을 가 보아도 나 사는 곳보다는
　　　　여유가 있고
　　　　바쁘지도 않으니
　　　　마치 별세계같이 보인다.
　　　　팽이가 돈다.
　　　　팽이가 돈다.

모두 캄캄해지고, 다시 아이의 춤만 보인다.

남자(목소리) : 팽이 밑바닥에 끈을 돌려 매이니 이상하고
　　　　손가락 사이에 끈을 한끝 잡고 방바닥에 내어던지니
　　　　소리 없이 회색빛으로 도는 것이
　　　　오래 보지 못한 달나라의 장난 같다.
　　　　팽이가 돈다.

여자 : (목소리만으로) *팽이가 돈다.*

갑자기 조명 아래로 드러나 아이의 춤에 어울려 춤을 추기 시작하는 여자. 아이와 여자가 만드는 춤이 이어진다.

남자(목소리) : (아주 빨라 아무도 알아들을 수 없을 정도로) *팽이가 돌면서 나를 울린다/제트기 벽화밑의 나보다 더 뚱뚱한 주인 앞에서/나는 결코 울어야 할 사람은 아니며/영원히 나 자신을 고쳐가야 할 운명과 사명에 놓여있는 이 밤에/나는 한사코 방심조차 하여서는 아니 될 터인데/팽이는 나를 비웃는 듯이 돌고 있다/비행기 프로펠러보다는 팽이가 기억이 멀고/강한 것보다는 약한 것이 더 많은 나의 착한 마음이기에/팽이는 지금 수천 년 전의 성인과 같이/내 앞에서 돈다/생각하면 서러운 것인데/너도 나도 스스로 도는 힘을 위하여/공통된 그 무엇을 위하여 울어서는 아니 된다는 듯이/서서 돌고 있는 것인가.*

남자 : (갑자기 모습을 드러낸다. 아이와 여자의 춤에 취했다는 표정이다) 팽이가 돈다.

여자 : *팽이가 돈다.*

아이 : *팽이가 돈다.*

남자 : (아이의 반응에 놀라 얼떨결에 또) *팽이가 돈다.*

여자 : (덩달아) *팽이가 돈다.*

아이, 여자, 남자(함께) : (기쁜 표정이다) 팽이가 돈다. (반복한다) 팽이가
　　　　　　　　　돈다.3)

남자가 춤판으로 뛰어들자, 여자가 뒤로 물러난다.
아이와 남자의 춤을 빙글빙글 돌면서 지켜보는 여자.

이번에는 여자가 뛰어들자 남자가 빠지고,
조금 뒤 남자가 뛰어들자 여자가 빠지고,
조금 뒤 여자가 뛰어들자 남자가 빠지고,
그러다가 여자와 남자가 팽이처럼 춤을 추고 아이가 뒤로 빠지기도 한다.

뒤로 빠져나와 남자와 여자가 춤을 추는 걸 보며 잠시 어이없다는 표정을 짓는 아이.

그러나 아이도 그 춤에 취해 뛰어들고,
다시, 여자가, 남자가, 서로 교대로 아이와 춤을 추고
간간이는 셋이 함께 춤을 추기도 한다.

그러는 동안, 지상최대의 무늬쇼처럼 돌아가는 스크린의 이미지.

서서히, 천천히 어두워지는 무대.

---

3) 제2장에서 기울임체로 표기된 글은 모두 김수영의 <달나라의 장난> 전문을 활용한 것이다. 일부 시행만 중복해서 대사로 썼을 뿐, 가감한 것 없이 그대로다. 단, 표기법은 현대의 원칙에 따랐다.

제3장

불이 켜지면, 신문이나 잡지나 광고 전단지 등을 마구 오려서 붙인 거대한 벽이 무대 배경이다.

부분 조명이 그 벽을 듬성듬성 훑어간다. 벽에 붙은 조각난 종이는 주로 사람들의 얼굴이나 사건 기사들이다. 농염한 여배우나 멋진 남자배우는 기본. 연예인 합성사진 같은 것도 좋다. 익히 아는 대통령 사진도 있고, 김정일 사진도 있고, 범인, 형사, 애한테 젖 물리는 여자, 선글래스 쓰고 이어폰 꽂은 남자, 팽이 치는 아이, 그 중에는 남자와 여자와 아이도 있다. 사건 기사는 별 의미 없는 글자들을 보여주는 틈틈이 여성, 주부, 육아, 맞벌이 등에 관한 글자가 슬쩍슬쩍 드러나는 정도.

부분 조명은 불규칙하고 갑작스럽게 빛을 뿜는다. 그에 따라 벽의 사진과 글자들이 기이한 형상으로 드러난다. 잔인한 장면도 있고 우스꽝스러운 사진도 있고, 그냥 평범한 사진도 있다. 글자들이 뒤죽박죽 조립된다. 우리가 참 다양한 걸 경험하고 사는구나, 고통과 욕망과 얼핏얼핏 찾아드는 희열 속에서 사는 게 인생이구나 하는 느낌이 들면 되겠다.

그 조명에 무대 앞쪽에 있던 여자의 모습이 얼핏얼핏 드러난다. 여자는 아까부터 조명등의 움직임을 따라 몸짓을 하고 있었던 거다. 그 벽 속 사진과 함께 인생을 살아온 듯한, 그 벽에다 자신의 삶을 새겨 넣는 듯한, 그 벽에다 시를 쓰는 듯한 표정과 동작이었다.

그러고 보니, 그 벽은 땅 위에도 있다. 실은 땅에도 벽과 똑같은 사진과 글자들이 있었다. 조명등을 이용해 여자의 몸 위로 사진과 글자들이 새겨지도록 한다. 그게 아니라면 벽 그림자가 여자의 몸과 땅에 어른거리는 장치도 괜찮다.

여자가 벽을 보고 움직이는 동작은 마치 땅위에다 글자를 새기는 듯한 움직임이 된다.

그렇다, 여자는 땅 위에다 시를 쓰고 있는 거다.

여자(목소리) : *나는*
땅바닥에 대고 시를 썼다.
돌짝도 흙덩이도 부서진 사금파리도
그대로 찍혀 나오는
울퉁불퉁했던 내 것들.
삐뚤삐뚤 한글 자모가 나가고
미어진 종이 위에서
연필은 몇 자 못 쓰고 늘 부러졌다.
시에서 지금지금 흙부스러기가 씹혔다.
죽었던 내 부스러기들이 씹혔다.[4]

무대 한쪽에 안경을 쓰고 손에 책을 든 남자가 등장해 있다. 여자가 하는 동작을 한동안 시긋이 보고 있다가 고개를 끄덕이며 이해가 된다는 듯이 고개를 끄덕이고 한다.

남자, 천천히 무대 한 켠에 똑바로 서서 관객을 향한다.

이때부터 남자는 비평가 또는 교수가 되고, 관객은 독자 또는 학생이 된다.

---

[4] 최문자 「땅에다 쓴 시」의 두 개 연 중 첫 연 전문이다.

남자 : 「서쪽산」이라는 연작시가 있지요.
　　　그 중 첫 번째 시에 이런 구절이 있어요.
　　　"끝없는 벌판에서, 나도
　　　벌레처럼 詩에다 구멍을 내고 있는 사이
　　　날개 단 시인들은 서쪽산을 넘어갔다."
　　　이 시에서, 시인들이 날개를 달고 서쪽산을 넘어간다는 게
　　　실재하는 모습일 수 없겠죠?
　　　즉, 서쪽산이며 그 산을 날개를 단 시인들이 넘어가는 것,
　　　또, 시에다 구멍을 내는 시인……
　　　이건 실재하는 풍경이 아니라,
　　　시인의 내면을 이미지화한 관념의 풍경일 테죠5)
　　　(이 남자, 자상도 하셔라. 문학작품을 설명하는 목소리가 이렇
　　　게 은은하다니!)

여자(목소리) : (남자가 강의를 하는 사이에도 희미하게 동작을 하면서
　　　빠르게 중얼거리는 소리)더 이상 세상에 매달리지 못하는 것들은
　　　/모두 땅바닥에 와 있었다./죽은 꽃잎에 대고/죽은 사과 알에 대
　　　고/죽은 새의 눈언저리에 대고/꾹꾹 눌러 썼다.6)(쓰러진다.)

남자 : 여기 서쪽산과 그 산을 넘어간 시인들과
　　　그리고 아직 끝없는 벌판에서 시에다 벌레처럼
　　　구멍이나 내고 있는 시인의 관계를 생각해 볼 수 있어요.
　　　이거 중요합니다. 이거 수능에, 아니, 기말고사에, 아니,
　　　특목고 시험에, 아니, 공무원 시험에, 아니아니

---

5) 김수이의 평론 「벽 속에서 꺼낸 최문자 시」에서 거의 그대로 옮긴 말이다.
6) 앞 「땅에다 쓴 시」에서 이어지는 부분.

아무데도 안 나옵니다(오, 이런 유머까지!). 그래서 더 중요한 겁니다.
우리 시단에는 두 부류가 있어요. 저기 보세요.
(글자와 사진으로 그득한 벽과 땅을 가리키다가
그 너머 있는 곳까지로 손가락질을 해 댄다.)
저길 지나, 저 산 너머로 가는 시인과
저 산 너머로는 도저히 못 가는 시인. 이렇게 두 부류.
대부분은 다 산 너머 갑니다. 왜냐구요?
저 복잡한 현실을 보세요. 저기서 어떻게 살겠어요?
벗어나야죠. 세상살이는 그렇다 하더라도
적어도 마음에서는 벗어나고 시에서는 그래야지요.
그래서 우리 마음은 휴일처럼,
시인은 우리 마음처럼 저길
건너가고 지나가고 부대끼다 가고 그냥 가고
빨리 가고 천천히 가고 먼저 가고 나중 가고
여행 가는 것처럼, 그 너머가 집인 것처럼, 그렇게 가는 겁니다.
남녀불문, 나이 든 사람은 다 갑니다.
젊은 사람 중에도 애늙은이들은 갑니다.
젊거나 늙거나 간에 팔짱끼고 세상 구경해 버릇한 사람은 갑니다.
유식하게 말해 초월하고 관조하는 자들은 다 서쪽산 너머로 갑니다.
그럼 누가 못 가느냐구요?
아픈 사람, 아직 아픔의 현장에 있어서 그걸 벗어나기 힘든 사람.
악으로 깡으로 그 아픔을 현장에서 버텨내고 있는 사람.
산전수전 다 겪은 데도 아직도 수전산전인 사람.
그래서 변함없이 세상의 고통을 '생으로' 앓는7) 사람으로 남아 있는 시인.
이 시는 바로 그런 사람의 시예요.
우리 시단에서 점점 드물어지는 시예요.

여자(목소리) : (빠르게)우드득우드득/무릎 관절 맞추어 붙이며/죽은 것
들이 일어섰다./(쓰러진 몸을 일으킨다. 몸이 비틀거린다)지금도
나는 흙바닥에 대고 시를 쓴다./죽음도 사랑도 절망도 솟구치며
찍혀 나오는/미어지는 종이 위에 꾹꾹
(힘겨워 천천히)
눌러쓴다.
몇 자 못 쓰고
부러지는 연필 끝에
침 대신 두근거리는 피를 바른다.
시에서 늘 비린내가 풍겼다.8)
(간신히 일어서고 있다.)

남자의 해설과 여자의 목소리를 가르며 아이가 급하게 책 읽는 목소리
가 들린다. 오늘 시험을 치러 학교에 가는 학생의 아침 모습이다.

아이 : (목소리에 이어, 책가방을 매고 종이쪽지 한 장을 들고 등장하며
숨가쁜 음성으로)
사랑은 관계의 형식이다. 사랑에는 내가 있고 대상이 있으며 둘 사
이의 소통이 있다. 최문자 시의 대상이 부재하는 대상이라는 지적
은, 이 관계가 늘 무화(無化)로 환원될 위험성과 무한(無限)으로 확장

---

7) 김수이의 앞의 글에 나오는 말이다.
8) 최문자의 앞의 시 둘째 연을 임의대로 나누어서 원문 그대로 활용했다(기울임체로 표기).

될 모험성을 함께 가지고 있다는 뜻이다. 최문자 시의 주체는 늘 최초의 자신으로 돌아가야 하며, 그렇게 처음으로 돌아오면서 그 동안의 모든 편력을 제 몸에 기록해 둔다.9)

(맥이 풀린다는 듯) 이거 외워도 외워도 뭔 소린지 알 수가 없네. 사랑은 관계의 형식이다. 사랑에는 내가 있고 대상이 있으며…… 그렇지, 사랑은 나하고 남하고, 그래 둘 사이에 소통, 그래 소통하는 거지.

(팔을 벌려 두 사람을 만들고 그 둘이 마주쳐 손뼉!)

그런데 최문자 시의 대상이 부재하는 대상이라는 게 뭔 소리야? 이 관계가, 그러니까 나와 너, 남자와 여자, 주체와 대상 그런 관계가?

이 관계가 늘 무화로 환원될 위험성과 무한으로 확장될 모험성? 이건 그러니까, 사랑은 있는데 사랑하는 대상이 없고…… 나, 참, (짜증스럽다는 듯) 대상이 없는데 무슨 사랑이 되냐구요, 글쎄…… (종이쪽지를 잠깐 보다가 조금은 깨달은 것 있다는 듯) 아하, 대상이 없으니까 내가 그 대상이 된다는 거…… 아하 그 사랑이 무화, 그리고 무한이라…… (뭔가 곱씹는 듯하다가) 아이 씨, 시가 어려운 거야, 해석이 어려운 거야, 이거! 문학 선생이 미친 거 아냐, 이런 걸 왜 시험 범위에 넣어가지고…… 어? 근데 이기 무슨 시를 해석한 거였더라?

(다급하게 가방을 열며 시집을 찾는 시늉. 다시 가방을 덮고)

아이 씨, 늦었네, 늦었어. 무조건 외우고 보자.

사랑은 관계의 형식이다. 사랑에는 내가 있고 대상이 있으며 둘 사이의 소통이 있다. 최문자 시의 대상이 부재하는 대상이라는 지

---

9) 권혁웅의 평론 「살아남은 자의 슬픔」에서 최문자의 시 「외출」을 해석하고 있는 대목의 일부를 그대로 따온 말이다. 그 아래도 기울임체로 같은 말을 반복해서 활용한다.

적은, 이 관계가 늘 무화로 환원될 위험성과 무한으로 확장될 모험
성을······.

아이, 집 밖으로 뛰어나가는 동작.

남자 : (아이가 하는 양을 보고 있다가 책을 떨어뜨리듯이 내리며, 큰소
  리로!)
  아, 이제 그만 좀 하지!
  (그 자상하던 해설자 모습은 없고)

동작을 멈추는 여자와 아이.

여자 : (언제 그랬냐는 듯이, 돌아서 있다.)
  자, 밥 먹자!

잠깐 암전.

무대는 따분하면서도 바쁘게 살아가는 세 사람의 일상 공간을 다채롭게
그려줄 준비를 하고.

불이 켜지면 여자가 무대 밖으로 뛰듯이 나갔다가 아이와 함께 밥상을
들고 온다. 남자는 벽을 보고 킁킁거리고 웃고 고개를 절레절레 흔들고 하
다가, 들어온 밥상 앞에 앉고.
잠깐 암전.

겨울. 아이가 팽이를 치며 놀고 있고, 여자는 벽에다 빨래를 널고 있다.
잠깐 암전.

봄. 좀전과 똑같은 밥상. 식사하는 세 사람.
잠깐 암전.

여름. 외출하는 세 식구. 사랑스럽게 아이를 보듬는 여자. 남자의 뒷태도 봐주고. 포근한 손길.
잠깐 암전.

가을. 남자(벌써 다른 사람으로 분장했군)와 만나는 여자.
잠깐 암전.

겨울. 아이(다른 집 아이로 분장했다)에게 뭔가 부지런히 가르쳐 주는 여자.

봄. 좀전과 똑같은 밥상. 식사하는 세 사람. 아이의 그릇에 밥을 더 얹어주는 여자. 여자의 입에 밥을 퍼 넣어 주려는 남자. 눈을 흘기는 여자.

여자(목소리) : *세상이 나를 질경질경 밟고 지나가는 말밥굽 같은 식사.*[10]

아이 : 뭐라구 했어, 엄마?

여자 : (아주 밝은 표정)
된장찌개, 맛있다. 그치?

---

10) 최문자의 「위험한 식사」 중 한 행.

남자 : 웬 자화자찬?

여자 : 당신은 맛이 없나?
　　　표정이 왜 그래?

남자 : (당황) 아, 아니,
　　　너무 맛있으니까 그렇지.

여자(목소리) : 거품 물듯 흰 밥알 한 입 물 때마다
　　　이빨과 이빨 사이에서 와와, 흩어지던 으깨진 희망.11)

아이(남자) : 뭐라구 엄마(당신)?

잠깐 암전.

어느 회사의 탁자에 둘러앉은 세 사람.

아이 : 나와 대상의 관계에서 둘 간의 소통이, 뭐더라?
　　　대상이 없으니까 내가, 뭐더라?

남자 : 대상이 없으면 내가 대상이라고 설정해야
　　　일이 된다는 말씀이시지요?

여자 : (직접 소리를 낸다) 한 점 하얗게 있어야 할 자리까지
　　　함부로 먹칠한

---

11) 위 시 중 두 행.

검정 꿈에 빠진 까마귀12)

아이, 남자 : 예? 뭐라구요?

암전. 다시 불이 켜지고.

공원 벤치에 앉은 여자와 남자. 다정한 연인 사이.

남자 : (여자의 얼굴을 두 손으로 감싸 쥐고)
　　　나만 보면 되지, 무슨 생각을 하고 있어.

여자 : (두 손으로 남자의 손을 포개 잡으며)
　　　내가 누굴 봐. 이 세상 어딜 가도 내 눈에는 오빠밖에 안 보이는 걸.

둘이 마주보는 사이

여자(목소리) : 내 뒤에는
　　　　　고통만 지나가는 길이 있다
　　　　　저기
　　　　　저기
　　　　　먼지가 끌고 오는 버스를 타고 오다
　　　　　수북하게 내리는
　　　　　*푸른 고통들*13)

---

12) 최문자의 「꿈에 빠진 까마귀」에서
13) 최문자의 「소돔과 고모라」에서

암전. 어둠 속에서.

남자(목소리) : (속삭이듯) 자기야!
아이(목소리) : 엄마!
남자(목소리) : 여보!
아이(목소리) : 교수님!
남자(목소리) : 아, 글쎄 장로님 그건⋯⋯
아이, 남자(목소리가 뒤섞인다) : 선생님, 아줌마, 당신, 손님, 할머니, 다음 환자 들어오세요, 밥 주세요. 이제 그만 자자구, 여보세요, 최문자 시인 계세요?, 내일 교회에서 만나요, 원고 어떻게 됐어요? 그렇게 하시면 안 되죠, 내일 위 내시경 검사 시간 확인드려요, 무슨 사고가 났나 왜 이렇게 밀려? 2학기 시간표입니다, 도시락 없어? 박교수가 학골 옮겼다구? 엄마, 밥 타! 무슨 긴급회의야? 수술해야겠어요⋯⋯(들려오는 온갖 소리, 때로는 아이와 남자가 서로 역할도 바꾸어 마구)

여자를 가운데 두고, 아이와 남자가 빙글빙글 돌면서 소리 지르는 장면이 간간이 비친 조명등 아래 드러난다. 아이와 남자는 좀 전의 시 해설들을 반복해서 내질러도 좋다.

아이 : (종이쪽지를 보다 말다 하면서 빠르게 읽듯이) *시인은 현실의 삶에서는 많은 행복을 가진 사람이다. 오래 믿어 온 신앙, 다 성장한 자녀, 안정된 가정, 노동의 즐거움을 주는 안정된 직업들을 그는 가지고 있다. 그러나 그는 시에서 주로 갈등과 상실과 불행을 말한다. 다만 연륜의 조절을 받아 위태롭거나 격렬하게 드러나지는 않을 뿐이다. 그의 시에 등장하는 화자는 출렁이는 삶의 풍랑 위에 있다.*

스스로를 속이지 않는 자는 나아와 형편에 상관없이 자신의 삶이 출렁이는 물결 위에 있다고 생각하는 법이다.[14]

남자 : (아이의 빠르게 읽기와 함께, 안경을 벗었다 썼다 하면서 천천히 기계적인 어조로)
   우선, 세상이 주는 고통을 시라는 이름을 쉽게 뛰어넘으려 하지 않는다는 점.
   이게 기본적인 특징이고요,
   다음으로, 그 고통에 부딪치는 양상에서 내면적 경험과 상처가 복합적으로 작용한다는 점.
   이게 중요합니다. 이 지점에서 이 시인의 시는 전통 서정양식에서 벗어나고
   모성성이나 여성 각성의 의미를 담는 다른 여성시와도 구별되는 영역을 이룹니다.
   그 이게 이 시인의 시인다움이죠. 이는 한국 시에서도 그렇거니와 특히 여성 시인의 중요한 영역을 차지한다는 점에서 주목해야 합니다.

이리저리 무대 위를 비추던 조명등이 한가운데로 향하자, 앉아 기도하는 여자의 모습이 뚜렷하다. 무대 벽과 바닥의 글자와 사진은 여전히 여자의 몸에 비치고.

여자 : (천천히 객석의 허공을 향해 돌아서서, 한 동안의 침묵을 견디다가)

---

14) 이희중이 쓴 최문자 시에 대한 평론 「푸른 바닷속에 잠긴 말」에서 한 대목을 그대로 땄다.

> 세상이 꽁꽁 얼어붙었습니다 하나님.
> 팽이 치러 나오세요
> 무명타래 엮은 줄로 나를 챙챙 감았다가
> (서서히 시의 의미를 좇아 몸을 움직이며)
> 얼음판 위에 획 내던지고, 괜찮아요

무대 양쪽에서 모습을 드러내는 아이와 남자. 평론의 문구들을 작게 중얼거린다. 조금씩 여자의 움직임 주위를 빙글빙글 돈다.

여자 : 심장을 퍽퍽 갈기세요
　　　죽었다가도 일어설게요
　　　뺨을 맞고 하얘진 얼굴로,
　　　아무 기둥도 없이 서 있는
　　　이게,
　　　선 줄 알면
　　　다시 쓰러지는 이게
　　　제 사랑입니다 하나님 15)

여자, 복격적으로 춤을 추기 시작한다. 아이와 남자가 그 주변을 돈다. 여자의 목소리로 시가 반복되고, 아이와 남자는 주술을 외듯 평론을 중얼거리며 격렬하게 춤을 춘다.

벽과 땅의 사진과 글씨들이 그 위에 어른거린다.

암전.

---

15) 최문자의 「팽이」 전문을 그대로 따와 두 대목으로 나누어 옮겼다.

시집해설

땅에다 쓴 시, 더 이상 세상에 매달리지 못하는 것들에 대하여 • 함돈균
통증과 사랑의 시적 형식 • 유성호
꽃과 뿌리의 시학 • 오형엽
내면 속에 깃든 절망 • 홍정선
일상적 사상事象의 새로운 인식 • 윤석산

땅에다 쓴 시, 더 이상 세상에 매달리지 못하는 것들에 대하여*

함 돈 균

(문학평론가)

나는 이렇게 별안간 왼손잡이가 되고

맨 처음
그대가 왼손으로 서툴게 다가와 시작했으므로
나도 별안간 왼손잡이가 되었다.
왼손이 이렇게 오른손처럼 되긴 처음이다.
그대가 왼손으로 마우스를 잡고 클릭했을 때
장난처럼 마구 움직이던
헛짚은 세상
헛짚은 사랑처럼
서로가 서로를 집으려다 배운 헛손질
다 끝나고 나니,
오른손은 왼손의 잔량처럼 작아 보였다.
— 「왼손잡이 사랑」(『나무고아원』) 부분

"맨 처음" 모든 사랑은, 모든 연애는 "별안간" 시작된다. "그대가 왼손으

---
* 최문자의 시 「땅에다 쓴 시」 중에서

로 서툴게 다가와 시작"된 이 벼락같은 뜻밖의 순간은 새로운 실존적 관계에 들어서는 순간인 동시에, '내'가 결코 욕망의 주인이 될 수 없음을 절감하는 어떤 특별한 순간의 시작이다. 상투화된 일상의 시간 속에 틈입한 이 낯선 시공 체험이 어찌 시적인 순간이 아닐 수 있으랴. 그러므로 에로스의 손이 닿기만 하면 누구나 시인이 된다는 아가톤의 저 유명한 사랑론[1]은 신화론적이라기보다는 차라리 체험에 근거한 진실에 가깝다. 문제는 이 순간 속으로의 진입에 의해 구성되는 한편의 스토리가 대개 비극적인 것으로서의 테마를 두루 갖추고 있다는 점이다. 예컨대 에로스가 날린 화살촉에 맞고 사랑에 빠지게 된다는 뜻은 이 "맨 처음"의 순간을 우리가 예상할 수도 없으며, 우리가 이 순간의 주인일 수도 없음을 뜻한다. 다만 우리는 우리 자신이 그 화살촉에 맞았음을 사후적으로나 확인할 수 있을 뿐이다. 그래서 모든 사랑은 뒤팽의 잃어버린 편지처럼 언젠가는 목적지에 배달되나, 그 도착 시각은 타이밍을 맞추지 못해 허둥대는 햄릿의 복수 행위처럼 항상 조금 이르거나 조금 늦다. 다시 말해 모든 연애서사는 한편의 강박증적 서사를 구성할 수밖에 없다. "왼손으로 서툴게 다가"온 사람이나, "별안간 왼손잡이가" 된 사람이나 준비 없이 시작한 것은 마찬가지이므로 "서로가 서로를 집으려다" "헛짚은 사랑"이 되기 일쑤다. 상징세계에 진입하면서 타인과 나의 분리를 뼈아프게 받아들여야 했던 주체와 타자의 변증법은 순식간에 무너져버린다. 오른손잡이가 "별안간 왼손잡이"가 된다. 나는 그의, 그는 나의 거울이 되는 거울단계(stade du miroir)를 다시 반복하며, 주체는 '퇴행'한다. 아니, 주체는 그렇게 나와 타인의 경계를 지우는 식으로 자신의 에고를 재구성한다. 그러나 그렇게 재구성된 에고는 "다 끝나고" 난 다음 어떻게 될 것인가? 오른손은 이제 전의 오른손이 아니다. 이미 왼손잡이가 된 '나'에게 오른손은 "왼손의 잔량처럼 작아 보"일 뿐이다. "별안간" 찾아온 그 기막힌 사랑의 순간보다도 이 "잔량처럼 작아 보"이는

---

[1] plato, 『향연 symposium』

초라한 순간의 고통은 더 크고 긴 흔적을 남긴다. 그래서 사랑을 이야기하는 시에 아이러니가 발생하게 된다. 이 고통의 흔적조차도 매너리즘화 한 일상 바깥에서나 체험 가능한 것이라고 한다면, 이 긴 고통의 흔적 자체가 오히려 시적인 것으로 '승화'되는 아이러니가 나타나게 되는 것이다. 그래서 사랑의 시는 대개 이별의 시가 되고 만다.

"사랑은/내게 마지막 남은 들판이다/아직도 노랑나비 비릿한 속삭임으로 꽉 차 있다"(「노랑나비」, 『나무고아원』). 스스로 고백하듯 최문자의 시는 '사랑의 시'다. 그러나 그 시의 사랑은 현재진행형이 아니다. 그것은 "별안간" 찾아온 짧은 사랑이 떠난 뒤 그 사랑의 행로를 쓸쓸히 반추하는 시요, 사랑이 남긴 "피 묻은 흔적"(「풀장난」, 『울음소리 작아지다』)을 지켜보는 고통스러운 자기응시의 시다. 어법은 단정하고 반듯하나, 이 자기응시에는 환부를 직시하는 정직한 기율 같은 것이 있다. 사랑이 남긴 환부에 대한 쓰디쓴 자기응시를 주요 모티프로 삼는다는 점에서 그의 시는 멀리는 최승자, 좀 더 가까이는 김언희나 90년대 허수경의 경우와도 통하는 데가 있다고 하겠다. 그러나 그의 시는 지나간 사랑의 기억들에 대해 저 7·80년대의 최승자처럼 지독한 환멸과 비명에 가까운 절규를 퍼붓지도 않으며, 김언희처럼 그로테스크한 에로티시즘을 알레고리적 언어로 확장시키려 하지도 않는다. 또 피를 찍어 쓰는 시라는 점에서는 허수경의 저 쓰디쓴 감성의 밀도들을 공유하나, "여러 번 빨아 입은 블라우스 앞섶에 아직도 시퍼런 녕"(「풀장난」)이 남은 자신의 육체를 응시하는 최문자의 핍진한 시선은 한층 더 내면의 체로 걸러져 있다는 느낌이다. 이러한 차이는 그가 '사랑-이별'의 문제를 시간성을 견디지 못하고 스러지는 여타의 보편적 삶의 한 측면으로 이해하기 때문에 생기는 것이기도 하다. 여성적 화자의 목소리로 발설되는 '사랑시'임에도 불구하고, 그의 시가 90년대 문단에서 비평적 수사의 하나로 주어졌던 소위 '여성시'의 범주와 다른 분류에 놓이게 되는 것도 바로 이 때문이다. 다시 말해 그의 시에서 사랑은 김혜순이나 김승희, 김정란 등의 시가 그러한 것처럼 에로티시즘을 생산하는 '욕망하는 몸'이나 가부장적 세계와 갈등하는 젠더적 육체와 관련되는 것이 아니라, 느닷없이 주어졌던(그러나 매우 강렬했던) 만남이 남긴 지독한 생채기에 대한 실존적 자기응시와 관련된다. 육체를 매개로 한 '욕망'의 문제가 주를 이루는 것이 아니라 '만남-관계'의 소멸이 남기고 간 고통스럽고 덧없는 흔적을 응시한다는 점에서, 최문자의 시는 추상적으로 '사랑시'라고 말하기보다는 '연애시'라고 하는 편이 더 타당할 듯하다. 그러나 이 연애가 남기고 간 환부에 대한 응시에는 아픔을 아픔대로 놔두고 발산하기보다는 어떤 방식으로든 이를 제어하려는 각고의 노력이 스며있다는 점을 눈여겨 볼 필요가 있다.("승냥이가 몹시 그리운 밤은/어쩔 수 없이/어둠 속에서/칼을 꺼낸다", 「칼을 쓰는 밤」) 최문자의 시가 소박하면서도 나지막한 목소리에도 불구하고, 거부하기 힘든 어떤 시적 울림을 드러내는 까닭도 이 때문이다. 그의 시에서 오랫동안 지속되고 있는 사랑의 상처는 그래서 자칫 아픔의 과잉이 야기할 수도 있는 나르시시즘적 고통의 달콤한(?) 유혹을 교묘히 피해나간다.

백치의 순정과 떠나간 맘들의 자국

> 모래 속에 손을 넣어본 사람은 알지
> 모래가 얼마나 오랫동안 나를 말려왔는지.
> 내 안에 손을 넣어본 사람은 알지
> 그가 얼마나 오랫동안 나를 말려왔는지.
> 전에는 겹백일홍이었을지도 모를
> 겹동백이었을지도 모를
> 꽃잎과 꽃잎 사이
> 모래와 모래 사이
> 나와 그 사이

그 촘촘했던 사이.
보아라,
지금은 손가락 쑥쑥 들어간다.
헐거워진 자국이다
떠나간 맘들의 자국
피 마른 혈관의 자국.

신두리 모래벌판 가본 사람은 알지
피 마른 자국마다 꽃피는 거
헐거워진 모래 자궁으로도 노랗게 꽃 피우는 거
지금, 신두리 모래벌판 꽃냉이 한철이다.

― 「꽃냉이」 전문

    연애사가 흘러가는 쓸쓸한 행로에 대한 최문자의 시적 묘사는 이 시에서처럼 달리 비평적 수사를 필요로 하지 않을 만큼 충분히 '경제적'인 경우가 대부분이다. 이때 그의 시에서 시간의 덧없는 숲을 지나며 사위어 가는 사랑의 행로가 야기하는 아픔은, (마른) "모래 속에 손을 넣어" 볼 때 손에 쥐어지는 헐겁고 삭막한 촉감의 이미지 등을 통해 그 전형성을 얻는다. '마른 모래' 혹은 '마른 피'를 통해 주어지는 이 촉감의 이미지는 안쓰럽게 말라붙어 가는 그 시 속 화자의 마음의 정처를 황량하게 드러낸다. 모래가 말라갈수록 모래알갱이는 더욱더 낱낱으로 떠돌고, "겹백일홍" "겹동백"이었을지도 모를 "그 촘촘했던 사이"는 이제 "손가락 쑥쑥 들어간다". "헐거워진 자국", "떠나간 맘들의 자국"은, 그러나 갑작스레 사랑이 찾아왔던 순간처럼 그렇게 쉽사리 사라지는 것이 아니다. 시간의 숲을 온전히 건너지 못하고 헐거워진 사랑은 당사자들 내부에 "피 마른 혈관의 자국"을 남긴다. 그것은 죽음의 흔적이다. 이 죽음의 흔적은 그러나 단지 짝사랑이나 외사랑처럼 사랑의 관계에 있어서 상대적 약자가 느끼는 고통의 흔적만을 의미하는 것은 아니다. 다시 말하건대, 최문자의 시에서 이러한 '핏기 없는 메마름'의 흔적은 욕망이 운행하는 일반적 행로와 무관하지 않다. 「정전기」에서 이 욕망의 지리멸렬한 운동방식을 계절(날씨)에 빗댐으로써 만상이 거쳐 갈 수밖에 없는 필연적인 시간 행로의 일부로 규정하거나("건기인가 봐요, 우리,/새들도 입 안이 마른다는……/바짝 마른 말로 통화하고 있잖아요. 지금,"), 「이별2」와 같은 시에서 사랑의 변색을 유다의 배반에 빗댄 것도 이 때문이다.

> 알아요
> 색깔이 변했어요
> 꺼냈어요
> 어금니에 물려 있던 얼굴
> 늘 기적처럼 반짝일 줄 알았죠?
> (…중략…)
> 나, 돌아서요
> 유다예요
> 은30냥 받고
> 색깔을 지웠어요
> 알아요
> 알아요
> 피밭으로 가고 있잖아요
>
> ─「이별2」 부분

변색된 사랑의 빛깔은 변색된 만큼, 아니 그 이상의 잔인한 흔적을 남긴다. 화자는 이를 "피밭"으로 걸어가는 일로 표현하고 있거니와, 이 "피밭"의 생채기는 삶의 도처에 가득하다. 그것은 "그가 서쪽 산을 넘어갈 때/나도 꽃잎처럼 몸을 부들부들 떨면서" 쳐다 본 "연분홍이 다 빠져나간 허연 빛깔"(「꽃잎;서쪽 산 3」) 속에도 있으며, "활활 타오르는 땡볕 아래"임에도 불구하고 "군데군데 뭉쳐있던 몸속의 얼음"을 느끼는 "소름 돋아 오슬오슬 떨려오던 장기들"(「여름 산책」) 속에도 있고, "식탁 위에 놓인 붉은 사과"

"피 묻은 뺨"(「흔적들」)에도 있다. 그러나 모든 연애 행로가 지닌 지리멸렬함을 인식하고 있다고 해서, 최문자의 시적 화자가 다가오는 사랑에 몸을 사린다거나 사랑에 대해 어떤 관조적 태도를 취하고 있는 것은 결코 아니다. 오히려 그 시의 화자는 사랑의 현장성에 전적으로 충실하다. 영악하지도 지혜롭지도, 그렇다고 육체적 관능을 발산하지도 않는 이 화자는 '모성적 희생'과 같은 어떤 도덕적 이데올로기와도 전혀 무관한 채로 사랑의 문제에 있어서만큼은 순도 100%의 신실함을 발휘한다. 최문자의 연애시가 주는 기묘한 감흥 중 하나는 단연코 이 지점에서 나온다. 영악한 세태 속에서 이제는 보기 힘들어진 이 순정한 그러나 단호하기 이를 데 없는 백치적(?) 태도를 보라.

그녀는 믿는 버릇이 있다.
피가 날 때까지 믿는다.
금방 날아갈 휘발유 같은 말도 믿는다.
그녀는 낯을 가리지 않고 믿는다.
그녀는 못 믿을 남자도 믿는다.
한 남자가 잘라온 다발 꽃을 믿는다
꽃다발로 묶인 헛소리를 믿는다.
밑동은 딴 데 두고
대궁으로 걸어오는 반 토막짜리 사랑도 믿는다.
고장난 뻐꾸기시계가 4시에 정오를 알렸다.
그녀는 뻐꾸기를 믿는다.
뻐꾸기 울음과 정오 사이를 의심하지 않는다.
그녀의 믿음은 지푸라기처럼 따스하다.
먹먹하게 가는귀먹은
그녀의 믿음 끝에 어떤 것도 들여놓지 못한다.

그녀는 못 뽑힌 구멍투성이다.
믿을 때마다 돋아나던 못,
못들을 껴안아야 돋아나던 믿음.

그녀는 매일 밤 피를 닦으며 잠이 든다.

　　　　　　　　　　　　　　　　—「믿음에 대하여」 전문

"금방 날아갈 휘발유", "꽃다발로 묶인 헛소리", "반 토막짜리 사랑", "고장난 뻐꾸기 시계"를 "피가 날 때까지 믿는" '그녀'는 '성관계(sex)는 없으며, 사랑은 이러한 진실을 가리는 가장 훌륭한 베일'이라고 말하는 정신분석의 저 냉정한 윤리학을 알기나 하는 것일까? 그러나 이 백치적 태도야말로 에로스의 화살촉에 눈이 먼, "먹먹하게 가는귀먹은" 사랑의 현장성-맹목성에 가장 충실한 한 순간의 크로키가 아닐까? 그래서 "그녀의 믿음 끝에 어떤 것도 들여놓지 못"하는 이 상황은 연애서사를 구성하는 가장 보편적인 화소 중 하나라고 할 만하다. 그러나 어떠한 미혹도 없는 이 맹목적인 순간은 "믿을 때마다 돋아나던 못"이라는 표현을 통해 드러나듯, 고통스러운 배반의 경험-객관적 상황과의 잦은 불일치 속에서 균열을 일으키게 된다. 그것은 나와 타인의 경계를 허묾으로써 가능했던 사랑의 '단일서사'에 대한 절대적 믿음이, 에고가 구성한 상상의 시나리오에 불과했음을 깨닫게 되는 순간이다. 나의 욕망과 타인의 욕망의 불일치, 욕망과 욕망의 배반과 쟁투는 모든 연애서사가 언제까지나 두 사람이 함께 쓸 수 있는 단일서사일 수 없음을 의미한다. 이쯤에서 믿음은 의혹으로 변화하고, 그 의혹을 제어하기 위해 욕망은 의지를 추동시킨다. 믿음이 배반당함으로써 내 안에 "못"이 돋아나지만, 이젠 역설적으로 "못들을 껴안아야 돋아나던 믿음"의 상황이 전개되기에 이른다. "매일 밤 피를 닦으며 잠이 드"는 이 상황은 그러나 어떤 숭고한 의미를 띤 화자의 희생제의와도 무관하다. 고통 자체를 껴안은 화자 자신의 의지의 추동을 통해(정확히 말해 고통 자체를 의지하는), 욕망은 이제 배반당하고 변색된 이 사랑의 의미를 상호관계가 아니라 고통을 감당하고 의지하는 자신을 중심으로 전환시킨다. 어떤 의미에서 이는 퇴색된 사랑을 나르시시즘을 통해 합리화하는 '비극적 자기기만'의 순간이라고 할 수도 있겠지만, 이는 모든 사랑의 뿌리가 자기애에 있음을 상기할 때 부정하기 힘든 진실을 담고 있는 극적인 순간이기도 하다. 그리고 "피를 닦으며 잠이 드"는 그녀의 오늘 밤에는 이렇게 여전히 한 남자가 지워지지 않는 환영처럼 어른거린다.

> 가장 슬픈 뼈 사이로 들어왔다가
>
> 아직도 나가지 못하고 있는 남자
>
> 뼈 사이가 아파서
>
> 밤새 푸른 악보를 쓰게 하는 남자
>
> 내가 버렸다가도 깜짝 놀라 얼른 줍는 남자
>
> ─「시;색채 요법 3」부분

밥과 시로 엉킨 실타래, 고치인 채로 겨울 숲에서 울다

연애사가 남긴 뼈아픈 흔적을 고통스럽게 반추하는 것 이외에, 최문자의 이번 시집에서 각별히 눈에 띄는 시들은 시인으로서의 자의식을 분명히 드러내면서 그동안 걸어왔던 그리고 앞으로도 걸어가야 할 시인의 길을 스스로에게 되묻고 있는 자기성찰적 시들이다. 이러한 물음들은 대개 두 가지 방향에서 던져지고 있는데, 지금까지 그 자신에게 시 쓰기가 무엇이었는가를 진지하게 되묻는 것이 그 하나라면, 시 쓰기가 지상의 '밥'이 될 수 없다는 현실을 새삼 깨달으면서도 결코 그 '밥'의 유혹에 넘어갈 수는 없다는 의지를 재확인하는 것이 다른 하나다. 시인으로서 화자는 지상의 '밥'에 대해 다음과 같은 의혹의 시선을 던진다.

> 새들은

>   허공의 식사를 위해 날개를 단다.
>   땀에 절은 날개를
>
>   날개를 달고 치솟는 자들만 안다.
>
>   중력이 죽음이라는 걸
>   높이가 공포라는 걸
>   날개가 음모라는 걸
>   허공의 식사를 하기 위해선……
>
>   먹은 양만큼 뒤뚱거려야 한다는 걸
>
> ―「새」

　시인의 관점에서 보면 "허공의 식사"란 "죽음"과 "공포"와 "음모"의 등가물이다. "허공의 식사"는 "먹은 양만큼 뒤뚱거"림을 야기한다. 하느님 나라의 만나를 흠모하는 시인이 이런 뒤뚱거리는 몸으로 "저 좁아빠진 구멍"을 통과하는 일은, "굵은 낙타"가 바늘구멍 통과하는 일만큼이나 "오늘도 어림없는"(「굵은 낙타;실의 하루 3」) 일이다. 그러므로 역설적으로 "날개를 달고 치솟는 자들"은 시인이 궁극적으로 가야만 하는 시의 나라로 갈 수 없는 자들이다. 시인이 이 "허공의 식사"를 "아슬아슬하게 먹어치우는 위험한 식사/저 불량한 칼 같은 밥"(「위험한 식사;실의 하루 2」)이라고도 말할 때, 이것이 지상의 '밥'에 대한 위대한 거절을 우회적으로 표현하고 있는 것이라는 점은 두말할 나위가 없다. 그러나 문제는 지상에 매인 육신이 있는데 시인이라고 '밥' 없이 살 수 있는가 하는 점이다. 시인이 '이슬(?)'만 먹고 산다는 저 오래된 루머는 과연 확인된 적이 있는 사실일까? 유폐되어 버린 누추한 시인의 삶을 '거룩한 운명'으로 승인해 줄 사람은 이제 이 시대에 아무도 없다. 백석은 누추하기 이를 데 없는 시인의 길을 "하늘이 이 세상을 내일 적에 그가 가장 귀해 하고 사랑하는 것들은 모두/가난하고 외롭고 높고 쓸쓸하니"(백석, 「흰 바람벽이 있어」) 살도록 만들었다고 말하였으나, 한 끼의 일용할 양식도 생산하지 못하는 자본주의의 이 무가치한 잉여 존재들이 이제 시인들의 세계에서조차 스스로 긍정되지 못할 때, 백석의 목소리는 공허한 허장성세 외에 아무 것도 아닌 것이 된다. "배 곯은 벌레들이 땅에 구멍을 파고 있는 사이"('허공의 식사'를 위해) "날개 단 시인들은 서쪽 산을 넘"어가는 것을 목격하면서, 화자는 동료시인들의 세계에게서조차 유폐되어 가는 자신의 모습을 확인하며 "이 무거움을 들고/어디까지 따라가야 하는가" 하고 자조적 반문을 되뇌인다.(「시;서쪽 산 1」). 이쯤 되면 "밥은/자기가 중심인 줄 안다/밥 없으면 시도 없는 줄 안다"(「밥의 오해」)는 구절은 현실의 가장 리얼한 한 국면을 보여주는 것이라고도 할 수 있겠다. 하지만 같은 시에서 "그래도/밥에서 시가 태어났다는 소문은 없다"며 "밥에서 시로 몸을 기울일 때/주린 내장에서 시가 자맥질한다던 어느 시인"의 말을 인용하는 최문자 시의 화자에게서는 밥 대신 시를 빼앗길 수는 없다는 나지막하지만 다부진 결의가 느껴진다. 그러나 최문자에게서 이러한 조용하면서도 단단한 결의는 백석처럼 스스로를 "가장 귀해 하고 사랑하는 것들"로 생각하는 데에서 나오는 것이 아니라, 오히려 자신의 시를 이 세상의 가장 보잘 것 없는 것들의 기록, 피 묻은 죽음의 흔적들의 기록이라고 여기는 데에서 나온다. 이번 시집의 서시 격이라고 할 수 있는 첫 번째 시에서 그는 일생동안의 자신의 시 쓰기를 다음과 같이 정리하고 있다.

> 나는
> 땅바닥에 대고 시를 썼다.
> 돌짝도 흙덩이도 부서진 사금파리도
> 그대로 찍혀 나오는
> 울퉁불퉁했던 내 것들.
> 삐뚤삐뚤 한글 자모가 나가고

미어진 종이 위에서
연필은 몇 자 못쓰고 늘 부러졌다.
시에서 지금지금 흙부스러기가 씹혔다.
죽었던 내 부스러기들이 씹혔다.

더 이상 세상에 매달리지 못하는 것들은
모두 땅바닥에 와 있었다.
죽은 꽃잎에 대고
죽은 사과 알에 대고
죽은 새의 눈언저리에 대고
꾹꾹 눌러썼다.

우드득 우드득
무릎 관절 맞추며 붙이며
죽은 것들이 일어섰다.
지금도 흙바닥에 대고 시를 쓴다.
죽음도 사랑도 절망도 솟구치며 찍혀 나오는
미어지는 종이 위에 꾹꾹 눌러쓴다.
몇 자 못 쓰고 부러지는 연필 끝에
침 대신 두근거리는 피를 바른다.
시에서 늘 비린내가 풍겼다.

―「땅에다 쓴 시」전문

"돌짝도 흙덩이도 부서진 사금파리도/그대로 찍혀 나오는" "땅바닥" 위의 시 쓰기는 가공되지 않은 날 것 그대로의 내면의 기록이라는 점에서 일기와 다르지 않다. "더 이상 세상에 매달리지 못하는" 이 날 것들은 열매를 맺지도 못한 채 땅바닥에 추락해 버린 죽은 것들의 세계다. "죽은 꽃잎"과 "죽은 사과 알"은 최문자의 시 세계에서는 좌절된 사랑의 세계를 의미하는 경우가 대부분이며, "죽은 새" 역시 비상하지 못한 그의 소망의 세계들을 의미하는데, 이는 궁극적으로는 '밥'을 찾아 "서쪽 산을 넘어 간 날개 단 시인들"과 대비되는 유폐된 시인 자신과 연결된다고도 할 수 있을 것이다. 유폐되고 추락하고 열매를 맺지 못하는 이 죽은 것들의 세계는 세상의 관점에서 무가치한 잉여의 세계다. 아니 무가치한 '잉여'조차 생산하지 못하는 패배하고 버려진 것들의 세계다. 이 죽은 것들의 '피밭', "미어지는 종이 위에 꾹꾹 눌러"쓰는 "시에서 늘 비린내가 풍"(「땅에다 쓴 시」)기는 것은 그래서 당연할지도 모르겠다. "미어지는 종이 위에 꾹꾹 눌러"쓰는 것은 그 모든 죽은 것들의 흔적이 남기는 격정의 파동을 시인의 가슴 속에서 제어하고 승화시키려는 행위이겠으나, 그의 시가 그럴수록 "죽음도 사랑도 절망도 솟구치며 찍혀 나오"며 "피를 바"르는 생채기를 드러내는 것은 모든 가난한 시들의 숙명적 아이러니라고 밖에 할 수 없다. 이 '피밭-미어지는 종이 위'에서 "여기저기 시퍼런 멍자국"(「멍들다; 실의 하루 4」)을 남기며 겨우 운신하는 만신창이의 자신의 몸뚱이를 시인은 이 시집의 여러 군데에서 엉켜버린 '실'이라고 말한다. 동시에 그것은 "(지상의) 밥상 하나 차리는 노동"과 "흩어지던 으깨진 희망"(「위험한 식사; 실의 하루 2」)이 뒤엉켜 있는 풀기 어려운 삶의 실타래 같은 것이기도 하다. 그러나 블랑쇼에 의하면 죽음과 고독, 멍들고 엉켜버린 이 누추한 육신의 세계야말로 문학의 본질적 거처요, 얼음으로 만든 영광의 면류관이 있는 세계다. 싸늘한 지상의 거처, 삶의 지옥에 시의 나라가 있고 하느님 나라의 만나가 내린다는 이 역설에 시인이라는 존재의 영광됨과 비참함이 있다. 그래서 얼음의 숲을 가로지르는 다음과 같은 시인의 꿈은 이러한 영광됨과 비참함의 한 이미지를 상징적으로 응축하며 긴 여운을 남긴다.

그해,
삽 등에 쓰라린 녹이 스는 사이
나는 조금씩 울었고
시간은 번데기처럼 놀았다
희끄무레한 고치를 뒤집어쓰고

> 겹겹의 실들이 엉기는 밤
> 나는 실을 뚫고 겨울 숲을 가로지르는 꿈을 꾸었다
>
> ―「시; 서쪽 산1」 부분

그러나 우리는 이 꿈이 단지 '시인의 꿈'으로만 남을 것임을 안다. 시인은 결코 "실을 뚫고 겨울 숲을 가로지르"지 못할 것이다. 그가 진정한 시인인 이상 겨울 숲 외에 시인의 거처는 지상 어디에도 없기 때문이다. 지금까지 최문자는 겨울 숲 바깥에서 봄꽃을 향유하는 나비의 행복이 아니라, 고치를 뒤집어 쓴 채 여전히 울고 있는 이 겨울 숲의 외로움 속에 자신의 나라를 건설해 왔다. 하지만 이는 슬픔에 대한 탐닉도 체념도 아니다. 오히려 우리는 이 겨울 숲에서 '네가 선 땅은 거룩한 땅이니 신발을 벗어라'라고 했던 모세의 하느님의 가르침을 떠올린다. 누추하기 이를 데 없는 자신의 땅을 거룩한 성지로 여기라고 했던 모세의 하느님은 오랫동안 최문자 시인의 하느님이기도 했다. 그것이 이루지 못한 사랑이든 몸을 얻지 못한 시의 언어든, 날개를 얻지 못해 "더 이상 세상에 매달리지 못하"고 추락하여 사금파리로만 밟히는 이 원고지 위에, 오늘도 그는 여전히 '고치'인 채로, 그러나 겨울 숲을 가로지르는 꿈을 꾸며, "침 대신 두근거리는 피를 바른다".

(『그녀는 믿는 버릇이 있다』 해설, 2006년)

통증과 사랑의 시적 형식

유 성 호
(문학평론가 · 교원대 교수)

1. '시적인 것'과 '비극성'의 결합

 최문자 시의 상상력은 자신의 육체 안에 숨쉬고 있는 어둑한 흔적들 속에서 길어 올려진다. 가령 시인은 '뼈', '피', '살(살점)' 등 삶의 정황이나 태도를 암시하는 신체적 비유를 통해 자신이 지나온 아픈 시간들을 드러내고 그것과 마주한다. 그래서 시인이 시 안에 그득 펼쳐놓는 이미지 가운데 가장 압도적인 것은 육체의 불구성이나 병리적 상태를 떠올리게 하는 온갖 징후들이다. 상처(생채기), 실명, 땀, 독, 울음(눈물), 출혈(하혈), 화농, 환부(고통), 뼈앓이, 악몽(불면), 흉터, 신열(고열), 비명 그리고 종국에는 '죽음'에 이르기까지, 시인을 둘러싸고 있는 시적 징후의 외연은 최소한 건강하지는 않다. 이는 육체적으로나 정신적으로니 참혹한 통증의 세월을 살아온 시인의 개인사가 직접 반영된 것으로 볼 수도 있겠지만, 그보다는 최문자 시인이 근본적으로 생각하고 있는 '시적인 것'의 함의가 근원적인 '비극성'에까지 가 닿는 곳에서 형성되고 있음을 알려주는 실례들이라 할 것이다.
 따라서 그의 시는 자신이 살아온 시간들을 견디고 내면화하면서 동시에 그것 스스로가 되어가는 자기 확인의 과정을 철저하게 밟아간다. 그것은 한켠으로는 '종교적 상상력'에 의한 내적 제의(祭儀)를 통해, 다른 한켠으로는 사물과 자신의 내면을 등가적 비유 관계에 놓는 과정을 통해 이루어진다. 이처럼 최문자 시학을 일차적으로 구성하고 있는 것은 자신의 육체 안에 도사리고 있는 '상처'나 '통증'을 바라보는 일이며, 나아가 그것을 '비극성'의 힘으로 견디고 미학화하는 일이다. 이러한 비극성의 형식에다가 최근의 시집 『나무고아원』(세계사, 2003)에는 목숨있는 존재들에 대한 동류의식까지 담고 있어, 시인은 지난 시집들보다 훨씬 풍요로운 음역(音域)을 선보이고 있다.

2. '비극성'과 '종교적 상상력'의 공존과 상충

최문자 시의 비극성을 가장 첨예하게 드러내 보여주는 것 가운데 하나는 '죄'에 대한 시인의 예민한 감각이다. 우리가 잘 알듯이 '죄(罪)'는 실존적인 것이기도 하고 법리적인 것이기도 하다. 그런데 시인에게 '죄'란 정직하고 바르게 산다고 없어지는 어떤 것이 아니라, 생을 부여받은 그 순간부터 이미 육체와 함께 필연적으로 동서(同棲)하는 그 무엇이다. 아닌 게 아니라 일찍감치 시인은 "주홍빛 같은 내 죄//가끔/죄가/풍경으로 보이는 마을"(「감나무골」, 『나는 시선 밖의 일부이다』, 1993)처럼 감나무의 빛깔과 자신의 죄를 은유적으로 연결짓기도 하였고, "죄 같은 성장/태초에 능금을 파먹고 이브의 눈물도 이렇게 자랐지"(「자라는 눈물」, 『울음소리 작아지다』, 1999)라면서 '눈물'의 고통이 '죄'와 더불어 자랐다고 고백하기도 하였다. 이는 통상적인 죄의식(guilt feeling)과는 다른 것으로, 시인의 내면에 신(神)의 음성과 육체의 소리가 공존하고 상충하면서 일으키는 비극적 세계 인식의 다른 이름이라 할 것이다.

이처럼 '비극성'을 불가피한 생의 형식으로 승인하고 있는 시인의 감각이 일종의 '종교적 상상력'과 만나면서 구축하는 시적 공간은 우리가 눈여겨볼 만한 것이다. 그것은 여느 '종교적 상상력'이 추구하는 신성(神聖)과의 화해와는 근본적으로 다른 어떤 것으로서, 최문자 시학의 한 특장이라 부를 수 있는 것이다.

> 참 기억나네
> 나 어릴 적
> 아니 그 이전부터
> 목사님이 나더러 꼭 소금이 되라 했는데
> 몇 십 년 그 말을 어겨왔다.
> 저렇게 시퍼런 배추의 영혼 속으로 들어가
> 간을 치고 죽어야 하는데
> 믿을 수 없다.
> 가시를 품고도 내가 소금이 된다는 거
> 소금 속의 가시가
> 배추를 먼저 찌를텐데
> 살해의 꿈을 매일 꾸면서
> 소금이 피를 흘린다는 거
> 그 피로 배추의 시퍼런 죄를 씻어준다는 거
> 믿을 수 없다.
> 꺼끌꺼끌한 몸을 가끔 만져본다.
> 가시 먼저 녹이려고 부대낀 자리
> 핏물 엉긴 붉은 반점.
> 소금 속 가시는
> 무엇을 더 찌르려고
> 여태 그 속에 서 있는 걸까?
>
> ―「붉은 소금」 전문

이 작품은 소중했던 종교적 가르침이 생의 치유보다는 오히려 근원적인 '비극성'을 아프게 승인하는 태도를 불러오고 있음을 보여주는 일종의 고백 시편이다. 시인이 말하는 '소금'과 '가시'의 내적 공존과 상충이야말로

'죄'라는 실존적 아이러니에 밝은 시인의 눈에만 발견되는 생의 자연스런 모순이 아니겠는가.

여기서 시인의 기억은 "어릴 적"의 것이기도 하고, "그 이전"의 것 곧 오래된 신앙 공동체의 기억일 수도 있다. 그때로부터 인이 박히게 들은 말씀이 곧 "꼭 소금이 되라"는 성서적 전거(典據)이다. 그런데 시인은 이러한 종교적 권면을 스스로 "어겨왔다/믿을 수 없다"고 고백한다. 왜 이 신실한 신앙인이 그 말씀을 지키지 못하고 믿지 못했던 것일까. 그 까닭이 만약 외적 이유에서 연원하는 것이라면 시인의 단호한 의지와 노력으로 극복해가면 될 텐데, 사정은 전혀 그렇지가 않다. "저렇게 시퍼런 배추의 영혼 속으로 들어가/간을 치고 죽어야 하는데" 자신이 그러지 못하는 이유는 바로 자신의 몸 안에 '가시'가 있기 때문이다. '소금 속의 가시', 이 역설은 '장미의 가시'라는 역설보다 훨씬 근원적이고 실존적이다.

시인은 "가시를 품고도 내가 소금이 된다는 거/소금 속의 가시가/배추를 먼저 찌를텐데/살해의 꿈을 매일 꾸면서/소금이 피를 흘린다는 거/그 피로 배추의 시퍼런 죄를 씻어준다는 거"를 모두 "믿을 수 없다"고 한다. 이 '가시 - 날카로움 - 살해 충동 - 피흘림 - 정죄(淨罪)'의 이미지는 예수의 십자가 수난과 그 사건을 통한 대속(代贖)의 서사를 떠올리게 한다. 그와 동시에 소금이 타자들을 찌를 가능성 못지 않게 스스로를 찌를 수 있음을 알린다. 결국 소금의 희생 제의는 스스로를 아프게 확인하는 내적 제의였던 셈이다. 그래서 소금은 "꺼끌꺼끌한 몸을 가끔 만져본다". 그러면서 그가 행하는 일은 "가시 먼저 녹이려고 부대"끼는 것이다. 섣불리 "소금이 되라"는 말씀보다는 자신의 육체 안에 공존하는 가시를 녹이려 하는 저 불가능한 노력이야말로 성서가 보여주는 가장 아름다운 인간적 실존의 모습일 것이다. 그러니 그 육체 안에는 "핏물 엉긴 붉은 반점"이 있지 않겠는가. 시의 제목이 왜 "붉은 소금"인지, 그리고 "소금 속 가시는/무엇을 더 찌르려고/여태 그 속에 서 있는"지를 우리는 인간의 알 수 없는 모순을 받아들이면서 이해하게 된다.

　이처럼 생의 '비극성'과 '종교적 상상력'은 시인의 언어 속에서 서로 화합하거나 이반(離反)하지 않고, 날카로운 균열 가능성을 내포한 채 견고하게 결합되어 있다. 가령 그의 시 「가루를 향하여」에서 "단단했던 기억의 참나무도/나무로 치솟다가 더는 참지 못하고/숯덩이가 되었다"가 그 숯덩이들이 다시 "뿌리를 타고 올라가/다시 나무가 되는 꿈을" 꾸는 모습은 소멸과 재생의 욕망이 함께 시인의 내면에 녹아 있음을 보여준다. 그것이 "저 포근했던 가루, 사랑의 기억 때문"(「가루를 향하여」)이라는 고백은, 시인의 가장 중요한 시적 화두 가운데 하나인 '사랑의 기억'이 이러한 양면성을 동시에 견지하고 있음을 알려주는 사례인 것이다.

> 꼭 삼일만 금식하고 싶었다.
> 내 몸에 걸쳐진 것들을 다 치우고
> 세상이 켜놓은 몸 속의 전원을 다 내리고
> 어디를 짚어도 출렁거리지 않는
> 빈 내장을 갖고 싶었다.
> 너무 환한 발가벗은 알몸의 달빛
> 그 말씀 아래 서 있기만 해도
> 마를 것 마르고
> 부풀 것 부풀면서
> 공복과 시간이 같이 돌아가는 사이 사이
> 포만의 가루가 부슬부슬 삭아 떨어지는
> 육질의 털들이 다 뽑혀나가는
> 그런 그런
> 배고픈 기도를 드리고 싶었다.
>
> ─ 「공복」 전문

　이 작품에서 시인이 행하는 간절한 '공복'의 기도 역시 '소금' 안에 있는 '가시'를 녹이는 과정과 다르지 않다. "내 몸에 걸쳐진 것들을 다 치우고/

세상이 커놓은 몸 속의 전원을 다 내리고/어디를 짚어도 출렁거리지 않는/빈 내장을 갖고 싶었다"는 시인의 바람은 곧 자신을 규정해온 여러 치장들을 벗고 "환한 발가벗은 알몸의 달빛"으로 말씀 아래 서고자 하는 시적 욕망을 표현한다. 그 "배고픈 기도"야말로 시인이 바라는 상황과 시인의 현존이 끝끝내 화해롭게 만나지 못할 것임을 암시하면서, 그 아득한 거리를 "기도"로 메울 수밖에 없음을 보여주고 있는 것이다.

우리가 잘 알듯이, '종교적 상상력'을 빌려온 시편 가운데 최문자 시인의 것처럼 신의 완전성과 인간의 불완전성 사이에서 쉴새없이 출렁이는 모습을 담는 '비극성'의 시편은 매우 드물다. 그만큼 "하나님은/무서운 모종삽을 들고/옴팍옴팍 나를 파서/척박한 몹쓸 땅에/나를 옮겼다"(「꽃모종」)고 무섭게 고백하고 있는 그의 신앙과 현존은 서로를 자신의 결여 형식으로 가지면서 시인의 실존을 양쪽에서 구성하고 있는 것이다.

그렇다면 그에게 '시(詩)'란 도대체 무엇일까? 신앙(바람)과 현존(비극성)의 간극을 건너게 하는 힘으로서의 '시'는 그에게 어떤 것일까? 가령 「땅에다 쓴 시」에서처럼 그의 '시'는 "돌짝도 흙덩이도 부서진 사금파리도/그대로 찍혀 나오는/울퉁불퉁했던 삶"을 고스란히 응시한 기록이면서 "에스겔서에 나오는 골짜기 마른 뼈처럼/우드득 우드득/무릎 관절 맞추며 붙이며/죽은 것들이 일어"서는 광경을 목도하는 행위이기도 하다. "죽음도 사랑도 절망도 솟구치며 찍혀 나오는/미어지는 종이 위에 꾹꾹 눌러"쓰는 풍경은 마치 신약성서에서 예수가 간음한 여인을 끌고 온 군중들에게 "너희 중에 죄 없는 자가 먼저 돌로 치라"(요한복음 8:7)고 말하기 전에 땅에다가 무언가를 쓰는 장면을 연상시키면서, "침 대신 두근거리는 피"가 발려 있고 "늘 비린내가 풍"기는 '시'가 왜 그에게는 자기 표현의 차원이 아니라 실존의 차원에서 구축되는 것인가를 알게 한다.

그런가 하면 「나의 詩」라는 작품에서 시인은 "다 썩은 거름 파먹고/그 꽃이 필 줄이야./그 꽃 따서 사랑을 고백할 줄이야./꽃을 기르는 맑은 물줄기가/거기 솟고 있을 줄이야./내가 풀 향기 상하지 않고/풀, 그대로 서 있을 줄이야."라고 노래함으로써, 자신의 시가 썩은 거름 속에서 피어나는 꽃처럼 아픔을 파먹으면서 사랑을 드러내는 언어임을 숨기지 않고 있다. 그것은 "고통이 득실거리는 게세마네 동산"인 "옻나무밭에서/수천 개의 못자국을 보"(「옻나무밭」)고야 마는 시인이 "치유하지 못한 질병들이/시간의 몸 속에서 비린내를 풍기며/나쁜 표정을 지우느라 피가 배어 있을 뿐/치유없이 모두 다 떠내려갔"(「잃어버린 시간을 찾아서」)던 자신의 생을 기록하는 과정이 "바작바작 詩가 마를 적마다/출혈을 했"(「사막일기 21」)던 과정이었다는 것을 고백하는 모습과 잘 겹친다. 시인은 "그동안 겁 없이 써낸 시들이/앞으로 쓰고 싶은 시들이/초침에 매달려/재깍재깍/시간의 벼랑 밑으로부터/음산하게 올라오고 있다."(「벼랑 앞의 시간」)고 노래함으로써, 자신의 생이 '시'와 마주쳐왔고 앞으로도 마주침으로써 완성될 것임을 예감하고 있다.

결국 "건강한 옷자락 끝만 잡아도/금방 피가 멈출 것 같은/혈류병 앓는 여인의 마음으로"(「쇠 속의 잠 1」) 시를 써온 시인에게 '시'는 "믿을 때마다 돋아나던 못,/못들을 안아야 돋아나던 믿음"(「믿음에 대하여」)처럼 모순이자 동력이고, 참을 수 없는 고통이자 불가항력의 내적 필연성이기도 한 것이다. 그래서 "더 맛있게 죄를 짓고 잡혀온 기억들은/페이지마다 모두 검었다."(「검은 동화」)는 그 '비극성'의 언어가 그의 '시'와 '신앙'을 평면적인 단순성에서 구원하는 가장 커다란 힘이 되고 있는 것이다.

3. 몸의 기억 속에 머무는 '상처'들

사실 그가 이제까지 써온 시는 자신의 고통을 드러내면서도 그 구체적인 고통의 맥락은 은폐하는 이중적 기능을 행해왔다. 그래서 그의 시는 아픔의 무게와 깊이를 살점이 떨어져나가는 고통으로 드러내면서도,

그 고통을 촉발시킨 근인(近因)에 대한 정보는 깊이 묻으면서 발화(發話)되는 특성을 지녔다. 이처럼 그의 '시'를 가능케 하고 생을 지속하게 하는 궁극적 힘은, 거의 절대치를 지닌(구체적인 맥락을 알 수 없는) 통증이나 상처들이다. 그래서 시인에게 '상처'는 '기억(시)'의 숙주이고, '기억(시쓰기)'은 그 '상처'를 영속화하는 힘이다. 시인에게 그 '상처'는 치유의 대상이 아니라 자신의 '기억' 혹은 '실존'을 구성하는 둘도 없는 원천인 것이다.

> 그 날,/벚꽃이 만개했다는 그 곳으로/우리들은 꽃구경을 갔다./갖가지 통증을 감추고/꽃을 찾아나선 사람들은/꽃 아래 가득 차 밀려다녔다./꽃들은 감춘 통증을 알아보고/매워서 연신 재채기를 해댔다./봄 끝에 매달렸던 돌풍이 일자,/꽃의 살점들은 떨어져 나갔다./눈발처럼 서쪽을 향해 허옇게 날아갔다./꽃나무는 동쪽에 그냥 남아있었다./따라가 볼 수 없는 꽃의 살점/반쯤 남은/꽃 아래서/사람들은 서로 살점 뜯긴 얘기를 나눴다./푸드득/푸드득/푸드득거리던/날개 달린 살점 얘기를 했다./반쯤 없어진/꽃 아래서/나도/오래 전 날아간 살점을 생각하고 있었다./아직도 푸른 싹이 나지 않는 나의 살점은/서쪽 어디쯤 날고 있을까/저녁나절까지/알 수 없는 허연 살점들이/꽃나무 위에서 푸드득거렸다./자욱한 서쪽을 향해/따라가 볼 수 없는 나의 살점.
> ―「그 날의 꽃구경」 전문

이 작품은 『울음소리 작아지다』에 수록되어 있는 「이별」이라는 시와 중첩되는 장면을 담고 있다. 그 작품에서도 시인은 '바람'과 '꽃잎'과 '나무'를 그린다. 그것들은 곧 '상황'과 '시간(기억)'과 '시인'으로 은유된다. 꽃잎을 바람에 날리며 서 있는 한 그루 나무, 그 폐허의 구도(構圖)가 시인으로 하여금 "추억의 힘"(「이별」)을 꿈꾸게 했던 것이다. 그런데 이 작품에서도 '꽃잎'의 이미지는 시인의 '살점'과 등가를 이루고 있다. "벚꽃이 만개했다는 그 곳"으로 꽃구경을 간 사람들은 저마다 "갖가지 통증을 감추고/꽃을 찾아나"섰는데 꽃들은 그들이 "감춘 통증을 알아보"는 것이 아닌가. 바람이 불자 꽃잎이 날리고("꽃의 살점들은 떨어져 나갔다"고 시인은 표현한다. 이는 꽃잎의 이미지가 자신의 살점으로 전이될 것을 예비하는 것이다.), 꽃잎들은 꽃나무를 동쪽에 그냥 둔 채 "눈발처럼 서쪽을 향해 허옇게 날아갔다".

여기서 '꽃나무'와 '꽃'의 관계는 고스란히 시인의 '육체'와 지나온 '시간'으로 변이된다. '꽃나무'가 자신의 '꽃잎'을 두고 "따라가 볼 수 없는 꽃의 살점"이라고 생각하듯이, 시인도 "서로 살점 뜯긴 얘기를" 나누는 사람들 속에 있다. 바로 그 "푸드득/푸드득/푸드득거리던/날개 달린 살점"이 시인의 육체 속에서 떨어져나간 '시간(기억)'인 것이다. 그래서 시인은 "꽃 아래서/나도/오래 전 날아간 살점을 생각하고 있었다"고 말한다. 바로 그 순간 "저녁나절까지/알 수 없는 허연 살점들이/꽃나무 위에서 푸드득거"리는 풍경 속에서 시인은 자신이 꽃잎들을 "따라가 볼 수 없"다는 사실에 다다르게 된다. '시간'은 '육체'를 빠져나가 사라져버린 것이다.

이처럼 꽃철이 되어도 "다시 꽃철이 돌아왔다./죽은 꽃잎이 바람을 향해 달려간다."(「이별 2」)에서처럼, '개화(開花)'의 과정보다는 '낙화(落花)'의 순간성에 시선이 붙박이는 시인의 감각은 "하나님은/내가 재가 되기를 기다렸다."(「눈물 1」)라든가 "재가 되지 않고는 세상을 건널 수 없었을 때/재도 눈물을 흘렸다"(「눈물 1」)라는 소멸의 풍경을 시 안에 가져온다. 그래서 시인은 시 안에서 철저하게 '떨어지고' '사라지고' '재가 됨'으로써 비로소 생의 비극적 형식을 완성하는 것이다.

    그 해 여름, 커다란 병원 건물 5층 입원실에서 마음도 몸도 같이 알약을 먹으며 나는 식은땀을 흘렸었다. 아무데나 엉겨붙은 종양을 발라내려고 끼니 때마다 메스 같은 젓가락을 들면, 금방 눈물이 되던 그 때의 턱없던 식사. 그 때마다 병원 뜰에선 젖은 꽃들이 비바람이 시키는 대로 마지막 춤을 추다 뚝뚝 떨어져 죽었다. 자고 나면 푸른 보도블럭에 즐비했던 젖은 꽃들의 주검.
    그 해 나는 하는 수 없이 물 속으로 다녔다. 생으로 마음을 자르고 생살을 자르던 그 해, 안 넘어 가는 것들을 물 말아 억지로 꼴깍 넘기면서, 물 속에 곤두박질치는 꿈을 꾸면서, 세상의 어느 것과도 이별하고 혼자 떨며 지냈다.
　그 해, 죽은 꽃들은 잘 알고 있었다. 온몸을 부들부들 떨면서도 고백하지 못했던 나의 말들을, 물방울과 죽은 꽃 사이로 그득했던 나의 젖은 말들을. 한 줄도 써 보내지 못했던 나의 사랑을.

―「그 해」 중에서

　이 작품에서도 그 같은 기조는 유지되고 확산된다. 시인의 어두웠던 개인사를 사실적으로 혹은 비유적으로 그려내고 있는 이 "그 해 여름, 커다란 병원 건물 5층 입원실" 풍경은 "마음도 몸도 같이 알약을 먹으며" 아팠던 그의 지난 시간을 고스란히 은유하고 증언한다. 그때도 역시 "병원 뜰에선 젖은 꽃들이 비바람이 시키는 대로 마지막 춤을 추다 뚝뚝 떨어져 죽었다". 이 "자고 나면 푸른 보도블럭에 즐비했던 젖은 꽃들의 주검"은 시인에게 익숙한 발상법이자 비유법이기도 하다. 그때 시인은 "안 넘어 가는 것들을 물 말아 억지로 꼴깍 넘기면서, 물 속에 곤두박질치는 꿈을 꾸면서, 세상의 어느 것과도 이별하고 혼자 떨며 지냈다". 시인의 통증과 꽃들의 죽음과 이별 이미지의 연쇄는 시인의 시쓰기가 얼마나 고통스런 작업이었는가를 실감케 해준다. 그때 "온몸을 부들부들 떨면서도 고백하지 못했던 나의 말들", "물방울과 죽은 꽃 사이로 그득했던 나의 젖은 말들" 혹은 "한 줄도 써 보내지 못했던 나의 사랑"이 바로 시인이 그동안 내뱉어온 말들 곧 '시'가 아니겠는가. 그 "젖은 말들"에 배어 있는 '죽음'과 '고통'의 이미지가 바로 그의 시의 현상학이지 않겠는가.

　그런 만큼 그가 '상하고' '늙고' '삐걱거리는' 의자를 소재로 하여 「그녀의 의자」 연작을 썼을 때에도 그것은 사물의 해석이자 곧바로 고통스런 자기 인식의 작업이 된다. 가령 시인은 "삐걱거리면서도 삐걱거리는 꿈을" 꾸고 "꿈 속에서도 삐걱거리는 소리"(「그녀의 의자 1」)를 듣고 있는데, 이러한 악몽의 상상력은 "나는 안에 있어도 바깥에 있다./밖에 세워둔 자리에 그대로 있다."(「그녀의 의자 3」)는 자기 소외감과 "저녁 같이 쓸쓸한 의자./저녁이면 구름 같이 더욱 깊어지는 깊이/의자에서 바닥까지/흐르려는 무게를 가까스로 잡아당기다/다리 오그린 늙은 여자가 되었다."(「그녀의 의자 4」)는 쓸쓸한 자기 확인을 동시에 가져다준다. 그런가 하면 첫눈 오는 날 가지에 거꾸로 매달려 흔들리는 잎새를 두고 "죽음을 얼마 앞두고도/끝내 초록을 떠나본 적 없는/믿을 수 없는 독한 잎 하나" 때문에 "바람이 잘 때까지/나는 잠들 수 없다"(「마지막 잎새 1」)고 말하는 시인은 자신 안에 웅크리고 있는 독성(毒性)을 응시하면서 스스로 "얼음 속으로 끌려갔다가 살아나오는/저 초록빛 여자"(「얼지 않는 여자 1」)의 모습을 안간힘을 다해 지켜가고 있다.

이처럼 시인의 몸의 기억 속에 머무는 '상처'들은 그의 시를 가능케 하고 그의 생의 형식을 이룬다.

4. 다시 최문자 시를 읽으며 ―「나무고아원」 연작과 관련하여

우리가 최문자 시인의 언어를 대하는 것은 시인이 종이 위에 가득 채워 넣고 있는 '핏무늬', '통증'과 함께 스스로의 생의 형식을 되묻는 것과 크게 다르지 않다. 그만큼 그의 시는 깊은 '상처'와 철저한 자기 응시로 엮여져 있다. 하지만 그의 시가 갖는 독특한 매력이 '상처'에 대하여 감상과 탐닉의 이중 유혹을 함께 경계하고 있다는 점에서 비롯된다는 것은 재차 강조되어야 한다. 감상과 탐닉의 동시 경계는 그의 시에 일성한 내구성을 부여하면서 읽는 이들로 하여금 미적 긴장을 놓치지 않게 하는 것이다.

그런데 이채로운 것은 이처럼 자기 응시에서 시적 에너지를 응집해왔던 시인이 『나무고아원』에서는 타자에 대한 연민의 시선을 할애하고 있는 점이다. 시집의 표제작으로 발탁된 「나무고아원」 연작이 그것이다.

지금쯤/노을 아래 있겠다./그 버려졌던 아이들/절뚝거리는 은행나무/포크레인에 하반신 찍힌 느티나무/왼 팔 잘린 버즘나무/길바닥에서 주워다 기름/신갈나무, 팥배나무, 홍단풍/지금쯤/찬 눈 맞으며/들어올린 팔뚝 내리지도 못하고/검담산 바라보고 섰겠다.//한여름/맑은 쑥대 큰 기름새 사이로/쌀새와 그늘사초 사이로/불쑥불쑥 꽃 피던/은방울꽃 소근대는 사이로/버림받고 엎어졌던 아이들/지금쯤/바람부는 솟대길 지키며/그럭저럭 키만 커서/주워다 붙인 이름표 달고/지금쯤/표정 순하게 강을 보고 있겠다./창백했던 시간을/강물에 씻으며

— 「나무고아원 1」 전문

무한 개발의 논리에 의해 자신의 태반에서 밀려나 '고아원'에 모여 있는 불구의 나무들, 그 버려진 고아들을 시인은 자신의 시 안으로 하나씩 입양해 들인다. 한강 둔치에 만들어놓은 나무들의 '고아원'은 사연을 모르는 사람들에게는 이색적인 공원 가운데 하나로 그치겠지만, 시인의 눈에는 그것이 나무들의 유형지이자 마지막 보금자리로 비친다. 결국 "터져버린 살, 꽃, 태아/삐약거리는 진달래 죽지 않는 나무는/결코 살고 싶지 않은 곳으로/손목 잡혀"(「나무고아원 2」)온 것이다. 이때 자기 연민만큼은 시 안에서 철저하게 경계해왔던 시인이 어린('고아'들이 아닌가) 나무들을 향해 연민을 쏟아 붓고 있다.

그렇다면 이같이 문명에 밀려난 타자들인 나무들을 통해, 시인은 최근 대두하고 있는 생태적 사유의 방식을 시로 쓰고 있는 것인가. 그렇지는 않다. 오히려 시인은 마치 자신처럼, 생의 통증을 겪고 있는 존재들을 향한 동류의식을 내보이고 있는 것이다. 이러한 상호 연민의 결속감은 그의 시로 하여금 직접적인 생태 지향적 육성이나 초월적 신성에 대한 갈망에 빠지지 않게 한다. 다만 시인은 "가는 뿌리 하나 몰래 키우면서/얼음 속에서도 얼음을 녹이는/빙하기에도 김이 오르는/우물 하나 파"(「간빙기 1」)는 마음으로 버려진 고통의 존재들을 주워다 시 안에서 키우고 있을 뿐이다.

예외적이기는 하지만, 『나무고아원』에는 봄이 되어 대지가 수런대고 나

무들의 피가 돌고 별이 보석처럼 빛을 발하는 풍경을 그려낸 「해동」 같은 아름다운 생동의 시편도 있다. 하지만 최문자 시는 아직도 "무게에 지친 내 안의 것들"(「내 안의 돌」)을 마주하는 고통의 노래이다. 그 고통은 극복의 대상이 아니라 실존의 요건이요 사랑의 형식을 이루는 원질이다. 그래서 시인에게 "사랑은/내게 마지막 남은 들판"(「노랑나비」)인 것이다. 그의 시를 '통증'과 '사랑'이 이루는 시적 형식이라고 명명할 수 있는 것도 그 때문이다. 그 '통증'으로 얼룩진 '사랑'의 힘으로 최문자 시인은 또 한 세월을 건너가고 있다.

(『나무 고아원』 해설, 2003년)

꽃과 뿌리의 시학

오 형 엽

(문학평론가 · 수원대 교수)

    최문자의 시는 지나간 사랑에 대한 추억과 회한으로 점철되어 있다. 이별의 아픔과 공허한 자기 확인에서 촉발되었을 사랑에 대한 추억은, 미련과 후회의 감정을 넘어 사랑의 본질에 대한 탐구를 통해 존재론적 성찰로까지 이어지는 듯하다. 사랑은 인간관계의 가장 첨예한 양상을 이룬다. 따라서 최문자의 시는 사랑의 아픈 기억을 통해 자신의 상처를 치유할 뿐 아니라, 관계성을 토대로 한 인간의 근원적 문제를 사색하는 데까지 나아가는 것이다. 다음의 시는 <사랑―이별―추억―성찰>로 이어지는 시의 식의 진행 과정을 함축하고 있는 작품이다.

    지난밤
    웬 바람이 그리도 불어댔을까
    아무 말 없이
    뜨겁게 꽂혀 있던 꽃잎 죄다 떨어뜨리고
    불구가 된 나무.
    몰라보게
    오른쪽으로 기울어졌다.

빠져 죽은 꽃이파리를 향해
환장한 듯 헛손질하다
빈 들판에 무너진 한쪽
바람아,
쓸지마라.
땅에 떨어뜨린 뜨거운 하혈
추억의 힘으로
다시 꽃이 될 거다.

— 「이별」 전문

  이 시는 <꽃잎에 부는 바람―불구가 된 나무―추억의 힘>으로 진행되는 전체적 전개 속에 최문자의 핵심적인 시의식을 응축하고 있다. <꽃>과 <바람>을 중심으로 형성되는, 1~4행의 첫 단계는 사랑과 그 좌절이라는 과거의 경험을 그린다. 5~10행의 둘째 단계는 그로 인해 생겨나는 상처와 불모의 현재적 양상을 <불구가 된 나무>의 형상으로 드러낸다. 그리고 11~15행의 셋째 단계는 이 불모의 현실을 <추억의 힘>으로 극복하여 다시 꽃을 피우려는 미래적 결의를 표현하고 있다. 결국 이 시는 <과거의 원인―현재의 결과―미래적 결의>라는 세 단계의 시상 전개를 하나의 완결된 언어 구조 속에 형상화하고 있는 것이다. 이제 이 시의 시상 전개를 토대로 최문자 시를 따라가면서 그 시적 의미를 살펴보기로 하자.

1. 사랑, 혹은 꽃과 바람의 충돌

「이별」에서 <아무 말 없이 /뜨겁게 꽂혀 있던 꽃잎>은 고요함 속에 정열의 불꽃을 피우고 있는 사랑의 모습이다. 최문자에게 있어 이 사랑의 존재의 가장 높고 환한 절정의 순간을 의미한다. 그런데 지난밤 불어댄 바람에 꽃잎은 죄다 떨어지고 만다. 이 <바람>은 사랑을 방해하는 외부의 장애물, 혹은 시련처럼 보이기도 하지만, 자아의 내부에서 <꽃>과 충돌하는 또 다른 자아의 모습으로 보는 것이 타당할 듯하다. 이를 해명하기 위해서 다음의 시를 살펴보자.

> 바람을 달리는 딸에게
> 꽃을 주고 싶다.
> 파랗게 치켜뜬 의식과 능란한 다리를 가진 바람보다
> 순결한 흙의 입술에 정신을 대고 있는 꽃의 시간은
> 얼마나 따스한가?
> 죽어도 끝나지 않는 꽃의 이야기는
> 언제나 사랑의 형식이었다.
> 사람이 이 땅에 아직도 꽃의 이야기는
> 언제나 사랑의 형식이었다.
> 사람이 이 땅에 아직도 꽃을 남겨놓은 것은 순결을 못 잊기 때문이다.
> ―「헌화가」부분

 이 시에서 딸은 화자에게 <바람>을 달라고 한다. <파랗게 치켜뜬 의식과 능란한 다리>를 가진 <바람>은, 생명력이 충일한 젊음의 역동성과 정열을 상징한다. 이런 바람을 달라고 하는 딸에게 화자는 <꽃>을 주고 싶다고 말한다. <꽃>은 <순결>한 <사랑의 형식>이기 때문이다. 따라서 이 시는 최문자의 시의식 속에 젊음의 두 가지 형식이 공존하고 있음을 암시해준다. 하나는 <파랗게> 약동하는 열정과 생명력의 형식이며, 다른 하나는 <따스한> 순결의 사랑의 형식이다. 최문자의 시에서 사랑은 젊음의 열정이나 생명력의 동의어로 보이기도 하지만, 이 둘 사이에는 미묘한 차별성이 존재하는 것이다. 이런 젊음의 두 가지 형식은 생명의 에너지와 정신적 사랑이 충동하는 에로스의 이율배반성을 상기시킨다. <꽃>의 이미지와 상충하는 <바람>은, 다음의 시에서 <돌>과 <가시>의 이미지로 변주되어 나타난다.

ⅰ) 꽃처럼 일어서려 할 때
　가슴 한복판에서
　검푸른 날이 깎이는 소리가 들린다.
　이것이
　장차 돌일까 하여
　자정에도 문득 깨어
　돌에 갇힌 듯한 나를 흔들어본다.

— 「돌」 부분

ⅱ) 어느 날
　장미의 가시는 꽃을 넘보다 찌르고 올라와
　꽃이 되고
　꽃은 내려가
　푸른 뼈의 가시가 된다면
　그것은 반란이다.

— 「악의 꽃」 부분

　<돌>과 <가시>는 <꽃>의 내부에서 <꽃>을 넘보고 찌르는, 내면의 반란이다. 결국 순결한 사랑의 형식인 <꽃>을 오염시키고 훼손시키는 <바람> <돌> <가시>는 존재의 운명이며, 사랑의 운명이 된다. 왜냐하면 인간의 사랑은 애정과 욕망, 이타심과 이기심, 헌신과 자기애 사이에서 동요할 수밖에 없다. 이러한 시의식은 완전하고 절대적인 사랑을 갈망하는 시인의 결벽성과, 자기 내면의 욕망을 직시하는 정직성으로 인해 생겨나는 것으로 볼 수 있다. 그리하여 절대적 사랑의 불가능성 앞에서 좌절한 시인은, 사랑의 불꽃 앞에서 몸을 움츠리게 되는 듯하다.

　이상에서 순결한 사랑의 형식인 <꽃>의 이미지와 자아의 내부에서 그것과 충돌하는 <바람> <돌> <가시>의 이미지를 통해, 젊음 혹은 사랑의 이율배반성을 살펴보았다. 이런 이율배반성을 내포한 청춘의 사랑으로 인

해 시인은 사랑의 완성에 이르지 못하고, <불구가 된 나무>로 대변되는 불모의 내면 상태를 지니게 되는 것으로 보인다.

2. 사막, 혹은 물의 변주

「이별」에서 <불구가 된 나무>로 상징된 시적 자아의 현재적 양상은, <오른쪽으로 기울어졌다>에서 균형 상실 혹은 결핍의 이미지로, <환장한 듯 헛손질하다>에서 환각과 허방의 이미지로, <빈 들판에 무너진 한쪽>에서 공허와 좌절의 이미지로 형상화되고 있다. 이 모든 상황들을 수렴하는 것은 <잃어버린 물>로 대변되는 <사막>의 이미지일 것이다.

> 한 번도 그릇을 깨뜨려본 적 없는데
> 자꾸 그릇을 놓친다.
> 조심할수록 그릇의 살 끝을 놓치고
> 꼭 하려던 그릇의 말 끝을 놓치고
> 감춰둔 사발을 몰래 꺼내보다
> 마침내 그도 놓치고 말았다.
> 생줄 끊어놓고
> 산산조각난 저 혓바닥에
> 부러진 관계의 어금니.
> 한 사발의 생수를 잃어버리고
> 거기에 담을 빵과 찰랑한 웃음 잃어버리고
> 앞으로 긴 시간
> 어림도 없는 다른 사발로
> 그리움의 물 퍼먹으며
> 더 엎지를 것도 없는
> 침침한 빈 손가락 열 개뿐인 거
> 텅텅 비어서 줄줄 새면서
> 잃어버린 물 쑤셔박힌 땅만 바라볼 거
> 나, 다 알고 있어.

— 「잃어버린 물」 전문

　이 시는 사랑하는 사람과의 관계의 균열, 혹은 이별의 상황을 그릇을 놓쳐 산산조각 내버린 상황을 통해 알레고리적으로 형상화한다. <감춰둔 사발을 몰래 꺼내보>는 모습은 사랑하는 사람을 소중히 여기는 마음과 드러내놓지 못하는 금기의 아슬아슬한 경계를 보여준다. 그러나 <조심할수록 그릇의 살 끝을 놓치>게 되고 그릇은 깨어져버리고 만다. 그릇의 깨어짐은 결국 생수를 잃어버리고 그리움의 물을 퍼먹는, 사막과도 같은 불모의 상황을 낳게 된다. 이 <사막>의 이미지는 <그의 등뼈 속에는 까슬까슬한 모래가 박혀 있다>(「사막일기 2」), <잘록한 옆구리도 없는 밋밋한 모래의 자궁>(「사막은 어떻게 되는가?」) 등을 위시하여 이번 시집의 전체적인 분위기를 지배하는 이미지로 나타난다.

　그런데 우리는 「이별」과 아울러 「잃어버린 물」에서 최문자 시의 중요한 몇 가지 특징을 발견할 수 있다. 첫째는, <그릇의 말 끝을 놓치고>와 <산산조각 난 저 혓바닥>에서 보듯, 깨어진 그릇, 혹은 관계의 균열이 언어와의 불화와 결부되어 나타난다는 것이다. 최문자에게 있어 관계의 단절은 언어소통의 불완전성에서 파생되는 듯하다. 앞서도 언급했듯, 최문자에게 사랑은 완전하고 절대적인 관계성, 즉 존재간의 합일의 경지를 의미하지만, 인간 관계의 복잡성은 이 절대적인 합일 관계를 허용하지 않는다. 언어는 이 불가능한 사랑의 원인이기도 하면서 동시에 결과물이기도 하다. 따라서 최문자 시의 중심 주제는 존재의 관계성에 대한 천착은 언어의 탐구와 더불어 시도될 수밖에 없는 것이다.

　　나에게
　　뼈는 금지된다
　　흰종이에 만년필 같은 뼈를 세우면
　　언어가 집을 나간다.

> 할 수 있는 모든 말들을 끌고 나간다.
> 뼈가 앉았던 자리에서 끝내 피가 난다.
> 물은
> 아무 말 없이 은근한 깊이가 되는데
> 아아,
> 나는
> 숲이 되지 않는 풀잎 사이에서
> 콩이 되지 않는 으깨어진 콩을 깐다.
>
> — 「푸른 자리 1」 부분

    이 시는 아프지 않게 숲이 되는 '풀'과 긴 형식 없이 동그랗게 콩이 되는 '콩'의 모습과 대비되는, 시적 자아의 불모의 양상을 형상화하고 있다. 시적 자아의 불모는 '뼈'로 대변되는데, '뼈'는 피의 욕망과 살의 감정과 신경의 감각을 발라버리고 나서 남는 앙상한 정신의 상징으로 간주될 수 있다. '뼈'는 시인의 순결한 사랑의 본체에 도달하기 위해 시도하는 하나의 모험이지만, 이 모험은 존재의 물기를 증발시킴으로써 '언어가 집을 나'가고 '할 수 있는 모든 말들을 끌고 나'가는, 언어의 상실을 가져온다. 이러한 딜레마에 빠진 화자와 달리 '물'은 '아무 말 없이 은근한 깊이가' 된다. '물'은 '풀'이나 '콩'과 같이 자연 그대로 온전한 존재의 깊이를 가니 것이다. 이러한 '물'의 속성은 「이별」에서 '아무 말 없이 /뜨겁게 꽂혀 있던 꽃잎'의 무언의 자세가 무엇을 의미하는지 시사해준다. 순결하고 절대적인 사랑에 대한 최문자 시인의 갈망은 사랑의 이율배반성과 언어의 한계에 막혀 좌절되지만, 결국 시인은 이 '물의 깊이'와 '시적 언어'에 대한 탐사를 통해 그 한계를 넘어서려 하는 것으로 보인다.

    둘째로, 「잃어버린 물」은 화자가 현재 시점에서 과거를 보는 것이 아니라, 과거의 시점으로 돌아가 그 자리에서 미래를 바라보고 예상하는 상황으로 설정되어 있다. 즉 과거에서 현재를 바라보는 시점의 변화를 시도한 것이다. '잃어버린 물 쑤셔박힌 땅만 바라볼 거 /나, 다 알고 있어'와 같은 조숙하고 냉담한 어조는 이러한 시점의 변주와 밀접한 관련성을 지니고 있다. 자기 운명에 대한 연민과 냉소가 교차하는 듯한 독특한 어조는, 이미 인생의 비밀을 모두 알아버린 후의 사유를 담고 있는 듯이 보인다. '젊은 날에 붉을 피가 /미리 다 쏟아지다니'(「자목련」)와 같은 문장의 묘한 뉘앙스도 이러한 복합적인 시제의 교차에 기인하는 것이다. 시점, 혹은 시제의 변주는 과거·현재·미래를 아울러 조망하는 최문자 시의 특징과 결부되어 있다. 앞서 분석한 「이별」이 보여주듯, '과거의 사랑-현재의 불모-미래적 기약'이라는 세 단계의 시제가 최문자의 시의식 속에 공존하고 있는 것이다. 이처럼 시인은 세 가지 시제의 공존이라는 시의식을 시점의 변화를 통해 다양하게 변주시킴으로써, 개별시의 개성을 확보하는 동시에 전체적 의미구조의 통일성을 유지하게 된다.

한편, 두 가지 이상의 시간대를 결부시키는 시적 구성은 「잃어버린 물」의 '앞으로 긴 시간'과 같이, 종종 시간적 의미를 함축한 한 행의 연결고리로써 처리된다. '그 후로 /자주 멈추는 자동차를 위하여 /동맥까지 우울하게 떨려오는 시동을 미리 건다'(「공회전」), '아직도 /제자리를 차지하고 있는 /뼈같이 남아 있는 시간'(「수레바퀴 밑에서」), '내일. /오늘의 비린내에 푹 젖어 아무것도 못 잊을 내일'(「두 번 꽃필 것도 같은 내일」) 등에서 '그 후로' '아직도' '내일'은 이러한 연결고리에 해당한다. 이는 최문자의 시의식이 과거-현재-미래의 시간대 위에서 자신의 생애와 사랑의 운명을 주시하고 있음을 보여준다. 결국 이러한 시제의 결합은 과거의 사랑으로 반추함으로써 현재의 상처를 치유하고, 더 나아가 새로운 미래를 기약하려는 의도를 내포하고 있는 것이다.

셋째로, 「잃어버린 물」에서 우리는 시적 대상 혹은 상황과 화자의 내면 풍경을 결부시키는 독특한 알레고리의 기법을 발견할 수 있다. 이 시는 그릇의 살 끝을 놓쳐 깨뜨린 이후 물이 쏟아지고 내용물도 없어진 일상적 상황과, 사랑하는 사람과의 이별 후에 생기를 상실하고 그리움을 되풀이하는 시적 화자의 내면 풍경을 겹쳐놓은 기법을 보여준다. 이것은 하나의 완결된 이야기 구조를 통해 전체적인 상징으로 계몽적 메시지를 전달하는, 원래의 알레고리 기법을 변형시킨 것으로 볼 수 있다. 이러한 변형된 알레고리 기법은 일상적 대상이나 상황과 시적 자아의 내면을 삼투시키며 독자들에게 생생한 시적 메시지를 전달하는 효과를 낳는다. 「이별」의 경우에는 시의 내용이 바람에 떨어지는 꽃잎의 상황만을 보여주는 듯하지만, '웬 바람이 그리도 불어댔을까' '다시 꽃이 될 거다'에 화자의 입김이 스며들어 있으며, 제목과의 대비를 통해서도 이러한 알레고리가 형성되고 있다. 이러한 기법은 구체적 대상에 대한 묘사만으로 구성되는 대상시와, 화자가 스스로의 내면세계를 토로하는 고백시의 기법을 상호 융합시킨 결과로 볼 수 있을 것이다.

넷째로, 이러한 변형된 알레고리의 기법에는 '나'와 '당신'의 관계가 설정되어 있다. 「잃어버린 물」에서 '감춰둔 사발'을 '그'로 지칭할 때, 그것은 그릇과 사랑하는 사람을 동시에 가리키는 중위법으로 사용된다. 그리하여 이 시는 깨어진 그릇과 쏟아진 물이라는 일상적인 현상에, 사랑하는 사람과의 이별과 상실감이라는 화자의 내면 상황을 중첩시키게 되는 것이다. 「이별」의 '뜨겁게 꽂혀 있던 꽃잎'에도 순결하고 절대적인 사랑이라는 님과의 관계성이 내포되어 있는 것으로 볼 수 있다.

지금까지 우리는 「이별」에 나타는 '불구가 된 나무'의 이미지를 매개로 「잃어버린 물」에 나타난 '사막'의 이미지를 살펴봄으로써, 님과의 이별로 인해 생겨난 시적 자아의 현재적 양상을 고찰하였다. 그리고 이 과정에서 최문자 시의 중요한 특징을 네 가지로 살펴보았는데, 이는 나와 당신의 관계성을 언어에 대한 탐구와 시제의 공존과 변형된 알레고리의 기법으로 형상화한다고 요약될 수 있을 것이다. 그런데 최문자의 현재적 상황을 대변하는 <사막>의 이미지와 이러한 시적 특징들이 '물'의 다양한 변주를 통해 형상화되고 있는 점에 주목할 필요가 있다. '사막'의 이미지는 시적 자아의

<갈증>의 양상으로 이어지면서 끊임없이 '물'을 갈망하고 추구하는 지향성을 배태하게 된다. 따라서 이번 시집에 나타난 '물'의 이미지는 '잃어버린 물'과 '아무 말 없이 은근한 깊이가 되는' '물' 사이에서 다양한 스펙트럼을 형성한다. '날콩의 비린내'(「냄새 1」), '풀내 나는 향수'(「냄새 2」), '풀냄새'와 '비린내'(「두 번 꽃필 것도 같은 내일」) 등이 지닌 '냄새의 혼'도 물기에 의해 촉발되는 '불발의 그리움'이며 사랑의 냄새이다. 그리하여 시인에게 사랑을 환기시키는 이 '냄새의 혼'은 시의식을 '물의 깊이'로 인도하게 되는 것으로 보인다.

3. 죽음, 혹은 뿌리의 깊이

앞서 살펴본 「이별」의 셋째 단계에서, '추억의 힘'은 '땅에 떨어진 뜨거운 하혈'을 일으켜 세워 다시 '꽃'으로 피어나게 하려는 의지를 내포하였다. 그런데 대부분의 최문자의 시에서 추억의 힘은 '꽃'으로 다시 피어나는 회복과 재생에까지 이르지 못하는 양상으로 나타난다. '다시 꽃이 될 거다'라는 정신적 결의는 현실에 근거를 둔 신념과 자기 확신이라기보다는 미래를 기약하는 소망적 사유에 가까운 것이다. 오히려 최문자 시에 나타난 시의식의 지향은 꽃의 재생이라는 높이로의 상승이 아니라, 뿌리의 가라앉음이라는 깊이로의 하강으로 나타난다.

> 사람들이 잃어버린 것들은
> 언제나 흙 속에 있었다.
> …(중략)…
> 한 번도 안 쓴 흙에 닿을 수만 있다면,
> 닿을 수만 있다면.
> 나도 이 불결한 시간을 놓고 싶다.
> 저 깊은 흙을 당기는 깨끗한 뿌리 하나 두고 싶다.
> ―「뿌리」부분

시인은 잃어버린 물을 그 근원인 흙에서 찾는다. '한 번도 안 쓴 흙'은 '이 불결한 시간'인 현재를 벗어나 있는 '순결한 시간'을 의미한다. 그곳에 닿기를 희망하는, 그래서 깨끗한 뿌리 하나를 두고 싶어하는 화자의 마음은, 죽음에 대한 동경과도 맞닿아 있는 듯이 보인다. 그러나 순결한 시간으로의 지향이 단순히 오염된 현실을 초월하려는 태도에서 기인하는 것이 아님을 다음의 시가 암시해준다.

> 그와 나 사이에
> 끄떡없는 깊이가 있다.
> 우리는 서로 그 깊이를 모른체하고 있다.
> 깊이를 걸친 흔들거리는 다리가 하나 있긴 하다.
> 다리가 무너지면
> 박살나는 깊이라는 걸 알고 있다.
> …(중략)…
> 간혹 우리는 죽음도 괜찮다고 말한다.
> 깊은 밤, 다리까지 잠든 깊은 밤
> 턱없이 다리를 흔들어본다.
> 우리에게 시달린 다리가
> 막 끊어지려고 하는 걸 우리는 알아냈다.
> ―「다리 앞에서」 부분

이 시는 '나'와 '그'의 관계를 그 사이에 잇고 있는 '다리'의 속성을 통해 천착하고 있는 작품이다. '나'와 '그' 사이의 '깊이'는 완전하고 절대적인 사랑을 가로막는 심연이다. 그 사이에서 흔들거리는 '다리'는 관계를 형성하는 소통의 끈이지만, 그 관계와 소통을 추구하는 것은 추락과 죽음을 각오하지 않으면 안 되는 일이 된다. '매일밤' '다리 양끝에서 서성거'리다가 '죽음도 괜찮다고 말'하는 '나'와 '그'는, 결국 죽음을 무릅쓰고 이 사랑의 관계에 발을 들여놓는다. '우리에게 시달린 다리가 /막 끊어지려고 하는 걸 우리는 알아냈다'라는 마지막 행의 객관적 관조의 어조는, 예정된 추락과 죽음에도 불구하고 사랑에 진입하는 자의 비극성을 역으로 고조시킨다. 최문자 시인에게 있어 뿌리의 깊이가 가닿는 죽음의 세계는 현실의 초월이 아니라, 실패의 좌절을 무릅쓰고 추구하는 사랑의 비극적 열정의 소산인 것이다.

이 비극적 사랑의 열정은 '세워둔 것들은 /쓰러지고 싶다. /쓰러지고 부러지고 싶고 /부러질 때마다 사상이 바뀌고 싶다'(「실족 1」), '당신은 /언제나 날카롭게 직립하세요. /내 쪽으로 오는 저 칠흑의 어둠을 안고 /내가 쓰러질게요'(「빈집」) 등에서, 쓰러짐과 무너짐의 자세로 변주되어 나타난다. 직립하는 태도에 맞서는 '쓰러짐'의 자세는, 현실의 모순과 결핍을 감싸안고 사랑의 관계로 진입하려는 시인의 새로운 시적 돌파구가 된다. 이는 사랑의 이율배반성과 소통 불가능의 운명을 껴안는 새로운 사랑의 원리를 확인하는 자세로 나타난다. 최문자 시의 뿌리의 깊이가 가닿는 죽음의 세계는 이러한 시적 의미를 내장하고 있는 것이다. 「닿고 싶은 곳」은 최문자의 시의식이 지향하는 지점을 잘 보여주는 작품이다.

나무는 죽을 때 슬픈 쪽으로 쓰러진다.
늘 비어서 슬픔의 하중을 받던 곳
그쪽으로 죽음의 방향을 정하고서야
꽉 움켜잡았던 흙을 놓는다.

새들도 마지막엔 땅으로 내려온다.
죽을 줄 아는 새들은 땅으로 내려온다.
새처럼 죽기 위하여 내려온다.
허공에 떴던 삶을 다 데리고 내려온다.
종종거리다가
입술을 대고 싶은 슬픈 땅을 찾는다.

죽지 못하는 것들은 모두 서 있다.
아름다운 듯 서 있다.
참을 수 없는 무게를 들고
정신의 땀을 흘리고 있다.

— 「닿고 싶은 곳」 전문

「이별」의 '불가가 된 나무'는 잃어버린 물을 찾아 뿌리의 깊이로 내려가다가 「닿고 싶은 곳」에 이르러 '슬픈쪽으로 쓰러'지는 '나무'로 전개된 것일까. '늘 비어서 슬픔의 하중을 받던 곳'은 결핍과 상처를 운명으로 살아가는 존재의 근원적 모습을 상기시킨다. 이 결핍과 상처는 완전하고 절대적인 사랑의 추구가 좌절된 데서 생겨난다. 그러나 '그쪽으로 죽음의 방향을 정하고서야' '쓰러'지는 '나무'의 의지는, 죽음을 통해서 그 좌절까지 껴안는 사랑의 모습을 보여준다. 따라서 이제 나무는 상처와 슬픔을 자신의 재산으로 심을 줄 아는 경지에 이른 듯하다. 죽음의 방향을 정하고 쓰러지는 태도는 2연의 '허공에 떴던 삶을 다 데리고 내려'오는 새의 모습으로 이어진다. 그것은 자신의 생애를 보듬어 안고 슬픔을 수락함으로써, 그것을 폭넓게 감싸고 넘어서는 죽음의 미학을 보여준다. 따라서 최문자의 시정신이 <쓰러짐의 자세>를 통해 닿고자 하는 궁극적 세계인 <죽음>은, 자신의 상처와 슬픔뿐 아니라 사랑의 모순과 좌절을 함께 보듬고 그것을 긍정하고 받아들임으로써, 더 큰 존재론적 성찰의 계기를 맞이한다. <죽지 못하는 것들은 모두 서 있다>라는 3연의 문장은, 존재적 개체적 자기 동일성을 뛰어넘는 <죽음>을 통해서만 타자성을 껴안고 나아가는 진정한 사랑이 가능해진다는 시인의 메시지를 전달해주고 있다. 다음의 시는 이 죽음의 미학이 <산>을 통해 새로운 길을 찾아가게 될 것임을 암시한다.

가장 낮은 도시에 다시 엎드릴
지루할 시간들을 내려다보며

잠들지 말자.
잠들지 말자.
수상해도 거기서 잠들지 말자.
산도 들리게 나에게 말했었다.

지친 지구 위에
산은
꼭 하나 남은 나의 길이다.
내 문장이 피 흘린 자리
바로 그 길 위에
내 깨끗한 자국이 있다.

―「잠들지 말자」부분

  최문자에게 <산>은 <가장 낮은 도시에 다시 엎드릴 /지루할 시간들>을 극복하는 <꼭 하나 남은 나의 길이다>. 이 길이 <내 문장이 피 흘린 자리>로 표현되는 것은, 시작(詩作)을 통해서 자신의 상처와 세상의 모순을 함께 껴안고 정화시키는 자리가 바로 자신에게 주어진 길이라는 의미를 함축한다. 낮은 도시의 시간들 속에 잠들지 않고 이 산길을 걸어갈 최문자가 어떤 시의 발자국을 보여주게 될지 자못 궁금해진다.

(『울음소리 작아지다』 해설, 1999년)

내면 속에 깃든 절망

홍 정 선

(문학평론가 · 인하대 교수)

나는 최문자의 삶과 시에 대해 아무런 정보도 갖고 있지 않다. 그것은 그녀의 시작활동이 일천해서가 아니라 순전히 내 게으름 때문이다. 내 게으름 때문에 내가 최문자에 대해 알고 있는 것은 단지 <和答> 동인활동을 해왔다는 사소한 사실뿐이다. 나는 그녀의 고향·나이·경력·가족·생각 등에 대해서도, 그녀 시의 변모과정에 대해서도 무엇 하나 아는 것이 없다. 그래서 내가 이용할 수 있는 것은 오직 내 앞에 놓인 시작품뿐이다. 아니 좀더 분명하게 말해 내가 이용할 수 있는 것은 내 앞에 놓인, 과연 어떻게 말을 건네고 다가가야 그 언어들이 부드럽게 자신의 몸뚱이를 열어 보일지 몰라서 어쩔 줄 모르고 있는, 시작품뿐이다. 그래서 나는 그녀가 남긴 삶의 그림자 / 언어에 투영된 삶을 들여다보며 마치 알리바바의 동굴 속에서 주문을 잊어버린 욕심쟁이처럼 작품의 둘레를 헛되이 빙빙 돈다. 그러나 나는 결국 주문을 찾아내지 못할 것이다. 김춘수의 어법을 빌리면 최문자의 언어는 내 손길이 닿는 순간 밝음 속으로 나오는 부분보다 새까만 어둠으로 사라져버리는 부분이 더 클 것이란 사실을 나는 잘 알고 있다. 내가 그녀의 시가 보여주는 몸짓과 암시를 명백한 비평적 언어의 그물로 덮치는 순간 내 손에 잡힌 것은 존재로서의 시가 아니라 시가 남긴 몇 개의 깃털들뿐일 것이다. 그렇지만 나는 포기하지 않고 이곳저곳을 두드리며 빙빙 돌아다닌다. 외곬으로 생각이 굳어진 바보처럼 어떤 주문을 외우면 최문자의 시가 알리바바 앞의 동굴처럼 스르르 열릴 것이라는 생각을 끝내 버리지 못하고 있다.

최문자의 시쓰기는 그녀가 선택한 소재와 특별한 관계가 있다. 그녀의 시들은 소재들의 속성에 깊이 얽매어 있으며, 상상력은 그 속성으로부터 자유롭지 못하다. 그 때문에 그녀의 시들에서는 선택한 소재의 속성에 대한 면밀한 관찰과 그것을 바탕으로 한 정서적 해석이 중요한 몫을 차지하고 있다. 이같은 사실을 우리는 상당수의 시들 속에서 쉽게 확인할 수 있다. 이를테면 그녀는 「못의 도시」라는 제목의 시에서 이렇게 쓴다.

> 쇠와 섞이고 싶은 살이 있다.
> 더 깊이 찔리우고 싶은 상처가 있다.
> 비명을 지르며 쓰러지고 싶은 영혼이 있다.
> 온몸을 찔려도 성이 안 가시는 쾌락이 있다.

라고. 여기에서 4개의 시행은 모두 못박기라는 소재를 바탕으로 삼아서 이루어진 정서적 해석들이다. 다시 말해 살속으로 파고드는 쇠의 모습을 바탕삼아 나타난 연상들이다. 못박기라는 소재를 바탕으로 최문자는 못을 기다리는 살의 욕망과, 충족되지 못한 상처의 쾌락과, 더 큰 강도의 쾌락을 요구하는 영혼의 모습이라는 정서적 해석을 만들어낸다. 깊이 깊이 벽 속으로 파고드는 못의 모습에 상응하여 '온몸으로 찔려도 성이 안 가시는 쾌락'의 모습을 점층적으로 읽어내는 것이다. 그렇기 때문에 최문자가 읽어낸 그 모습은 채워지지 않는 마조히즘적인 쾌락 속에 빠져들어 허우적거리는 우리 인간들의 요즘 모습이지만, 그러한 정서적 해석은 소재의 속성과 깊이 밀착되어 있다. 이같은 점은 '못'이라는 사물과는 달리 인간의 감정을 소재로 다룬 「미움」이라는 시에서 거의 마찬가지이다.

> 그는 온몸이 칼이다.
> 그는 태어나자마자 칼이 된다.
> 그를 품는 자도 칼이 된다.

메타포를 이용해서 '미움'이라는 소재의 속성을 되풀이해 보여주고 있는 위의 시 역시 앞의 경우와 마찬가지로 소재의 속성을 바탕으로 이미지가 전개되고 있다. 미움이라는 소재의 속성은, 위의 세 시행 속에서, 그 자체로 '온몸이 칼'이며, 사람의 마음속에 '태어나자마자 칼이 되'며, 미움을 '품는 자도 칼'로 만든다는 식으로 거듭 변주되어 나타나고 있는 것이다. 그리고 위에 인용한 시행 다음에서도 미움의 속성에 지배당하는 메타포적인 설명은 계속된다. 미움은 그것을 지닌 사람과 그것의 대상이 된 사람을 '불면'의 밤에 시달리게 만들고, 드디어는 자신을 베고 타인을 벤다는 것으로 이야기하는 것이 바로 그렇다. 미움이 '있어서 / 세상은 늘 얼룩지고', 미움이 '있어서 / 비명은 물소리처럼 가깝다'고 최문자는 쓰고 있는 것이다.

이렇듯 최문자의 시들은 소재의 속성을 시적 연상의 발판으로 삼아 날아오른다. 그녀의 시적 연상은 소재의 속성이라는 날개 없이는 온전하게 날 수 없는 한 마리 새와 같다. 사물과 세계에 대한 그녀의 정서적 인식이 온전하게 비상하기 위해서는 먼저 그것을 실을 수 있는 적절한 소재를 찾아야만 한다. 그래서 그녀는 거목(巨木)·안개·가시나무·산·산울림·풀·돌·낙화(落花) 등의 인간들과, 미움·사랑·슬픔·그리움 등의 인간적 감정들을 찾아낸다. 그녀가 찾아낸 이 수많은 소재들을 통해 비로소 시적 연상이 시작되고, 정서가 펼쳐진다. 「巨木」「산울림」「詩人」「미움」 등의 제목을 달고 우리 앞에 놓여 있는 그녀의 시들은 바로 그같은 시쓰기의 여정을 거쳐서 내려앉은 작품들이다.

그렇기 때문에 최문자의 시들은 소재의 힘에 상당 부분 의존하는 시들이 되고 있으며 그런 만큼 시집 전체의 유기적 통일성을 이룩하는 데에는 다소간의 미흡함을 드러낸다. 그것은 소재의 힘이 시인의 상상력을 제약한 결과이다. 소재의 힘을 뛰어넘어 시와 시 사이를 엮으면서 역동적으로 움직여야 할 시인의 의식은 소재의 힘 앞에서 개별적 묘사의 충실성을 지향하는 쪽으로 방향을 바꾼다. 그녀의 시가 한 편의 작품으로서는 뛰어난 형상화를 이룩하고 있으면서도 다른 작품과의 관계 속에서는 고립된 이미지의 응축물로 느껴지는 것은 그 때문이다.

> 무릎 앞의 소유를
> 모두 껴안고도
> 외로움의 뿌리는 깊어
> 사람이 부르면
> 날짐승처럼 운다.
>
> 어느 가슴을 치고 왔기에
> 하늘에 들리고도 남아
> 내 발목을 휘감고야
> 그 울음 그치나.

「산울림」이라는 위의 시는 '산울림'이라는 자연적인 소재의 속성과 그 속성을 비집고 들어간 시인의 정치한 감정을 잘 보여주는 작품이다. '껴안고도'라는 시어와 결합한 메아리의 굽이침, '외로움의 뿌리는 깊어'에 들어 있는 메아리를 만들어내는 깊은 산골짜기라는 호나경, '부르면 / 날짐승처럼 운다'에 함축된 오로지 반향으로서만 대답할 수 있는 메아리의 운명 등을 살펴보라. 그러면 최문자의 시어 하나하나가 소재의 속성들을 두루 포용하기 위해 얼마나 민감한 감각으로 골라졌으며, 또 시인의 정서는 소재의 틈바구니를 얼마나 빈틈없이 메우며 들어가 있는지를 잘 알 수 있을 것이다. 그렇지만 동시에 바로 그 점이 최문자 시의 개별적 고립성을 만들어낸다는 사실에 우리는 또한 주목해야 한다. 최문자의 정서를 강력한 힘으로 포옹하고 있는 정서의 모습은 응축된 시의 언어, 달리 말해 시적 정련성으로 나타나면서 개별 작품의 고립성을 만들어내고 있는 것이다.

하나의 소재를 향해 응집되어 들어가는 시적 연상은 다른 작품과의 친화성보다 작품 한 편의 완성도를 더 중요하게 여기는 의식의 소산이다. 필자의 지레짐작일지 모르지만 최문자의 이번 시집에서 작품과 작품이 연쇄어 만들어내는 시인의 시세계, 개별 작품의 편차를 통해 드러나는 시세계의 변모를 쉽사리 짐작하기 어려운 것은 이같은 점과 관계가 있다. 그러나 최문자의 모든 시들이 개별적 완성도를 지향하면서 고립된 시적 연상을 보여주는 것은 아니다. 최문자의 이번 시집에서 「어두운 일기」 연작은 앞의 그러한 판단에서 벗어나 있기 때문이다. 「어두운 일기」 연작은 사물의 뒷면에 대한 탐구, 현상적인 것의 반대편에 대한 지속적 탐구의 결과로써, 그녀는 이 일련의 시편들을 통해 소재에 집착하는 태도를 이어받으면서도 소재의 고립성을 넘어서는 가능성을 보여주고 있다.

보이는 세계 속에서 보이지 않는 세계를, 드러난 것들 속에서 드러나지 않은 것들을 우리 앞에 펼쳐 보인다고 할 수 있는 「어두운 일기」 연작은 그 제목에서부터 느낄 수 있듯 '어둠'으로 상징되는 감추어진 세계에 대한 천착이다. 그녀의 말을 빌리면 <축소된 어둠>이라고 말할 수 있는, 한낮 속에 응고된 어둠에 대한 이 탐구는, 한낮과 어둠의 관계가 그렇듯, 먼저 역설의 언어로 우리 앞에 나타난다. 최문자의 시의 화자들은 한용운의 경우처럼 현상적인 것의 한가운데에서 현상적인 것과 반대되는 것을 보는 것이다. 그리하여 '오뉴월 해에게서 일종의 축소된 어둠을 보'(「어두운 일기·1」)는 눈길, 그 눈길이 최문자의 이 연작시를 관통하고 있다.

그렇다면 최문자가 지닌 이 어두운 절망의 눈길은 어디로부터 온 것일까? 그것은 개인의 실존적 자아로부터 온 것일까? 최문자는 「자화상」이란 시에서 나라는 존재는 '다만 / 오래 / 같이 있었으므로 / 내 몸같이 느껴지는 그림이다. // 나라는 기억마저 희미한 화면 / 폐허의 구도이다'라고 말했고, 「가시나무숲에서」란 시에서는 '맨살의 무덤 속엔 / 분명 슬픔의 세포가 살아 있다'라고 말했다. 우리가 그녀의 이같은 진술을 단순히 특정한 소재의 속성을 드러내는 시어가 아니라 화자의 의식이 투영된 표현으로 간주할 수 있다면 우리는 앞의 질문에 접근할 수 있는 한 단서를 찾은 셈이다. 사실 최문자는 「어두운 일기」 연작이 아닌 다른 시에서도 그 대상이 무엇이건 관계없이 대상 속에 응축된, 혹은 소재의 응집력을 뚫고 나오는 슬픔의 모습들을 여러 번 보여주었었다. 그것이 가시나무이건, 산이건, 사람이건 거기에서 불거져 나오는 슬픔을 읽는 모습을 우리에게 몇 차례 보여주었던 것이다.

그렇다면 다시 한번 생각해보자. 최문자 시의 화자가 느끼는 그 슬픔, 혹은 슬픔을 번져나오게 만드는 절망적 인식은 어디에서 비롯된 것일까? 그것은 대상의 속성에 대한 설명을 위해서일까, 대상을 빙자해서 화자 자신의 정서를 노출한 것일까? 「가시나무숲에서」라는 시에서 최문자는 가시나무에서 자라나는 가시의 모습을 '슬픔의 세포가 살아 있는 모습'으로 읽었다. 그녀가 가시나무를 그렇게 읽었다는 것은 대상에 대한 날카로운 관찰이 낳은 설명일 수도 있지만, 동시에 그렇게 읽을 준비가 되어 있는 마음 상태의 표현이기도 하다. 우리는 「제발」이라는 시에서 그녀 시의 슬픔이 자발성 슬픔이라는 것을 알고 있다. 그녀는 「제발」에서 '끊임없이 슬픔을 도지게 할 병원체가 / 미동도 않는 거기 // 자발성이기에 그리움의 통증은 쉽게 떠나지 않는다'고 썼기 때문이다.

이런 사실들로 미루어볼 때 그녀가 드러내는, 슬픔·외로움·절망 등의 감정은 모두가 기본적으로 자발적인 것이며, 그러한 정서는 「자화상」에서 보여주었듯이 '나=폐허'라는 인식에서 비롯된 것이다. 기독교적 결벽성이라고도 말할 수 있는 엄격한 결벽성으로 스스로를 들여다보며 읽어낸 '나=폐허'라는 의식이 대상들에 대한 절망적 시각을 만들어내고 있는 것이다.

그리하여 마치 파란 색안경을 끼면 온통 세상이 파랗게 보이는 것처럼 자신의 내면에서 이미 폐허의 모습을 읽은 최문자 시의 화자는 이곳저곳에서 폐허의 모습을 찾아낸다. 심지어는 가족들의 모습 속에서까지도.

> 서류뭉치를 옆구리에 끼고
> 무덤을 나와
> 또다른 무덤을 향해 머뭇거린다.
>
> ―「퇴근」에서

직장과 가정 모두를 무덤이라고 인식하는 화자의 태도 속에 스며든 절망의 두께, 이같은 깊은 절망적 눈길과 그 눈길에 수반된 역설의 언어로 「어두운 일기」 연작은 도처에서 한낮의 밝음 속에 감추어진 어둠의 모습들을 포착해내서 파헤친다. 이를테면 그녀 시의 화자들은 「어두운 일기·1」에서는 '눈부신 빛의 몸속에서 타고 있는 어두운 욕망을' 읽으며, 「어두운 일기·4」에서는 '가슴을 잠그고 / …… / 바깥에 있을 사람을 / 그리워하'는 우리 존재의 모습을 말해주고, 「어두운 일기·2」에서는 '날개로 돋기 이전에 / 날개는 상처'라는 사실을 인식시키며, 「어두운 일기·10」에서는 우리의 현실을 '여자의 욕망이 많아서 / 남자들의 술잔끼리 부딪'는다고 비틀어 보여준다.

이처럼 최문자의 시들은 역설의 언어들로 현상 뒤에 숨어 있는 어둠의 모습들을 탐구해 들어간다. 그렇게 함으로써 절망하기 위해서가 아니라 다가올 절망의 크기를 축소시키고 견딜 수 있는 것으로 만들기 위해 그녀의 시들은 사물과 대상의 감추어진 본질을 드러낸다. 그것들의 본질을 드러냄으로써 빛과 어둠, 욕망과 사랑, 구속과 자유처럼 양면성을 지닌 우리 삶에 균형을 맞추어주고자 하는 것이다. 말하자면 한낮의 밝음에 의해 축소된 어둠에게도 온당한 의미의 정체성을 부여함으로써 우리 삶의 의미와 무의미의 관계를, 위장된 말과 몸짓 뒤의 다른 모습들을 참고 견딜 수 있는 것으로 만들어주는 것이다. 이런 점에서 '가족'이라는 부제가 붙은, 최문자의 「어두운 일기·9」는 그녀가 보여주는 절망의 의미를 재인식하는 데 있어서 중요한 단서가 되는 작품이다.

> 얽매여 살고 있다.
> 꽃나무가 있어야 꽃이 있다.
> 흙에게 발등을 물린 채
> 꽃나무가 자라야 꽃이 된다.
> 깊은 바람의 입질에 흔들릴래도
> 꽃나무가 흔들려야 흔들어진다.
> 시퍼런 탯줄을 끊지 못하고
> 피를 통하여 살고 있다.

위의 시는 필자가 보기에 최문자의 절망의 언어, 역설의 언어가 도달한 한 결론처럼 생각된다. 그녀의 시가 탐구해 들어간 양면성의 세계는 위에서 보듯 이제 얽매임으로써 튼튼해져 있다. 이러한 얽매임의 뿌리를 탐구하기 위해, 양면성의 상호관계를 정당하게 인식하기 위해 그녀의 시들은 현상적인 것들의 뒤에 숨은 어두운 세계를 집요하게 보여주었을 것이다. 한용운의 시구를 빌린다면 '절망인 희망의 노래'를 보여주기 위해 고통스럽게 절망의 세계를 탐색했을 것이다. 그리고 그같은 작업을 위해 '오늘밤'도 최문자의 시의 화자는 「첫사랑」에서 고백했듯이, '녹을 닦아내고 / 날을 세워 / 그 밑에 새롭게 찔리우고 싶'어하고 있는 것이리라.

(『나는 시선 밖의 일부이다』 해설, 1993년)

일상적 사상(事象)의 새로운 인식

윤 석 산
(시인·한양대 교수)

1

　인간의 모든 행위는 궁극적으로 자기 존재에 대한 확인이다. 즉 인간은 폭넓은 사고력을 지니고 있는 존재이기 때문에, 행위는 곧 사고의 표현이며 이 사고는 곧 그 사고의 주체인 인간이 존재하게 하는 가장 주요한 요소이기 때문이다.
　이와 같은 견해에서 본다면, 시인이 시를 쓴다는 것 역시 그 시인 자신의 존재를 보다 극명하게 확인하는 행위의 하나라고 하겠다. 따라서 보다 내밀한 자신에 대한 성찰과 자신이 딛고 있는 현실, 나아가 그 현실과 유기적인 연관을 맺고 있는 모든 사물이나 사상(事象)들에 대한 성찰을 통해 행하고 있는 행위는 하나, 이가 곧 시를 쓰는 행위라고 하겠다.
　이와 같은 점은 최문자 시인에게서도 마찬가지로 발견될 수 있는 것들이다. 특히 최문자 시인은 지극히 사소한 주변적인 것에서 그 눈뜸을 비롯하므로, 일상적이며 주변적인 경관이나 사물과의 유기적 연관의 발견을 통해 자신의 내면을 보다 면밀하게 드러내도록 노력을 하고 있음을 볼 수 있다. 결국 이와 같은 내면적 상황의 드러냄을 통하여 자신이 딛고 있는 위치, 또는 자신이 존재하고 있는 현실을 스스로 확인하고 있음을 볼 수 있다. 즉 우리 주변에서 흔히 만나게 되는 '구둣방'이나 '아파트', 또는 '돌', '바람' 등이 이 시인의 시적 제목이 되고 제재가 된다는 점에서도 이러한 점은 쉽게 발견된다. 아울러 이와 같이 대단히 주변적인 사물이나 사상들 속에서 다만 표피적 생활이나 일상의 단상에 머물지 않고, 사물과의 내밀한 성찰을 통해 '삶'이라는 보다 진지한 자신의 존재를 투영하려는 노력을 만나는 기쁨도 또한 최문자 시인의 시들이 보여주는 일면이라고 하겠다.

2

저 비어 있는
한 켤레의 공간으로
어느 육신이 머무를 것인가?

발 하나 들어갈 만하게
비워 놓은
절대의 자리에
누구의 하루가 쏟아질 것인가?

— 「구둣방에서·2」 중에서

구두는 왜 신나?
윤이 나는
가죽일 것밖에 없는데.

긴 시간
그것을 그렇게까지 신뢰하면서
꿈틀대는 온몸을
맡겨도 되나?

— 「구둣방에서·4」 중에서

위의 시들은 구두를 파는 구둣방이라는 지극히 상식적이고 평범한 대상을 시적 제재로 받아들여 쓴 작품들이다. 그런가 하면, 우리가 늘 거의 무신경하게 신고 다니는 구두가 이의 중요한 시적 제재가 되고 있음을 볼 수 있다. 그러나, 이들 시 속의 구두는 다만 일상의 구두, 관념의 구두가 아닌, 존재의 실체를 실감하는 현장으로서의 구두로 형상화되고 있음을 볼 수 있다. 이와 같은 점에서 이 시인의 사물을 인식하는 일면을 우리는 엿볼 수 있다.

이와 같은 모습은 다음과 같은 시에서도 쉽게 발견되고 있다.

> 욕망의 크기만큼
> 거죽으로
> 혹이 생겨 자라난다면
> 아, 아뜩하다
> 이 시대의 거리는
> 사람은 안 보이고
> 혹만 눈에 띄게 거대해져서
> 혹이 사람을 끌고 다닐 테니,
> 아, 아뜩하다.
>
> ―「피해망상」 전문

> 배추를 절이다가
> 녹지 않은 소금 하나를 본다.
>
> 물에 녹기를 배반하고
> 투명하게 살아 있는 목숨
>
> 녹기만 하던
> 오랜 삶.
> 그 위선의 잠에서 깨어나는 의식

녹아서 다시 태어날 때
소금이 될까 두려워
녹지 못하는 영혼

그 푸른 의식에
배추의 무성한 잎이 시든다.

— 「소금」 전문

 대체적으로 짧은 소품(小品)에 해당되는 위의 시들은 이 시인의 세상을 보는 시각이 매우 잘 드러나 있는 작품들이다. 「피해망상」의 경우, 사람의 겉으로 생겨나는 '혹'과 인간의 마음 깊이 도사리고 있는 '욕망'의 비유를 통해 세상의 사람들이 얼마나 커다란 욕망에 스스로 매달리고 이끌려가며 살아가는가를 암시적으로 잘 노래한 작품이다. 그러나, 이 작품의 주조를 이루고 있는 것은 이와 같은 인간 내면에 자리한 욕망이나 이것이 돌출되는 사회적 현상에 대한 비판이나 비양거림이 아닌, '아, 아뜩하다'라는 표현과 같이 막연한 두려움과 이와 같은 한 사회적 속성이 지닌 일면의 답답함, 또는 어쩌지 못하는 소시민적 우려 등인 것이다.

 이와 같은 양상은 같이 인용된 시 「소금」에서도 잘 나타나고 있다. 가령 '물에 녹기를 배반하고 / 투명하게 살아 있는 목숨 // 녹기만 하던 / 오랜 삶 / 그 위선의 잠에서 깨어나는 의식' 등과 같이, 늘 자신의 주위의 환경이나 여긴에 잘 순응하며, 다만 본질적인 요소이기보다는 곁들여지는 데에 불과한 '소금'과 같이 살아가는, 평범하고 또 작디작은 존재로서의 자신을 의식하며, 오히려 순응하기를 거부하는 또 다른 일면(一面)의 발견을 통해 삶의 소중한 한 부분을 깨닫는 시인의 의식 속에서도 역시 한 생애를 매우 조심스럽게 살아가는 모습을 발견하게 된다.

 결국 최문자 시인의 이와 같은 현실의식이나 인식이 그의 시적 제재를 보다 일상적이며 주변적인 곳에서 찾게끔 하고, 나아가 이러한 대상을 매우 따뜻한 인간의 눈으로 보고 해석하게 하는 것이 아닌가 생각되게도 한다. 아울러 이와 같은 일련의 작업은 곧 이 시인의 시를 요란스럽고 또 다기한 실험이나 해체의 모습으로 몰아가지 않고, 지극히 정돈된 그러므로 전통적 맥락에서 읽을 수 있는 시의 세계, 또는 구조로 조용히 진전시키고 있는 것이 아닌가 생각된다.

3

지극히 일상적이며 주변적인 제재의 선택, 또한 이와 같은 선택 속에서 시적인 긴장을 잃지 않고, 내면적 의식과의 내밀한 교통을 통해 일상적 차원을 뛰어넘는 시의 세계로 승화시키고 있는 것이 최문자 시인의 시가 지니고 있는 한 모습이라면, 또 다른 일면은 인간이 지니고 있는 '슬픔'이나 '외로움', 또는 '그리움' 등의 가장 근원적 정서를 바탕으로 시적 형성을 기하는 모습이라고 하겠다. 이와 같은 일련의 작업에는 '삶에 대한 근원적 물음'이나, 또는 '존재의 가치' 등, 보다 철학적인 사유를 바탕으로 하고 있음도 발견할 수 있다.

> 태초에 神이
> 방심하고 있는 한 사나이의 가슴에서
> 성한 뼈 하나를 빼낼 때부터
> 남자들은 방황하기 시작했다.
>
> 떨리는 손으로 가슴을 만져 보면
> 까만 절망이 집히는 빈 자리 때문에
> 남자들은 미칠 듯이 외로와했다.
>
> 사내가 성장하면

> 뼈들도 조금씩 자랐고
> 하나의 뼈가 걸려 있던
> 그 자리도 표가 나게 넓어졌다.
> 그 자리는 별도 뜨지 않는 어두움이지만
> 썰렁한 바람 속이지만
> 때로는 그 따스한 상실 때문에
> 가슴뼈를 그리워하기 시작했다.
>
> ―「뼈 하나의 상실을 위하여·1」 중에서

인간의 본원적 외로움이나 절망을 기독교적 사유를 바탕으로 노래하고 있는 시이다. 그러나 다만 성서적(聖書的) 해석에 그치지 않고, 왜 인간은 외로워하며 절망하고 있는가 하는 문제를 매우 재미있게 노래하고 있음을 볼 수 있다. 즉 지니고 있어야 할 '뼈 하나의 상실' 때문에 '남자는 방황하게' 되고, 또 '절망하게' 되고, '외로워지고' 그리고는 궁극에 있어서는 잃어버린 '가슴뼈를 그리워하게' 된다는 것이 이 시가 지니고 있는 시적 진술이 된다.

그러나, 이 시는 다음과 같이 이어지면서 이 시인이 도달하고자 하는 궁극적인 진실, 즉 추구하는 이데아에 이르고 있음을 볼 수 있다.

> 흙 속에
> 남녀 합장되어 해체되는 날
> 비로소 주인을 찾는
> 슬픈 뼈 하나.

그리움의 대상, 절망의 대상, 외로움의 대상이었던, 이 상실된 뼈의 본질 역시 필연적으로 본래의 자리를 찾아가야 하는 '슬픈 뼈 하나'였던 것이다. 그러므로 본래는 하나였던 영혼이 각기 나뉘어 서로를 그리워하며, 서로가 지닌 육신(살)이라는 꺼풀로 인하여 만나지 못하고 있다가, 그 육신을 해체시키게 되는 날, 즉 육신을 버리고 가장 순결한 영혼만이 남게 되는 그 죽음의 순간에 비로소 가장 완벽하게 합치된다는 것이 이 시의 주요한 내용이 되고 있다.

다시 말해서, 최문자 시인이 추구하고 있는 시의 세계는 죽음과 삶이라는 이원적(二元的) 세계를 이원적 세계로 인식하면서도 결국 하나이어야 한다는, 대단히 종교적인 세계에 그 뿌리를 두고 있음을 알 수 있다.

이와 같은 인식의 태도는 다음과 같은 시에서도 매우 잘 나타나고 있다.

> 산에서 뽑힐 때
> 이미 풀이었다.
>
> 나와 섞이면서
> 그 혼은
> 山을 향해 길 떠났나 보다.
>
> (중략)
>
> 만개된 난꽃에서
> 풀꽃 냄새가 난다.
> 혼이 떠난 냄새
> 꽃을 피우고야 더욱 알아진 꽃의 진실
>
> 그러나
> 山 밖에 나와서도
> 꽃 필 줄 아니
> 山에서 뽑힐 때
> 이미 잡풀이었다.
>
> ― 「난초」 중에서

인위적인 사람의 손길에 의해서 가꾸어지는 난(蘭)을 통해, 난의 본연(本然)을 보려고 하는 노력이 이 시의 주조가 된다. 즉 산이라는 자연과 난분(蘭盆)이라는 인위를 '난'을 통해 동시에 인식하며, 결코 인위적인 힘에 의해서는 자연이 더 이상의 자연이 되지 못한다는, 사물에 대해 지극히 원초적이며 본원적으로 인식하고자 하는 시적 태도를 우리는 발견하게 된다. 나아가 이와 같은 인식의 태도는 이 시인이 지니고 있는 사물과 나와의 유기적인 관계 위에서 설정되는 세계에 대한 인식이며 시적 해석이기도 할 것이다.
  그러므로 최문자 시인은 이러한 시적 해석을 통해 '그리움의 원천', '외로움의 원천', '절망의 원천'이 과연 어디에 있는가를 극명하게 시 속에 이야기하고 있음을 볼 수 있다.

  최문자 시인은 앞에서 이야기한 바와 같이 지극히 일상적이며 주변적인 시적 제재를 자신의 내면에 자리한 그리움이라든가 외로움의 원천으로 끌어들여, 그 사물의 표면에 자리하고 있는 또 다른 세계를 노래하려는, 그러한 시인이다. 아울러 이와 같은 시에 대한 일련의 노력이 그의 시를 요란하거나 다채로운, 소위 문제의 시로 끌어들이지는 못하고 있지만, 삶의 근원에 뿌리를 두는, 그러므로 독자를 향해 왜 우리는 이 땅에 두발을 딛고 서 있는가 하는 물음을 진지하게 던지고 있는, 그러한 시로 이 땅에 존재하게 하는 것이라고 생각된다.
  외적인 현실과 자신의 내면, 이 지상과 지상의 저켠인 또다른 세계, 인위(人爲)와 자연, 이렇듯 서로 상반되면서, 어쩔 수 없이 동일하게 인식해야 한다는 숙명 속에 최문자 시인의 시는 자리하고 있는 것이다.

(『귀 안에 슬픈 말 있네』 해설, 1989년)

작품론

꽃만큼 자라는 풀 • 김정란
어눌한 언어, 어눌한 깨달음 • 김강태
근원과 절대를 향한 감각적 상상력 • 송기한
살아남은 자의 슬픔 • 권혁웅
푸른 바닷속에 잠긴 말 • 이희중
종교적 수렴과 시적 확산 • 이성우

꽃만큼 자라는 풀
— 최문자론

김 정 란
(시인 · 상지대 교수)

　최문자의 신작시 열 편 안에서는 고통과 좌절의 냄새가 난다. 말들은 나지막하게 신음소리를 낸다. 무엇 때문일까. 어떤 개인적인 아픔이 있었던 것일까? 아니면, 사회적 계급과 아무런 상관도 없이 그 연배 무렵의 한국 여성들 마음 깊은 곳에 한결같이 숨겨져 있는 어떤 자기 소외의 경험 때문일까? 아무래도 그런 것 같다. 그러나 나에게 주어진 몇 편의 시 안에서 그 고통은 명확한 결을 드러내지 않는다. 나는 그냥 막연한 짐작으로 이 평론 또는 존재 치유학을 시작한다. 나는 아무래도 이번엔 오진을 할 것 같다는 느낌에 자꾸만 시달린다. 징후가 충분히 드러나 있지 않은 데다가, 징후를 드러내는 말들이 자꾸 딴청을 부리면서 제 자리에 주저앉거나 뒤로 돌아가기 때문이다.

　그러나 나는 텍스트 안에서 아픈 사람의 목소리를 깊이 듣는 방법을 알고 있다. 그건 텍스트를 가만가만 달래는 것이다. 다시 말하면, 텍스트로 하여금 분석가의 진실한 사랑을 믿고 마음을 놓게 하는 것이다. 나는 여러 번, 찬찬히, 말 마디 마디 사이를 살피며, 말의 갈피와 갈피를 들추어보며 정성스레 읽는다. 그러면 어느 순간, 텍스트가 마음을 열기 시작하는 것이 느껴진다. 그 순간을 놓치지 말아야 한다. 바로 그 순간 텍스트는 내 영혼 안에서 상호 텍스트로, 내가 나를 통하여 생에 대하여 아는 바와 소통하는 텍스트로 변형되기 때문이다. 모든 소통은 말하는 주체들 사이에서 발생하는 상호텍스트성의 구현이다. 나는 내가 나에 대하여 아는 만큼 너에 대해 안다. 사랑을 주면, 텍스트는 스스로 움직인다. 엉킨 실뭉치의 결정적인 한 코가 눈앞에 어른거리기 시작한다.

단서는 마지막 시 안에 들어있다.

> 늘 풀내 나는 향수를 쓴다.
> 풀도 꽃만큼 자란다.
> 하고싶은 말도 꽃만큼 자란다.
> 꽃에 눌려 언제나 쉬는 풀의 말
> 꽃 속에서 재가 되는 풀의 말
> 꽃만큼 꽃에게 갈 수 없어서
> 가다가 그치고 가다가 마는
> 아예 신발까지 벗어 감춘 꽃 옆에 서있는 풀의 말.
> 꽃을 지나 풀을 헤친다.
> 내 몸 어느 풀숲에서 풀벌레가 요란하게 울었다.
> 어느 새 풀이 내 안에 들어와 있다.
>
> ―「냄새 2―풀」 전문

제목에서부터 겸손한 한 영혼의 표정이 드러난다. 시인은 자신을 드러내지 않는다. 시인은 없는 듯 있고 싶은 것이다. '냄새'처럼. 냄새는 있지만 보이지 않는다. 그것은 없음의 형식을 있음을 인지하는 감각에게 물질적으로 강력하게 강요함으로써 억지로 있다. 그것은 자기가 '없다'는 것을 수동적으로 (이렇게 말하는 것이 허용된다면 '매지키스트'적인 방식으로) 가장 강력하게 말하는 방식이다. 나는 없어, 없어, 나 없는 거 알지? 난 없다니까. 그것은 있고 싶은 마음을 도착적으로 전달하는 방식이다. 제발, 내가 없다는 걸 알아차리고 날 있게 해줘. 최문자가 선택하는 '냄새'의 성격 또한 대단히 암시적이다. 그 냄새는 활짝 피어난 화려한 꽃이 아니라, 풀, 한 번도 자아의 절정에 이르러 폭발해 보지 못한, 언제나 '꽃에 눌려 쉬는', 영원한 잠재태의 꽃, '풀'의 냄새이다. 그 냄새는 결국 발설되고 싶었으나 억압에 의하여 발설되지 못한 '말'의 형식이다. '꽃에 눌려 언제나 쉬는', 아니, 오히려 '쉬도록 강요당한' '하고 싶은 말', 그러나 하지 못한 말, '꽃 속에서 재가 되는 풀의 말'.

시인은 풀은 능력이 없어서 꽃이 되지 않은 것이 아니라고 말한다. '풀도 꽃만큼 자란다'. 그러나 풀은 '꽃만큼 꽃에게 갈 수 없어서/가다가 그치고 가다가 (말)'며, 자신이 꽃을 부러워해서 꽃을 향해 걷고 있다는 것을 들키지 않으려고 '아예 신발까지 벗어 감춘'다. 마지막 두 줄은 암시적이다.

> 내 몸 어느 풀숲에서 풀벌레가 요란하게 울었다.
> 어느 새 풀이 내 안에 들어와 있다.

이 조용한, 겸손한, 침묵을 강요당한 영혼의 안에 사실은 '요란한' 말이 숨어 있는 것이다. 고요한 아우성. 요란한 부재의 말. 아니, 시끄러운 냄새. 「냄새1」에서 냄새는 조금 더 분명한 방식으로 자신의 존재 형식을 드러낸다.

> 어려서 어머니가 불린 콩을 한 주먹 넣고 뜰에서 맷돌을 돌리는 날이면
> 하루 종일 집안 곳곳에서 콩비린내가 났다.
> 어려서 맡던 그 날콩의 비린내가 그에게서도 났다.
> 날콩 비린내에 나는 오래오래 끌려 다녔다.
> 냄새를 사형시킬순 없었다.
> 떠도는 이야기처럼 아무것도 죽일 수 없었다.
> 목을 조를수록 냄새들은 다시 회상된다.
> 아직 그 기억들과 헤어지지 못하였으므로

> 나의 모든 쓸쓸함은
> 남기고 간 믿을 수 없는 그 혼란의 날콩 냄새를
> 더욱 믿으려고만 한다.
> 이별의 높은 철책도 훌훌 넘어 내게로 오는
> 기화된 무서운 날콩의 비린내
> 이미 야망을 품은 그리움의 벌레가 몸을 푼 날콩.
> 그가 떠오를 때마다
> 그가 무거워
> 너무 무거워
> 나는 날콩의 돌찌귀에서 빠져나올 수 없다.

― 「냄새 1-날콩」 전문

어머니가 어릴 때 갈던 날콩 냄새는 지금 시인의 코끝에서 풀풀 난다. 아니, 그녀의 몸 전체에서 '무섭게'풍긴다. '날콩 냄새'는, 꽃이 되지 못한 풀냄새처럼, 익지 못한 채 억압에 의하여 으깨어진, 활짝 피어나지 못한 채 시인의 영혼 깊은 곳에 파묻혀 버린, 지금은 부재가 되어 버린 어떤 생생한 아름다운 현존이 풍기는 냄새이다. 그 부재는 다시 자신의 있음을 없음의 형식으로 주장한다. 냄새, 현존하는 부재, 아니, 현존하려는 부재, 자신의 현존성을 뻔뻔스럽게 주장하는 부재. 목을 조를수록 다시 돌아오는 부재. 기억은 고스란히 현존의 가면을 쓰고 시인의 내면에 남아있다. 시인은 '믿을 수 없(는)' 그 부재를 '더욱 믿으려고만 한다'. 그래서 시인은 그 부재를 '사형시킬 수 없었다'고 말한다. '사형'이라는 용어의 선택은 아주 암시적이다. 단순히 '잊는다'고 말하는 걸로 충분치 않아서, 시인은 어떤 구체적 의식과 절차를, 그것도 제도적인 절차를 생각해 낸 것이다. 그러나 무망. 날콩냄새는 사라지지 않는다. 상처는 여전히 아가리를 벌리고 추억의 날콩냄새를 쏟아낸다.

어쩌면, 시인 자신이 그 날콩냄새의 부재하는 현존성을 잃기를 거절하는 것인지도 모른다. 모든 부재는 모든 현존보다 찬란하므로. 그렇다면 아프지 않은 채 너절하게 사는 것보다 아픈 채 아름답게 사는 편이 더 나은지도 모른다. 未忘? 아마도. 그러나 시인은 더 나은 존재의 권리의 이름으로 미망을 선택한다. 아구리가 딱 맞는 뻔한 삶보다는 흔들리며 생성되는 삶을, 상흔(cicatrice)의 안전한 현존 대신에 늘 터져나가는 상처(blessure)의 불안한 부재를. 피딱지의 멍청한 화해 대신에 흐르는 피의 명민한 공격성을. 그러다가 상처가 곪으면 어떡하느냐고? 그럴 리 없다. 시인의 살은 매우 특이한 살성을 가지고 있기 때문이다. 그건 곪기 직전에 새로 돋아난다.

> 당신은 나를 꿰맬 수 있는 가장 굵은 절망의 바늘이야.
> 나는 봉합되지 않아
> 나는 매일 튿어져
> 너풀거리는 실밥에다
> 어느새 하얗게 알을 슬어놓도
> 당신은 기다리지. 내가 화농되기를
> 내 살성은 곪기 전에 먼저 부활해
> 멈춰. 당신의 바느질을.
>
> ― 「빛나는 살성」 전문

시인은 맷돌에, 제도에, 나의 상처의 아구리를 닫아. 착하고 얌전한 여자로 살아가게 하려는 '당신'의 의도에 그녀의 아픈 존재 전체를 담보로 필사적으로 항의한다. 싫어! 난 낫기 싫어! 아픈 내가 썩어 문드러지더라도, 그런 나를 당신이라는 제도가 추악하다고 여기더라도. 난 나를 썩혀서라도 제도라는 '당신'을 변화시키고 말 거야. 다음 시에서 매저키스트적 환상은 빛나는 확신의 빛을 지니고 있다.

> 언제나
> 당신의 손톱을 보고 있어

지독하게 짓이겨져서
당신 위에 나를 올려놓고
뿌리칠 수 없게
무명천 찢어 처매고 하룻밤 나를 재우면
쓰라림과 욱신거림 끝에
아, 당신 몸 속까지
물감 칠하러 나는 들어가
내가 갈린 맷돌 자국
홍자색 창백함은 내가 나를 버린 빛깔.
당신 손톱에 굳은 채
나는 기다리고 있어 10월을.
괭이밥, 쥐손이풀, 터지고 싶은 열매들을 데리고
기다리고 있어 10월을.
10월은 건드리기만 해도 바람만 불어도
툭 터지는 결백이 있어
그 때까지
아직도 철철 흐르는 내 피를
자르지 마.
자르지 마.

— 「물봉선」 전문

    그녀는 스스로 맷돌 아래로 기어들어가 자신을 짓이긴다. 그러나 그것은 단지 나를 파괴하는 방식이라기보다는 나의 정수를 완전히 발현시키기 위한 방식이다. 나를 온전히 다 쓰기 위해 억압 앞에 나를 던지는 방식. 이 투신하는 붉은 여자는 완강한 당신의 가장 딱딱한 살 위에, 공격성과 자기 보호의 표지인 손톱 위에, 으깨어져 실체가 다 배어나온 자신의 존재를 얹어놓는다. 나를 죽여서 당신 안으로 스며들어갈 거야. 그래서 당신을 바꿀 거야. 이 간절한 열망은 존재의 완성을 상징하는 10월. 상달을 꿈꾸며 피를 철철 흘리고 있다. 그렇게 될 때까지, 존재가 빛나게 파열해서, 억압에 의해 왜곡되지 않은 순연한 존재의 본래성, '결백'을 '툭 터(뜨릴)' 때까지, 그래서 내가 나의 껍질을 벗고 당신이 될 때까지 나를 건드리지 말아 달라고 시인은 부탁한다. 10월은 올까? 온다 하더라도 과연 10월이 올 때까지 버틸 수 있을까? 10월이 오면 존재는 늘어날까? 그럴 것이다. 그러나 고통의 몫을 치러야 한다. 왜냐하면, 이 존재 완성의 열망은 '넓은 길'이 아니라 '좁은 길'을 따라가는 길이며, '오른 손'의 길이 아니라, '왼 손'의 길이며, '앞문'이 아니라 '뒷문'의 길이기 때문이다. 따라서 체제의 타자로 살아가는 고독을 견디지 않으면 안 된다.

> 좁은 문의 손잡이는 늘 푸르고 새 것이지. 우리가 잘 잡지 않아도 위태롭게 반짝이고 있어. 좁은 문으로 들어가려면 **뼈만 남은 앙상한 식욕과 욕망**에 걸리지 않는 치마를 입어야 해. 좁은 문 안쪽으로 막힐 듯 막힐 듯한 곳에 좁은 고요가 살고 있지. 좁은 길과 큰 욕망의 **뼈** 사이에 바람처럼 일어났다 앉았다 하는 깊은 고요. 그 고요 속을 긴장하며 걷다 보면 어느 새 길쭉하게 팔만 자라난다구. 쑥쑥 커질 수 있는 축복처럼. 팔은 욕망을 잡아당기지 않으면 길어져. 휘두르지 않아도 길어지지. 긴 팔로 만질 수 있는 것들은 너무나 많은 거야. 이제 보니 모든 귀한 것이 다 긴 팔 아래 있었어. 언제나 무겁고 괜찮은 것들은 고요하기만 했지. 긴 팔은 그 길이 만큼 고요했어.
> ―「門이야기 1―좁은 고요」, 부분, 강조 : 인용자

그러나 시인은 아직 자신의 추구를 힘차게 밀어붙이지 못한다. 그것은, 아마도 이 '긴'팔이 '큰 욕망'의 반대의 가치, 즉, 정신적인 의미만을 가지고 있기 때문이 아닌가 생각된다. 최문자의 긴 존재는 철저하게 정신적인 의미로만 파악된다. 최문자의 '좁은 문'은 앙드레 지드직인 금욕주의적 의미를 그대로 받아들이고 있는 것이다. 그 늘어난 긴 존재는 아직 짐승인 육체의 요구를 달라진 존재 안에 통합하는 방식을, 육체의 실체감과 더불어 존재의 벽을 바깥으로 밀어붙이는 방식을 익히지 못하고 있는 것처럼 보인다. 팔, 형이상학의 신체는 존재 밖으로 길게 늘어나지만, 발, 형이하학의 신체는 시인을 존재 안쪽으로 잡아당긴다. 시인은 팔과 발 사이에서 흔

들린다. 팔이 늘어나면, 발이 오그라들고, 발을 높이 들면, 팔이 오그라든다.

> 가끔 긴 팔로 이길 수 없는 고통이 겨드랑이까지 찰랑거리긴 했지. 그 때마다 팔랑팔랑 홑치마 걷어붙이고 허방에 피어나는 세상의 노란 꽃들. 이 특이한 만발이 지옥인거야. 이 꽃가지를 잡고 미혹의 발 뒤꿈치를 들면, 긴 팔의 **뼈**는 어깨까지 오그라들지. 좁은 고요 속을 걸어나오기도 전에 생명은 종잇장처럼 납작해 진다구.
>
> — 같은 시, 부분, 강조 : 인용자

관능은 '넓은 길'로 저주받는다. 다음 대목에서 시인의 금욕주의는 명백하다.

> 길 섶엔 키득거리고 싶은 쾌락의 풀꽃들이 흐드러져 있고 말야. 넓은 문의 문고리는 한 번도 뻑뻑한 적이 없지. 늘 헐렁헐렁하게 힘없이 열려 버렸어. 그 문 안으로 자주 들어서 봤지. 그러나 멀쩡한 대낮에 대로상에서 난 그에게 여러번 들켰어. 참다못한 그가 들통난 오르가즘 끝을 바싹 잘랐지. 영원히 느낄 수 없었어. 그걸.
>
> — 같은 시, 부분, 강조 : 인용자

'대낮', '대로상'에서 육체의 쾌락을 저주하는 '그'는 틀림없이 시인의 초자아, 검열하는 아버지, 복음서의 빛의 신(神)이다. 시인은 자신의 어두운 육체의 본능을 저주한다. 그건 '끈적한 뒷문', '더러운 식사', 나날의 '먹물', 저주받은 뱀, 죽여야 할 원수, 무너뜨려야 할 벽. 시인은 에덴 동산에서 뱀과 이브를 저주했던 기독교의 가부장적 가르침의 눈치를 본다. 그녀는 육체는 죄의 근원이며, 죄의 값은 사망이라고 배웠던 것이다. 그러나 이 생생한 여자의 육체를 어떻게 부정한단 말인가. 죽일까? 아니, 그럴 수는 없어. 문제는 최문자가 기독교적 가부장제의 정신주의적 형이상학으로 돌아가기에는 이미 너무 멀리 와버렸고, 앞으로 나아가기에는 용기가 부족하다. 정신의 긴 팔은 육체로부터 에너지를 공급받지 못하고 파리하게 흔들린다.

다음 시는 그렇게 아버지의 형이상학을 떠났으면서도 자신의 형이상학 안에 굳건히 서 있지 못한 시인의 고통스러운 존재론을 아주 잘 보여주고 있다.

> 솟을 대문을 열고 들어가면 또 문이 나왔다. 생가에는 솟을 대문 말고도 문이 네 개나 더 있었다. 사랑문을 지나 중문, 뒷곁에도 뒷문, 사당문이 문이 둘씩이나 있었다. 여러 개의 문들은 아버지의 순한 종들이었다. 모습이 바뀐 또 다른 아버지였다. 나는 무거운 아버지를 힘껏 힘껏 떠밀면서 생가를 드나들었다. 아버지의 가슴 밖으로 나갔다가도 다시 돌아올 수 있는 문은 네 개나 더 되었다. 발자국 돌아오는 소리를 기다리고 있는 탄탄한 문이 네 개나 더 있었다.
>
> 지금은 아예 문이 없는 벽 속에 산다. 벌레만이 드나들 수 있는 허름한 벽속에 산다. 못 하나 박을 수 없는 벽. 못을 쳤다가는 내장까지 우수수 쏟아져 내릴 헐어빠진 벽 속에 산다. 아무 것도 걸어놓지 못하고 산다. 내 가느다란 울음소릴 듣고도 금이 좍좍 가버리는 자해의 벽 속에 산다. 뿌리칠 수 없는 팔을 다 떼내고, 뼈와 살이 날마다 빠져나올 수 없는 벽 속으로 더 깊이 빠진다. 벽 속은 얼마나 견고한 캄캄함인지. 어둠을 헤치면 다시 몇 배의 어둠이 금방 차올랐다. 흙이 찰랑찰랑한 벽 속에서 벌레가 할 수 있는 일이란 마른 흙을 갉아먹거나 흙칠갑을 하고 흙 속에 빠져 죽는 일이다. 밤마다 남 모르게 벽에 문을 뚫다가 등뼈가 확 나가 버렸다. 흐물흐물한 등뼈로 기울어지는 벽을 떠받치고 있다. 벽을 열 수 있는 열쇠란 없다. 매일 밤 정갈한 옷으로 갈아입고 벽 속에 눕는다. 벽이 무너지면 매장될 가물가물한 그 순간을 위하여.
>
> ―「분이야기3-벽」, 전문, 강조 : 인용자

시인은 '무거운 아버지'의 형이상학을 '힘껏힘껏' 떠밀면서 성장했지만, 그러나 벽은 무너지지 않았다. 아니, 오히려 시인이 벽을 허물지 않았다고 말해야 할까. 다 '헐어빠진'. 고색창연해진, 세계를 향해 걸어나가는 '문'이 없는 옛날의 형이상학. 이제 그 벽에 못 하난 걸 수 없다. 당연하다! 그 벽은 이제 더 이상 삶을 담아내는 형식이 아니기 때문이다. 그런대로 시인은 여전히 그 '헐어빠진' 벽에 기대어 흐느껴 운다. 시인은 그 벽에 기대어 행복하지 않다. 그 벽에 기대어 사는 것은 고작 '자해'의 형식에 불과하다. 팔은 새 형식을 찾아 몸을 뻗치지만, 시인은 그것들을 '다 떼(낸다)'. 그리곤 그 옛날의 정신주의의 벽 안에다 육체의 생생함을 생매장한다. 뼈와 살은 벽 깊이 파묻힌다.

그러나 아버지의 시선, 초자아의 검열이 사라지는 밤이 되면, 시인은 남몰래 벽에 문을 뚫는다. 아니, 당당하게 아버지의 눈앞에서 벽을 뚫어야 했다. 시인은 밤마다 몰래 문을 뚫다가 '등뼈가 확 나가 버렸다'고 말한다. 당연한 결과. 자존의 당당함이 결여된 소극적 음모로는 그것에 기대어 세계를 향해 걸어나갈 하나의 원칙. '뼈'를 얻을 수 없는 것이다. 결국 시인은 아버지의 옛날 벽 속에 드러눕는다. 시인은 열쇠를 얻는 일을 포기한다. 그녀는 벽을 떠나지 못한 채, 그냥 있는 것이나 정갈하게 갈무리한다. 언젠가 벽이 힘없는 내 몸 위에 무너질 때 깔끔한 시체라도 남길 수 있도록.

아니, 나는 최문자가 일어날 것이라고 생각한다. 그래서 벽에 문을 낼 수 있을 것이라고 생각한다. 나는 그녀가 이제 밤이 아니라 낮에 문을 뚫기 시작할 것이라고 생각한다. 누군가 속삭이는 소리가 들린다. "일어나요. 늦기 않았어요. 당신은 혼자가 아녜요. 우린 같이 일하잖아요." 이 글을 끝내고 나서 나는 그녀에게 풀냄새 나는 향수가 아니라 꽃냄새 나는 향수를 하나 선물할 생각이다. 그리고 칼슘이 많이 들어있는 비타민도 한 통, 후후, 튼튼한 '뼈'를 만들어야 하니까.

《현대시》 1998년 11월호)

어눌한 언어, 어눌한 깨달음
― 우리에게 주어진 것은 시간이 아니라 순간이다(조르쥬 뿔레)

김 강 태
(시인)

　시인 최문자의 말은 '어눌(語訥)'의 극치다. 아니, 거의 반 이상이다. 그런데 할 말은 다 한다. 붙일 말은 꼭 붙여댄다. 협성대 글쟁이 학과 선생들이 다 그러신가. 소설 쪽 박덕규 선생의 어눌한 화술(?)도 그녀에 못지않은데. 임영조 형님도 그렇구―. 대개는 그 어눌함에 진실이 담겨 있어 매력적이다. 자리에 앉자마자, 그 입술이 내 얼굴더러 '맑음'이라고 전한다. 기분 좋다. 허, 난 흐린 구석이 많은데.
　8월 초순도 끝나가는 저녁 시간이다. 급한 인터뷰로 말미암아, 부족한 시간에 따라 내 마음도 조급해 있었다. 이것 역시 최 시인의 성격 탓이었다. ≪현대시≫로부터 <커버스토리> 제의를 받은 뒤, 한참을 고민하던 시인이 급기야 연락을 준 것이다. 사당동 13번 출구에서 100미터 쯤, <ER>. 그리고 저녁 6시. 그 날은 비가 왔다. 조금씩, 조금씩.
　성격상 '대충대충'이 없는 내 모습에 스스로 짜증날 때가 많다. 나를 아는 이들이 어떻게 생각할지 모르지만, 그냥 지나치는 성격이 아니라서 더욱 그렇다. 있는 자료는 다 읽어야 직성 풀리는 건 어쩜 천성이리라. 하지만 한 시인의 인생과 시의 역정을 탐지하는 것만큼 큰 기쁨도 없을 것이다.

문제는 그녀의 성격이었다. 오랜 시간을 대화하는 사이, 나는 '누님'이라 부르기로 했다. 그럴 수밖에 없는 상황이다. 많은 속내 이야기를 내게 들려주는 그녀의 마음 씀씀이에서 모처럼 싱그러운 사유를 읽는다. 또 한긋 그렇다. 그(녀)가 들려주는 내용이 복병(?)을 만나면 더 이상의 인터뷰는 의미가 없어진다.

솔직히 말해서 그녀는 지나치게 소심했다. 아니, 덩달아 나도 소심의 극치로 변하기 시작한다. 유년의 행복과는 달리 지난날의 삶(결혼 이후)이 그녀를 그렇게 만들었으리라. 이웃들은 그녀를 보고 "(행복한 당신이) 뭐가 그리 걱정거리냐?"며 이상하다는 투로 바라보곤 한다. 행복하지, 그럼. 그러나 그녀에게도 아픈 시간이 있었고, 어두운 그늘도 있었다. (아무래도 여성시인은 인터뷰 내용에 한계가 있음을 배제할 수 없다. 그러나 이 세상의 남편과 남성들, 그리고 문단 관계자들은 들으라. '왜 인터뷰를 해야 하는가?'를 속 깊이 인지하지 않으면 안 된다. 시인, 예술가는 이미 작업을 발표할 때부터 자기 것이 아니다. 타인인 독자의 것이다. 그런데 예술 작품은 일단 타인에게 설득력 있게 노출되지 않으면 안 된다. 우리 시대의 여성들은 그런 의미에서 아직 불행해 보인다. 작품에 대한 바람직한 이해를 위해 '인간 아무개'를 들춰낼 필요가 있다. 그래야 그, 또는 그녀의 시의 이해를 좀 더 확장시킬 것이 아닌가.)

나는 대화를 해나가는 과정에서 최 시인의 새로운 면을 들여다볼 수 있었다. 유년 시절의 신앙, 우리의 어두운 역사가 준 배경, 신앙과 시와의 뜨거운 만남 등. 그러면서도 그는 사생활에 민감한 반응을 보인다. 주변을 의식할 수밖에 없는 현실이 그러했나 보다. 그녀는 교회 권사라는 직분을 갖고 있다. 신앙이 돈독한 만큼, 일상적인 삶에 누구보다 주의할 수밖에 없을 것이다. 그녀는 원래 엄격한 가정에서 지나치게 강고하고 맑은 성격의 어머니를 닮을 수밖에 없었다. 이것이 오늘의 '정숙한 최문자'를 형성시켰음은 두말할 나위도 없다. 어머니는 그랬다, 한씨 양반가 지주 출신의 장녀로 성격도 꼿꼿하고 정숙했다. 5대 독자인 아버지는, (송구하지만) 자수성가로 성공했고, 돈에 유난히 집착한 분으로, 처음에 원효로 4가에 있던 대형 병원을 소유한 적도 있다. 당신이 의사는 아니지만, 의사 몇을 데리고 있으면서 뒤에서 돈을 대며 경영하는 등, 돈이 된다면 편법도 불사하며 돈을 벌어들였다. 그녀의 성장지가 윤보선 씨 댁 근처인 종로구 안국동 45번지일 정도로 집안이 넉넉했지만 정작 그녀가 결혼할 당시엔 부모가 매우 강경하게 반대하여 냉담하기까지 했다. 시인의 「고백록」을 보자.

> 나의 청년기는 정말 엉망이었다. 국문과에 제대로 입학은 했으나 개인 사정과 철없는 사랑의 후유증, 그 방황으로 무모하게 곧바로 자퇴서를 냈고, 결혼 이후까지 3개 대학을 다니다 말다 휴학하다 자퇴하다 하면서 겁 없이 항로를 바꾸다가 겨우 학부를 마치고 30대 후반에 석사를, 40대 후반에 박사과정에 들어갔다. 이때가 가장 힘들었다. 남보다 꼬박 10년이란 시간을 고통스럽게 써 버리면서 편히 갈 수 있는 길을 우회하며 어렵게 돌아 나온 것이다. 이제와 생각해 보면 아깝고도 아까운 시간이었으나, 10년이란 세월은 나의 문학에서 중요한 것을 품은 시간으로 결정의 분기점이 되었으며, 작품 속에서 상당한 의미로 작용하게 되었다.

그녀는 무시험 특차전형으로 대전사범 병설중학을 거쳐 당시 특차였던 대전사범학교 본과를 다녔다. 남들이 교육학을 공부할 때 그녀는 대학입시를 준비하면서 사범학교에 온 것이 잘못이었음을 고3에 와서야 느꼈지만 이미 늦어서 원하던 대학에 갈 수 없었다. 이것이 쉽게 겁 없이 대학을 자퇴한 원인이 되기도 했다. 그녀는 교사 자격증도 있다. 지금은 고인이신 한성기 시인과 송백헌 선생(전 충남대 교수)은 당시 사범학교 교사였다. 대전사범 출신 문인으로는 시인에 곽우희·이명희·김순일·최창열·이정숙·정광수·김소엽·조인자·김광옥 등이 있으며, 소설가로는 이규희·조선작 등이 있다. 에피소드를 들려달라고 하자, 고1 때 문예반 한 선배로부터 명문의 연애편지를 받은 적이 있다며 살며시 웃는다.

그녀는 남편에 대한 얘기는 되도록 피하면서, 별 것 아닌 것이니 쓰지 말아 달라고 부탁까지 했다. 다음은 생의 1/2인 남편에 관한 그의 「고백록」이다.

나와 남편은 아주 다르다. 사사로운 생활 습관에서부터 기질, 성장 과정, 의식, 사고 체계, 사물과 사건, 모든 현상을 접하는 방법과 느낌이 '어쩌면 저렇게 다를까?' 하고 생각할 정도다. 물론 모든 것을 다 알고 결혼했고 시작했기에 별로 새삼스럽진 않았지만 굉장히 고통스러웠다. 이 고통이 계속 시를 쓰게 했고, 유년의 거침없던 나를, 삶 속에서 긴장하고 조심하면서 살아가게 만든 것 같다.

나도 남편에게 별로 쓸모없는 괴로움만 주었던 여자임에는 틀림없다. 그래서 가끔 미안하고 무력함을 느낀다. 시인·어머니·교수로서는 어떨지 모르겠으나, 좋은 아내는 분명 아닌 것 같다.

결혼 뒤에는 가장 힘든 시기였다. 가난한 남자와 결혼했으므로 3만원 보증금에 월 2,000원씩 내는 사글세방에서부터 시작했다. 그래도 가난과 고생은 참을 수 있었으나, 글을 쓸 수 없는 고통을 참을 수 없었다고 했다. 아이들은 어렸고 적은 둔 공부 때문에 육아과정의 고통은 눈물겨웠다고. 도와줘야 할 남편은 공무로 귀가가 매일 늦었다. (모기관 근무 33년) 남편은 남편대로 늘 볼멘소릴 내었다. (남편 맞어?) 아이들은 계속 보채고, 졸업은 해야 하고 글은 전혀 못쓰고, 정말로 죽을 지경이었다. 사는 의미를 잘 느끼지 못하던 시기였다고 한다. 난 웃으며 "연상의 철부지셨네!"하고 빈정(!)댄다. 그러던 중에 20대 후반에 인천교육대학 부속의 교사가 된다. 전국 최고의 실력자들이 모인 그곳에 '실력으로' 교대생들을 실습시키며 당당히 교사직을 수행한 것이다.

잊지 못할 일과가 있다, 박사논문 쓸 때의 일이다. 자료를 좍 펴놓고 쓰노라면, 남편은 "도데체 매일 펼쳐 놓고 하는 게 뭐냐." "애들은 놔두고 뭐 하는 거냐"고 따졌다. 못된 공부란 놈에게 아내를 빼앗겼다고 생각했던 모양이다. 그녀가 마지못해 농담조로 "등이 추워 이거라도 쓰려고요." 하니까 "그럼 진작 보일러를 켤 일이지." 하는 농담조의 대답과 함께 보일러 스위치를 올려주었다고. 세상에, 그 말을 그렇게 알아듣다니. ―문자 누님은 "이게 바로 '벽과의 동침'이지 뭐예요?"하며 내게 슬그머니 반문한다. (난 아내가 시를 모르니깐 좋던디. 전화두 얼마나 친절하게 받는데. 소문났어유.) 그래서 나중에 탄생한 시가 그 유명한「벽과의 동침」이다.

 이십 년 넘게 벽 같은 남자와 살았다. 어둡고 딱딱한 벽을 위태롭게 쾅쾅 쳐 왔다. 벽을 치면 소리 대신 피가 났다. 피가 날 적마다 벽은 멈추지 않고 더 벽이 되었다. 커튼을 쳐도 벽은 커튼 속에서도 자랐다. 깊은 밤, 책과 놀다 쓰러진 잠에서 언뜻 깨보면 나는 벽과 뒤엉켜 있었다. 어느새 벽 속을 파고 내가 대못처럼 들어가 있었다. 눈도 코도 입도 숨도 벽 속에서 막혔다.

 요즘 밤마다 내가 박혀 있던 자리에서 우수수 돌가루 떨어지는 소리가 들린다. 벽의 영혼이 마르는 슬픈 소리가 들린다. 더 이상 벽을 때릴 수 없는 예감이 든다. 나는 벽의 폐허였다. 그 벽에 머리를 오래 처박고 식은땀 흘리는 나는 녹슨 대못이었다.

―「벽과의 동침」전문

 이 구절, "나는 벽의 폐허였다. 벽은 나의 폐허였다."는 매우 황량하다. 이미 벽 같은 남자와의 마음상의 만남은 끝이란 말인가. 화자는 결국 "벽에 머리를 오래 처박고 식은 땀 흘리는" "녹슨 대못"으로 부식되었단 말인가. 이 시가 중앙일보 신문에 실리자 주부들의 선화기 (조금) 빗발쳤다. 같은 입으로 '시원하다'고. 남편은 남편 친구로부터 전화를 받았는데, "네가 벽이냐? 안됐다."라고 놀리더라고 했다. 신문에서 이 시를 확인한 남편은 질겁을 하면서 노발대발했다고 한다. 곧바로 심한 부부 싸움을 벌였는데, 문자 누님의 옹색한 변명으로 판정패하고 말했다. 지금은 어때요? 누님이 대답은 안했지만 결혼생활이 만만치 않은 듯했다.

어렴풋, 굳이 첫사랑이라며 내게 이야기한 게 있지만, 쓰지 말아달라고 사정(?)해서 봐드리기로 했다.

당시 최문자는 이미 문재(文才)가 있었다. 초등학교, 중고교 백일장 입상 경력은 말할 것도 없고, 고3 졸업하던 해에 한국일보 신춘문예 최종심에 소설 「탈출구」가 오른 전력이 있다! 어릴 때부터 벽지에 낙서를 즐겨 벽지는 성한 데가 없었고, 3~4세 때는 한글을 해독, 이미 '책 읽어주는 여자'가 되었던 것은 그 소양이 두드러진 것이다. 그녀의 별명은 '테레'였다. 고상한 말 같지만 사투리다. 기분이 좋거나 잘 때 혀를 조금 내밀고 '테레'하며 약간 못난이처럼 보이는 게 귀여워서 부모님이 붙여준 별칭이다.

현대문학 추천만 고집했기 때문에 시 등단 추천도 쉽지는 않았다. 최문자는 《현대문학》이 '3회 추천'을 실시할 때 한성기 시인이 초회 추천을, 이형기 시인은 그곳 월평에 이름자를 처음으로 올려 주셨다.

아이들은 딸 세 자매를 낳아 키웠다. 정수미. 고대 영어교육과를 나와 고교 교사로 있다가 뛰쳐나와 드라마를 집필하고 있다. 정유미. 연대 대학원 사학과 출신으로 현재 중학교 교사다. (얘만 혼인했다. 걱정~ .) 정삼미(三美) 딸은 그만 낳으라?). 그 앤 연대 성악과를 나와 로마 음악학교를 졸업, 지금은 극장 연주자 겸 전속 성악가로 있다. (이러니 남들이 '뭐 고민할 게 있느냐'고들 허지, 쯧.)

그녀는 시단에 '시 자체로 시인을 평가해 달라'고 주문한다. 우리 문단은 아직도 학벌과 권위 등으로 그 위상을 따지는 악습이 잔존해 있는 게 사실이다. 그러나 젊은 시인들에 대해선 매우 긍정적이다. 요즘도 그녀는 열심히 하는 젊은 시인들의 작품집을 열심히 읽는다. 오히려 기성시인들이 시를 읽지 않는 걸 걱정해야 할 처지가 되었더란다. 요즘엔 정영선·조말선·이순현·강신애·장석원·권혁웅·이희중 등의 시들을 읽었고, 김수이의 비평이 좋아서 읽는 중이란다.

신앙과 시의 관계성에 대해 물었다. 의외로 신앙 관련의 시에 대해서는 매우 인색했다. 그녀 생각은 '하나님의 존재가 너무 어마어마해서 시로 표현하기 힘들고 송구하다'는 것이다. 한 번은 대학원의 <신학과 문학> 강의에서 시인은 일부 학생들의 고착적인 사고에 또 한번 놀랐다고 한다. '나의 모든 펜을 하나님께' 운운하는 그들의 모습을 보고 신학의 문제를 비의(秘意)로 해석하려는 경향이 두려웠다는 것이다. 하나님께 펜을 드리기 전에 최선의 완성된 문학을 드려야 한다고 생각되는데―. 이거 잘못돼도 한없이 잘못되었지 싶어 마음이 아프단다. 하나님은 그렇게만 떠받들림을 받고픈 분이 아니라는 것…. 물론 최 시인은 성서와 더불어 랭보의 강렬함과 상징과 시인 말라르메의 영향을 줄곧 역설하고 있었다.

애드가 알란 포와 보들레르의 영향을 받은 말라르메의 경우, 「목신(牧神)의 오후」(1876)나 「던져진 주사위」(1897)는 모두 뛰어난 장시(長時)로, 세인의 관심을 끈 건 확실하다…. 님프의 아름다운 육체를 사모하는 목신 판의 관능적 몽상을 묘사하여 육체의 허무함을 순수한 미적 솜씨로 상징화한 작품이 바로 「목신(牧神)의 오후」인데 지금도 근대 서정시의 걸작으로 손꼽히고 있다. 드뷔시는 「목신의 오후에의 전주곡」을 작곡하면서 이 시에서 그 악상(樂想)을 얻었다고 한다. 말라르메가 중학교 영어 교사 출신에 연상의 여인과 혼인했다는 점도 당시로는 흔한 일이 아니었다. 후에 프랑스 문단에서 활약한 A. 지드, P. 클로델, P. 발레리 등이 바로 그의 제자라고 해도 과언이 아니다. 비록 내용이 지극히 어려운 상징적 수법으로 쓰였으나, 언어의 순수성을 강조한 것도 특징. 그리고 둘 다 장시에 신경 썼다는 점이 공통점인데. 우연의 일치인지?

랭보 또한 불우한 가정에서 태어나 나중엔 벨기에로 3번이나 가출한 천재시인이었지. 알다시피 「보는 사람의 편지」(1871)와 「지옥의 계절」(1895)로 유명한 그는 P. 베를레느와의 동성애로 소문나 있다. 랭보는 갓 결혼한 베를레느와 동거생활을 하지만 경제 문제로 자주 타투는 사이, 술에 만취

된 그의 권총에 맞는 흉흉한 사건도 겪는다. 랭보는 결국 그와의 삶을 청산하고 산문시 「지옥의 계절」을 쓴다. 그 뒤 이집트·에디오피아 등지에서 교역(交易)을 하다가 무릎 관절염으로 프랑스로 귀향한 천재 랭보는 사망하게 된다…. 그의 나이 아까운 37세.

나는 랭보와 말라르메를 선호(?)하는 최 교수의 성향을 곰곰 생각해 본다. 그녀를 매혹시킨 것이 무엇일까? 하나는 지극히 아름다움이며 다른 하나는 순수히 빛나는 뜨거움. 또 시의 천재성일 것이다. 그래서일까, 나는 요즘 시의 모습이 진정코 '최문자답다'고 치켜세운다. 그것은 많은 이들이 읊는 시에서 자명하게 나타난다. 내 생각에 현재 그녀의 시는 잘 나가고 있다. 어느 궤도에 이른 것 같다. 이런 까닭일까, 그녀는 프랑스 문학에 관심이 많은 편이다. 나는 그녀가 가스통 바슐라르(1884~1962)를 손꼽는걸 보고 무척 반가웠다. 특히 곽광수 교수의 번역이 좋았다고. 아마도 그 책이 민음사 판 『공간의 시학』이리라. 나의 집에도 있다, 속표지에 "김강태, '90. 4."이 싸인 된 채. 몇 번을 읽은 건 아니지만 표지가 스카치테이프로 팡팡 둘러져 있다.

등단 무렵엔 나도 바슐라르를 꽤나 탐독하며 폼도 쟀었지. 그때 어렵게 읽으며 질렸던 것이, 난생 처음 본 엄청난 각주였다! 지금도 머리가 어지럽다. 한 예로 33쪽에서 73쪽까지는 온통 '8)번 주석'으로 일관하고 있는데, 그 내용은 박이문의 서평에서 자신의 글을 언급한 내용에 동의할 수 없을뿐더러, 교유하던 평론가 김현과의 유다른 비교에서 곽 교수가 언짢아 한 것 같다. 아무튼 매우 인상적인 반론 성격의 글이 각주로 들어간 것도 간 것이려니와 10년 전의 글을 세심하게 하나하나 반박하는 연구자의 모습이 나의 뇌리에 강하게 들이박힌 것이 사실이다. 혹시나 문자 시인은 바슐라르의 현상학보다는 미학적 사유에 매혹된 것은 아닐까. 나아가, 곽 교수의 학자적 태도에 감명 받은 듯한 느낌도 닿았다.

곽광수의 역저를 친다면 '바슐라르와 상상력의 미학'을 중점으로 고찰

한 책 『가스통 바슐라르』(민음사, 1995)라고 생각된다. 읽다 보면 바슐라르 분석에 대한 지은이의 자신감 같은 게 보인다…. 그 외, 바슐라르 저서인 『물과 꿈』(이가림 역, 문예출판사. '80년 초간본을 갖고 있음), 『촛불의 미학』(이가림 역, 문예출판사), 『공기와 꿈－운동에 관한 상상력 연구』(정영란 역, 민음사) 등을 꼭꼭 권하고 싶다.

그녀는 여행지를 즐겨 찾는다. 인상에 남는 곳이 샬롯 브론테의 『폭풍의 언덕』의 배경과 빅토르 위고가 살았던 집, 그리고 이태리의 단테의 집이다. 또 히말라야 에베레스트산을 바라보고 3,000미터 높이까지 등정했다고 자랑한다. 그녀는 작은 목소리로 이렇게 외친다, 바깥 여행을 할 여유가 생기면 문학인들의 유적지를 찾아가라, 도전 받으려면 그곳들을 찾아가라고. 나는 모 계간지 가을호에 컴퓨터 화면을 보고 쓴 시 「비밀」을 발표했다. 일부만 밝힌다. "모든 비밀을/클립으로 살짝 눌러 끼운다/컴퓨터 화면은 늘 소리가 잠잔다/다시 그 소릴 살짝 집어 끼우면/저 그윽한 고요의 바다/채집한 잎사귀 사이 숨은 과제/ 움직이는 소리 전혀 없다/휘몰아치는 바람을 향한 히스클리프,/머얼리 머릿결 드리운다 휘영청"…. 그곳서 악마 히스클리프를 만난다. 그 앤 가끔씩 '딴 살림(을) 차리'기도 한다. 내겐 '알록달록 아주 깊은 비밀이다', 난 이 시가 좋은데 다른 이들은 시큰둥하다. 나도 새큰둥해진다. 「뻔한 여자」란 '시작노트'는 더(!) 재밌다. '컴'이 건조해서 젖어야겠다고, '콧김을 핑, '빌어먹을!', 한다. '아주 쬐끔만 웃는다.' '그립다. 지금 난 그 히스클리프와 연애하는 중이다. 뻔한 그 여자와─. 안녕'으로 맺었지. (이게 누구 <커버스토리>여~)

순간, 웃는 내 얼굴이 맑단다. 거짓말 같지 않다. 두 번째 상찬이다. 요즘 난 칭찬받는 재미로 산다. 오, 고맙다. 그러고 보니 내 불티 묻은 얼굴이 해, 해맑아진 것 같으다. 잠시 미국서 귀국해서 중간에 우연히 동석한 이시훈 시인도 동의한다. 기분이 더 좋아진다.

어려울 때 여러 모로 신경써준 고마운 분들이 많다. 특별히 김남조 선생님을 존경하는 그녀는 시인으로서의 당당함과 한결같은 넉넉함과 부드러움을 흠모하고 있다. 그녀는 어려울 때 김남조 시인께 전화를 드리면 부드러움으로 항시 용기를 북돋아 주신다. 그렇게 보면 감사할 분들이 꽤 많다. 정진규 시인, 성신여대 이성교, 고려대 최동호, 중앙대 감태준, 경희대 김재홍, 제주대 윤석산 교수 등과 처음으로 <집중조명>과 이 커버스토리도 마련해 준 원구식 시인 등이다. 또한, 시를 읽고 지면에 거론해 준 사람들로는 이형기·신경림·박진환·박이도·고은·이근배·홍신선·박명용 시인들과 김정란·박주택·이희중·안도현·이승하·정끝별·박수연·김동원·김유중·이성우(무순) 등이다. 그녀는 임영조 시인 등이 모이는 사당패와 사당역 근방에서 자리를 가끔 나누기도 한다. 이런 분들이 자신이 어려울 때 신경써 주었기에, 이런 큰 지면을 얻은 기회에 솔직히 감사드리고 싶다고.

또 10여 년 전, 최 시인이 너무 억울한 일을 당해 법에 호소할 일이 생겼을 때 '시인의 양심을 지켜주기 위해' 3심까지 적극 도와줘 승소시킨 어떤 인권 변호사도 있다. (후에 국회의원이 됨) 또 결혼 생활이 경제적으로 힘들 때 음악 공부를 하던 딸 삼미를 거의 무상으로 레슨 시켜 준 교수(현재 K대학)도 있다. 진정 모두 잊지 못할 분들이다.

그러나 너무 아픈 기억이 있다. 문자 누님이 망설인다. 나는 고백하라고 을러댄다. … 94년, 동생인 그녀와 같은 차를 타고 안면도 여행을 하던 오빠의 갑작스런 죽음이다. 심장마비였다. 처음으로 가까이에서 죽음을 목격했다며 약간 흠칫, 한다. 그녀가 놀라서 어쩔 줄 모를 때, 어떤 의사 한분이 당황한 그녀를 도와줬지만 아무 소용이 없었다.

이쯤에서 가장 인상적인 기록을 남겨야 할 것 같다. 어린 시절의 그녀에겐 누구도 겪지 못한 특별난 체험이 있다. 나는 이 말을 듣고 너무나 신기해서 한참을 웃었다. 묘한 이야기다. 어릴 때 재동국민학교를 딱 한 달동안만 댕겼다. 6·25 전쟁 때문이다. 그런데 오빠와 함께 피란 가던 중 (부모가 친척집으로 오빠랑 그녀를 먼저 내려 보낸 이유를 알겠다, 당시 15세인 오빠는 국군이나 인민군 누구에게 걸려도 끌려갈 판이었음. 요즘 너무 시끄러운 일종의 병역 기피?)에 오빠는 어디론가 지프를 탄 채 사라졌고, 그녀만 오빠와 있던 마을에 남게 되었다.

이때부터 이산가족이 된 그녀는 고아로 길을 헤매는 상거지 신세가 되었다. 그 곳은 충복 청원군 현도면으로 뒤에는 보기 좋은 산, 앞으로는 금강이 흐르는 양자리였다. 오호, 지금 임영봉 시인이 대표로 있는 곳의 지명과 같네? 나의 고향 부여 곁이네. 그렇게 거지같은 생활하기를 1년여, 문자 소녀는 어느덧 동네에서 화제의 대상이자 명물이 된다. 이미 글 읽기는 알았겠다, 동네방네를 다니며 할아버지 할머니들께 '책 읽어주는 여자'가 되어 잔푼도 고구마도 잘디잔 사랑도 받는다. 밥은 그렇게 해결되고 잠은 사랑방이나 헛간, 마루도 좋았다. 인심이 좋았던 탓에 도둑질 같은 건 할 필요가 없었다. 새를 쫓으라 하면 쫓고 집 지키라 하면 꼿꼿이 지켰다. 서로 가난하고 없었지만 너무 추웠던 만큼 사람들이 따뜻했다는 기억이다. 이때 한 동네에 살며 알았던 아이들 중에는 현재도 글을 쓰는 오효진(전 조선일보 이사), 송인준(헌법재판소 소장)도 있다. 산세가 좋았나보다.

그러는 사이, 딱 1년 만에 이곳저곳을 들쑤시며 수소문하던 어머니가 그녀를 찾는다. 지금도 놀라울 지경이라고. (물론 그때 발견이 되지 않았더라면 인간 최문자는 어떻게 됐을꼬. 아찔하다.) 그런데 어머니는 그녀를 서울 집으로 곧장 데려가지 않았다. 이유는 단 한 가지, (어처구니없게도) '소녀 최문자는 거자가 아님 (땅땅!)'을 부락민들에게 확연히 보이기 위함이었다. 그 정도로 어머니는 지존(至尊)의 극치였다. 이어 대전으로 이사한다. 하지만 문자가 중3때까지 그 집을 팔지 않고 놔두었다. 기가 막힌다…. 소녀 최문자는 거지가 아니고 괜찮은 집 딸이었음을 동네 사람들에게 알리는 행위였던 것이다.

난 숨을 고르며 최 시인의 장래 계획을 묻는다. 정년이 좀 남았는데 정년 이후는 "(추한) 그림자 남기지 말고 시에 전념하겠다."며 단단히 못질한다. 결연하다. 우선, 올 가을쯤에 기획 시집을 낼 것이란다. 자세한 내용은 감춘다. 그리고 그새 오페라 대본을 썼다. 순교자 성 세바스찬에 대한 내용으로, 작곡가 나인용 교수(전 연세대 음대 학장)가 작곡 중이라고. 나는 그 어려운 아리아(영창(唱詠): 선율로 흐르는 독창 부분)를 어떻게 처리하는지 궁금해졌다. (레치타티보(서창)가 대사를 노래하는 반면에 아리아는 모든 음악적 표현 수단과 가수의 능력을 뵈는 일 등에 중점을 둔다. 다시 말해서 이야기의 극적 진전과 밀접한 관계를 지녀야 하므로 그렇다는 뜻이다. 처음엔 극시(劇詩)의 문학적 가치를 높이 기리는 엄숙한 작품들이 많았다지, 그 뒤 많은 작곡가들도 아리아로 아름다운 선율을 들려주기에 주력했는데, 바그너와 무소르그스키·드뷔시 등의 근대 오페라는 오히려 지나친 기교가 장식적이라고 미운 털을 박더니, 오늘날 이런 형식은 퇴출되고 말았다.) 아무튼 이 오페라는 내년 초에 한국과 미국에서 동시에 공연될 거라는 소식이다. 내가 첫 번째 예약 손님이다. 또 『신약 어린이 성서』(해설서)를 애니메이션용으로 쓰고 있다. 1,200장 예정인데 현재 500여 매를 작성했다고 한다. 강의하랴. 대작 원고를 쓰랴. 학생들의 야외 세미나에 쫓아다니랴 매우 분주하다. 인터뷰 데이트 중에도. 만나고 싶다는 제자들의 목소리가 몇 번이고 시인의 손전화 알람을 때린다.

앞에서 나는 "최문자의 요즘 시가 시(詩)답다."며 건방을 떤 적이 있다. 사실은 이와 관현해서 고백할 게 있다. 솔직히 난 문자 누님의 시가 처음부터 맘에 든 건 아니었다. '절망'을 중심으로 노래한 시집 『나는 시선 밖의 일부이다』(《현대문학》, 1993. 5)만 해도 그랬다. 조심스러운 표현이지만 '여류'라는 묘한 타이틀을 벗어나지 못했다는 판단 때문이다. 내가 불만이었던 것은 시집 속 어휘가 지나치게 직설적이었다는 느낌에서였다. 더불어 고착적인 관념어들—. 시인의 아픔을 이해하게 된 뒤 읽는 맛 또한 신산辛酸의 그것이었지만 문제가 없는 게 아니었다. 시인이 시를 독자에게 직접 전달할 수 없다는 점에서 시의 언어들은 항상 객관성과 보편성을 획득해야 한다는 생각 때문이다.

예를 들면, 그 시집에서 가장 읽히는 시 「슬픔에 오르다」(표제시)는 "시랑만한 슬픈 山이 있었다."로 시작된다. "슬픔에 놀라지 않으려고/융기된 슬픔의 산자락을/딛고 또 딛"는 장면도 나온다. 읽고 나서 난 심한 투정을 부린다. "사랑만한"이 피부에 닿지 않았고, "융기된 슬픔" 또한 가슴으로 전달되지 않았다. 그냥 관념의 덩어리에 눌려 시의 괜한 가슴앓이를 하고 있었던 거다. 그런 의미에서 뒷꼭지 해설을 쓴 홍정선이 "최문자의 시들은 소재의 힘에 상당 부분 의존하는 시들이 되고 있으며 그런 만큼 기집 전체의 유기적 통일성을 이룩하는 데에는 다소간의 미흡함을 드러낸다. 그것은 소재의 힘이 시인의 상상력을 제약한 결과"(112쪽)라고 집은 대목은 꽤나 유효한 울림이었다. 다만, 그녀의 시에 대해 자주 나타낸 '시적 정련성'이란 말은 좀 불만스러웠다. 그녀의 시어는 정련성이 아니라 관념어의 속성을 지녔기 때문이다.

그러던 중에 나는 『울음소리 작아지다』(세계사, 1999. 12)를 받는다. 시인의 「자서」에서 "무릇 사물이란 평정을 잃으면 소리는 내는 법"이란 한유의 시구를 접하곤 놀란다. 그녀의 시선이 이제껏 촉수를 돋우던 내면 문제에서 "세상사 어디나 소리를 일으키고 있"음을 발견한 것이다. 시가 달라졌다! 나는 황망히 시집을 펼쳤다. 눈에 들어오는 시가 「빛나는 살성」이었다. "당신은/나를 꿰맬 수 있는 가장 굵은 절망의 바늘이야./나는 봉합되지 않아/나는 매일 틀어져/너풀거리는 실밥에다/어느새 하얗게 알을 슬어놓고/당신은 기다리지. 내가 화농되기를/내 살성은 곪기 전에 먼저 부활해/멈춰.

당신의 바느질을."(전문) 이 작품을 읊는 동안 나는 시의 맛에 푹 젖는다.

　최문자의 시를 보면 작금에 와서 상처나 고독을 잠차 푸른 빛(또는 '부활')으로 씻으려는 각고의 노력이 보인다. 우리들의 실핏줄을 확확 땡기기에 충분한 구절도 많다. 나희덕은 그녀에게 있어 고통은 여전히 날을 세운 푸른 빛이라고 말한다. 이어서 "멎이고 고통당한 건 등짝이 더 푸르렀다" "상처도 때로는 환하게 푸르다"(「푸른 자리」)는 시인의 시적 에피그램을 제시(<중앙일보>, 2000. 1. 18.)하며 무척 반긴다. 내가 보기에도 그녀의 고통은 이 시점에서부터 타인의 것으로 전이되거나 그것을 아우르는 위치에 오른 것 같다. 이것은 아주 중요한 변화다. 어쩌면 이 시집 이전까지 시인은 「왼손잡이 여자의 사랑」(부분) 같은 엇박자의 불안 의식에 사로잡혀 있었을지도 모른다.

> 맨 처음
> 그대가 왼손으로 서툴게 다가와 시작했으므로
> 나도 별안간 왼손잡이가 되었다.
> 왼손이 이렇게 오른손처럼 되긴 처음이다
> 그대가 왼손으로 마우스를 잡고 클릭할 때
> 장난처럼 마구 움직이던
> 헛짚은 세상
> 헛짚은 사랑처럼
> 서로가 서로를 집으려다 배운 헛손질
> 다 끝나고 나니,
> 오른손은 왼손의 잔량처럼 작아 보였다.
> 아무리 마음을 먹어도
> 왼손으로 잘 안 짚이던 그대 놓치고
> 금방 날아가 죽을 것처럼 푸드득거렸다. 왼손은.
> 그러다가 갑자기 조용해졌다. 기죽은 왼손은,

시적 화자의 이 '헛짚음'에 대하여 이근배는 우리에게 다음과 같은 작은 깨달음을 전하다. "오른손잡이가 왼손잡이가 되도록 길들여지고 나서도 온전히 갖지 못하는 사랑의 속성. 한쪽이 커지면 한쪽이 작아지는, 그래서 사랑은 헛짚는 것"(<중앙일보>. 2000. 9. 17.)이라고. 나는 "아무리 마음을 먹어도/왼손으로 잘 안 짚이던 그대 놓치고/금방 날아가 죽을 것처럼 푸드득거렸다. 왼손은."이란 구절에 마치 삶의 허방을 짚어서 푸드득거리는 것 같아 안쓰러웠다. 중요한 것은 최문자의 '푸드덕거림'이다. 재활의 날갯짓이다. 이것은 "금방 날아가 죽을 것"같은 모습이지만 마지막 힘을 다해 용을 쓰는 삶의 지극한 몸부림이기도 하다. 대체 화자인 그녀를 이토록 절망케 하는 건 무엇인가….

하지만 그녀를 대표하는 시는 역시 「울음소리 작아지다」(부분)일 것이다.

> 양계장 닭들이 오늘 수만 개의 알을 낳았다. 얼굴을 붉히지도 않고 눈을 부릅뜨지도 않고 피가 나도록 입술을 깨물지도 않고 빨갛게 빨갛게 터지는 곳도 없이 금세 깨질 것 같은 정신의 알을 하얗게 떨어뜨렸다. 무정란을 낳기 시작하면서 그들은 잘 울어지지 않았다. 울지 않고도 알을 낳았다. 알을 낳고도 울지 않았다. ///(…중략…)/// 오늘, 수만 개의 달걀이 팔려 나갔다. 울 수 없는 무음의 알들이 희디희게 세상으로 팔려 나갔다. 무음의 알을 마시고 사람들은 잘 울 수가 없었다.

양계장 닭들이 "금세 깨질 것 같은 정신의 알을 하얗게" 낳았지만 "무정란을 낳기 시작하면서 그들은 잘 울지 않았다." "그래도 수만 개의" "울 수 없는 무음의 알들이 희디희게 세상으로 팔려 나갔"지만, 무음의 알을 먹은 사람들은 잘 울 수가 없었다는 내용이다. '빨갛다'와 '하얗다'의 대비에서 비극성을 자극하더니 '울지 않고도 알 낳기'와 '알을 낳고도 울지 않기'의 상관관계가 우리 마음을 더욱 아리게 만든다. 아무리 많은 일을 까도 무정란은 새끼를 밸 수 없다. 부화할 수가 없다! 저것은 살아 있는 듯 하지만 실은 살아 있는 양, 위장한 것이다. 그렇다, 저건 근육만 달랑 뼈에 달라붙은 해부용 시신일 따름이다….

최문자에 의하면 살아 있음이란 '운다'와 동격이다. 그렇다면 울지 않는 것은 살아 있지 않은 존재다. 무음(無音), 무음의 알인 달걀. 당연히 "무음의 알을 마시고 사람들은 잘 울 수가 없"었다. (그렇지, 우린 날마다 무음의 달걀을 먹고 반벙어리가 되어 간다. 가끔씩 살고 싶어 '꼬꼬, 꼬끼오!' 발악하기도 한다. 난 핸디폰의 무음이나 진동을 싫어하는데, 답답기도 하거니와 귀가 민감하지 못한 탓이다. 하기사 울어야지, 한 많은 세상, 늬들도 울어싸야지. 핸디폰 요 꼴통아.) 역으로, 화자는 시를 통해서 울고 싶다고, 대성통곡하고 싶다고 천명하고 있다. 그럴수록 시인의 울음은 작아지고 있다. 이 작품이 살아나는 것은 바로 "정신의 알"이란 구절 때문이지만, 한편 이 구절이 시를 관념화하고 있음도 지적하고 싶다. 희디흰 정신의 알을 떨어뜨린다? 시인의 근기가 허옇게 엿보인다.

하지만 최문자의 「닿고 싶은 곳」(부분) 또한 만만치 않은 작품이다.

> 나무는 죽을 때 슬픈 쪽으로 쓰러진다.
> 늘 비어서 슬픔의 하중을 받던 곳.
>
> 그 쪽으로 죽음의 방향을 정하고서야
> 꾹 움켜 잡았던 흙을 놓는다.
>
> 새들도 마지막엔 땅으로 내려온다.
> 죽을 줄 아는 새들은 땅으로 내려온다.
> 새처럼 죽기 위하여 내려온다.
> 허공에 떴던 삶을 다 데리고 내려온다.
> 종종거리다가
> 입술을 대고 싶은 슬픈 땅을 찾는다.

"나무는 죽을 때 슬픈 쪽으로 쓰러진다." 아무리 의혹의 눈초리로 살펴 봐도 꼭 맞는 증언이다. '슬픈 쪽'이 어디인가. 현재 화자 심리가 기울어진 족이다. '기쁜 쪽으로의 기울기'라면 이것은 패러독스가 된다. 그곳은 "늘 비어서 슬픔의 하중(荷重)을 받던 곳/그 쪽으로 죽음의 방향을 정하고서야/ 꽉 움켜잡았던 흙을 놓는" 장소다. 게다가 새들은 "허공에 떴던 삶을 다 데 리고 내려온다./종종거리다가/입술을 대고 싶은 슬픈 땅을 찾는다.//죽지 못 하는 것들은 모두 서 있다./아름다운 듯 서 있다."는 슬프고 진실한 고백이 작품 속에 낮게 펼쳐진다. 공통분모가 있다. 찾아보자. 나무와 새는 앞을 다투듯 쓰러지고 내려오고, 죽음의 방향도 정한다. 새들은 새답게 죽기 위 해 슬픈 땅을 찾기도 한다. 시적 분위기는 매우 어둡다. 이 어두움 뒤에 화 자가 있다. 모든 존재들이 다 '쓰러지는 것'이다. 시인이 거두지 못할 실루 엣이다. 모두가 잿빛이다.

3연은 소위 말해서 주재연 격이다. 한데 제재가 왜 '닿고 싶은 곳'일까. (닿고 싶은 곳의) '곳'은 어디일까. 종합할 것도 없이 화자는 죽음을 동경하 는 숨가쁜 상황이다. 그런데 이 작품이 여기서 끝맺었다면 그 가치가 반감 됐을 것이다. 마지막 3연의 존재가 분위기를 서서히 무리없이 번전시키고 있음을 보라. 땀난다.

> 죽지 못 하는 것들은 모두 서 있다.
> 아름다운 듯 서 있다.
> 참을 수 없는 무게를 들고
> 정신의 땀을 흘리고 있다.

지적할 곳도 있다. '정신의 땀'이란 표현이다. 최문자는 간간이 관념의 유희에 빠진다. 앞서 선보인 '정신의 알'과 차이가 없다. 의미를 굳이 찾는 다면 구체적이지 않고 모호한데, 이것이 바로 지독한 관념이란 놈팽이다…. 시인의 시선 주변은 지나치게 어둡고 절박하지만 깊은 내면에 옹동그러이 희망의 알을 품는다. "죽지 못하는 것들은 모두 서 있다./아름다운 듯 서 있다." "참을 수 없는 무게를 들고/정신의 땀을 흘리고 있"는 것이다. 여기서 '정신의 땀'이란, 기도와 창작의 어려운 몸짓이 아니겠는가. 시인 최문자의 정신의 굵기가 오롯이 보이는 중심작이다. 시인은 심한 갈등의 늪에서 양자를 오가는 중이다. 여기서 시인은 힘든 가정 일과 교수 생활 속에서도 신실한 신앙과 뜨거운 창작열로 정신의 알을 잉태하고 싶어한다. ―결론적으로 그녀의 시가 변모되었다는 믿음이 간다. '니맘내맘'('以心傳心'의 강태 식 단어)이다.

언젠가 나는 최문자의 시를 계간평에서 다룬 바 있다. 계간지 ≪시안≫(2000. 여름호, 274~276쪽)에 결정적인 변화에 대해 평설한 것이다. 이보다 더 큰 공간이 있겠나 싶어 당시의 평을 아예 옮긴다. 이때 귀 바른 소리 좀 했다.

    대암산 중턱/벌목장에서/너무 빨리 나무를 베어내는 사내들을 보았다./윙윙 돌아가는 쇠톱날을 보고 덜덜 떨다/너무 빨리 꿈을 버리는 나무들도 보았다./뼈가 굵게 자란 나무도/꿈을 버리니까 막대기가 되었다./굴욕처럼 엎드려/홀연히 멎어 버리는 꿈을 견디고 있었다.

    나는/혼자 누워 지냈다./출렁거리는 우주 속에/막대기처럼./허연 부끄러움이 듬성듬성 드러난 머리카락을/땅에 대고막대기 같은 여자도 꿈을 꿀 때가 있다./흘린 듯 육체를 걸고 싸울 때가 있다./막대기를 통해서가 아니라/비명을 지르며 막대기를 떠난다./살아 있는 몹쓸 놈의 꿈 때문에/상처도 없이 말짱하게 흐르는 꿈 때문에/그동안 얼마나 많이 일어서려 했던가?/벌목 강한 아픈 막대기의 한쪽 끝을 일으키며.

―「막대의 꿈」 전문

1연의 중심은 '꿈을 버리는 나무들'이다. 그것은 쓸데없는 막대기다. 이 시는 주제를 '보이지 않는 폭력'으로 읽을 수 있겠다. "윙윙 돌아가는 쇠톱날을 보고 덜덜 떨다/너무 빨리 꿈을 버리는 나무들도 보았다"는 구절은 인간 의지로는 감당키 어려운 절대 폭력을 연상시킨다. (…중략…)

　2연은 화자가 꿈을 버린 막대기로 등장하고 있다. 눈에 띄는 것은 막대기와 흡사한 인간의 삶이다. 아니, 이젠 연륜을 지닌 생의 고빗길, 이곳에서 화자의 회한 같은 것이 조금씩 감지된다. 시인은 막대기를 "꿈을 버리니까 막대기가 되었다"고 정의하고 있다. 푸른 나무가 금새 막대로 변하는 건 아주 흔한 일이다. 스스로를 "막대기 같은 여자"라고 부르는 화자는, 그래도 "살아 있는 몹쓸 놈의 꿈 때문에/상처도 없이 말짱하게 흐르는 꿈 때문에" "비명을 지르며 막대기를 떠"나고 싶어한다. 그리고 이렇게 외친다. "그동안 얼마나 많이 일어서려 했던가?"하고, 이를 보면 시인은 "벌목 당한 아픈 막대기"에 해당한다. 오늘도 그녀는 부지런히 막대기 같은 몸의 "한쪽 끝을 일으키며" 살아가느라 내적 몸부림을 하는 게 틀림없다.

　그런데 끝까지 나의 시선을 붙잡는 것은 아무도 거들떠보지 않는 막대기에 대한 시인의 절절한 애착이었다. 그 하찮은 사물이 항상 생생하게 일어설 꿈을 꾼다는 무대 설정이 가능해지며 이 부분이 기억에 새롭다. (해설: 김강태)

　그녀는 과연 '슬픈 막대'인가. 때리면 맞는, 심장을 파면 파열하는, 그래서 귀곡성을 낼지도 모를 그런 막대기인가? …보르셌네. 이어서 나는 "그녀가 나무라면 비밀한 물관으로 빨아들이는 수액이 있을 것" 운운하며 끝을 맺었다. 막대는 물관의 신경이 죽어 있다. 시간이 갈수록 몸매가 더욱 비틀어진다. 막대는 아무런 희망을 품을 수조차 없는 것이다. 인간은 다르다, 지독한 절망 속에서도 뿌리 깊이 희망이라는 독한 물관을 심는다. 여기서 칭하는 독한 물관은 곧 절대 시감(絶對時感)이다. (나는 젊은 이경교·윤재림 등의 시에서 종종 시감의 극치를 체험한다.) 최문자는 이미 고통스런 육신으로부터 벗어날 채비를 갖춘 것 같다. 모처럼의 부화 또는 육탈인 셈이다. 역시 그녀의 선택은 옳았다.

최동호는 뒤꽁지 평(評)에서 "그녀의 시심에는 새파란 풀의 정신이 푸른 신경으로 온몸에 불을 켜고 있"다로 싱그럽게 설명하다.

오형엽은 『울음소리…』 시집 해설 「꽃과 뿌리의 시학」에서 다음과 같이 진술한다. "최문자의 시는 지나간 사랑에 대한 탐구를 통해 존재론적 성찰"(159쪽)의 가능성을 열었다고 정리한다. 나아가 그녀가 "시작(時作)을 통해서 자신의 상처와 세상의 모순을 함께 껴안고 정화시키는 자리가 바로 자신에게 주어진 길"(175쪽)임을 자각한다는 결론을 내린다. 이글의 연장선상에서 바라본 신작들이 내겐 이미 사랑의 '추억→회한→성찰' 단계를 출발하여 사랑에의 자각을 묘사한 것처럼 보인다. 이 자각 안에는 뼈아픈 뉘우침이 서려 있지만 냉정한 자기 보호 의식도 있다. 이 의식은 반드시 숱한 종류의 방어 기제가 작용하기 마련이다. 소리 없는 내부 갈등에 따른 전투 속에서 시인은 육신의 패배를 인정하기에 이르고 급기야는 위대한 정신의 세계에 안주하기를 갈망한다. 신앙과 창작에 독심(毒心) 품기, 이것이다. 이때 신앙은 방패이며 강한 창작 의지는 창에 해당한다. 물론 '칼 모(矛), 방패 순(盾)의 모순지간은 아니다. 이 시집은 여느 책과는 달리, 강한 남성성이 서린 역동적 이미지들로 대부분 짜여 있음을 알 수 있을 것이다.

이를 뒷받침하는 글이 있다. "나의 화두는 문학 종교의 균형점 찾기"의 방안을 '비극성'이란 테마를 중심으로 탐색한 책이다. 이 방대한 내용을 논문집 『현대시에 나타난 기독교 사상의 상징적 해석』(태학사, 1999)에 실었다. 이 책의 중심 사유는 '작위성'이다. 그녀가 윤동주와 김현승의 시를 높이 평가하는 이유는 그들이 종교적인 소재를 다루지 않았으면서도 기독교 정신을 문화적으로 승화시켰다는 점이다. 그녀의 생각은 눈앞의 실현에 중점을 두기보다는 신의 존재에 대한 탐구로 가는 노력에서 비극이 탄생한다고 보았다. 이어서 최 교수는 윤동주의 「팔복」과 김현승의 「절대고독」, 「고독한 이유」 등을 핵심적인 보기로 들며 부연해 나간다…. 실제로 그녀가 전반적으로 보여준 시세계는 우리를 가끔씩 전율케 하는 비극적 인식론의 영역이다.

시 「뜨거운 재」를 보자. "훨씬 독한 사랑이었더라면/잿 속에 손을 넣고/더듬더듬 서로의 숯을 만지며/다시 한 번 살을 데이려 들지 않았겠지./불길이 타오를 때/이미 눈 부릅뜨고 보아야 했어./서로를 허물며 타다가/혼자 먼저 탁 꺼질 수 있는 불씨를/훨씬 독한 사랑이었더라면" "훨씬 더 독한 사랑이었더라면/우리는 없어진 듯 벌서 재가 됐겠지./더 이상 손을 넣어/서로의 숯을 만져볼 수 없는 재./타오르는 재./아직도 더듬더듬 연기가 피어오르는"(부분) 에서 그려지는 영상은 빈 잔에 고이는 짙은 그리움이다.

더불어 '재'가 등장하는 인상적인 「눈물·1」(부분)을 첨부한다. 이 구절을 어디에 끼워 둘까 했는데 마침내 잘 됐네. 화자는 왜 한사코 재가 되고 싶은 것일까. 이규리의 글에 작품 「눈물·1」을 다룬 평설(「눈물과 침묵에 대한 겨울 이미지」, 현대시학사, 2002. 3)이 있다. 'Q에게' 보내는 서간 형식의 이 글은, 잔잔하지만 간혹 흰빛 바탕에 당당한 선혈을 다음과 같이 번득인다. "억압이나 자기 규제로부터 부자유한 사람이 세상에 마주 서기 위해 스스로 마련해 두는 것은 무력하지만 눈물이라 여겨집니다. 눈물로써 자신의 아픔을 견디고 그 이후까지를 세척하는 일, 비애는 비애가 가진 독특한 방식 때문에 끝없는 유혹으로 사람의 마음을 데려가지만, 그 다음에 남는 몸이란 기실 얼마나 탈진한 가벼움인가요." 최문자의 '눈물론'을 이해하는 데 있어 삭일 만한 구절이다. 'Q'란 미지(未知)의, 그리운 사람? 여기서 이규리는 최 시인을 위해 '눈물의 궁극적 의미'를 대변해 주고 있다. 최문자에게 정신의 휴식이 필요하다. 나는 이규리의 '탈진한 가벼움' 부위에 동침을 준다. 아, 탈진한 가벼움. 갑자기 봄 햇살에 샤워하고 싶어진다.

그녀의 시대별 작품의 맛깔을 보도록 하자.

〔유년시절〕

시 「시간 밖에서 보낸 시간」, 「파란 대문에 관한 기억」, 「눈물·1」, 「냄새·1—날콩」, 「초여름 속 어머니」, 「정진이」 등이 유년 시절을 회억하게 만드는 작품들이다. 개중에서 「시간 밖에서…」의 "만지기만 해도 뼈가 아픈 시간이/시간 밖에서 들찔레 같은 사랑을 하고 있었다."와 「파란 대문에…」의 "헐어빠진 나무대문들을/희망처럼 보이게 하려고/페인트로 파랗게 칠을 했었다./대문의 나무결은 숨을 그치고/그날부터 파랗게 죽어갔다./(…중략…)/그런 흔들림으로 서 있던 파란 대문"을 연민으로 바라보는 시각이 좋았다.

하지만 「정진이」는 오랫동안 가슴에 남는 시다. "정진이는 별안간 저 혼자 그물 삼채기를 끌고/자꾸만 깊은 데로" 가서 "몇 번, 거품처럼 히끗거리다가" 곧 익사해 버린다. 다음 시구에 드러난 정진이는 시인에게 애잔한 그리움과 비통함과 뜻밖의 두려움을 안긴다. 푸른 이미지가 죽음 이미저리와 겹쳐지면서 일층 뜻 모를 아픔을 끌어다 주는, 시각성이 강한 작품이다. 아직도 4~50년 전의 체험이 푸른 빛 등지느러미로 날 세우고 있다.

> 물이 너무 얕아서/긴다리로 서 있었다./삶아 데친 듯한 세상의 얕은 물가에//정갱이를 내놓고 껑충한 다리로 서 있었다./밑에 아무 것도 없는 밑./그 밑에 찰랑대며 서 있었다./얕은 곳에만 서식하는/후줄근한 물고기의 유영을 바라보며

> 얕은 물에서도/늘 캄캄했다./더 캄캄했다./그 때마다/어둠 속에 숨었다가 나오는/유년의 금강이 보였다./가운데 괴기하게 파란 정수리./정진이가 거기 서 있었다./ 금방 찢어질 것 같은 만선, 그때 그 그물 삼태기를 들도/푸우푸우/깊은 물살을 내 뱉는 휘파람 소리,/정진이의 심장이 소리소리 지르며/온 강을

유영하고 있었다.

[초기시] (등단~전후)

　이 시기의 작품은 대체로 「뼈 하나의 상실에 대히여·1」, 「외출」, 「난초」, 「귀 안에 슬픈 말 있네」, 「막, 막(幕 膜)」, 「한여름 밤」, 「강물이 하는 말」, 「생가」, 「바람이 하는 말」, 「소금」, 「돌」 등을 들 수 있다. 여성 화자로 믿음에 따른 갈등과 상심한 가슴 추스르기에 온 관심을 기울인 것 같다. 그 중에서도 「귀 안에 슬픈 말 있네」는 언젠가부터 들여오는 이명(耳鳴)에 놀라서 쓴 시다. 화자는 이명을 "귀 안에서/소리가 다시 돌이 되려고 몸 뒤틀 때 내는 소리"라고 표현하고 있다. 이것은 "내 귀를 자르고 싶게 질긴 소리를 만"들기도 해서 이젠 자기 "귀와 인연을 끊고 싶"어한다. 이 "소리의 돌팔매" 때문에 미치겠다는 절규가 내 귀에 오래 남는다. 「막, 막」에서 뒷 글자 '膜'은 '얇은 꺼풀, 어루만지다'의 뜻을 지닌다. 유년 시절은 휘장(막)을 치고 놀았지만 어른이 돼서도 여전히 얇은 꺼플 같은 반투명의 막을 치고 사는 자기 모습에 화자가 재차 놀라는 표정이다. 폐쇄적인 시인의 자화상인 이 작품은 여전히 자아의 노출을 꺼리고 있다.

　「생가」를 보면 당시 해맑간 언어를 통해 깔끔스런 이미지 재고에 애쓴 흔적이 보인다. "나의 유년은 속살처럼 눈부셨다"든지 "솟을대문 뒤에 머물던/눈부신 햇살로/젖은 머리 말리며/소름 돋도록 빗질하고 싶"나는 구질은 아직도 아름아름 눈에 밟힌다. "소름 돋도록 빗질"한다고?

[사랑·이별 시편]

이런 주제를 지닌 작품으로,「뜨거운 재」「다리 앞에서」「고백」「빈 집」「푸른 고통」「개화기」「사막일기·2」「간빙기·1」「꽃을 준다」「푸른 자리」「공회전」등을 택할 수 있다. 이 중에서「다리 앞에서」는 의미 깊은 시다.

> 그와 나 사이에/끄떡없는 깊이가 있다./우리는 서로 그 깊이를 모른 체하고/다./깊이를 걸친 흔들거리는 다리가 하나 있긴 하다./다리가 무너지면/박살나는 깊이라는 걸 알고 있다./혼자 조심조심 건넌다 해도/깊을수록 출렁거릴 위험인걸 알고 있다./간혹, 우리는 건너보자고 말한다./떠나지 않아도 저절로 떠나 있는 거리를/건널 수 있다고 말한다./매일 밤 우리는 다리 양 끝에서 서성거린다./서로가 깜깜한 깊이를 내려다본다./싯퍼런 풀밭이 깊은 바닥에서 흔들리고 있다./'가슴부터 으깨지겠지.'/'괜찮아, 괜찮아.'/간혹 우리는 죽음도 괜찮다고 말한다./깊은 밤, 다리까지 잠든 깊은 밤/턱없이 다리를 흔들어 본다./우리에게 시달린 다리가/막 끊어지려고 하는 걸 우리는 알아냈다. (전문)

이 시는 산문성이 지나쳐 조금 늘어진 곳이 있으나 '다리' 이미지를 최대한 확장시킨 시인의 깊은 안목을 짐작케 한다. 그녀는 '다리'에 대해 진단한다. 다리가 무너지면 깊이도 박살날까 봐 조심스러워한다. 화자는 양 끝에서 건너보자고 건의한다. "떠나지 않아도 저절로 떠나 있는 거리를/건널 수 있다고 말"하며 "매일 밤 우리는 다리 양 끝에서 서성거린다." 시인의 내면적 갈등이 깊은 골로 자리한 작품으로, 죽음 등의 소재가 흔치 않게 나타나며 계속 불안감을 조성하고 있다. 다리 양 끝에서의 서성거림은 주체(자아) 및 타자의 극심한 갈등 국면을 뜻한다. 영원한 조바심과 망설임…. 긴장되는 시구는 "'가슴부터 으깨지겠지.'/'괜찮아, 괜찮아.'/간혹 우리는 죽음도 괜찮다고 말한다"는 대목이다. 위험하다!(「간빙기·1」도 이 계열에 속한다.)

시인의 「빈 집」을 두드려 보자. 시인은 "나를 거둬가는 그대 때문에" '나'를 빈 집으로 설정한 뒤, "당신은/언제나 날카롭게 직립하세요/내 쪽으로 오는 저 칠흑의 어둠을 안고/내가 쓰러질게요/질벅한 눈물의 한 부피로/생생하게 쓰러질게요."라며 에이는 아픔을 질벅하게 노래한다. 여운이 있는 시다. 작품에서 시인은 한결같이 비극적인 자화상을 드러냈다. 그녀가 닿고 싶은 자기는 어디란 말인가. 나뭇잎조차 그녀는 '고통'을 푸르게 처리하지 않으면 안 되는 존재로 치환한다. (「푸른 고통」) 성서의 막달라 마리아를 연상시키는 듯한 「개화기」에서는 인용부처럼 비장한 각오를 한다. "이미./돌로 치기를 기다리며 돋아나던/한 옥타브쯤 높여진 멀미 같은 사랑의 꽃이/오늘 돌에게 겨냥된다면/돌 받겠다./꽃을 끝으로 갖는 뜨거운 씨앗에게/살 데이기를 기다려 온 돌/이 빗나간 자국마다 더 푸르게 푸르러진 독/마음 정하자, 꽃은 더욱 환장한 듯 핀다." 독한 화자 최문자—. 이 시는 "꽃을 끝으로 갖는 뜨거운 씨앗에게/살 데이기를 기다려 온 돌"이란 구절이 형언키 어려운 비극미를 보여준다. 과연 그 정도의 독기라면 꽃이 환장한 듯이 필 것인가.

「꽃을 준다」에 나오는 시구 "파란 종아리로 서서 떠는/꽃"에 환장해 버리겠다! 게다가 「공회전」은 활달한 상상력의 소유자인 시인 최문자를 재인식시킨 작품이다. 사랑이 미끄러운 줄을 아는 '나'는 "속도제한 없는 아우토반 free-way"를 달리며 "그때는 느낄 수 없었던 수막 같은/눈물현상"을 본다. 시인은 "사랑만 닳아지는 공회전"을 의식하면서 그 아픈 바퀴를 "네 개씩이나 달고 다닌다는 사실을/뒤늦게야" 깨닫는다.

〔어둠·상처·소외 시편〕

이 항목에는 「못의 도시」, 「수레바퀴 밑에서」, 「상처·1」, 「상처·2」, 「자라는 눈물」, 「퇴근·1」, 「퇴근·2」, 「바람 속 부부」, 「사막일기·1」, 「내 안의 공장지대」, 「스루 광야에서」, 「벼랑 앞의 시간」 등이 꼽힌다. "쇠와 섞이고 싶은 살이 있다./더 깊이 찔리우고 싶은 상처가 있다."는 「못의 도시」, "한쪽 혈관을 조금씩 부서뜨리며/오히려 못을 밀어내는" 벽이 "절반쯤/제 몸을 넣어 영혼을 후비던 못의 살점을/토악질해" 내는 걸 보고 "상처가 빼버린 상처"라는 경구를 보인 「상처·1」, "독만 남아서 돌아온다./뼛속까지 증발 당하고/살기등등한/독만 묻어서 돌아온다./나에게/가장 무심했던 것들에게/저물도록/독침으로 당한 뒤/반쯤 살해돼서 돌아온다./나를 기다리고 있는/형편없이 구겨진 자유"(전문)를 「퇴근·2」에 푼 시인의 눈은 매우 차갑고 무겁다.

내 눈이 별안간 먹잇감을 발견한 듯 잠깐 반득인다. 「벼랑 앞의 시간」이란 시는 이전의 시에 비해 매우 독특했다. 시인에게 물으니, 몸이 너무 쇠했을 때의 완전 체험시란다. 올 4월에 승용차를 몰고 가다가 죽을 뻔했던 실제 사건을 다룬 작품이다. 시인은 짧은 시간 '15초'에 관해 절박하게 기록한다. 남태령 고갯길을 오르던 그녀는 갑자기 팔에 힘이 빠지면서 죽음의 급커브 라인을 긋는 중에 겨우 목숨을 건진다. 이마도 깨지고 난리였다. "그 날, 세상은 더없이 환해 보였다." 의사는 15초 안에 죽을 수도 있다는 아찔한 말을 전해 준다. 그 시간 속의 3초란 것이, "침 한번 꼴깍 삼키고" 난 간격일 뿐이며 그 다섯 배인 15초는 "단 한번에 툭 부러질"정도인 시간의 새끼 중, 꼬물꼬물 애벌레다. 죽기 전에 어서 좋은 시를 써야겠다고 다짐하는데 쓰고픈 시들이 갑자기 "초침에 매달려/재깍재깍/시간의 벼랑 밑으로부터" 올라온다며 긴박한 심사를 표현한다.

〔여성 시편〕

이 시편으로는 앞에서 언급한 「벽과의 동침」, 「걸리는 기쁨」, 「저녁의 의

자」,「뿔·1」 등이 해당한다. (여기서 깊게 다룰 성격은 못되지만, 최 시인이 페미니즘에 관심을 갖고 있다는 사실은 아주 중요한 사안이다. 이 방면에 시인도 연구자도 좀 더 사려 깊은 배려가 필요한 듯.)

　① 치마를 입고 산에 올라가 본 적이 있다./조심조심 또 조심한다고 해도/치마를 입고는 가끔 치명적으로 걸린다./(…중략…)/습지에서도 치마를 입고 노를 저어본 적이 있다./삶이 삐걱거릴 때마다 치마가 젖었다./흔들리는 치마를 보고/섬뜩한 파충류들은 눈을 반짝였다./그래도 끈끈이 주걱 서식지를 지나/도둑놈갈고리 군락을 지나/겁에 질려 딸꾹질하며/그 진물 나는 치마를 입고 오늘도 시를 가르쳤다./세 시간 속강으로……/꾸득꾸득해지는 딱지 하나 그리운 쓰라린 치마./걸리는 기쁨으로 위험한 치마를 입는다./시는 참으로 위험한 치마였다.

—「걸리는 기쁨」 부분

　② 한 남자의 의자에 앉게 되었다./발아래가 깊었다./저녁같이 쓸쓸한 의자./(…중략…)/편한 잠은 서로가 없었다./모든 부드러운 게/의자처럼 딱딱해졌다./앉으면 부르던 노래도 뚝 끊기는/그 까끌까끌한 의자에서 몇 번이고 일어서려 했다./의자 위에서 보낸 딱딱한 시간들이/의자에 못 박힌 선언들이/여자를 잡아당겼다./낮이고 밤이고/의자의 발톱들이 눈을 뜨고 모든 걸 보았다./저녁이다./보얗게 시간은 먼지 쌓이고/누군가에게 어둑어둑한 말끝을 맺으며/의자에서 스르륵 빠지고 싶다. 못처럼

—「저녁의 의자」 부분

①②를 보면, 그러나 최문자의 페미니즘은 그 영역을 확장시켜야 한다는 요구가 가능해진다. 그렇다고 해서 여성상에 지대한 관심을 갖게 한, 생체험 산물인 소중한 작품들을 폄하할 생각은 없다. 마치 생체를 얼음날로 째는 듯한 시다. ②에서 보인 '의자'는 폭력성(폭력 또는 위압적 남성성)을 상징한다. 이 시는 거의 직역이 가능한데, 고착 성향의 못 박힌 옹고집(='선언들')이 여자를 들들 볶는다. 그래서 오늘은 "말끝을 맺으며/의자에서 스

르륵 빠지고 싶다."(=폭력으로부터 벗어나고 싶다.) 어리석은 세상 남자들이여, 깨어나라 깨어나.

그런가 하면 「뿔·1— 종소리가 듣고 싶다」에서는 "한 번도 그릇을 깨뜨려 본 적 없는데/자꾸 그릇을 놓친다./조심할수록 그릇의 살 끝을 놓치고/꼭 하려던 그릇의 말씀을 놓치고/감춰 둔 사발을 몰래 꺼내 보다/마침내 그도 놓치고 말았다./생줄 끊어 놓고/산산 조각난 저 혓바닥에/부러진 관계의 어금니./(…중략…)/나, 다 알고 있어."라는 절실한 진술을 토해낸다. 그녀는 비로소 다시 '종소리가 듣고 싶다.' 혁명의, 잡것을 때려 부수는, 폭발하는 설움의 종을 쟁경쟁경 때리고 싶다. 왜? 삶이 그녀의 시구처럼 하도 '뿔따구'나니까!

최문자 시인은 많은 저서와 편저가 있다. 이름이 그래선가, 문자(文子)란 최 씨 집안에서 문인 중의 문인이 되라는 뜻 같다. '一자(子:아들 자)'란 여성을 홀대하던 시절, 사내애가 아닌 것에 대한 서운함의 반어적 표기였으니까. 그녀의 번역서 『해가 지기 전에 네 마음을 열어라·1』(톨스토이/최문자 역, 청동거울)은 '간행물윤리위'가 제 34차 「청소년 권장 도서」로 선정한 첫 번째 책이다.

『귀 안에 슬픈 말 있네』(문학세계사, 1989), 『나는 시선 밖의 일부이다』(현대문학사, 1993), 『사막일기』(한국문연, 1998), 『현대시에 나타난 기독교 사상의 상징적 해석』(태학사, 1999)이 있다. 편저는 『나한테 주어진 길』(공동이론서, 웅동, 1999), 『까만 밤에 그는 더욱 빛나고—톨스토이 이야기·2』(청동거울, 2000) 등이다.

석사 학위 논문 「소월시에 나타난 임의 정체」(연세대, 1987)와 박사 학위 논문 「윤동주 시 연구—기독교 원형상징의 수용을 중심으로」(성신여대, 1996)하여 「윤동주 시에 나타난 어둠의 이미지 분석」이나 「현대시에 나타난 은유의 실제」, 「'90년대 여성시에 나타난 어둠 의식 탐구」 등의 논문이 돋보인다.

최문자 시를 분석한 글이 많지만 최근에 홍용희가 『문학정신』에 발표한 「최문자 시집 분석」(2001. 봄), 권혁웅의 「살아 남은 자의 슬픔」(≪현대시학≫, 2002, 2) 등이 눈에 접혀 온다. 권혁웅은 이 글에서 동지 1월호에 실린 최문자의 특집시를 읽고 느낀 '사랑'을 아래와 같이 정리하고 있다.

> 사랑은 관계의 형식이다. 사랑에는 내가 있고 대상이 있으며 둘 사이의 소통이 있다. 최문자 시의 대상이 부재하는 대상이라는 지적은, 이 관계가 늘 無化로 환원될 위험성과 無限으로 확장될 모험성을 함께 가지고 있다는 뜻이다. 최문자 시의 주체는 늘 최초의 자신으로 돌아가야 하며, 그렇게 처음으로 돌아오면서 그동안의 모든 편력을 제 몸에 기록해 둔다. (…중략…) 주체와 대상의 이런 만남은 사랑의 일반적 형식이 아니다. 주체는 대상을 대리 체험했으나 여전히 주체이며, 대상은 사랑을 대리 체험했으나 끝내 주체이다. (67~68쪽)

조금 겁난다. 젊은 권혁웅은 사랑에 도사(道士)인가 보다. 어찌 이처럼 멋진 정의를 내린다냐. 사랑은 소통이다. 소통엔 통화자가 있다. 송화자와 수화자가 있다. 하나는 주체고 다른 하나는 대상이다. 그런데 서로 하나인 하나가 서로 주체가 되려고 떼를 쓸 때 항상 문제가 발생한다. 주체는 대상을, 대상은 주체를 생각해 주지 않으면 안 된다. 그런데 권혁웅은 최문자 시의 주체에게 "늘 최초의 자신으로 돌아가"라고 속삭인다. 권고한다. 유혹한다…. 왜냐하면 사랑 문제에 있어서 그가 생각하는 「주체론」이란 주체가 대상을 대리 체험해도 결국 주체이며 대상이 주체(사랑)를 대리 체험해도 여전히 주체이기 때문이다. 그렇다면 서로가 대등하고 동등한 의미의 '주체=객체'다, '수화자=송화자'요, '너=나'다. 이것이 진정한 소통의 원리다. 테마가 사랑이라면 더욱 합당한 논리가 성립된다. 다만 권혁웅의 걱정은, 시인 화자가 생애의 모든 (체험자) 편력을 자기 생살과 알가슴에 파서 새기는 데 있다. 그저 희생하면 운명처럼 막무가내로 분량이 많은 슬픔을 홀로 수용하는데 있는 것이다.

그래서 권혁웅은 최문자 시인에게 일어나라고, 톡톡 털고 속히 이러서라고 채근한다. 최초의 자신, 즉 최초의 주체인 자신의 입지를 반드시 확보하라고 부탁한다. 일방적인 희생은 올바른 희생이 아니다. 편향적인 헌신은 온전한 헌신이 절대 아니다. 자존(自尊)하라, 최문자. 이 시점에서 그녀의 정신이 찾은 것이 신앙일 것이다. 이 시점에서 그녀의 육신이 찾은 것이 시 창작일 것이다. 그렇다면 시인 최문자에겐 신앙과 문학이 자신을 구원 시키는 무형의 유이(有二)한 존재라는 결론이 성립된다.

결들여, 문예지에 발표되는 신작시를 헤아려 보자. 최신작들이 매우 우리들의 관심을 끌기 때문이다. 올 ≪문학과 사회≫(2002. 가을호)에 실린 「붉은 소금」은 발상이 탁월하다. 목사님이 이 담에 꼭 소금이 되라 했다. 그런데 어겨 왔다. "저렇게 싯퍼런 배추의 영혼 속으로 들어가/간을 치고 죽(었)어야 하는데". 그런데 시인은 "소금 속의 가시가/배추를 먼저 찌를 텐데/살해의 꿈을 꾸면서" "그 피로 시퍼런 죄를 씻어준다는" 사실을 믿을 수 없다고 발설한다. 그리곤 "소금 속 가시는/무엇을 더 찌르려고/여태 그 속에 서 있는 걸까?"라는 의도적 반문으로 끝을 맺는다. 참 좋은 작품이다.

속 빈 강정이 치장한 새색시처럼 희살대는 대형문고의 책들을 칼질한 시 「베스트 쎌러」,('베스트 셀러'라고 쓰시지.)도 퍽 재미있다. "깊은 산중 헤매던/얼뜨기 심마니가/산가 막살나무 선홍색 열매만 보고/떨리는 목청으로 심봤다! 를 외칠 때/저 쪽 산으로부터 메아리가 없는 걸 보고/산가막살 나무는 배시시 웃었다./나는 인동과고 산삼은 드릅과야./산 삼 뿌리가 땅위로 몸을 드러내면/그 향기가 허공으로 십리 가고,/땅 속에 있으면 흙 속으로 백리 간다는데./백리의 흙이 몸을 떤다는데//대형 서점마다 걸린 베스트 쎌러, 심봤다!/ 열매만 선홍색인 산가막살나무."(전문)는 해설할 것도 없는 작품이다. 이름도 □은 산가막 살나무가 어떻게 생겼는고. 오호라, 산삼도 그렇게 치는구먼. 문자 누님, 골빈출판사들이 낸 '골빈책들'이 어디 일이만

권이요? 골 빈 놈들.

≪다층≫(2002. 가을)의 소시집용 작품도 주목할 만하다. "사랑은/내게 마지막 남은 들 판"이라는 「노랑나비」, "있었던 자리에 없었고/없었던 자리에 있었다."는 "스쿨이 하루 한 번씩 서로의 흔적을 지워" 준다는 「우기의 흔적」, "강 건너 저편/철없는 내 자리에/ 싹을 못 내는 검은 침목들을 눕히며/새로 레일을 놓는다."는 「정거장」같은 작품들이 달 콤새초롬한 초가을 맛을 풍긴다.

특히 나는 산문시 「용추계곡」을 기억하고 싶다. 이 시는 첩살이 친구의 죽은 남편 이 야기다. 친구는 화자에게 그 자리를 찾겠다는 의지를 보이고 길을 동행한다. 그가 실족사 한 폭포 등성이는 그야말로 "바람이 얼음 폭포 위에서 미끄럼길을 타고 내리며 짐승 소리를 냈다. 산을 뚫고 흐르다 곳곳에서 쓰러져 죽은 물, 떨어져 죽은 물, 흐르다 죽은 물들이 얼어 죽을 때까지 몸부림쳤던 모습 그대로 얼어 있었다. 울퉁불퉁한 주검들이었다." 남자는 마지막으로 휴대폰에 거센 물소릴 남겼다. "폭포소리였다고 한다." …. "친구는 몇 번이나 휴대폰을 열고 음성 녹음된 물소리를 들었다. 친구보다 먼저 집에 가 있을 용추계 곡의 물소리를." 이뿐이다. 난 시구 말미에서 할 말을 잃는다. (최문자는 「불편한 의자」라는 '시작 노트'에서 "가끔 불편한 의자 때문에 뼈를 잃는다."고 적었다. 어쩌면 이 극도 의 불편함 때문에 그녀의 시가 우리들 가슴을 묶는지도 모르겠다. 나아가, 내면으로 밀통(密通) 시키기까지 한다. 그 '밀통'의 안에서 서성대는 시인의 서늘한 눈빛—.)

아주 최근에 쓴 신작시 중에서 눈에 닿는 파격의 시가 있다. 「사랑」(전문)이다.

밥보다 맛 좋은 것은/밥보다 피가 되는 것은/밥보다 무거운 것은/밥보다 비굴한 것은/밥보다 쓸쓸한 것은/밥보다 차디찬 것은/밥보다 치명적인 것은/밥보다 눈물겨운 것은/밥보다 시가 되던 것은/밥보다 밥맛이던 것.//오, 꿈꾸고 말았네 그것을.

밤과 사랑의 이분법, 간단하지만 소갈머리가 있다. 비교격 '―보다'에 사랑을 살그머니 얹혀 놓는, 그럼으로써 그런 사랑을 꿈꾸는 배후에는 흐늘거리는 갈대 같은 게 없다. 순백한 욕망의 시다.

최문자의 대표시를 선한다면, 위에 인용한 작품 외에 「사색의 힘으로」「마지막 감의 눈물」, 「잃어버린 시간을 찾아서」, 「푸른 벽지」, 「끝을 더듬다」, 「나는 시선 밖의 일부이다」, 「마지막 잎새」, 「해동」, 「자화상」, 「어린 게의 음모」, 「거목」, 「물봉선」, 「죽음에 이르는 식사」, 「은총」, 「위증」 등이 있으리라. 다른 연구자들도 검증해 보시기를.

이 중에서, 때도 때이니만큼 「위증」(부분)이란 솔직한 시를 참 의미있게 읽었다. 시론 강의 때 누구나 느꼈을, 통통 가슴 떨림이 감도는 시다. 그렇지, 그 시간이 끝나면 선생은 거개 자신이 마치 위증이라도 한 듯이 허전해지기 마련이다.

> 비명처럼 튕겨 나간 언어의 허물
> 그 시커먼 갱도 입구를 가리키며
> 저 속에 있는 훗설, 야콥슨, 라깡, 데리다의 입술을 바라보라고
> 나는 역설한다.
> 저 속에서 봉인된 사물을 열면, 열리고
> 행간이 행복해서
> 심장이 터져 버릴 것 같은 밤이 있다고
> (…중략…)
> 나는 손수건을 꺼내 땀을 닦는다.

그녀는 몇 군데의 (문)학회에 소속돼 있다. <화답>과 <백지> 시동인이기도 하다. 현재는 <서울 YMCA> 공부출판부 위원을 맡고 있다. 학교 외에 주로 "Y"에서 봉사적 차원의 문학 강의를 해왔다. 수원 노인복지회관과 온누리교회에서 문학을 강의했다. 문자 누님은 이런 내색, 또는 '척'을 질

색하며 거부한다. (하지만 나의 준비는 치밀하다!) 대학에서는 「시론」, 「시창작론」, 「시창작실습론」과 신학대학원에선 「기독교와 문학」을 강의하고 있다.

기인 대화를 마치며 내게 슬쩍 넘기는 시인의 이력이 너무도 간단했다.

- 1943년 서울 출생
- 1982년 ≪현대문학≫ 등단
- 협성대 문창과 교수

그 이상의 노출을 진짜 꺼린다. 얄밉다. 이런 간단한 기록으로 앙큼히(?) 몸살 핀다. 얄밉다. 그것이 호박씨 까는 게 아니란 걸 나는 안다. 그래도 얄밉다. 정신은 하나님을 따르지만, 정신세계에 발을 딛기 위한 시를 통해 '그분'과의 영적 합일을 추구하는 모습이 잠시 나의 흐린 눈에 비쳐 온다. 이제 종점을 찍어야 할 때가 되었다. 이번 <커버스토리>는 참 힘들었다. 또롱또롱, 눈은 감기지 않고 야릇한 흥분이 파문(波文)진다. 어느새 한 시인의 내면을 몰래 다녀왔구나―. 참, 어젯밤에 소낙비란 '도둑이 (잠시) 다녀가셨'지? 가슴팍을 꽉 때리고 가버렸지. 미지(未知)의 사랑하는 당신, 잠시 안녕히….

글을 마치며 나도 옅은 고백 하나 해야겠다. 문자 누님의 시가 좋아진 것이다. (나만 몰랐나?) 이를 확인한 것만으로도 힘든 과정을 앙갚음(?)한 셋이기에 더두욱 기쁘다. 이에 배 아플 사람들도 있겠지만 어디까지나 참은 참이다. 요즘 고짓뿌렁만 늘어놓는 저질 정치판 쓰레기들에 비하면, 우리가 시인이라는 게 얼마나 행복하냐. 나도 최문자 시인의 어눌한 입술을 흉내내며 이 글을 맺는다. "하여간 깃브다!"

(≪현대시≫ 2002년 9월호)

근원과 절대를 향한 감각적 상상력
― 최문자론

송 기 한

(대전대 교수)

1. 근원에의 시간적 지향성

최문자의 시는 회억(回憶)과 고백의 언어로 이루어져 있다. 지난날에 대한 반추와 내면에의 응시가 그의 시를 짜고 있는 것이다. 아쉬움과 그리움으로 점철되어 있는 지난날은 내면 공간과 함께 시인의 지향이 간절하게 드리워져 있는 곳이다. 그것은 그곳이야말로 시인이 구해마지 않는 근원과 절대의 흔적을 지니고 있기 때문에 그러하다. 회한과 우연, 일회성과 순간으로 구성되어 있어 흔히 무심히 버려지곤 하는 과거를 시인은 실낱같은 길을 걷듯이 더듬고 더듬어 소중하게 끌어낸다. 그의 시에서 과거는 근원과 절대에로 이를 수 있는 길을 희미하게나마 숨겨두고 있다. 이는 과거뿐 아니라 내면도 마찬가지여서 보통 사적(私的)이고 하찮다고 치부되기 마련인 그것에 깊이 침잠할수록 내면은 근원에의 가능성을 열어놓는다.

> 부활절 새벽 교회 모퉁이를 막 돌아서다가 헛구역질을 했다. 청산했어야 했는데……. 일 년 동안 먹었던 사과들이 데굴데굴 굴러 나온다. 나무 위로 올라가 다시 사과가 된다. 먹은 미역국 국물 속에서 미역이 미끌어져 나온다.

서해 바다로 들어가 버린다. 땅 속으로, 마늘 밭으로 명치 끝으로 구군류의 얼굴들이 막 고개를 쳐들고 기어나온다. 구정물에 처박았던 긴 시간 한 여름 푸른 청잎으로 진작 닦았어야 했는데

— 「부활절」 전문

위의 시는 '먹었던 사과들'이 '굴러 나오'고, 다시 '나무 위로 올라가'는 시간의 역진행, '먹은 미역국 국물 속에서 미역이' '나오'다가 또한 '서해 바다로 들어가 버리'는 것과 같은 시간을 거슬러 올라가는 상상력이 매우 흥미롭게 펼쳐지고 있다. 마치 영화의 필름을 거꾸로 돌려 처음 장면으로 되돌리는 것 같은 「부활절」은 얼핏 장난스럽게 느껴지기도 하지만 시인의 시적 지향과 관련된 중요한 부분을 내포하고 있다. 이는 시인의 의도가 깊이 개입된 시적 장치라고 볼 수 있는 것이다. 여기에는 현재와 과거의 얼개 속에서 부정적 현실을 치유할 수 있는 방법적 길이 과거, 나아가 근원적 지점에 존재한다고 하는 생각이 반영되어 있기 때문이다. 현재가 더 이상 외면할 수도 견딜 수도 없는 부정적 요소들로 가득차 있다면 과거는 이러한 것들이 자아를 점령하기 이전의 상태라 할 수 있다.

'헛구역질'을 하게 할 정도로 미만해 있는 현재의 부정적 요소들은 시인의 세계상에 비추어볼 때 종교에서 일컫는 '원죄'에 해당될 것이다. 이 원죄에 대한 의식은 '부활절 새벽 교회'에 다녀오던 순결한 신심(信心)의 상태에서 비로소 솟아올라 시인을 고통스럽게 한다. '원죄'는 말 그대로 단순히 현재의 선한 행동과 실심한 마음으로 해결하거나 씻어낼 수 없는 근원적인 죄를 가리킨다. 누가 지었는지, 어떻게 짓게 되었는지, 왜 그 죄를 내가 짊어지게 되었는지 하는 이 모든 질문들에 대해 명쾌하게 답할 수 없는 것이 원죄인 것이다. 그러면서도 그것은 인간을 합리적으로 납득할 수 없는 무게로 짓눌러댄다. 인간은 알 수 없는 이유로 불행을 겪어야 하고 고뇌 속에서 살아가야 한다. 기독교에서는 이 원죄를 예수 그리스도를 믿음으로써 해소할 수 있다고 말한다. 그것은 주지하다시피 하나님의 아들이라는

고귀한 예수가 가장 처참하게 죽임을 당함으로써 인간의 죄를 대속(代贖)하였다는 점에 근거를 두고 있다. 이러한 종교적 진실을 떠올려 보더라도 '원죄'는 적어도 현재의 인간의 힘으로 어찌할 도리가 없는 속수무책의 대상이라는 점을 짐작할 수 있다.

시인의 회한은 그러한 지워지지 않는 죄에서 비롯된다. 그러한 까닭에 시적 자아는 '청산했어야 했는데……'를 뇌이면서 안타까워한다. '원죄'는 정체를 알 수 없으면서도 불쑥불쑥 찾아와 시인으로 하여금 괴롭게 하고 반성하게 한다. 그러나 언제나 삶의 순결성을 지녀온 시인이 무엇을 반성한다는 것인가? 시인이 향할 수 있는 곳이 현재가 아닌 과거, 그것도 가장 근원적 지점이라는 것은 어쩌면 선택의 여지가 없는 것으로 보인다. 시인이 해소해야 하는 죄란 다름 아니라 곧 원죄라는 뜻이다. 이미 먹었던 사과를 토해내고 그것을 다시 나무에서 따기 이전의 상태로 돌이키는 이 인위적인 상상력은 여기에 그 뿌리를 두고 있다. 시인이 상정하고 있는 근원적 과거는 현재에도 진행 중인 원초적 죄악을 풀 수 있는 실마리를 안고 있는 지점인 것이다. 물론 이 시를 통해 이러한 해석을 가능케 한 가장 직접적인 계기는 '사과'가 인간 최초의 조상인 아담과 이브가 신을 거역하고 따먹은 선악과라는 사실에서 찾을 수 있다. 시인은 바로 그 지점에까지 상상력의 끝을 들이댐으로써 현재에 이르러서까지 인간을 구속하고 있는 죄의 끈을 끊어내고 싶은 것이다.

그러나 위의 시는 근원을 향한 시인의 상상력을 비단 기독교적 세계만으로 한정시켜 설명할 수는 없는 요소 또한 안고 있음도 주의해야 한다. 만약 그러하다면 이는 순전히 호교적인 성격의 작품으로 전화될 가능성이 없지 않다. 또한 시의 맛과 품격 역시 사라질 것이다. 그러나 이 작품은 그러한 위험성을 적절히 비껴간다. 그것은 근원에의 길을 잇는 시적 상징물이 '사과'만으로 제시되어 있는 것이 아니고 그와 나란히 '미역'이 있다는 점을 통해 알 수 있다. '미역'도 마찬가지로 '사과'처럼 '먹은 미역국 국물 속에서 토해져 나와 서해 바다로 가'는 역시간의 진행을 보여준다. 우리는 일상생활에 견주어서도 '미역'과 '바다'가 상징하는 것을 어렵지 않게 상정할 수 있다. 그것은 곧 근원으로서의 대지적 모성과 만나는 곳이 아닐까. 여자가 처음 아이를 낳고 어머니가 되는 때에 가장 먼저 먹는 것이 '미역국'이다. 그리고 '바다'는 역시 여자가 아이를 잉태하고 기를 수 있는 가장 원초적인 터전인 양수와 닮아 있지 않은가. 이러한 점에서 '미역'과 '바다'는 곧 근원적 공간이자 모성(母性)을 품고 있는 지대를 상징한다고 말할 수 있다.

이 외에도 '땅 속', '마늘 밭', '명치 끝' 모두 여러 가지 의미에서 근원에의 상상력을 내포하고 있는 시적 상징물이라 할 수 있다. 시인은 이러한 시적 상징물들을 동원하여 근원의 지대를 강하고 폭넓게 확보하고 있다. '땅 속으로 마늘 밭으로 명치 끝으로 썩은 구군류의 얼굴들이 고개를 쳐들고 기어나오는' 모습은 바로 근원의 지대에서 부패하고 곯은 균들이 배출되어 원초적인 순수성을 회복하고 있는 양상을 상상적으로 그려내고 있는 것이라 할 수 있다. 원초적인 순수성을 시인은 '푸른 청잎'이라 하거니와, '긴 시간 구정물에 쳐박였던' 이것이야말로 현재의 원죄를 씻어내고 근원의 절대성을 회복시킬 수 있는 매개이다.

2. 절대에의 감각

현재까지도 이어지고 있는 인간이 뿌리깊은 원죄는 시인의 세계관을 형성하는 데 있어 매우 중요한 부분을 차지한다. 누구에게나 부과되는 이 원죄에 대해 최문자 시인만큼 강하게 의식하는 이는 별로 없을 것이다. 대부분의 사람들이 이에 대해 무지하거나 무감각하다면 시인은 이를 삶의 일부로 간주한다. 원죄에 대한 의식은 그의 지향과 세계관의 토대가 될 정도로 피부 깊숙이 자리잡고 있는 것이다. 시인은 원죄를 끊임없이 떠올리면서 이를 해소할 수 있는 길에 대해서도 거듭 거듭 숙고한다. 시인이 근원에의 지향성을 강하게 드러내는 것도 이에서 비롯한다.

한편 시인은 절대적 상황을 감각적으로 상상하게 되는데 이러한 태도도 결국 같은 맥락에서 살펴볼 수 있다. 즉 원죄는 쉽게 얻을 수 없지만 없다고 할 수도 없는 절대적 순간을 간절하게 구하게 해주는 동력이 된다. 원죄로 말미암은 가늠 수 없는 무게를 벗어 버렸을 때, 그때의 절대적 상황을 시인은 민감하게 포착한다. 그리고 시인은 그가 경험한 이 잡티하나 섞이지 않은 절대적인 맑음과 가벼움의 상태, 절대적인 순수의 상태를 감각적 형태로 묘사해낸다.

> 지리산 산자락
> 분홍 다음에 철쭉꽃 꽃무더기
> 박하사탕처럼 화한 그 곳을 지났다.
> 백철쭉 흰빛이
> 내 안의 먹빛 앞을 어떻게 지나갔는지
> 와인 잔을 들고 휘청였는지
> 왈칵 눈물 쏟으며 섰었는지
> 꽃마다 젖어있었다.
> 나를 지나가는 하얀 힘
> 박하사탕 삼킨 먹빛 내장
> 백철쭉 몇 송이 들어가 활짝 폈다.
> 흰 빛으로
>
> ―「철쭉제」 전문

위의 시가 아름다운 까닭은 '철쭉꽃'이 단순히 시각적 대상으로 묘사된 데서 그치지 않고 시인의 내면과의 적극적인 조응 하에 놓여있다는 데에 있다. 철쭉꽃 가운데 다른 것이 아닌 '흰빛' 철쭉에 관심을 두고 있는 시인은 그것을 시적 자아의 내면과 관련시켜 묘사한다. 그것은 '내 안의 먹빛 앞을 지나', '와인 잔을 들고 휘청'이듯, '왈칵 눈물 쏟으며' 피어난 것이라는 점이다. 즉 '하얀 철쭉'은 고뇌와 헤매임과 어두움을 거치고 그것을 이긴 후 생겨난 것으로서, 그러하기 때문에 '나'의 내면과 대비되는 절대적 순수의 모습을 띠고 있다. '박하사탕처럼 화한 그 곳'이라는 표현이 그러한 점을 말해준다. '백철쭉'은 '먹빛'의 '나'의 내면과 극명하게 대립되며 '눈물'과 '혼란'과 '방황'을 지나 비로소 만개한 것이다. 그것이 '나를 지나가는 하얀 힘'이라 표현된 것도 이 때문이다.

'박하사탕처럼 화한'이라는 표현은 매우 감각적인 것이다. 이는 피부로 느껴지는 더할 수 없는 시원함, 상쾌함을 그리는 어사(語辭)이다. 여기엔 최대의 맑음과 밝음이 아로새겨져 있는 바, 시인은 '백철쭉'으로부터 환기된 절대의 경지를 이렇게 감각화시켜 전달하고 있는 것이다. 시인의 이러한 묘사는 시인에게 '절대'가 관념이나 추상으로만 존재하는 것이 아니라 실재적으로 경험되는 것임을 짐작하게 된다. '박하사탕처럼 화한 백철쭉'처럼 최고의 맑고 환하고 아름답고 가벼운 상태가 그것이다.

이와 같이 환기되는 '절대'의 상태는 시인의 경우 무엇으로부터 가능한 것일까? 종교적 체험일까, 혹은 대지(大地)를 중심으로 하는 원형적 상상 세계로부터 비롯되는 것일까? 분명한 것은 시인이 '절대'의 순간을 대단히 적극적으로 자기화(自己化)한다는 점에 있다. 그는 아마도 세상 끝까지 걸어가더라도 그 길을 따를 듯하다. 이는 앞서 언급했던 '원죄'와 관련되는 것으로, 인간의 직로 침윤되어 있는 내면의 우울한 흔적들은 '절대'에 의해, 절대의 힘으로써만 구원될 수 있다는 점을 상기시킨다. '박하사탕 삼킨 먹빛 내장'이라 한 것도 결국은 이러한 정황을 반영하고 있는 것이다. 시인은 절대를 자기의 세계 속에 끌어안음으로써 인간이 짊어져야 하는 힘들고 고된 길을 희망의 빛에 기대어 걸어가고자 한다. 그의 시 가운데 특히 「팽이」는 인간의 영구한 고통과 수난의 삶 속에 어떻게 절대의 순간이 현상할 수 있는지를 암시적으로 드러내고 있거니와, 우리는 이 시를 통해 시인이 절대를 자기의 것으로 하기 위해 얼마나 적극적인가 하는 점을 확인할 수 있다.

> 세상이 꽁꽁 얼어붙었습니다. 하나님,
> 팽이 치러 나오세요.
> 무명타래 엮은 줄로
> 나를 챙챙 감았다가
> 얼음판 위에 휙 내던지고, 괜찮아요.
> 심장을 퍽퍽 갈기세요
> 죽었다가도 일어설게요
> 뺨을 맞고 하얘진 얼굴로.
> 아무 기둥도 없이 서있는
> 이게,
> 주홍빛 죄 버린다는 고백입니다. 하나님,
>
> ―「팽이」전문

위의 시는 시인이 갈구하는 '절대'의 순간을 종교적 세계와 연관시켜 형상화한 작품이다. 위의 시에 나타난 '주홍빛 죄'와 '하나님'은 시인이 지니고 있는 종교적 상상력을 잘 담아내고 있다. '주홍빛 죄'는 인간이 육신을 갖고 태어남과 동시에 생득적으로 지니게 된 '원죄'를 상징하는 것이며 이러한 원죄를 둘러싼 담론은 기독교 내에서 가장 활발하게 이루어지기 때문이다. 즉 시인은 절대자인 '하나님' 앞에 '주홍빛 죄 버린다는 고백'을 함으로써 인간의 근원적 한계와 조건을 넘어서고자 하는 것이다.

그런데 문제는 '주홍빛 죄 버린다는 고백', 다시 말해 원죄를 씻을 수 있는 일은 쉽게 얻어질 수 있는 것이 아니라는 점에 있다. 그것이 시간의 근원적 지점까지 거슬러 올라가 구할 수 있다든가 감각적으로 경험되는 것이라는 점을 알고 있다 하더라도 그러한 순간을 실재의 삶 속에 현상시키는 일은 간단하지 않은 것이다. 현재는 그만큼 불순하고 무겁고 두터울 따름이다. 이를 두고 시인은 '세상이 꽁꽁 얼어붙었습니다'라고 절규한다. 세상은 쉽게 그 부정적 요소들을 뚫고 절대의 지경에 도달할 수 있게끔 되어 있지 않다. 세상은 생각보다 더 경직되어 있고 더 차가운 곳이다.

현재의 세상이 그러할지라도 절대를 향한 시인의 의지를 가로막을 수는 없는데 위의 시에 그려지고 있는 시인의 의지는 우리의 상식보다 훨씬 윗자리에서 표명되고 있다. '무명타래 엮은 줄로 나를 챙챙 감았다가 얼음판 위에 휙 내던지고', '심장을 퍽퍽 갈기'는 행위, '죽었다가도 일어서'고 '뺨을 맞고 하예진 얼굴로'도 '서있는' 양상이 시인의 의지를 드러내는 것이라 할 수 있는데, 우리는 여기에서 가히 메저키즘적이라 할 수 있는 태도를 만나게 되는 것이다. 상대방에게 가해를 당하면서도 그것을 거부하지 않는 태도를 '메저키즘'적이라 하는 것처럼 시적 자아는 '하나님'을 상대로 자신이 죽을 정도로 채찍질하라고 부추긴다. 시에는 '나'를 던지고 갈기고 때리라는 주문이 매우 당연하고도 아무렇지도 않게 제시되고 있는 것이다. 그리고서도 시적 자아는 '괜찮다'고, '죽었다가도 일어설' 것이라고 말한다.

상식의 시선으로 보면 시인의 이러한 메저키즘적 태도는 납득이 가지 않는 과장된 것이라 할 만하다. 더욱이 매우 감각적으로 표현되고 있는 '심장을 퍽퍽 갈기세요'라는 부분에 이르면 살벌하고 섬뜩하기조차 하다. 그러나 이러한 극단적인 표현들은 '하나님'이라는 절대자를 상정한 의미 구도 하에서 이해할 때 어쩌면 일상적인 것이자 지극히 자연스러운 것일 수도 있다. 인간의 삶이 사실은 신 앞에서 '내던져'지고 '뺨을 맞고 하예지'며 '죽음'과 다를 바가 없는 것이기 때문이다. 즉 인간은 원죄의 굴레로부터 단 한치도 벗어날 수가 없다는 것이다. 이는 신이 조장하였건 그리 하지 아니 하였건 인간의 조건에 해당되는 것이 아닐까. 단 인간은 이를 극복할 수 있는 길을 찾을 수가 있는데, 그것은 '팽이'처럼 사는 삶이라고 하는 것이 시인의 전언이다. 시적 자아가 온갖 고통과 수난 속에서도 '괜찮'다고, '일어서겠다'고 하는 것도 이에서 비롯한다. 오히려 시인은 보다 적극적으로 신을 향해 '갈겨' 달라고 한다. 심한 채찍질이 차라리 '팽이'를 꼿꼿하게 서 있게 하는 힘이 되며, 실제로 거듭된 수난과 그것을 이기고자 하는 의지의 힘이 팽팽한 긴장을 이룰 때 '서있는' 것이 가능해지기 때문이다. 시인에게 팽이가 그러하듯 '아무 기둥도 없이 서있는' 것은 현실에 안주하거나 기대지 않는 순수한 행위가 된다. 다시 말해 절대를 지향하고 있으며 동시에 그것을 끌어들여 현상시키고 있는 절대의 순간이 되는 것이다. 시인은 이것이 곧 원죄에 발이 묶인 인간의 조건을 넘어서는 것이자 절대자에 가까워지는 일이라고 생각한다. 그가 계속적인 고통을 요구하는 것도 바로 이 때문이다. 이는 고통이 결국 구원에 이르는 길이라는 역설의 논리에 닿아있다. 우리는 절대를 끌어안기 위한 시인의 적극적인 의지가 이러한 반논리를 통해 드러나고 있음을 알 수 있다.

3. '말'에 의한 상대적이고도 절대적인 진실

최문자의 시들은 근원과 절대를 향한 구도의 자세가 시인의 삶 가운데 얼마나 큰 자리를 차지하고 있는지를 잘 보여준다. 근원과 절대에의 의지는 시인의 삶의 중심에 해당되며 극복하기 힘든 삶의 이러저러한 굴곡들을 휘돌아 감싸안는 힘이 된다. 근원에의 지향과 절대에의 희망이 있기 때문에 시인은 고통인 현재의 삶을 살아갈 수 있다. 그것이 인간의 원죄를 넘어서서 절대자에게 다가갈 수 있는 길이라고 시인은 믿는 것이다.

시인의 시세계에서 근원과 절대에의 지향성이 삶의 중심부를 차지한다고 한다면 그것의 주변에는 어떠한 장면들이 존재할까? 시인이 '헛구역질'을 하게 한다고 한 것, 절대를 현상시키는 동력이 되어주는 현재 삶의 고통들, '먹빛 내장'을 만든 혼란과 방황과 어둠의 삶, 이처럼 절대적인 것의 반대편에서 삶의 상대적인 면모들을 보여주고 있는 그것들은 인간의 삶에서 어떻게 표현되고 있는가. 여기에서 시인은 '말'에 주목한다. 시인은 사람들이 주고받는 '말'이 단순히 언어 행위에서 그치는 것이 아니라 삶과 일치하는 살아있는 것으로 본다. '말'은 말하자면 체온을 담고 있는 것으로 그것을 하는 사람에 따라 같은 성질을 띠는 것으로 인식된다. 가령 마음이 따듯한 자의 말은 따뜻할 것이요, 마음이 차갑고 건조한 자의 말은 역시 그와 같은 차가움과 건조함을 담을 것이라는 점이다. 더 나아가 시인은 '말'을 음식과 같은 먹는 것으로도 간주하는데 '말'과 관련된 시인의 이러한 관점들은 '말'이 곧 인간 삶의 표현이며 절대적인 것과 대비되는 삶의 상대적인 영역을 그려주는 지표에 해당한다고 보는 것이다.

> 위암 말기라고 했다.
> 새까맣게 탄 말을
> 잘도 삼키더니
> 묻는 말에
> 대답 한 마디 못하고
> 혓바닥에서 푹 꺼진다.
> 손목을 잡아주었다.
> 가물가물한 체온이
> 이미 진흙을 덧바르고 있다.
> 찌르르 말이 흐른다
> 불붙다 쓰러진 말
> 연기에 그슬린 문장
> 억지로 말문을 닫을 때마다
> 시계를 보며 시각을 읽었으리라
> 아무것도 모르는 숫자를 읽으며
> 삼켜버린 말들
> 그때,
> 누군가가 가슴을 내밀고
> 받아 적었어야 했다
> 손목에 차고 있던 그 말을

― 「유언」 전문

위의 시에서 시인이 '말'을 다루고 있는 관점을 보면 매우 흥미롭다. 이는 '위암 말기'의 환자를 앞에 두고 있는 시적 화자가 그 병은 '새카맣게 탄 말을 삼켰'기 때문이라고 진단하는 데서 알 수 있다. 다른 것도 아닌 '말'을 '삼켰'기 때문에 암에 걸렸다고 하는 생각은 일견 얼토당토않은 것처럼 들린다. 그러나 한번 더 생각해보면 그럴 것도 같다는 생각이 든다. '말'이 사람과 사람을 이어주는 매개이자 그 말을 하는 사람 자신을 반영하는 것이라면, 따라서 서로 공감대를 지니고 온정을 나누는 '말'이 '찌르르' 전율을 일으킬 수 있는 것이라면, '새카맣게 탄 말'은 매우 좋지 않은 상태를 드러내는 것에 다름 아니기 때문이다. 자신을 세우고 따뜻하게 해주지도 못할뿐더러 사람과 사람 사이를 행복하게 이어주지도 못한 말이 아마도 '새카맣게 탄 말'일 터인데, 이와 같은 바르지 못한 '말' 틈새에 있었다는 것은 곧 바르지 못한 삶 속에 내던져져 있었음을 의미하는 것이 되므로 이 속에서 인간이 병들 확률은 매우 높아진다고 볼 수 있다. 그렇다면 위의 시에 등장하는 '위암 말기'의 환자도 먹어서 영양분을 취할 수 없는 말, 사람을 살게 할 수 없는 말에 둘러싸여 살아왔던 사람일 것이라는 점이다. 결국 그는 시인의 언급처럼 '새카맣게 탄 말을 잘도 삼켰'기에 병이 걸린 것으로 볼 수 있다.

 '불붙다 쓰러진 말'이라든가 '연기에 그슬린 문장'이라는 표현 역시 '말'에 대한 시인의 관점을 잘 드러내준다. 그것들 또한 '말'의 살아있음을 표현하는 것이자 삶의 특정한 성질을 반영하고 있는 말의 특정한 양태를 암시하고 있다. 특히 시인은 '아무 것도 모르는 숫자를 읽으며 삼켜버린 말들'이 치명적이라고 보는데, 이는 그가 '그때 누군가가 가슴을 내밀고 받아 적었어야 했다'고 안타까워하는 데서 알 수 있다.

 '말'을 살아있는 것, 삶의 반영태로 보는 시인의 관점은 상당히 독특한 것으로, 더욱이 '말'이 사람을 병들게 하였다는 생각은 삶의 진실에 근접한 것이라 하지 않을 수 없다. 이러한 관점에 서면 시인이 회한 섞인 어조로 '그때 누군가가 가슴을 내밀고 받아 적었어야 했다'고 말하는 까닭을 이해할 수 있게 된다. 시인은 만일 그때의 그 말, '손목에 차고 있던 그 말'을 '받아 적었더라면' 환자는 병에 걸리지 않았을 것이라고 말하는데, 이는 '손목에 차고 있던' 말이 인간의 따뜻한 마음을 담고 있지 않은 차가운 기계의 것임을 암시하는 것이며 이러한 기계 중심의 세계야말로 인간이 병들 수 있는 환경을 조장하는 것이라는 인식을 전달하고 있다. 또한 기계 문명의 세계 속에서도 기계의 말을 종이에 '적는다'면 인간을 병들게 하는 기계의 말은 그 차가운 마력을 상실할 것이라고도 한다. '말'에 접근하는 시인의 이러한 태도는 매우 깊은 의미를 함축하고 있는 것이다. 아마도 시인의 '말'에 관한 관점은 다른 지면을 통해 깊이 있게 연구되어야 할 부분을 안고 있는 듯하다. 우리는 여기에서 다만 시인에게 '말'이 삶의 상대적인 면면들을 드러내는 지표이자 장치라는 점만을 확인하고자 한다. 「정전기」 역시 '말'에 관한 이러한 관점의 연장선에서 사람과 사람을 이어주는 '말'이 어떠해야 하는지를 잘 보여주고 있는 시이다.

건기인가 봐요. 우리,
새들도 입 안이 마른다는…
바짝 마른 말로 통화하고 있잖아요. 지금,
마른 대궁만 남은 당신 말에
나는 미련 지지식거리며
타는 시늉 다 해보지만
갑자기 들러붙어요.
말과 말 사이.
부슬부슬 떨어지는 말의 먼지들 뿌연데
들리죠.
우리 언어가 물 마르는 소리
따가워요.

>   메마른 통화
>   갈라진 언어의 살 사이로
>   피 내비쳐요.
>   건기인가봐요. 우리,
>
> ―「정전기」 전문

 위의 시는 '말'이 사람과 사람 사이에서 촉촉하게 흐르며 생기를 보여주어야 함에도 불구하고 그러하지 못함으로써 일어나는 부조화의 양상을 적절하게 형상화하고 있다. '바싹 마른 말', '마른 대궁만 남은 당신 말'은 사람을 '타서' '들러붙게' 한다. 습기가 없는 건조한 말은 사람의 마음을 메마르고 형편없이 만드는 것이다. 그것은 쓸모없는 말이고 사람을 다치게 하는 죄악의 언어이다. 시인은 '당신'과의 그 '말'을 단순히 '건기'의 그것이라고 받아넘기지만 실은 '그'가 건네는 '말'은 '나'를 따갑게 하고 '피'를 낸다. 그것은 상처를 내는 아픈 말인 것이다.

 시인이 '말'에 주목하고 그것의 온전한 형태에 집착하는 까닭은 '말'이 삶의 상대적인 면면들을 드러내는 표지에 해당되기 때문일 것이다. 달리 이야기하면 '말'은 사람을 악의 상황에도 혹은 선의 상황에도 몰아갈 수 있는 매개가 된다는 것이다. 예컨대 부정적 양태의 '말'들이 또한 삶을 그러한 형국으로 만들어 버린다면, 그렇다면 근원과 절대에 가까운 '말'은 무엇일까? '말'이 그러한 속성을 지니기 때문에 시인은 보다 온전한 '말'을 하기를 원할 것이다. 온전한 말, 즉 사람을 아프게 하는 대신 살리는 '말'은 상대적인 삶들의 험한 면면들을 헤쳐나갈 수 있는 계기이자 힘을 줄 것이기 때문이다. 보다 온전한 '말'은 죄로 가득한 인간 삶의 조건을 완화시키고 근원과 절대가 숨겨져 있는 현재의 이곳을 보다 살 만한 곳으로 만들어 줄 것이다. '말'은 그러한 한에서 의미 있을 것이다. 시인의 이와 같은 '말'에 대한 고민은 상대적인 영역에서 또한 인간의 불행과 고난의 한계를 넘어설 수 있는 길을 보여주는 것이라 할 수 있다.

최문자의 시는 현재의 부정적 요소와 근원과 절대적 영역을 대립시켜 이 둘간의 갈등을 해소하고 진정한 가치를 회복하고자 하는 의지로 쓰여지고 있다. 시인은 근원과 절대적 영역을 끌어들임으로써 현재의 부정적 삶을 치유하고자 한다. 현재의 부정적 삶은 시인이 지니고 있는 원죄 의식과 밀접히 관련되어 있는 것이다. 그리고 이것은 사람과 사람 사이의 온전하지 못한 '말'에 의해 비롯되는 측면이 강하다. 시인은 인간성을 회복한 살아있는 '말'을 통해 그리고 절대의 순간을 환기함으로써 인간의 한계이자 조건인 원죄를 넘어서고자 한다.

(≪애지≫ 2006년 봄호)

살아남은 자의 슬픔
— 최문자의 신작시

권 혁 웅

(시인 · 한양대 교수)

　최문자의 시는 사랑을, 사랑의 끝자리를, 그 끝자리에 남은 자의 당혹감을 보여준다. 사랑을 노래한 시가 많았고, 사랑의 파탄을 노래한 시도 많았으나, 그 뒤에 남은 자의 슬픔을 노래한 시는 많지 않다. 대개 남은 자는 사랑을 버리고 새로운 사랑을 노래하거나, 사랑을 버리지 못해 노래를 버리는 까닭이다. 그러나 시인은 그 망가진 관계의 한끝을 여전히 부여잡고 있다. 마주 당기는 힘이 없을 때, 줄을 당기는 자는 제 무게에 못 이겨 허청댄다. 최문자의 시는 그런 당혹감으로 인해, 그 없는 무게 때문에 늘 긴장되어 있다. 망가진 사랑의 힘으로 사랑의 끝을 더듬고, 마침내 사랑 자체를 더듬고야마는 이 섬세한 손길은 놀랍다. 사랑에서 비롯되었으나, 이미 사랑은 없다. 그래서 세상은 없는 사랑으로 충만하다.

　　　세상의 손잡이들은
　　　언제나 흐르고 있었다.
　　　흐르는 손잡이 앞에 서서
　　　무수한 손잡이를 놓치고
　　　무수한 손잡이를 지나서

내 몫으로 돌아온 손잡이는
처음부터 한 쪽 고정못이 빠져 달아난
위험한 손잡이였다.
나는 안전한 다른 손잡이들을
올려다보면서
어느 날 댕경
믿음의 대못까지 빠져 달아나고
손잡이 하나 땅에 떨어져 나뒹굴 때
못이 빠진 손잡이의 구멍을 자세히 들여다 보았다.
그를 잡으려는 내 손과
나를 잡으려는 그의 손 사이
어긋난 어둔 허공에
찬바람이 꽉 들어차 있었다.
바람에다 못을 박으면서
우리는 긴 시간 헛손질을 해왔다.

― 「바람 속 부부」 전문

  손잡고 걷는 부부는 화목함의 표상이다. 그래서 부부는 하나가 오른손잡이면 다른 하나는 왼손잡이다. 그런데 그 잡은 손 역시 완전한 것은 아니다. "무수한 손잡이"를 놓치고 지나서 겨우 잡은 손은 필연의 결과가 아니라 우연의 마지막일 뿐이다. 나는 겨우, "내 몫으로 돌아온 손"을 잡았을 뿐이다. 삼세의 인연도, 사랑의 결실도 이 부부를 설명해줄 수 없다. "우리"도 "부부"도 원래는 나눌 수 없는 말이다. 나뉘면 나와 너는, 지아비와 지어미는 남남이 되어 버린다. 이 말들을 부여잡는 힘은 사실 "믿음의 대못"에 있다. 그런데 믿음이란, 또 얼마나 헐거운 말인가. 믿으면 산도 옮길 수 있지만, 믿지 않으면 손 하나 잡을 수 없다. 이 당혹감이 최문자 시의 파토스 가운데 하나다. 빠져나간 "손잡이의 구멍"은 잡을 수 없는 손의 은유일 테지만, 한편으로 그 자리는 그런 텅 빈 믿음이 놓인 자리이며, 그로써 그 믿음이 언제고 한 번은 거기에 있었다는 것을 증명하는 자리다. 다시 말해 거기엔 "찬바람이 꽉 들어차 있었다". 그래서 이 부부는 이제 손잡고 걷는 부부가 아니라, "바람 속 부부"이다. "바람난"을 "바람 속"으로 옮기는 이 해학은 무척이나 쓸쓸한 해학이다. 시인은 웃음과 슬픔이 동거하는 곳에 자리를 잡은 것이다.

이런 동거는 기실, 사랑의 부재와 현존을 동시에 부여잡고자 하는 소망에서 비롯된 것이다. 「눈물·1」 또한 그런 동거에 관해 말한다.

> 어릴적 외할머니가 이불 빨래하는 날은
> 뒷마당에서 잿물을 내렸다.
> 금이 간 헌 시루 밑에서 뚝뚝 떨어지던
> 재의 신음소리
> 꼭 독한 년 눈물이네.
> 열 아홉에 혼자된 외할머니 독한 잿물에
> 덮고 자던 유년의 얼룩들은 한없이 환해지면서
> 뒷마당 가득 흰 빨래로 펄럭였다
> 하나님은
> 내가 재가 되기를 기다렸다.
> 하루종일 재가 되고 났는데도
> 아직 남아 있는 뭔가 있을까? 하여
> 쇠꼬챙이로 뒤적거리며 나를 깊이 파보고 있었다.
> 재가 되지 않고는 세상을 건널 수 없었을 때
> 재도 눈물을 흘렸다
> 어제의 재에다
> 새로 재가 될 오늘까지 얹고
> 독한 잿물을 흘렸다.
> 조금도 적시기 싫었던 재의 사랑까지
> 한없이 하얘져서
> 세상 뒷마당에 허옇게 널려 있다.
> 재는 가끔 꿈틀거렸다.
> 독한 눈물을 닦기 위하여
>
> ─ 「눈물·1」 전문

가장 슬픈 것이 가장 독한 것이다. "재가 되어"버린, 그래서 아무것도 남지 않은 자가 흘리는 눈물이 가장 독한 눈물이다. 외할머니가 내리는 "잿물"엔, "열 아홉에 혼자 된 외할머니"의 독한 삶이 섞여 내린다. 그 독하고 순결하고 슬픈 삶이 내 "유년의 얼룩"을 환하게 닦았다. 그 다음이 내 차례다. "하나님은/ 내가 재가 되기를 기다렸다". 시인에게도 그런 참화의 기억이 있는 것일까? 아마 그럴 것이다. 예상할 수 있는 것보다 훨씬 더 그런 것 같다. 하나님은 "재가 되고 났는데도/ 아직 남아 있는 뭔가 있을까? 하여/ 쇠꼬챙이로 뒤적거리며 나를 깊이 파보고 있었다". 이미 망가진 뒤인데도 꼬챙이가 나를 찔러댄다. 그래서 재가 된 나는 마침내 "눈물을 흘렸다". 시인은 눈물이, 아니 잿물이 되어 외할머니처럼 흘러내렸다. 외할머니의 잿물과 나의 잿물, 이 유비를 지탱하는 것이 사랑이다. "조금도 적시기 싫었던 재의 사랑"이란 구절이 이를 보여준다. 재가 된 자는 사랑할 수 없다. 사랑을 잃어버린 자, 그가 재 된 자일 터이므로. 유행가가 가르쳐주듯, 사랑은 타오르고 꺼지고 재를 남긴다. 그런데 최문자의 "재"는 사랑의 잔존사념이 아니며, 더욱이 사랑을 잃은 자의 모습도 아니다. 그 재는, 그렇게 재가 된 후에야 울 수 있는 사랑이며 재가 된 후에야 정결해질 수 있는 사랑이다. 그래서 한용운이 관념의 윤회를 통해 만들었던 사랑의 질료("타고 남은 재가 다시 기름이 됩니다")처럼 이 재는 액체이며("독한 눈물"), 최승호가 물질의 인과를 통해 도달했던 육신의 질료("나의 육신 앞에 먼저 재 된 사람은 서 있다")처럼 이 재는 고제이나("내가 재가 되기를…").

「외출」은 일종의 시론으로 쓴 시인데, 없는 것을 여전히 어루만지는 이 섬세한 손길이 기억의 뿌리로 내려가려는 더듬거림임을 말한다. 그리고 이 더듬거림은 최문자가 생각하는 시인의 본분이기도 하다.

    시인이 생선을 고른다.
    값을 물어보기 전에

깊은 바다에 얼마나 드나들었나?
아가미를 열어본다.

바다에서 나와 땅에서 떠돌기 얼마나 쓸쓸했나?
지느러미 힘줄을 들쳐본다.

정말 바다의 자식인지
등짝에서 파도에게 매맞은
푸른 멍자국을 찾아본다.

얼마나 바다를 토해내야 죽을 수 있었나?
핏발선 눈알을 들여다본다.

아직도
뻐끔거리던 입마다 바다가 몰려있는데
와르르 와르르 파도가 몰려와 좌판을 때리고 가는데
싸요, 싸.
단 돈 오천 원에 싱싱한 주검이 두 마리
수산시장 비린내만 묻히고 그냥 돌아온다.
나를 따라 일어서는 겨울 바다
노량진 역에서 같이 지하철을 탄다.

― 「외출」 전문

수산시장을 둘러보다가, 생선 두 마리를 뒤적이다가, 시인은 그냥 돌아왔다. 이 심심한 서사의 뒤를, "겨울 바다"가 따라온다. "노량진 역"은 바다로 출렁였을 것이다. 그래서 이 외출은 수산시장으로의 외출이 아니라 바다로의 외출이다. 결여가 충만의 한 형식이라는 것, 죽어 가는 생선이 잡혀오기 전 헤엄치던 바다의 넓이와 깊이를 제 몸에 새겨두고 있다는 것. 그게 살아남은 자의 슬픔이다. 최문자의 시는 이런 슬픔으로 가득하지만, 한 번도 그 슬픔을 과장하지 않는다. 같은 제목의 다른 시에서, 시인은

죄는
고약하게도
짐트럭 같은 버스에 실려
도시 외곽을 돈다

오늘은
봄바람 불어
휜종이처럼 못 산다

— 「외출」 전문

라고 쓴 적이 있다. 떠도는 시인이 이미 고해성사를 적어 넣은 한 권의 책이다. 빽빽하게 적혔으므로, 시인은 순결하게 살 수 없다. 그런데도 春風은 春情이어서, 시인은 여전히 무언가를 기록해야 한다. 여전히 외곽을 떠도는 삶, 그 외곽에서 저지른 "죄"는 슬픔과 등가를 이루는 것일 터이다. 그러므로 첫 시의 물고기가 곧 시인의 모습이라 해도 잘못은 없겠다. 바다 속에서 숨쉬던 "아가미", 땅 위에서 퍼덕이던 "지느러미 힘줄", 파도를 받아내던 "푸른 등", 바다를 토해내던 "눈알"들이 그렇다.

사랑은 관계의 형식이다. 사랑에는 내가 있고 대상이 있으며 둘 사이의 소통이 있다. 최문자 시의 대상이 부재하는 대상이라는 지적은, 이 관계가 늘 무화(無化)로 환원될 위험성과 무한(無限)으로 확장될 모험성을 함께 가지고 있다는 뜻이다. 최문자 시의 주체는 늘 최초의 자신으로 돌아가야 하며, 그렇게 처음으로 돌아오면서 그 동인의 모든 편력을 제 봄에 기록해 둔다. 시인은 한편으로는 생선만 뒤적이다 돌아왔을 뿐이며, 다른 한편으로는 그로써 물고기의 전생을 보충대리의 서법(敍法)으로 적었다. 생선은 생선이면서 시인이며, 시인은 시인이면서 생선이다. 주체와 대상의 이런 만남은 사랑의 일반적 형식이 아니다. 주체는 대상을 대리 체험했으나 여전히 주체이며, 대상은 사랑을 대리 체험했으나 끝내 주체이다.

내 안에 한 여자가 있다.
습지를 걸어온 퉁퉁 붙은 고무신을 신고
3m 쯤 껑충한 갈대로 서 있다.
잎사귀 전부의 사유가
한 번 환하게 터지는 9월쯤
꽃밥이었던 다년생초의 사랑
안쪽으로 벼까락처럼 말리고 나서
난청이 된 여자.
바람소리 못 알아듣고
아무 때나 몸을 떨었다.

내 안에 바람에 홀린 한 여자가 있다.
한밤중 문 열고 나갔다가
이적지 돌아오지 않는
바람, 그쪽만 바라보다
오십을 넘긴 한 여자가 있다.
아직도 세상을
철없는 힘으로 살아가는
바람냄새 풍기는 한 여자가 있다.

─「자화상」 전문

"내 안에 한 여자"는 나이면서 내가 아니다. 나를 대상화했으므로, 내 안의 여자는 주체이면서 대상이다. 그 여자가 선 지반이 "습지"라는 것은, 그 삶이 눈물과 울혈에 기초하고 있었음을 암시한다. 꼭 한 번 환하게 피어오른 적이 없지는 않았다. "잎사귀 전부의 사유가/ 한 번 환하게 터지는 9월쯤", 이 "다년생초의 사랑"은 만개했으며, 그 다음에 "벼까락처럼" 말랐으며, 그리고는 "난청"이 되었다. 생각하는 갈대는 흔들림으로 제 사유를 삼지만, 이 갈대는 바람소리마저 못 알아듣는다. 난청이 되었다는 것은, 그러나 모든 소리가 무화되는 어떤 메마름만을 지칭하는 것이 아니다. 난청이 되었다는 것은 무한의 형식이어서, 모든 소리가 다 들렸다는 뜻이기도 하다. 스테레오로, 서라운드로 그녀는 "아무 때나 몸을 떨었다".

이제 그 여자는 다시 "바람에 홀린 여자"이다. 바람은 내게서 벗어나 바다로 갔고, 나는 오랜 세월을 그쪽만 바라보았고, 마침내 바람이 되었다. 나는 "바람냄새 풍기는 한 여자"가 되었다. 바람은 이 시의 키워드 가운데 하나이다. 바람은 내 안의 욕동(慾動)이면서 내 밖의 유인(誘引)이며, 내 실존의 조건이면서 나를 둘러싼 상황이다. 대상을 향해 움직이는 마음의 움직임이 바람이며, 주체를 견인하는 대상의 움직임이 바람이며, 그렇게 바람으로 성정을 삼은 이가 사랑하는 사람이며, 동서남북의 바람에 대책 없이 노출된 상황이 사랑하는 사람이 처한 상황이다. "돌아오지 않는/ 바람, 그쪽만 바라보다/ 오십을 넘긴 한 여자가 있다." 그렇게 속수무책의 바람을 맞으며 우리는 평생을 산다(이 글에서 처음 예로 든 「바람 속 부부」의 그 바람이 여기에서도 분다).

살아남은 자, 사랑이 가진 관계의 형식이 얼크러진 후에도, 여전히 그 형식 안에서만 숨쉬고 밥 먹고 살아갈 수 있는 자. 최문자의 시가 보여주는 섬세함은 그래서 당혹감(내 안에 사랑이 있는데, 내 밖에 사랑은 없다!)을 주음(主音)으로 삼는다. 이것은 사랑의 형식이, 망가진 이 사회에서도, 여전히 사람이 살 만한 유일한 형식임을 보여주는 것이다. 이 형식 속에서, 아니 이 형식 때문에 우리는 슬프고 아름답다.

《현대시학》 2002년 2월호)

푸른 바닷속에 잠긴 말

이 희 중

(시인·전주대 교수)

1. 자라는 눈물

자라는 것은 살아 있는 것들의 속성이다. 식물은 수명이 거의 다할 때까지 자라는 것처럼 보인다. 그러나 동물은 죽을 때까지 자라는 것 같지는 않다. 본원적인 의미에서 자란다는 것은 육체의 성장을 가리킨다. 사람에게는 정신의 성장을 따로 중요하게 여기지만 그 밖의 다른 무엇에게 정신의 성장을 말하는 경우를 들을 수 없다. 사람은 스무살 무렵까지만 육체적인 의미에서 자란다. 그 다음에는 어떤 시인의 표현처럼 "자라지 않는 나이"를 먹는다. 적어도 서른이 넘은 사람을 두고는 아무도 육체적인 의미에서 자란다고 하지 않는다. 그러나 그때에도 어떤 사람은 정신의 성장을 계속한다. 하나, 다 그렇지는 않다. 더 많은 사람들이 타락하여 속물이 되고, 짐승에 가까워지기도 한다.

또 다른 의미에서 자란다는 것은, 우리가 살고 있는 이 공간에서 개체의 몸이 차지하는 부피가 커지는 것을 의미한다. 부피는 눈으로 확인하기 쉬운 길이나 높이로 자주 치환되므로, 부피의 확대는 높이나 길이의 확장으로 표현된다. 이 과정에서 살아 있는 것들은 애초 자신의 몸이 아니던 것을 끌어 모아 자신의 몸으로 만들어 나간다. 공연히 부어오르는 것을 자란다고는 하지 않는다. 식물은 무기물에 자연의 힘을 더해 유기물을 만들어 몸을 키우고, 동물은 식물이 만든 유기물을 직접, 간접으로 얻어 몸을 키운다. 또 자라는 것은 선조적인 시간의 흐름 위에서만 진행되고 판단된다. 우리가 사는 이 세상에서 시간으로부터 자유로운 것은 아무 것도 없다. 시간의 풍화작용 앞에서 어느 것도 영원하지 않다. 살아 있는 것들의 성장은 이 파괴적인 시간 속에서 자신의 2세를 얼른 생산하기 위한, 영원할 수 없는 것들의 지난한 안간힘이다.

최문자의 신작 열 편 가운데 여덟 편은 「자라는 눈물」연작에 속한다. 연작의 제목은 눈물이 자라는 것이라는 관찰과 판단을 전제로 한다. 물론 이때 판단은 비유적인 판단이다. 비유의 울타리 속에서 생각해 보자. 이때 눈물은 마치 정원에서 해바라기가 자라듯이, 산에서 굴참나무가 자라듯이 그렇게 자라는 듯이 보인다. 바로 지시되지는 않으나 '자라는 눈문'이 시인 자신의 눈물을 염두에 두었음은 일단 확실하다. 시인은 육체의 성자인 멈춘 연령을 살고 있다. 그런데 그에게 종속된 눈물은 자라고 있다. 눈물은, 특정한 종류의 자극에 대한 한낱 생리적인 반응에 지나지 않으므로 그 자체를 나쁘다고 할 것은 아니다. 그러나 많은 사람들이 숭상하는 가치와는 거리가 멀다. 눈물을 낳는 자극은 육체적, 정신적 고통이다. 더러 고귀한 눈물을 말하기도 하고, 아름다운 눈물을 일컫기도 하지만, 눈물은 대체로 어두운 불행 또는 우울한 상실의 느낌과 어울린다. 그러므로 눈물이 자란다는 것은 결코 좋은 일일 수 없다. 요컨대 눈물은 나쁜 것이 아니지만, 자랑스러운 것도 아니며 권장할 만한 것도 아니다. 시인은 눈물이 자라고 있었다는 것을 발견하게 된 모양이고, 그 사연에 주목하여 이를 여러 편의 시를 아우르는 제재로 삼았다.

눈물도 자란다.

> 거짓말처럼 정말 자란다.
> 속 맘 푹푹 파먹고도 빼빼 마르면서 자란다.
> 정작 눈물 자랄 때는 이상하게 눈물 없어지면서
> 바짝 마른 순결로 뱉을 것도 없이 자란다.
> 죄같은 성장
> 태초에 능금을 파먹고 이브의 눈물도 저렇게 자랐지.
>
> ─「자라는 눈물― 서시」

눈물은 시인의 "속 맘"을 파먹고 자란다. 그러면서도 "빼빼" 말라 있다. 이때 눈물은 시인의 몸에 기생하는 생물처럼 보인다. 이 기생 생물은 시인의 마음을 훼손시키고도 만족하지 않는 탐욕을 지녔다. 숙주의 쇠약과 기생 생물의 성장은 비례 관계에 있다. 사람의 마음을 먹이로 성장하는 생물의 이름이 눈물이다. 시인은, 눈물이 자랄 때는 눈물이 없어져서 이상스럽다고 한다. 상식적으로 눈물이 자라면 눈물이 많아질 터인데, 그렇지 않은 모양이다. 참 이상하다. 눈물이 자라서 오히려 눈물이 말랐다고 하니. 눈물이라는 기생 생물이 다 자라 숙주를 버리고 스스로의 길을 가 버린 것이 아닐까. 모든 기생 생물은 성장을 마치면 숙주를 떠난다. 이때 숙주의 몸은 파괴된다. 이 지경이 되면 눈물은 육체의 원리에 종속된 반응 이상의 것이 된다. 눈물은 그것을 흘리는 몸과 분리되어 바깥 다른 것의 지배를 받는 것이다. 그렇다면 눈물을, 그 배후로 알려진 슬픔으로 읽어야 이해하기 편하다. 그것이 "바짝 마른 순결"로 "뱉을 것 없이" 자란다는 진술은 문제적인 상황을 단정적으로 보여준다.

이 문제적 상황은 신앙과 관련이 있다. 마지막 두 줄이 빌미가 된다. 눈물의 상징은 "죄같은" 성장이다. 이는 눈물의 성장이 윤리적으로 옳지 않다는 사실과, 눈물이 죄의식과 멀지 않다는 사실을 함께 알린다. 시인이 신앙하는 세계에서 이브는 모든 사람의 어머니이며, 모든 어머니의 어머니이며, 모든 여인의 조상이다. 이브는 나쁜 짐승에게 꼬여서 아담에게 금지된

음식을 먹도록 했다. 시인은, '자라는 눈물'이 이브 이후 모든 어머니가 지고 있는 죄의 근원과 관련이 있다고 생각한다. 이 짧은 시의 끝에서, '자라는 눈물'이 기독교적 의미의 원죄와 관련이 있음은 뚜렷해진다. 그런데 심각한 문제는 이브의 죄를 시인이 고스란히 물려받은 데 있지 않고, 죄가 더 불어나고 있다는 데 있다. 죄가 불어나니 죄의식, 곧 눈물이 자란다.

그러나 기독교적인 의미에서 원죄는 사회적인 의미의 죄와 다르다. 자세히 알지 못하지만, 애초 기독교의 원죄는 사람이 겸손해지고 고분고분해지기를 바라는 신의 의도를 반영한다. 그래서 이 고통스런 세상을 참고 사는 것 이상의 죄값을 사람에게 지울 수도 없고, 지우지도 않는다. 죄악을 돌이킬 방법은 없다. 어떤 형벌도 죄행을 무화하지는 못하는 법이다. 그래서 형벌은 본질적으로 복수의 형태를 띤다. 하물며 신에게 저지른 죄를 다시 사람이 어찌겠는가. 다시는 신을 부인하지 않고, 자만하지 않으며, 스스로의 힘으로는 절대 벗을 수 없는 죄의 굴레를 지고 있음을 잊지 않음으로써 신에 대한 무한한 복종과 경의 속에 사는 것이 죄값의 관건이다. 그러므로 시인이 느끼는 종류의 죄의식은 신앙인에게 매우 필요한 덕목이다. 윤동주의 반성이 아름답다면 이 시인의 '자라는 눈물'이야기도 아름다울 수 있다.

이후 이 연작은 조상이 저지른 죄를 줄이기는커녕 더하고만 있는 사람의 죄의식, 곧 슬픔의 사연과, 그 죄값에 지나지 않는 삶을 그리는 일에 바쳐진다. '산'으로 비유되는 삶의 큰 보람은 오간 데 없고, 스스로 '모래'가 되어 버린 착잡한 현실을 표현하기도 하고(연작 1), 산책하다가 밟은 미물에서 살아 있는 것들의 숙명을 생각하기도 하고(연작 2), 사람 사이에 진정한 의사 소통이 불가능해진 현실을 서정적으로 노래하기도 하고(연작 4), 지하 1층과 지상 18층을 대비하며 위태로웠던 삶의 도정을 되새기기도(연작 6) 한다.

2. 상처

적지 않은 시인들에게 시는 마음의 상처를 다스리는 방법이다. 독자들은 자신의 마음에 새겨진 상처와 닮은 상처를 가진 시인의 시들을 아끼고 사랑한다. 사람들은 저마다 마음의 상처를 가지고 있으며 저마다의 방법으로 그 상처를 치유하는 방법을 찾는데, 게 중 어떤 사람이 시쓰기를 방법으로 하는 것인지, 아니면 시인이 특히 더 상처를 많이 가진 사람인지를 잘라 말하기는 어렵다. 어쨌든 측정할 수는 없지만, 많은 사람들이 상처를 가지고 살아가며, 그 대부분은 다른 사람들과 맺고 푼 관계에서 온다. 닫힌 방에 혼자 사는 사람이라고 상처가 없는 것은 아니다. 그 자체가 그에게 상처가 된다. 다른 사람과 맺은 관계는 산길과 같아서 다니지 않으면 지워진다. 지워진 길은 상처가 된다. 그 과정은 어떻게 진행되는가.

> 서로 너무 많을 걸 지우고 말했다.
> 꼭 하고 싶은 말은 푸른 바닷속 같은데 감춰 두고 말했다.
> 봄이라서 꽃냄새 때문에 숨소리가 서로 어긋났다.
> 통화는 했어도 가슴이 납덩이처럼 무거워 어쩔 수 없이 골목 같은 데로 쑥 들어갔다.
> 구둣발로 오갔던 언어들은 문질러 의미의 불을 껐다.
> 가끔 전화는 무력하다.
> 푸른 바닷속에 잠긴 말들을 전하지 못한다.
> ―「자라는 눈물4― 전화」

"가끔 전화는 무력하다"고 했다. 폴리는 관계에 무력한 것이 전화뿐이겠는가. 어떤 때 마두 앉아 숨결을 느끼며 나누는 대화조차도 얼마나 무력하던가. 의사 전달이 자주 마뜩치 않고, 믿었던 유대가 쉽게 흔들리는 것은 문명의 이기 탓이 아니라, 첫 두 줄에서 보듯이 "서로 너무 많은 걸 지우고 말"하기 때문이며, "꼭 하고 싶은 말은 푸른 바닷속 같은데 감춰 두고 말하"기 때문이다. 봄 탓도 아니며 꽃냄새 탓도 아니다. 전하지 못한 "푸른 바닷속에 잠긴 말"들을 끝내 전하지 못하면 또 하나의 상처를 만들게 될 뿐이다. 사람 사이의 관계에서 입은 상처를 낫게 하는 길은 이 "푸른 바닷속에 잠긴 말"을 푸른 바다 위로 떠오르도록 하는 것이다. 이 고단한 과업에 시인이 맡은 바가 있다.

최문자의 신작은 쉽게 상처받는 체질의 영혼이 답사하는 세상사의 기록이다. 그곳에는 아주 낡은 유서를 가진 불화와 갈등이 낯익고 편한 얼굴로 등장한다. 그래서 시인은 가족과 한가로이 공원을 산책하다가 발길에 차이는 작은 풀을 보고, 밟고 밟히는 것들의 운명을 떠올린다. 상처를 가진 사람은 다른 이의 상처를 쉬 찾아내고, 그 후 다시 자신의 상처를 반드시 돌아본다.

> 밟고 있는 이 발밑의 너비가
> 질경이에겐 푸른 우주가 된다.
> 좁아서 더 아픈 우주
> 나는 질경이의 하늘을 밟고 서 있었다.
>
> ―「자라는 눈물2― 질경이」 부분

지금 뜻 없이 질경이를 밟아 버린, 질경이의 하늘을 가린 시인은 말하자면 가해자이다. 풀밭에서 평화롭게 싹을 틔우고 꽃을 피우며 살다가, 문득 사람들의 길 한 가운데 서 있게 된 질경이의 수난에 시인은 동정을 아끼지 않는다. 극소수의 예외를 빼면 식물은 한 번 뿌리내린 곳을 떠날 수 없다. 시인은 처지를 바꾸어, 곧 자신도 누군가에 의해 자신의 몸과 하늘이 다 밟히지 않을까 불안하다. 인용하지 않은 마지막 몇 줄은, 이 시를 미물에 대한 자상한 배려라거나 자연에 대한 자비심으로 간단하게 읽고 넘길 수 없도록 한다. 가해와 피해의 물고 물리는 교차와 반복이야말로 이 세상을 지배하는 차가운 삶의 법칙이며 섭리라고 할 수 있다. 사람들의 세계뿐만 아니라, 근원적으로 동물들의 세계에서 이 불행한 섭리는 더욱 간단하고 명료하게 관찰된다. 이 힘한 삶의 실상은 심성이 고운 사람들의 마음에 피해 의식과 강박 의식을 심는다. 이는 상처의 과학적인 규정이다.

3. 어머니

아들에게 어머니의 의미와 딸에게 어머니의 의미는 다를 법하다. 스스로 자식을 낳아 기르고 있는 딸에게는 더욱 그럴 것이다. 어머니를 생각하면 누구나 서글퍼지고 쓸쓸해지는 까닭은 무엇일까. 모든 어머니의 새끼들은 다 그런가. 우리 종족이 최근 한 세기 동안 아주 나쁜 질의 삶을 살아왔기 때문에 더 그런가. 다 조금씩 맞을 것이다. 굶주림과 집 없음이 삶에 가장 큰 위협인 족속에게 어머니와 자식의 관계는 더 눈물겨우리라. 자식에게 어머니는 결코 행복하기만 할 수 없는 이 세상의 삶을 의지와 상관없이 물려준 존재이다. 어버이가 평생을 자식 걱정으로 살아가는 것에는 이런 유의 미안함에 뿌리가 있다. 한 때 자식은 힘겨운 삶에 대한 원망을 어머니에게 돌리기도 한다. 그러나 성장하면서 어머니도 자신과 다름없는 처지임을 알게 된다. 아무튼 어머니와 자식의 관계는 살아 있는 것들의 숙명을 가장 극명하게 드러내는 운명의 끈이다. 자연 기록 영화에서 어미 원숭이가 이미 숨진 새끼 원숭이를 오래 안고 다니던 모습이 잊혀지지 않는다.

최문자의 신작에도 어머니가 나오는 시가 두 편 있다. "사막은 어떻게 되는가"라는 부제가 붙은 연작 1에서 어머니는 "애야, 쨍한 날만 있으면 못 쓴다. / 그건 사막이 되고 만다. 사막." 이라는 의미심장한 충고를 한다. 아마 어머니는 당시, 어떤 종류의 불행으로 고통스러워 하는 딸을 위로하기 위해 이 지혜로운 말씀을 남겼을 것이다. 그러나 흐린 날과 맑은 날이 그런 대로 뒤섞인 삶을 사는 사람에게, 특히 그가 지금 흐린 날을 견디고 있을 때 이 충고는 빛날 것이다. 그러나 만약 그가 끝없이 이어지는 우기의 삶을 살고 있을 때 이 충고는 효력이 없다. 시인은 바로 자신의 생애가 그렇다고 생각한다. 자신은 또 다른 이유로 "더 무시무시한 사막"이 되어 버렸다. "쨍한 날이 적어서"이다. 지금 시인은 오랜 먹구름 아래서 몸조차 모래가 되었다. 결국 어머니의 지혜로운 충고는 "말도 안 되는 말씀"이 되고 말았다. 시의 끝 부분에서 시인은 "밋밋한 모래의 자궁으로 / 산을 낳는 꿈을 꾸"는 자신을 "말도 안 되는 꿈"을 꾸는 사람으로 규정한다. "말도 안 되는" 그 무엇을 행하는 자로서 어머니와 딸은 닮았다. 거듭되는 불행으로 몸과 마음이 피폐했다는 자의식적 과장을 주제로 하는 이 시에서, 어머니의 '말씀'과 딸의 '꿈'은 재미있게 대비되며, 이는 따로 형식적인 안정과 아름다움을 마련한다.

연작에 포함되지 않은 「머리카락」은 어머니를 위한 작품이다. 돌아가신 어머니가 쓰던 "옻칠 반닫이" 밑에서 고인의 머리카락을 발견하고, 시인은 위암으로 고통받던 생전의 모습을 떠올린다. 치료 때문에 머리카락이 거의 다 빠진 어머니의 생전 모습과 집안 어딘가에 남은 머리카락은, 삶과 죽음의 거리, 색조가 다른 시간의 거리를 넘어 하나의 공간과 시간에서 만난다.

> 위암으로 몇 달 동안 방사선 치료를 받을 때
> 어머니는 통증보다도 머리카락 때문에 더 많이 우셨다.
> 애들처럼 엉엉 소리내며 서럽게 우셨다.
> 검은 머리카락이 한 줌씩 빠지기 시작하면서 어머니는 보자기를 쓰셨다.
> 보자기를 쓰고 난 이후로 어머니는 그러저럭 삼키던 미움도 다 토해냈다.
> 사라진 머리카락들이 어머니의 온 데를 건드렸나 보다.
> 어머니께 수의를 입힐 때 나는 내 손으로 어머니의 보자기를 풀어 드렸다.
> ― 「머리카락」 부분

돌아가신 어머니를 이야기하면서 마음의 평정을 유지할 수 있는 사람은 거의 없다. 그래서 어머니의 삶을 소재로 한 시를 잘 쓰기는 어렵다. 소재의 특성상 긴장과 냉정을 유지하기 어려운 까닭도 있지만, 감정의 전이가 난망한 까닭도 있다. 일반명사가 아니라 고유명사로서 어머니라는 말이 가리키는 존재의 의미를 다른 사람에게 고스란히 전하기는 거의 불가능하다. 다시 말해 내 어머니가 얼마나 착하고 고마운 분인지를, 다른 어머니의 자식에게 깊은 공감으로 전하기는 어렵다. 듣는 사람들은 저마다 자신의 어머니만 생각하려 한다. 이는 내 연인이 얼마나 이쁜지를 설득하기 어려운 것 같다. 위의 시는 이와 같은 장애를 우회함으로써 위험에서 벗어났다. 현명한 선택이다. 이러한 유의 소재에서 중요한 것은 사연 자체이지 형식과 수사의 장치가 아니다. 독자는 이 세상을 살다간 어떤 한 어머니의 이야기를 그 딸의 목소리로 부담없이 듣는다. 예술 영화보다 기록 영화가 더 감독적일 때가 있다.

최문자의 신작은 읽기 편하다. 이는 시에 사용된 말들이 배타적이거나 공격적이지 않기 때문이다. 또한 시의 소재와 주제가, 독자들도 함께 경험하는 평범한 삶의 세계에서 유입되었기 때문이기도 하다. 그의 시를 읽는 사람은 눈을 부릅뜨거나 귀를 크게 열고 있지 않아도 좋다. 시에서 시인은 매우 겸손하고 또 자상하다.

시인은 현실의 삶에서는 많은 행복을 가진 사람이다. 오래 믿어 온 신앙, 다 성장한 자녀, 안정된 가정, 노동의 즐거움을 주는 안정된 직업들을 그는 가지고 있다. 그러나 그는 시에서 주로 갈등과 상실과 불행을 말한다. 다만 연륜의 조절을 받아 위태롭거나 격렬하게 드러나지는 않을 뿐이다. 그의 시에 등장하는 화자는 출렁이는 삶의 풍랑 위에 있다. 스스로를 속이지 않는 자는 나아와 형편에 상관없이 자신의 삶이 출렁이는 물결 위에 있다고 생각하는 법이다.

상대적으로 최문자의 언어는 다른 여성 시인에 비해 남성적이다. 눈물과 슬픔과 운명을 자주 이야기하는 그의 시가 강건해 보이는 것은 시의 길이와 말의 선택에서 말미암는다. 그의 시는 대체로 길이가 짧다 그리고 일부러 고운 말을 가려 쓰지 않는다. 소리의 결과 말의 올에 크게 신경 쓰지 않는 그의 시풍이 감상의 폐해를 중화했다. 추측컨대, 감상은 그의 언어적 내연이며, 절제는 외연이다. 그래서 눈물이 등장하는 구절도 과장되어 질척거리지 않는다. 이는 그의 장점이다. 한편으로 나는 그의 시가 조금 더 길어져도 좋겠다고 생각한다. 그의 신작 가운데 길이가 긴 시는 번다한 설명의 위험을 얼마간 드러내고 있다. 또 짧은 시는 더러 뒤가 허전하다. 필요한 긴장을 놓치지 않을 능력이 있다면, 시에서도 설명을 요령 있게 배치할 필요가 있다. 나 같은 아둔한 독자들을 위해서는 말이다. 물론 단서가 더 무섭지만, 나는 다시 "푸른 바닷속에 잠긴 말"이 떠오르기를 기다린다. 그의 시에서도 그렇고, 우리의 시에게서도 그렇고, 우리의 세상에서도 그렇다.

(《시와 시학》 1997년 가을호)

종교적 수렴과 시적 확산
— 최문자론

이 성 우
(문학평론가)

1

최문자 시인의 삶과 시에서 근간을 이루는 것은 기독교로 대변되는 종교적 세계관이라 할 수 있다. 그녀의 시에 나타난 종교적 세계관은 그 지향성에서 큰 변화를 드러내 왔다. 초기에는 주로 사회 비판의 외향적 성향을 띠다가 점차 자아 성찰의 내향적 공간으로 수렴되면서 그 깊이를 더하는 양상이다. 다음 작품은 최문자의 초기시에 나타난 종교적 상상력의 특성을 잘 보여 준다.

> 그의 몸 된 교회들은 소리나지 않게 첨탑에서 십자가를 끌어내렸다. 풀밭도 아닌 도심의 아스팔트 위에 천천히 쓰러뜨렸다. 대낮인데도 보는 이 없다. 구원받은 자들은 벌써 오래 전부터 침묵하였다.
> 형틀마저 빼앗긴 그리스도가 아무데나 서서 막무가내로 피를 흘린다. 양들은 모두 神이 되었으므로 그 피로 속죄할 까닭이 없다. 무죄의 神들이 쉽사리 돌문을 열고 나온다. 神이 올라가지 않았던 높이까지 오르려고 날마다 신문에 떠오른다. 無言의 하늘이여.
> ―「神들」 전문(『나는 시선 밖의 일부이다』, 1993)

시인이 문제삼는 것은 이른바 외형적 교회주의다. 교회라는 건물의 크기나 물질적인 가치에 구애되어 신의 본질뿐 아니라 인간성에 대한 성찰이 누락된 상황을 비판하고 있다. 이 같은 정황에 대하여 신은 아무런 응답이 없다. 구원받았다는 사람들 역시 침묵한다. 대신 그들은 매스컴에 등장하여 마치 자신이 신이라도 된 듯 사람들의 이목을 끄는 데 열중한다. 마지막에 나오는 "無言의 하늘이여"라는 시구를 통해 우리는 시인의 탄식이 매우 절실하다는 점과 함께 시인의 발언이 개인적 차원이 아니라 사회적 차원에서 개진되었다는 사실을 확인할 수 있다. 같은 시기에 발표된 다음 작품에서는 시인의 어조가 냉소적인 경향을 띠기에 이른다.

> 거리에는 빛
> 삶을
> 내버려두는 빛.
>
> 고드름처럼
> 가슴이 얼어붙어도
> 찌르지 못하는 빛.
>
> 빛이 메시아인 것을 믿는 이들에게
> 직립으로 번쩍이지 못하고
> 부러져버리는 빛.
>
> 거리에는
> 장님들이 웃고 있다.
> ―「성탄 전야」 전문(『나는 시선 밖의 일부이다』, 1993)

작품의 제목은 '성탄 전야'지만 그 내용과 어조는 따뜻하다기보다 싸늘하다. 네 개의 연 가운데 앞의 세 연은 모두 부정어로 마무리된다. 시인의 비판 의식이 그만큼 앞에 나선 까닭이다. 마지막 연은 유일하게 긍정문으로 이뤄진다. 하지만 그것도 따지고 보면 부정문이나 마찬가지다. 문장의 주어가 "장님"이기 때문이다. '장님'이란 시어는 두 가지 방향에서 어두운 현실을 지시한다. 현실의 고통을 밝히지 못하는 '빛'의 무력함에 대한 지적이 그 하나라면, 현실의 문제점을 인식하지 못하는 사람들의 어리석음을 환기하는 것이 다른 하나의 측면이다. 어느 쪽을 보더라도 분명한 사실은 이 시에 발현된 종교적 상상력은 외향적인 비판에 초점을 맞추고 있다는 점이다. 그러나 정확히 10년의 시차를 두고 간행된 최근 시집에서는, 이런 사정에 눈에 띄는 변화가 나타난다.

  i) 하나님은
   무서운 모종삽을 들고
   옴팍옴팍 나를 파서
   척박한 몹쓸 땅에
   나를 옮겼다. 몇 번이나……
   진창에 다시 박히려면
   뿌리는
   죽을까, 말까? 아슬아슬하게 몇 번이고 망설이다가
   어설프게 속잎 꺼내놓고
   눈물겹게 구겨진 꽃을 억지로 펴댔다.
   내가 자랄수록
   그의 삽은 더욱 커진다.
           — 「꽃 모종」 부분(『나무고아원』, 2003)

  ii) 하나님은
   내가 재가 되기를 기다렸다.
   하루 종일 재가 되고 났는데도
   아직 남아 있는 뭔가 있을까? 하여
   쇠꼬챙이로 뒤적거리며 나를 깊이 파 보고 있었다.
   재가 되지 않고는 세상을 건널 수 없었을 때
   재도 눈물을 흘렸다.

> 어제의 재에다
> 새로 재가 될 오늘까지 얹고
> 독한 잿물을 흘렸다.
>
> ─「눈물 1」부분(『나무고아원』, 2003)

통사 구조뿐 아니라 의미 구조에서도 두 작품은 중요한 공통점을 지닌다. 주어는 '하나님'이며, 목적어는 '나'다. 특히 작품 i)에서 '나'는 식물의 이미지를 통해 묘사된다. '나'는 삶의 방향을 직접 틀거나 타인의 삶을 비판하는 일에는 별 관심이 없어 보인다. 작품의 초점이 자기 존재의 확인에 맞춰져 있기 때문이다. ii)에서는 i)에 비해 '나'의 운동성이 감지되지만, 운동성은 '나'의 존재 전이와 관련되어 있다. 두 작품이 모두 객체가 된 자아에 대한 존재론적 물음에 천착하고 있는 셈이다. 이 점을 앞서 살펴본 시편들과 비교하면 그 차이는 확연하다. 요컨대 종교적 상상력의 방향성이 사회 비판이라는 외향성에서 자아 성찰이라는 내향성으로 바뀐 것이다. 이 변화는 최문자 시인의 삶의 내력과 연관되었을 개연성이 크다. 다만 여기서 내가 꼭 짚고 싶은 것은, 종교적 상상력이 시인의 내면으로 수렴되는 한편으로 시인의 시적 관심은 더욱 확산되었다는 사실이다. 그것이 의도된 것이었든 아니면 자연발생적인 결과였든, 종교적 상상력의 내면화와 시적 상상력의 자유로운 확산은 최문자 시인의 창작 방법론에서 중요한 기제가 되고 있다는 것이다.

2

대부분의 종교와 시는 이 세상이 훌륭하다는 것을, 혹은 이 세상이 훌륭하지 않다 하더라도 적어도 이 우주는 훌륭하다는 믿음을 잃지 않도록 해준다는 점에서 서로 통하는 일면이 있는 듯하다. 한 시대의 종교는 언제나 다음 시대의 시가 된다는 에머슨의 말도 같은 맥락에서 이해할 수 있을 것이다. 종교적 상상력이 수렴되고 내면화되어 섬세한 시적 상상력으로 이어지는 양상을 잘 드러낸 최문자 시인의 작품을 내보이라면, 다음 시를 꼽을 수 있겠다.

> 원주, K시인을 따라
> 옻나무밭에 갔었다.
> 심장은 놔두고
> 밑동부터 위로 올라가면서
> 수십 번 더 그어진 칼금
> 저건 숲이 아니다.
> 고통이 득실거리는 겟세마네 동산.
> 죽을까 말까 머뭇거릴 때마다
> 다시 메스를 댄다.
> 심장은 두근거리게 놔두고.
>
> 너덜너덜해질 때까지
> 피를 내주고 있다.
> 몇 백 년 썩지 않을
> 힘을 내주고 있다.
> 옻나무밭에서
> 수천 개의 못자국을 보았다.
> K시인과 함께
>
> ―「옻나무밭」 전문(『나무고아원』, 2003)

이 시에서는 화자가 K시인을 따라 옻나무밭에 간 것 자체가 일상적 차원의 행위로만 비쳐지지는 않는다. 그 행동에는 얼마간의 의도가 감지된다. 나중의 시쓰기 행위를 은연중 염두에 두고 있었다고 추측되기 때문이다. 예컨대 불필요해 보이는 "K시인을 따라", "K시인과 함께" 같은 일상적 차원의 정보를 통해 강조되는 것은 시쓰기를 생활의 머리맡에 두는 시인들 특유의 사유 방식이다. 이런 맥락에서 우리가 초점을 맞춰야 할 부분은 실제의 일상 공간과 비유적 시적 공간 사이의 넘나듦이다. "옻나무밭"과 "겟세마네 동산" 사이의 거리가 일상의 삶과 종교적 삶 사이의 이질성을 드러낸다면, 두 공간 사이의 비유 구조는 종교적 언어와 시적 언어 사이의 유사성을 보여 준다고 할 수 있기 때문이다.

일상적 시선으로 보았을 때는 두 공간 사이의 이질성이나 유사성은 하등 문제될 것이 없다. 칠감이나 접착제의 원료인 옻을 채취하는 데는 상처를 적게 주어 나무가 죽지 않게 매년 조금씩 채취하는 경우와 상처를 많이 내어 최대한으로 옻을 채취하고 나무가 죽으면 베어 버리는 방법이 있다. 이 시에서 언급한 것은 앞의 경우이다. 대개 7~10월에 옻나무에 V자 모양으로 상처를 내고, 거기서 수액을 받아 낸다. 시인은 이 광경을 보고 '겟세마네 동산'을 떠올린다. 시인의 종교적 상상력이 작동하는 순간이다. 겟세마네 동산은 예수가 가끔 제자들을 데리고 가서 기도한 곳이며, 십자가에 못박히기 전날 밤에는 홀로 고뇌에 찬 최후의 기도를 올린 곳이기도 하다. 또한 바로 그곳에서 예수는 배반을 당하고 체포되었다. 히브리어로 '기름을 짜는 기구'라는 이름이 암시하듯, 겟세마네 동산은 본디 올리브나무 숲으로서 올리브기름을 짜는 기구가 설치되어 있었다고 전해진다. 화자는 일부러 상처 입힌 가지에서 수액을 짜 내고 있는 옻나무밭을 보면서, '기름 짜는 기구'를 의미하는 겟세마네 동산과 함께 십자가에 못박혀 피를 흘린 예수를 연상한다. "옻나무밭에서/수천 개의 못자국을 보았다"는 구절은 그러니까 수사법상의 과장이 아니다. 그 표현에는 시인이 세상을 바라보고 반응하는 종교적인 감각과 사유 체계가 밀집히 관련되어 있기 때문이다.

이처럼 최문자 시인의 상상력은 종교적 사유의 흔적을 강하게 드러내지만, 동시에 그 경계 안에 머물지 않음으로써 시적 의미망의 확대를 꾀한다는 점 역시 반드시 언급해야 한다. 가령, "고통이 득실거리는 겟세마네 동산./죽을까 말까 머뭇거릴 때마다/다시 메스를 댄다"는 구절에는 예수와 옻나무의 고난뿐 아니라 화자의 일상 체험도 중첩되어 있다. 이 구절에서 그 냥 '칼'이 아니라 수술이나 해부할 때 쓰이는 작고 예리한 칼인 '메스'가 등장한 것이 그 단적인 예다. "죽을까 말까 머뭇거릴 때"라는 시구 역시 '메스'와 관련해 화자가 겪은 위기감과 절박함을 강조하는 표현일 것이다. 결국 이 시에는 옻나무와 예수와 화자가 함께 들어 있다. 이 시는 객관적 현실과 종교적 상상력과 시적 감수성이 서로를 억압하지 않으며 유연하게 작동하는 최문자 시의 발생론적 특성을 잘 보여 주는 작품이다. 이를 전제로 우리는 최문자의 시가 슬픔과 상처, 소외, 영원성 등의 세계로 확산되어 나아간 내력을 더듬을 수 있을 것이다.

3

삶의 본원적 슬픔에 대한 인식을 드러낸 시인이 희귀한 것은 물론 아니다. 오히려 슬픔은 모든 시인들의 공통분모라 할 만큼 보편적인 정서이다. 그럼에도 슬픔을 주된 정조로 삼은 최문자 시인의 작품을 다시 언급해야 하는 이유는, 최문자 시의 슬픔이 남다르기 때문이다. 최문자 시에 표현된 슬픔은 정적인 상태가 아니라 동적인 상황을 지향한다. 다음은 그 단초를 드러낸 작품이다.

    사랑만한
    슬픈 山이 있었다.

    오르면 오를수록
    슬픔이 높아가는 산이 있었다.

    비린내 품은 본능의 숲을 지나
    굵은 눈물방울로 떨어지는 폭포를 지나
    찌를 때마다 더욱 엉겨붙는 가시덤불을 헤치면

천근으로 내려앉는 절망의 바위.

숨막힐 듯한 무심한 頂上의 얼굴은
무방향으로 돌아앉은 절망의 높이였다.

슬픔에 놀라지 않으려고
융기된 슬픔의 산자락을
딛고 또 디디며

헛발질친 사랑을 등뒤에 두고
나는 오른다.
줄어들지 않는 슬픔에 오른다.
—「슬픔에 오르다」전문(『나는 시선 밖의 일부이다』, 1993)

 이 시에서 특히 주목해야 할 부분은 첫 연이다. 시인은, "사랑만한/슬픈 山이 있었다"라고 적었다. 이 시구는 시인의 시쓰기 행위가 종이 위에서 행해지는 문자 행위에 그치는 것이 아니라 세계를 자기 방식으로 해석하고 또 그것에 대응해 나가는 실천 행위라는 사실을 암시한다. 한마디로 수사학은 해석학은 물론 주체의 실천 의지와도 맞물려 있기 때문이다. 맨 처음 이 시구는 '山만한 슬픈 사랑이 있었다'라는 일상 어법의 문장에서 출발했을 것이다. 이 문장에서 수식어 '山만한'이 꾸미는 단어는 '슬픈'과 '사랑'이다. 의미상으로 보면 슬픔도 크고 그만큼 사랑도 크다는 등가 구조의 문장이 된다. 슬픔과 사랑의 크기가 똑같이 부각되는 것이다. 이때 발생하는 문제는, '슬픈'과 '사랑'이 서로 동격이 됨으로써 결과적으로 '사랑'의 실체가 고정된다는 점이다. '山만한 슬픈 사랑이 있었다'라고 말하는 그 순간, 마음속에 들어 있던 사랑은 밖으로 빠져나와 말 그대로 '슬픈 사랑'이라는 의미망에 갇혀 버린다. 때문에 이 문장 다음에는 과거의 사랑에 얽힌 구체적인 사실을 밝히는 것 말고는 기대할 것이 없어지고 만다.

 이에 비해 "사랑만한/슬픈 山이 있었다"라는 변형된 문장에서는, '사랑만한'이라는 수식어 자체의 의미가 불분명하다. 때문에 '슬픈'과 '山' 역시 그 의미가 한정되지 않는다. 다만 '山'의 경우에는, 등산의 과정을 시상의 전개 과정과 겹쳐 놓은 이 시의 구성법으로 인해 그 의미가 얼마간 제한된다. 따라서 마지막까지 그 의미가 고정되지 않는 것은 '슬픔'이다. 이 시에서 시인이 궁극적으로 말하려는 것은 '사랑' 그 자체도 아니고 '등산'도 아니며 '슬픔'이라는 사실이 이런 방식으로 드러난다.

일상적 의미에서 등산은 사랑의 슬픔을 견디기 위한 행위였을 것이다. 하지만 어느새 등산 행위는 이 작품의 뼈대로 차용되고, 사랑마저도 슬픔의 배경으로 녹아들었다. 이제 남은 것은 무엇일까. 말할 것도 없이 슬픔이다. 그 슬픔은, 앞서 살펴보았듯 의미가 고정되지 않아 유동적인 슬픔이다. 시적 자아는 그 슬픔에 오르겠다고 말한다. 당면한 문제는 사랑이 아니라 슬픔이기 때문이다. 사랑은 기억 속에 갇혀 꼼짝 않고, 슬픔만이 시적 자아를 따라 움직인다. 마치 제자리에서 굉음을 내며 자동차가 헛바퀴를 도는 것과 같은 상황이다.

> 한 발자국도 물러날 수 없는 쓸쓸함에다
> 징그런 수술자국 하나 긋고
> 어디를 건드려도
> 눈물 차오르던 고속주행의 후유증
> 그 후로
> 자주 멈추는 자동차를 위하여
> 동맥까지 우울하게 떨려오는 시동을 미리 건다.
> 쓸쓸한 바퀴의 노동 끝에 묻었다가
> 지상으로 떨어지는 진흙빛 허무를 내려다보며
> 사랑만 닳아지는 공회전을 한다.
> 헛바퀴가 돌아갈 적마다
> 헛소리를 지르다 제자리에 기절해버리는
> 그런 아픈 바퀴를
> 나는 네 개씩이나 달고 다닌다는 사실을

뒤늦게야 알게 되었다.

— 「空回轉」 부분(『사막일기』, 1998)

　인용 부분의 마지막 구절에서 암시되듯 이 작품에서 자동차는 시적 자아인 '나'와 동일시된다. 잘 달려야 할 그 자동차가 자주 멈추는 이유는 결국 눈물 때문이다. 눈물은 '나'의 눈앞을 가리고 간혹 도로를 벗어나 진흙 바닥에 자동차를 빠뜨리기도 한다. 그럴 때마다 자동차는 공회전을 한다. 사랑 끝의 슬픔으로 생겨난 눈물이 '나'를 헛바퀴 돌게 만드는 것과 같다. 시인은 이런 정황을 "사랑만 닳아지는 공회전"이라 표현한다. 사랑은 속절없는데, 슬픔은 '나'를 휩싸고 돈다. 슬픔은 '나'를 "고속주행"하게 만들었다가 급기야는 "공회전"시키는 셈이다. 이처럼 최문자 시에 나타난 슬픔은 동적이다. 슬픔과 이웃한 감정이랄 수 있는 쓸쓸함 역시 「끝을 더듬다」 같은 작품에서 나타나듯, 시적 자아를 "땅끝마을"까지 움직이게 만든다. 최근 시편에서도 슬픔 혹은 쓸쓸함의 흔적들은 집요하게 나타난다.

> 사과나무 속에도 사과가 들어갔던 흔적이 있다
> 가슴팍에 머리를 처박고 이별을 버티던
> 쑥 들어간 부분
> 사과를 씻어주면 소리 없이 눈물이 고이던 그 자리
> 아, 생각난다
> 단칼에 잘라 먹던 사과의 눈물
> 칼에도 도마에도 묻어 있던 사과의 눈물
> 사과나무가
> 아팠던 자리마다 다시 사과를 배는 것은
> 그 자리에 열린 사과가 더 빨간 것은
> 떠난 사과들의 흔적 때문이다.
> 나무는 그 부분들을 지우지 않고 있다.
> 흔적들이 다 말하도록 내버려두고 있다
> 푸른 눈물이 마를 때까지

— 「흔적들」 부분

과거의 '흔적'이 현재의 존재를 규정하는 심정적 시간 의식이 이 시를 지배한다. 좀더 구체적으로 살펴면 "이별", "눈물" 등으로 대변되는 슬픔의 정서가 '흔적'의 밑바닥에 깔려 있음을 발견할 수 있다. 최문자 시에 내재된 슬픔이 마침내 삶의 본원적인 상처나 쓸쓸함에 가 닿아 있음을 짐작하게 해 주는 대목이다. "흔적들이 다 말하도록 내버려두고 있다"는 구절 역시 최문자 시의 화자가 '흔적'의 힘에 의해 움직인다는 점을 뒷받침해 준다. 「나무고아원」 연작에서 두드러지는 소외받거나 상처 입은 존재들에 대한 포용 또한 같은 맥락에서 이해할 수 있는 최문자 시의 특성이다. 그런데 지금 여기에 존재하는 상처나 흔적을 더듬는 행위는, 엄밀히 말해 시간의 앞쪽으로 나아가는 것이 아니라 시간의 뒤쪽으로 거슬러 올라가 그 근본을 되새기는 일이다. 이는 곧 현재의 순간 속에서 근본 혹은 영원을 감지하는 시적 감수성과 종교적 상상력의 상호작용을 전제로 한 것이기도 하다.

4

최근 최문자 시인이 발표한 「서쪽산」 연작(《현대시》, 2005. 10)은 '죽음' 혹은 '영원성'에 대한 시적 탐구라 할 수 있다. 이 연작은 앞서 살펴본 '흔적'의 시세계에 접맥되면서도 과거와 미래가 현재를 가운데 두고 둥근 고리처럼 이어진 특이한 시간 의식을 보여 준다. 이런 시간 의식은 지울 길 없는 과거의 흔적과 그려내기 힘든 미래 전망이 겹치는 지점에서 현재는 다만 순간에 불과하다는 시인의 인식을 드러내는 것으로 보인다. 물론 최문자 시인이 삶의 슬픔이나 허무를 끌어안는 '죽음'의 미학을 보여 준 것이 이번이 처음은 아니다. 1998년의 시집 『사막일기』에 수록된 「닿고 싶은 곳 1」에서 시인은,

> 나무는 죽을 때 슬픈 쪽으로 쓰러진다.
> 늘 비어서 슬픔의 하중을 받던 곳
> 그 쪽으로 죽음의 방향을 정하고야
> 꽉 움켜잡았던 흙을 놓는다

라고 노래한 바 있다. 슬픔이 '무게'를 지닌다는 발상도 새롭지만, 무엇보다 '죽음'이란 것이 어떤 방향성을 지닌다는 생각이 예사롭지 않다. 죽음은 단순히 삶의 끝이 아니라 삶에 연속된 또 다른 과정이라는 믿음이 감지되기 때문이다. 이와 비교할 때 최근 발표된 세 편의「서쪽산」연작에서는 '죽음'이나 '영원'이란 말이 직접 언급되지 않는다. '서쪽산'이 구체적으로 무엇을 뜻하는지도 명확히 제시되지 않았다. 그럼에도 '서쪽산'에 닿고자 하는 시적 자아의 소망은 매우 절실하게 표출된다.

> 배곯은 벌레들이 땅에 구멍을 파고 있는 사이
> 새들은 서쪽산을 넘어갔다.
> 끝없는 벌판에서, 나도
> 벌레처럼 詩에다 구멍을 내고 있는 사이
> 날개 달은 시인들은 서쪽산을 넘어갔다.
> 이 무거움을 들고
> 어디까지 따라가야 하는가 생각해 보다가
> 혼자 남았을 때
> 이름 없는 나방까지 서쪽산을 넘어갔다.
> 무거움을 파다가 삽을 놓았다.
>
> 오, 지나가고 싶어, 나도
> 겨울숲을 가로질러
> 서쪽산으로.
>
> ―「서쪽산 1 : 詩」부분

제목으로 미루어보면 이 시는 일종의 메타시의 성격을 띤다. 자신의 시에 대한 자의식을 고도의 비유어와 꿈속 같은 비현실의 공간을 통해 드러내고 있다. '나/시인들'과 '벌레/날개'가 각각 대조를 이루는 가운데, 그 대조를 더욱 실감나게 하는 것은 '서쪽산'이다. 이 작품에서 '서쪽산'은 하나의 경계 구실을 한다. '날개를 단 시인들'은 이미 그곳을 넘어갔지만 벌레처럼 꿈틀거리는 '나'는 아직 닿지 못한 곳이 바로 '서쪽산'이다. 이쯤 되면 '서쪽산'은 시쓰기의 어떤 경지를 빗대는 것으로 읽힌다. 화자 자신은 쉽사리 닿을 수 없다고 멀찍이 둔 그곳은 따라서 일종의 영원성의 가치를 부여받는다. 그런데 지금까지 발표된 세 편의 연작 가운데 나머지 두 작품에서는 '서쪽산'의 의미 영역이 추상적인 가치의 세계가 아니라 일상의 삶과 인접한 공간으로 설정되어 있다. 다음은 연작의 마지막 작품이다.

> 그때, 아파트가 꽃잎에게 감금당하던
> 봄밤, 문 열고 나와 보면
> 서쪽 하늘이 발그레했다.
> 연분홍 꽃잎들이 밤새 서쪽산을 넘어왔다
> 바람 없이도 흑흑거리며 흩날렸다.
> 내 몸에 제 맘을 대고 부들부들 떨었다.
> 그 흐느낌만으로 알 수 있었던 분홍색 문장
> 그 아파트 살 적에
> 꽃잎이 하던 짓을
> 그도 따라했다.
> 그가 서쪽산을 넘어갈 때
> 나도 꽃잎처럼 몸을 부들부들 떨었다.
> 흐느낌 대신
> 연분홍이 다 빠져나간 허연 빛깔로
> 흑흑거리며 흩날렸다.
> 꽃잎이 하던 짓을 나도 따라했다.
> ― 「서쪽산 3 : 꽃잎」 전문

이 작품을 보면 '서쪽산'이 아니라 '그'가 그리움의 대상이라는 새로운 사실이 밝혀진다. 화자가 살고 있는 아파트 주변을 둘러싸듯 피어난 연분홍 꽃잎은 '서쪽산' 너머에 있는 '그'가 보냈던 사랑의 글로 인식된다. "내 몸에 제 맘을 대고 부들부들 떨었다./그 흐느낌만으로 알 수 있었던 분홍색 문장"이란 구절은 그 글에 담긴 '그'의 마음이 매우 절실했고 또한 격렬했다는 사실을 내비친다. '그'는 그러나 지금 화자 곁에 없다. '그'는 '서쪽산'을 넘어갔기 때문이다. 함께 발표된 「서쪽산 2: 발」에서,

> 그에게로 가려면
> 서쪽산을 넘어야 한다
> 굴을 뚫고 고속도로를 낼 수 없는
> 단단한 암반이 턱 버티고 서 있는 산
> 지하철을 타고 내려서 다시 버스를 타고
> 비포장길을 걸어서 타달타달
> 벌써 10년 이상 걸어왔다

라고 진술한 것으로 보아 '그'가 '나'의 곁을 떠나 '서쪽산' 너머로 간 것은 이미 오래전 일이다. 인용 부분을 보면 '서쪽산'은 비유적 표현일 수도 있지만 현실에 실재하는 어떤 공간일 수도 있다. 그 산 너머에 '그'가 있다. 물론 '그'는 살아 있는 사람처럼 느껴지지는 않는다. 다시 말해 이 시의 화자는 살아 있는 사람을 만난 것이 아니라 그 사람과 관련된 어떤 장소를 찾아간 것으로 보인다. 이 부분은 시인의 개인사와 직접 관련됐을 것으로 짐작된다. 작품 안에 주어진 정보만으로는 그러나 더 구체적인 접근이 불가능하다. 시인이 의도적으로 일상적 정보를 은폐했기 때문이다. '서쪽산' 연작이 공통적으로 꿈속 같은 신비의 분위기를 띠는 이유가 바로 여기 있다.

　'서쪽산' 연작에서 은폐된 일상적 정보들로 인해 작품의 의미가 모호해진 것은 부인할 수 없는 사실이다. 이는 지금까지 최문자 시가 보여 왔던 기법적 특성과는 변별되는 점이다. '서쪽산' 연작은 타인의 삶을 이해하고

포용하던 그간의 흐름과는 또 다른 지점에서 발원한 작품이기 때문이다. 그럼에도 '서쪽산' 연작은 여전히 독자들을 흡인하는 힘은 지녔다. 개별 작품의 의미에 대한 이해의 차원을 넘어서는 어떤 요인이 독자들을 붙들고 있기 때문이다. 최문자의 시세계가 미정형으로 꿈틀거리는 지금, 그 요인들이 무엇인가를 모두 밝히려는 시도는 분명 무모한 일이다.

다만 나는 앞에서 '서쪽산' 연작에는 과거와 미래가 현재를 가운데 두고 둥근 고리처럼 이어진 특이한 시간 의식이 엿보인다는 점을 언급했다. 시인의 의식 속에서 과거와 미래는 둥근 반지의 몸체처럼 서로 연결되어 있고, 현재는 그 가운데 텅 빈 공간처럼 그 실체가 잡히지 않는 형국이다. 이는 과거의 기억을 통해 현재의 상처를 견디고 미래를 바라본다는 직선적이며 기능주의적인 시간 의식과는 그 본질을 달리하는 것이다. 그러니까 시인이 말하는 '서쪽산'은 실체가 없는 현실과 오히려 실체가 있는 듯 인식되는 과거·미래를 방법적으로 구분 짓는 동시에 그것들을 이어 주는 경계 지역에 붙여진 이름이다. 시인이 그 경계 지역에서 얼마나 더 머물 것인지, 또 지금까지 확산되어 온 시적 상상력을 어떻게 수렴해 나갈 것인지, 나는 앞으로도 최문자의 시에서 눈을 뗄 수가 없을 것 같다.

(≪시와 상상≫ 2005년 하반기호)

서평

내면에 꾹 눌러 두었던 사랑의 본능과 기억들 • 나희덕
움직이는 시선 • 박수연
물기 없이 피는 꽃, '독한' 아름다움 • 김수이
위기를 넘어서는 운명의 언어 • 고봉준
번뇌와 적멸의 거리 • 홍용희
닫힌 공간 열기, 혹은 황폐한 정신 공황 탈출하기 • 박진환
닿고 싶은 곳 • 김순일
잃어버린 신화, 귀향, 여성적 자아 찾기 • 유재천
꽃과 쇠의 드라마 • 홍용희

내면에 꾹 눌러 두었던 사랑의 본능과 기억들
— 최문자 시집 『울음소리 작아지다』

나 희 덕
(시인·조선대 교수)

  숲의 나무들을 보면 조금씩은 어느 한 쪽으로 기울어져 있다. 일용할 햇빛 때문이든, 잃어버린 꽃잎 때문이든, 지나치고 싶은 바람 때문이든, 가 닿고 싶은 다른 나무 때문이든, 그를 굽게 만든 것은 결국은 어떤 사랑이라고 말할 수 있다. 그리고 굽어가는 자신을 굽어보는 동안 나무는 더 많이 굽어져간다. 그 굽이가 가리키는 슬픈 방향이야말로 우리가 언젠가 닿고 싶은 곳이라고 시인은 말한다.
  "나무는 죽을 때 슬픈 쪽으로 쓰러진다./ 늘 비어서 슬픔의 하중을 받던 곳/ 그쪽으로 죽음의 방향을 정하고서야/ 꽉 움켜잡았던 흙을 놓는다."(시 「닿고 싶은 곳」 중)
  최문자 시인의 『울음소리 작아지다』를 읽으면서 나는 뒤늦게 삶의 굽이를 강렬하게 틀고 있는 한 그루의 나무를 보는 것 같았다. 격랑과도 같이, 그는 자기 안에 오래 갇혀 있던 기억들과 꾹꾹 눌러 두었던 사랑의 본능을 토해낸다.
  유년기에 청년기였고 청년기에 장년기였고 장년기에는 아무것도 하지 못한 자신의 개인사를 떠올리면서 "아무 시간에도 내가 나처럼 남아 있지 않았"음에 대한 뼈아픈 자각을 하게 된 그는 이제 "시간 밖에서 들찔레 같은 사랑을 하고" 있는 것이다. 그 때늦은 사랑은 "한없이/한없이/부자연스럽게/그래서 독하게"(시 「시간 밖에서 보낸 시간」 중) 계속되고 있다.

대체로 "아플 것 다 아파 본" 옹이가 많은 나무들에게 우리가 기대하게 되는 목소리는 어느 정도의 달관을 통해 얻어진 삶의 여유와 깨달음 같은 것에 가깝다.

그런데 최문자 시인의 시에 불려나오는 상처와 기억들은 아직도 피가 뚝 뚝 떨어지고 있는 것처럼 느껴진다. 용서하지 않는 것이 가장 큰 사랑이라는 듯이, 그의 내면을 뚫고 나온 깊은 울음소리는 시집 제목과는 반대로 점점 고막을 찌르고 들어와 증폭된다.

그의 어법 또한 대화체를 제외하고는 긴장을 전혀 늦추지 않는 '-다'로 일관되어 나타나고 있다. 그에게 있어 고통은 여전히 날을 세운 푸른 빛이다. "뭣이고 고통당한 건 등짝이 더 푸르"다고, "상처도 때로는 환하게 푸르다"(시 「푸른 자리 2」 중)고, 그는 말한다.

이 늙지 않는 상처들을 그는 조용히 덮어두거나 초연한 척 하지 않는다. "나는 말할래./ 아프면 아프다고 말할래./ 당신 때문에/고통이 이만큼 부어올랐다고/ 흉터까지 그냥 내보일래."(시 「보통리 저수지에서」 중)라고까지 말하는 그의 직설법은 얼마나 긴 침묵과 우회를 거쳐 나온 것일까. 그리고 그의 속에는 아직도 잠재울 수 없는 물결과 지울 수 없는 종소리들이 얼마나 생생하게 살고 있는 것일까. 쉽게 잠들 수 없다는 것, 쉽게 아물지 못한다는 것, 그것은 아마도 정신의 순결한 열정과 비례하는 것이리라.

그가 산에서 낮게 엎드린 도시를 내려다보며 스스로에게 했던 말이 하루에도 몇 번씩 내 입 속에서 중얼거려진다. "잠들지 말자./ 잠들지 말자./ 수상해도 거기서 잠들지 말자." (시 「잠들지 말자」 중)

이 말은 산등성이 나무들도 들었겠지만, 젊은데도 늙수그레한 시를 쓰고 있는 나의 정신을 깨우는 말처럼 들리기도 하기 때문이다.

(<중앙일보> 2000년 1월 17일)

움직이는 시선
— 최문자 시집 『울음소리 작아지다』

박 수 연
(문학평론가)

　서정시가 지향되는 곳을 '시적 주체의 캄캄한 내부'와 '시인이 타자와 교류하는 뚜렷한 외부'로 유형화할 수 있을 것이다. '내면의 언어'와 '현실의 언어'로 표상되는 이 유형에서 최문자의 시는 전자에 해당한다. 그녀는 이전의 시집 『나는 시선 밖의 일부이다』(≪현대문학≫, 1993)의 표지에서 자신의 내부로 파고 들어가는 언어들을 미묘하게 드러낸 바 있다. 그것이 미묘한 이유는, "나는 시선 밖의 이부이다"라는 말로써 최문자가 적어도 두 가지 진술 내용을 압축한다는 데 있다.

　우선, "시선 밖의 일부"라는 말이 성립되기 위해서는 그 시선에 포착되는 대상이 뚜렷한 연장(延長)을 지니고 있어야 한다는 사실을 전제해야 한다. 객관적 실체만이 관찰자의 시각에 들어서서 해석될 수 있기 때문이다. 이때 시선은 그 대상을 소유하고 지배하려는 행위이다. 그것을 최문자는, 시선의 주체가 "불꽃같은 욕망으로 나를 바라본다"('나는 시선 밖의 일부이다')라고 풀어 쓴다. 그런데 또한 이때, "나"는 시선의 대상들과 함께 객관적으로 존재하는 어떤 것이 된다. 시인은 자신을 "시선 밖의 일부"라고 말함으로써 그 시선의 지배를 거부하고 있지만 ("나는 보아도 보이지 않는다."), 그렇게 되기 위해서는 거꾸로 시선에 포착되었을 때의 경험을 시인이 지각하고 있어야 할 것이다. 그 경험이 있음으로써만 자신이 시선에 포착되었는지 아닌지를 알 수 있기 때문이다. 따라서 이때의 "나"는 '시선에 포착된 나'와 '포착되지 않은(최소한, 시선으로부터 달아나려는) 나'로 나누어진 주체이다. 이 주체가 전자나 후자로 언표 되면서 차례대로 후자나 전자가 억압된다. 최문자가 시의 제목을 통해 의미하는 한 가지 내용이 이것이다.

"나는 시선 밖의 일부이다"라는 말로써 드러나는 또 하나의 의미는, 시인이 시선 밖으로 달아나면서 수동적 위치를 능동적 위치로 시각 변화시킨다는 사실이다. "불꽃같은 욕망으로 나를 바라본다면 나는 뼈까지 숨어버릴 테다."(같은 시)라는 진술은 '숨는다'는 도피적 의미를 "숨어버릴 테다"라는 대결적 의미로 전환시킨 것이다. 이 언어적 전환을 통한 시적 주체의 명시적 선언이 관찰 당하는 수동적 위치를 그 관찰자를 바라보는 능동적 위치로 바꾸어 놓는다. 시인은 그냥 달아나는 것이 아니라 자신을 대상으로 만드는 관찰자를 다시 대상으로 만들면서 달아나는 것이다 그러니까, 시각의 교환에서 하나의 위치는 사실은 두 개의 위치를 압축한다. 프로이트가 「본능과 본능의 변화」에서 주체와 대상, 능동과 수동의 시각 체험에 따른 언어적 동학으로 설명하고, 라깡이 이를 받아서 '응시(gaze)'라고 명명하는 이 위치 변화의 동학은 언어의 표면적 의미에 따르는 시각의 위치와 작품 전체적인 구조적 의미에 따르는 시각의 위치를 양분한다. 그래서 하나의 시집은 대립되는 두 개의 구조적 위치의 결합물이 된다.

우리가 염두에 두어야 할 것은 이러한 시각의 변화가 대립물로의 전도로 나타난다는 사실이다. 이를테면, 주체는 대상으로, 능동은 수동으로 서로 위치를 바꾸는 전도를 감행한다. 당연히, 그 역으로의 전도도 가능하다. 이렇게 해서 우리는 최문자의 시를 이해할 수 있는 하나의 통로를 마련케 된다. 주체가 대상으로 바뀐다는 것은 시적 주체가 대상적 사물로 탈바꿈

되어 표상된다는 것을 의미하고, 그 대상은 다시 시적 주체의 자리를 압축하고 있다는 것을 뜻한다. 최문자의 시적 특성이 그렇게 주체와 대상의 전도에 의해서 형성된다. 그녀의 언어들은 시적 주체를 표상하면서 다른 대상들로 미끄러지는 언어들이다. 일찍이 홍정선이 그녀의 시를 가리켜 '소재의 속성에 의존하는 작품'이라고 규정한 것은 그러므로 정확한 지적이었던 셈이다. 『울음소리 작아지다』에 와서도 그것은 여전하다.

> 풀은
> 아프지 않게 숲이 되는데,
> 콩도
> 긴 형식 없이 동그랗게 콩이 되는데.
> 참을 수 없어도
> 핏줄은 핏줄과 이어지는데,
> 아아.
> 내가 뭐가 되려는 사이 사이
> 소금 같은 모래 바람
> 왜 발저리게 하나?
> 끄려고 한 적 없는 등불은
> 한없이 깜박거리다
> 왜 차례로 꺼지고 있나?
>
> ―「푸른 자리 1」 부분

하나의 대상이 다른 대상으로 미끄러지는 구조 '풀→숲→콩→핏줄→소금→모래 바람→등불'로의 내상의 이동은 그대로 대상에 십작하는 시적 자아의 표현이 될 것이다. 자아는 직접 맨얼굴을 드러내지 않고 대상을 진술하는 언어 뒤로 숨어버린다. 이른바 객관적 상관물의 전형적 표현이라고도 이해될 수 있는, 최문자의 대상 진술은 그러나 단순히 시인의 정서를 객관화하는 장치로서만 설명될 수 있는 것이 아니다. 시인은 자신의 정서를 표현하기 위해 대상을 선택하고 통제한다기보다는 그 대상을 따라다니면서 시적 주체의 공백을 남겨 놓는다. 이 말은 대상에 의해 시적 주체의 자리가 억압된다는 의미를 갖는다. '풀이 아프지 않게 숲이 된다'는 진술에서 '아픔'은 주체의 아픔이 억압된 채 대상의 아픔으로 자리를 바꾼 상태를 정확히 지시한다. 시인은 그 대상적 사물을 따라 다니는 사람이다. 그런데, 대상들이 계속 나열된다는 것은 그 대상들에 의해 관찰되는 내가 그만큼 많다는 것을 가리킬 것이다. 이를 테면 시인은 자신을 관찰하는 대상의 시선을 줄기차게 의식하고 있는 사람이기도 하다. 그 "나"가 억압되는 나라면, "나"에게 어떤 일이 일어나는가.

> 나에게
> 뼈는 금지된다.
> 흰 종이에 만년필 같은 뼈를 세우면
> 언어가 집을 나간다.
> 할 수 있는 모든 말들을 끌고 나간다.
> 뼈가 앉았던 자리에서 끝내 피가 난다.
>
> ― 「푸른 자리 1」 부분

대상에 의해서 주체가 억압되고 있으니깐, 그 대상으로부터 주체로의 직접적인 시각 전환은 일어나지 않는다. 그 대신에 뼈가 불현듯 나타나는데, 왜 이 뼈가 나타나게 되었는지를 시는 설명하지 않는다. "뼈"의 언어적 위치는 여전히 대상에 의해 관찰되는 시적 주체를 드러내줄 뿐이다. 시인은 잠시 "나"로 돌아오는 듯하다가("나에게") 다시 대상 사물 "뼈"로 미끄러지는 것이다. 따라서 "뼈"의 의미를 알아보기 위해서는 그 "뼈"의 구조적 위치를 살펴볼 필요가 있다. 여기에서는 뼈가 금지된다는 사실을 시인이 알고 있음이 중요한 것이 아니라 그 뼈를 말하고 있다는 사실이 중요하다. 왜냐하면, 시인의 외적 사물들에 비해 "뼈"는 현저하게 시인의 내적 측면을 표상하기 때문이다. 그녀의 시를 장악하고 있는 꽃의 이미지가 사랑으로 충만한 존재의 향일성을 상징하고 그래서 시인의 외부에 있는 타자들과의 행복한 결합을 가능태로 하는 것이라면, "뼈"는 그 외부로부터 억압당하고 그래서 공백의 자리로 남겨진 시적 주체의 내면을 표상한다. "뼈"는 무엇보다도 시인의 내부에 뭉쳐져 있는 단단한 핵이기 때문이다. 대상에 의해 억압된 그 자리를 드러내기 위해 시인은 "나에게/ 뼈는 금지된다"고 적는다. 그녀가 "뼈를 세우면" 그 뼈를 세운 주체를 드러내줄 언어가 "할 수 있는 모든 말들을 끌고" 집을 나가버리니까 남는 것은 저 대상 사물에 의해 억압된 주체의 자리일 뿐이다. 그러므로 "뼈"의 자리는 고통의 자리가 된다. 그녀는 "뼈까지 아프다"(「마지막 감의 눈물」)고 말하고 "고통의 뼈"(「푸른 자리 2」) '어깨가 오그라드는 뼈'(「문 이야기 1」) "흐물흐물한 등뼈"(「문 이야기 3」) '모래가 박혀 있는 등뼈'(「사막일기 2」) "뼈가 드러난 어깨"(「실족 1」) "푸른 뼈의 가시"(「악의 꽃」)라고 말하는 것으로 비명을 대신해야 한다. "뼈가 앉았던 자리에서 끝내 피가 난다."고 말할 수밖에 없는 것은 시인이 죽음과도 같은 절망에 사로잡혀 있기 때문이다. 『울음소리 작아지다』가 전체적으로 보여주는 것은 죽음과 이별의 파노라마이다. 그 죽음과 이별은 이유가 없이 시인에게 선험적인 힘으로 존재한다. 시인은 그것의 원인과 결과를 보여주지 않고 그것의 현상학을 펼친다. 시인을 지배하는 사물의 힘은 그러니까 죽음과 이별로 채워진 현상들의 힘이다. 소멸되는 삶 앞에서 시인은 "갑자기 캄캄해졌다."(「울음소리 작아지다」)라고 쓴다.

그런데 여기에서 묘한 비약이 일어난다. 시인은 시인을 지배하는 도저한 대상의 힘에 사로잡혀 있지만, 그럼에도 불구하고 그 주체의 캄캄한 자리에서 환한 빛이 솟아오르고 있는 것이다.

아프게 자라나는 살은 푸르다.
몸안에 가시를 베고 나서

>   제 몸을 제 가시로 찔리고 나서
>   시뻘겋게 눈이 부릅떠질 때
>   푸릇푸릇 자라나는 고통의 살
>   상처도 때로는 환하게 푸르다.
>
>   ―「푸른 자리 2」 부분

언제부터 '환하게 푸른 상처'가 자라나는가 하면 "몸안에 가시를 베고 나서"부터이다. "뼈"의 다른 말인 "가시"가 살을 자라나게 하는 근원인 것이다. 이렇다는 것은, 시인의 시선이 내부로부터 다시 외부의 대상을 관찰하는 위치로 전도되었음을 의미한다. 이 전도, 즉 대립물로의 시작 전환은, 시인이 자신의 살을 찌르는 고통이 없이는 이루어질 수 없었을 것이다. "뼈"에서 "가시"로의 진술의 이동이 일어나는 것은 그 때문이다. 내부의 시선을 은유하는 뼈는 자신을 둘러싼 살을 찌르며 밖으로 나아간다. 그래서 어떤 일이 이러나는가.

>   그대, 모든 촉수 터질 듯 높이
>   반짝이는 그리움의 자모를 맞춰보라.
>   가슴털 뽑힌 우표 한 장 붙이고
>   네 이름의 외곽에서
>   쓰러져 잠든 내 언어들을 해독해보라
>
>   ―「편지」 부분

시인의 목소리는 대상을 향해 "맞춰보라" "해독해 보라"라고 명령형으로 바뀌어버린다. 이것은 시적 주체가 대상을 지배하려는 강한 존재로 거듭나고 있다는 사실을 의미한다. 시각이 결정적인 전환이 이루어진 것인데, 이로써 독자는 『울음소리 작아지다』에 구조화된 시선의 동학을 전체적으로 경험하게 된다. 대상에 의해 지배되면서 빈 자리만을 남겨 놓았던 주체는 자신의 살을 찢는 내부의 날카로운 힘에 의해서 다시 대상을 지배하는 시선으로 전도된다는 것, 이것이 최문자의 새 시집에 실린 주체와 대상

의 응시의 역학 관계이다. 물론 주체의 대상 지배는 고정되어 불변하는 것이 아니다. 오히려 주체는 응시의 구조 속에서 언제든지 대상에게 주체의 자리를 넘겨줄 운명에 처해있다. 그 운명에 시를 열어 두는 것이 사실은 시의 창조적 섬광을 포착할 수 있는 계기를 제공할 것이다.

우리는 이 글의 첫머리에서 최문자의 시를 '내면의 언어' 유형에 속하는 것으로 분류했었다. 그런데, 위에서 살펴보았듯이 그녀의 시가 우선 대상에 지배되고 대상을 따라 다니는 시라면, 그것은 내면의 언어보다는 현실의 언어에 가까운 것이 아닐까? 그러나 그녀의 시적 대상이 사실은 시적 주체를 표상하면서 그 주체를 억압하는 사물들이라는 사실을 주목해야 할 것이다. 그녀의 사물들은 시적 주체가 강박적으로 반복되는 대체물인 것이다. 그녀는 그 대상으로 온전히 나아가지 못하고 단지 그녀의 시선으로 그것을 바라보기만 할 뿐이다. "그와 나 사이에/ 끄떡없는 깊이가 있다."(「다리 아파서」)는 사실을 그녀는 건너 뛸 수가 없는 것이다. 『울음소리 작아지다』가 주체와 대상의 응시를 보여주면서 전체적으로 비극적 구조를 형성하는 것은 그 때문이다. 삶에 대한 이 비극적 인식이 시인을 자신의 위치에서 떠나지 못하게 할 때, 다만, 대상에 의해 지배되거나 대상을 지배하는, 분열된 주체의 반복 강박이 언어화 된다. 때로 물신주의(fetishism)로까지 보이는 이것은 그런데 현실의 삶과 어떻게 연결되는 것일까? 이를 살펴보기 위해서는 보다 치밀한 정신분석적 독해가 필요할 것이다. 그리고 이것은 지 90년대 시의 내면적 파열의 언어들과 어떻게 같고 다른지를 분석하는 일이 될 것이다.

《현대시》 2000년 2월호)

물기 없이 피는 꽃, '독한' 아름다움
— 최문자 시집 『울음소리 작아지다』

김 수 이
(문학평론가·경희대 교수)

　내파(內破)! 안으로 파열하다. 최문자의 시만큼 이 강렬하고 집중적인 어휘가 잘 어울리는 예는 많지 않다. 뜨거운 불길이 치솟고, 위력적인 폭발의 파편들이 내벽(內壁)에 부딪쳐 연속적인 충돌이 일어나는 것! 최문자 시의 탄생의 풍경은 숨 가쁘고 격렬하다. 실제로 그녀의 시에는 '파열음', '폭약', '毒', '뒤틀다', '부서지다', '불타다' 등의 강한 어휘들이 자주 등장한다. 고통스럽게 파열하는 최문자의 시에는 '물기'가 부족하다. 그녀는 자신이 속한 삶과 세계를 황량하고 메마른 사막으로 인식한다. 비유컨대, 최문자는 내장까지 타들어가는 갈증을 견디며 홀로 현실의 사막을 건너는 고독한 카라반이라 할 수 있다. 지친 그녀의 짐을 덜어주고 한계의 순간에 물을 나누어주는 것은 '시'라는 이름의 낙타이다. 최문자에게 사마궁 폐허의 공간이 동시에 생성의 환경이 된다. 물기 없는 건조한 것들은 서로 부딪쳐 부서지는 가운데 뜨거운 마찰의 불꽃을 일으킨다. 언뜻 보기에 최문자의 시는 균열과 소음에 휩싸여 있는 듯하지만, 그 속에는 메마름을 생성으로 바꾸는 내면의 불꽃이 타오르고 있다.

　최문자의 네 번째 시집 『울음소리 작아지다』('99)는 내파와 발화(發火)의 열기가 한층 뜨거워진 상태에서 태어났다. 첫 시집『귀 안에 슬픈 말 있네』('89) 이후 10년 만에 발간된 이 시집에서 그녀의 시적 에너지는 더 활력 있고 풍부해져 있다. '82년 ≪현대문학≫으로 등단한 최문자는 생의 육중한 상처에서 미세한 흠집에 이르는 섬세한 내면의 지도를 그리는 데 주력해 왔다. 이 과정에서 상처 및 치유는 주로 '불'의 이미지와 그 변형인 '연기', '피', '꽃' 등과 연관되었다. 시집『울음소리 작아지다』는 불의 종류와 연소 형태에 있어 이전의 시집들과는 다른 모습을 보여준다. 앞서의 시집들이 불완전 연소의 미진한 단계에 머물러 있었다면, 이 시집은 활활 타오르는 완전 연속에의 꿈을 피력한다. 두 번째 시집『나는 시선 밖의 일부이다』('93)에 실린 다음의 시는 초기 시의 '불'의 양상을 잘 보여준다.

> 기를 쓰는 건
> 생솔가지를 어겨서 처넣은 아궁지에 불을 지피는 일이다.
> 빡빡 된연기를 뿜으며
> 타려고 들지 않는 분명한 것들이 잇다.
>
> 억지로 태운다.
> 덜덜 떨면서 상록수의 오장이 시퍼렇게 뒤틀린다.
> 불 속에서도 물이 되려는 힘이다.
>
> 언제나 푸르렀던 생솔의 극점은
> 지져도 지져도 이내 재가 될 수가 없다.
> 　　　　　　　　　　　　　　　「상처·2」 부분

　'불을 지피는 일'은 상처를 극복하려는 것이지만, 실제로는 상처를 더 깊게 만든다. 상처를 지닌 존재는 잘 마른 장작이 아니라 살아 있는 '생솔가지'이기 때문이다. '생솔가지'는 생명의 물기로 인해 불 속에서도 '시퍼렇게 뒤틀리'며 '빡빡 된연기'만을 뿜어낸다. 상처란 무엇보다 살아 있음으로 인해 빚어지는 것이다. 단호하게 말하면, 삶은 곧 상처이며 상처는 삶의 가장 진한 진액이다. 불 속에서도 '타려고 들지 않는 분명한 것'은 상처받은 존재, 곧 생명을 지는 존재이다. 그것은 '억지로 태울'수록 더 처절하게 몸부림친다. 주목해야 할 점은 '생솔가지를 어겨서 처넣은' '불태우기'가 '억지로' 행해진다는 데 있다. 생가지를 억지로 태우는 행위에는 외적인 불가피성과, 자학을 통해서라도 상처에서 벗어나려는 심리가 스며 있다. 외적 강제와 자학, 비에가 뒤섞인 속에 지펴진 불은 소멸과 승화와는 거리가 먼 '변형'과 '고통'의 불이된다. 시의 제목이기도 한 '상처'는 '푸른 생솔'과 '재' 사이의 거리, 즉 살아 있음과 소멸, '타려고 들지 않는 분명한 것'과 이를 태워 무화시키려는 힘 사이에서 발생한다. 타지도 못 하고 매캐한 연기만 내뿜는 '번제'의 광경은 상처의 풍경이자 삶 그 자체의 풍경이다.

변형과 고통, 훼손을 유발하는 '불'은 현실의 부정적인 속성을 표상한다. 폭력성마저 지닌 이 같은 '불'은 존재를 불완전 연소의 긴 고통 속에 가둔다. 자학과 피학이 습합된 불의 폭력을 제어할 수 있는 것은 두 가지이다. 하나는 위 시에 제시된 '불 속에서도 물이 되려는 힘'(생명력)이며, 다른 하나는 완전 연소의 불(승화와 완성)이다. 시집 『울음소리 작아지다』에서 전자는 몸속의 물기로, 후자는 내면에서 타오르는 불, 사랑으로 구체화 된다. 사실, '물기'(촉촉하다)와 그 결핍인 '마르다'는 최문자의 초기 시에서부터 많은 비중을 차지해 왔다. 이번 시집에서 최문자는 자신의 시세계의 본질적인 갈등을 날카롭게 집약한다. 스스로를 해부하는 '독한' 결기로 투명하게 자신과 대면하고 있는 것 또한 특징의 하나이다. 최문자의 시의 중요한 갈등은 자아의 내부와 외부 사이의 어긋남이다. 어긋남은 두 영역이 빚어내는 갖가지 불화들로 인해 발생한다. 하지만 가장 근본적인 원인은 불화의 일방적인 해소 방식에 있다. 불화를 일방적으로 수용하고 견뎌내야 하는 것은 자아의 내부이다. 외부 세계는 끊임없이 견뎌내야 할 무한이 대상이다. 이를 감내하는 시인의 내면은 세계보다 거대하며, 또 더할 수 없이 왜소하다. 최문자는 아주 잘 견디지만, 많은 시간을 극한의 고통에 사로잡힌다. 그녀는 견딜 수 없음까지도 견뎌내고자 하며, 이 지독한 단련 속에서 정신의 극단을 수없이 오르내린다. 견딤의 대상에는 그녀 자신도 포함된다. 죽은 언어를 내뱉는 허위의 자아, 사회적 자아 및 일상적 자아 등의 가공된 자아는 곤혹스러운 자신의 일부분이다. 목록은 계속된다. 가족을 포함함 타인, 무의미한 일상, 황량한 현실 세계 등이 겹겹이 둘러싸여 있다. 오랫동안 압박의 시간을 보내온 자아의 내부는 '퍼내지 않은 고통'(「길 위에서 길을 잃다」)으로 파열한다. 최문자 시의 핵심어인 '마르다'는 이 내적 고통으로 인한 존재의 탈수 현상에 해당하는 것이다.

　최문자의 시는 메마름에서 촉촉함으로, 불완전 연소에서 완전 연소로 상승하려는 가혹한 열망의 산물이다. 여기에 '가혹한'이라는 수식어를 붙여야 하는 것은 삶을 사막화하는 것들의 속도가 엄청나기 때문이다. 최문자는 현실의 폭력성과 내면의 열망 사이에서 팽팽한 긴장을 유지하고자 한다. 그녀의 시가 강렬한 파토스를 내뿜는 것은 이 지점에서이다. 최문자의 『울음소리 작아지다』는 불꽃 튀는 정념을 일깨움으로써 90년대 시단의 막바지에 긍정적인 충격을 가했다. 연쇄적인 절망과 자기 함몰, 소박한 지적 탐구, 자연의 신비화 등의 약점을 노출했던 90년대 시단에서 열정적인 파토스는 분명 결여된 상태에 있었다. 최문자의 폭발하는 언어와 이미지들은 이 공백의 지점을 어느 정도 매워준 것이다. 그러나 그녀는 자신이 열망하는 꿈으로 눈앞에 현손하는 세계의 실체를 가리지 않는다. 황량한 현실을 직시하고, 실패와 좌절을 기꺼이 인정하며, 무너짐의 순간들마저도 따뜻하게 기억한다. 이런 패배의 헌사는 어떤가. '열망할 적마다 찌무러진 그 자리가/흉할수록 좋았다.', '꼭 감고 흘린/그 어두운 눈물 자국이/더 없이 좋았다.'(「실명」)

　현재 최문자에게 생명의 물기는 심각한 결핍 상태에 있다. 이번 시집은 물기의 유출로 인해 딱딱하게 '마른' 육체의 내부를 세밀히 묘사한다. 생명의 물기는 '피', '눈물', '정신의 땀', '식은 땀', '혈변', '풀물', '황톳물' 등의 계열 이미지로 다양하게 분화된다. 물기가 새어나가는 여러 형태만큼 물기를 마르게 하는 원인 역시 여러 가지이다.

> 내가 잃어버린 것은 물이었다
> 얼마 남지 않은 체액까지 말리고 싶은 그와
> 한 식탁에 마주보고 앉아 그동안 오래오래 마른식사를 해왔다.
> 피곤의 된밥과 빡빡한 고통의 반찬들
> (……)
> 이젠 내가 먹은 밥들이 밤마다 나를 찌른다.
> 칼자국을 그으며 내장을 통과한다.
> 가끔 깊이깊이 숨어 있는 극소량의 물을 마신 날은
> 물컹물컹한 검붉은 혈변을 보았다.
> ─「죽음에 이르는 식사」부분

이 시는 비교적 많은 정보를 준다. '얼마 남지 않은 체액까지 말리고 싶은 그', '마른 식사', '피곤의 된밥과 빡빡한 고통의 반찬들'이 그것이다. 사랑하는 사람과의 단절, 의무와 타성이 되어버린 생존, 힘겨운 일상은 '나'에게서 물을 앗아갔다. 현실의 악조건은 이것만이 아니다. 주위사람들과의 '부러진 관계'(「잃어버린 물」), '위벽에 붙은 깜깜한 절망들'(「캄캄한 무죄」), '몸저린 노동'(「두 번 꽃필 것도 같은 내일」), '아무 시간에도 내가 나처럼 남아 있지 않았'(「시간 밖에서 보낸 시간」)던 자아의 상실 등은 '나'를 산 채로 말려온 살인적인 기후 조건이었다. 이 열악한 삶의 환경은 현실이라는 '사막'이 만들어낸 것이다. 황폐한 실존의 조건은 시인의 몸 안에 '칼자국을 그으며 내장을 통과하'고, '검붉은 혈변을 보'게 한다. 현실의 사막에서 '산다는 것은/모래는 낳는 일'(「사막일기 2」)이며, '모래'가 되는 일이다.

존재의 사막화 과정인 '마르다'는 '불타다'가 변주된 개념이다. 마른다는 것은 미지근한 상태에서 아주 느리게 타오르는 것이다. 이는 앞서 살펴본 불완전 연소와 동일한 의미 체계를 형성한다. 최문자는 물기가 마른자리에는 깨끗한 '재'가 아닌 '얼룩'이나 '독'이 생긴다고 말한다. '얼룩'은 실은 사랑과 눈물의 흔적이며, 흙 속 깊이 '뿌리 어디엔가'에 '끈적끈적하'게 남겨진다. (「마지막 감의 눈물」) 뿌리에 남겨진 얼룩은 존재의 잉여나 흠이 아닌, 생성의 씨앗을 뜻한다. 얼룩의 씨앗은 뿌리와 흙의 긴밀한 접촉을 통해 순결한 생명으로 피어난다. 최문자는 타인과의 깊은 교감을 통해 존재의 황폐함을 치유하고자 하는 것이다. 교감의 내용은 다름 아닌 사랑이다. '죽음보다 더 지독한 사랑의 예감으로/어떤 것에게/깊이 꽂히고 싶다'(「실족 1」)는 소망은 간절하기 그지없다. 사랑의 얼룩이 다시 '지독한 사랑의 예감'을 피워내는 것은 죽은 나무에서 꽃이 피는 것과 같은 엄청난 존재적 전환이 아닐 수 없다. '저 깊은 흙을 당기는 깨끗한 뿌리'(「뿌리」)와 '순결한 흙의 입술에 정신을 대고 있는 꽃의 시간'(「헌화가」)은 시인이 진정 도달하고자 하는 사랑과 존재적 충만의 경지를 보여준다.

  이 같은 자연 순환의 유기적 사고는 최문자가 메마름을 생명으로 바꾸는 첫 번째 방법이 된다. 또 다른 길을 그녀는 기독교의 진리에서 발견한다. 자연 순환의 법칙이 육체와 인간적인 욕망(「사랑」)에 관계된 것이라면, 기독교는 영혼의 갈증에 관여한다. 타들어가는 정신을 흠뻑 적셔줄 구원의 물은 성경의 진리인 '만나의 수액'이다. 최문자는 신이 준 '구원의 빨대'로 이를 빨아올리려 한다. 하지만 '신이 나에게 마구 피 흘려주는' 은총 속에서도 구원의 길은 여전히 멀리 있다(「구멍」). 메마름을 넘어서는 세 번째 방식은 인식의 획기적인 전환이다. 최문자는 '마르는' 일이 소멸이 아니라 그 자체가 성장임을 깨우치기에 이른다.

    눈물도 자란다.
    거짓말처럼 정말 자란다.

> 속맘 푹푹 파먹고도 빼빼 마르면서 자란다.
> 눈물 자랄 때는 이상하게 눈물 없어지면서 자란다.
> 바싹 마른 순결로 뱉을 것도 없이 자란다.
>
> ―「자라는 눈물」부분

 '눈물'은 '빼빼 마르면서' '없어지면서' 자란다. 눈물의 성장은 '바싹 마른 순결', 눈물의 자기실현으로 귀결된다. 이 같은 '소멸의 성장'에 이르러 '물기'와 '마르다'의 대립은 행복하게 지양된다. 이제 마른다는 것은 물기의 정수를 결정화(結晶化)하는 것이며, 결핍으로 충족을 완성 시키는 일이 된다. 최문자가 소망한 완전 연소의 꿈은 이 같은 형태로 성취된다. '바싹 마른 순결'이란 존재의 생명력과 상처가 완전히 불타 승화될 수 있는 상태에 이르렀음을 뜻한다. 다르게 보면, '바싹 마른' 상태는 이미 그 자체로 소멸과 승화를 이룩한 것이기도 하다.
 메마른 존재의 내부에는 '얼룩'과 함께 독(毒)이 만들어 진다. '마른 것들은 독이 들어 있다'(「죽음에 이르는 식사」), '독'은 '쓰디쓰게 숨'은 '슬픈 사랑'(「강가에서 3」)을 비롯한 삶의 모든 상처들이다. 그러나 '독'은 '독하다'는 서술어로 파생되어, '독한 희망', '독한 사랑' 등의 절정의 에너지로 변주된다.

> 훨씬 더 독한 사랑이었더라면
> 후리는 없어진 듯 벌써 재가 됐겠지.
> 더 이상 손을 넣어
> 서로의 숯을 만져볼 수도 없는 개.
> 타오르는 재.
> 아직도 더듬더듬 연기가 피어오르는
> 오오, 영영 식을 수 없는 재가 됐겠지
>
> ―「뜨거운 재」부분

 사랑은 존재의 내면에서 타오르는 불, 물기를 머금은 불이다. 사랑은 뜨겹게 타오르는 환희이면서 금새 젖어드는 아픔이다. 따라서 '서로의 숯을 만져볼 수도 없는 재'에 이르는 완벽한 사랑은 애초에 불가능한 것인지도 모른다. 시인의 사랑 역시 실패했고, 그녀는 '훨씬 더 독한 사랑'에 대한 회한을 버리지 못한다. '영영 식을 수 없는 재가 되'는 '훨씬 더 독한 사랑'은 어떻게 가능할까? 이 지독한 사랑은 사랑의 물기(「슬픔과 눈물, 아픔」)마저 다 채워 승화시킨 사랑이 아닐 것인가. '영영 식을 수 없는' 것은 아니라 해도, 삶 속에서 사랑이 완성되는 빛난 정점의 순간들은 있다. 최문자의 시에서 사랑의 정점은 '꽃'과 '피'로 이미지화된다. 꽃과 피는 '타오르는 물'이자 '젖은 불'이다. 환희와 비애, 상승과 하강, 생성과 소멸, 삶과 죽음이 부딪히는 사랑의 정점이다. '불을 마신 듯한 꽃의 입술'(「어떻게 열리는가?」)은 얼마나 뜨거우며 또 싱싱하게 젖어 있는가? '꽃'은 사랑의 고통으로 '철철 흐르는 내 피'(「물봉선」)이며, '억지로 빼앗긴 사랑은 폭약이 되'었다가(「무서운 흐름」), '모든 총알이 날아와 다 박힌' '붉은 피'의 '꽃'으로 다시 피어난다(「자목련」).

그러나 삶에서 완성의 지속이란 있을 수 없다. 삶은 유한함 속에 펼쳐진 무한이다. 사랑도, 슬픔도, 존재도, 삶의 어떠한 것도 결코 완전한 상태에 이를 수는 없다. 소멸이나 승화 역시 순간적으로 가능할 뿐 완결되지는 않는다. 완결되지 못한 것들은 집요한 기억이 되어 존재의 내부에 계속 살아남는다. 최문자 시에서 지울 수 없는 기억은 '냄새'로 이미지화된다. 그녀의 말을 들어보자. '어쩌지 못하는 것들은 냄새의 혼이 있다./냄새 속에서 지난날의 피가 흐른다./기억을 잠글수록 비린내는 더 진동한다'(「두 번 꽃 필 것도 같은 내일」), '목을 조를수록 냄새들은 다시 회상된다./아직 그 기억들과 헤어지지 못하였으므로'(「냄새 1」)……. 그러므로 기억의 귀환이 계속되는 한, 죽음의 불길조차도 존재와 삶을 소멸시킬 수는 없다.

나는 알아내고 말았다.

> 무엇을 태운다는 것.
> 재가 되도록 그것을 태운다는 것.
> 그것의 재까지 강물에 처넣으려 하는 것은
> 그것을 태웠다는 사실 하나로
> 오히려 무엇 하나 마지막까지 태울 수 없게 한다는 것을
> (……)
> 죽음에 젖지 않는 재가 쌓이게 하려고
> 너와 나 있어야 할 만큼 다가오는 시간의 새살에다
> 손톱자국 같은 걸 내야겠다고……
> 태움의 시작은 단지 기억의 계속일 뿐
> 불에서 나와 물에 다시 빠져버려도
> 죽음은 전부가 아닌 경솔한 끝.
> 주검 위로 푸르르 날아오른 새처럼
> 깃털 하나 젖지 말아야 한다.
> 우리는.
>
> ―「느리게 떠나는 것들」 부분

이 아름답고 뛰어난 시가 확인시켜 주는 것은 완전한 소멸과 죽음의 불가능성이다. 이는 삶의 완성의 불가능성이기도 하다. 죽음으로 인해 삶은 완결되지 않는다. 죽음 역시 마찬가지이다. '죽음은 전부가 아닌 경솔한 끝에 불과하며', 그 경홀함으로 인해 죽음은 삶과 더 깊이 연루된다. 죽음은 사라지지 않으며, 자신이 가져간 것들을 기억으로 되돌려준다. 사라짐을 위해 '무엇을 태운다는 것'은 '오히려 무엇 한 마지막까지 태울 수 없'는 것임을 절감하는 일이다. '태움의 시작은 단지 기억의 계속일 뿐', 죽음은 기억 속에서 여전히 삶을 지속한다. 진정 기억 속에 살아남는 것은 죽음과 부재와 상실의 내용들이다. 최문자는 이 가득하고도 텅 빈 기억들에 현실의 생명을 불어 넣고자 한다. 그녀는 많은 경우 이별과 상처와 메마름을 노래하지만, 정작 그 뼈대를 이루고 있는 것은 사랑과 따뜻함과 생명력이다.

최문자에게 언어란 무형의 기억과 존재의 상처를 심지로 타오르는 등불과 같다. 그녀는 기억 속으로 퇴각한 것들에 '불같은 언어'(「나무들」)를 매달아 '깊은 어둠의 세계, 매일 불이 꺼지'(「캄캄한 무죄」)는 절망의 현실을 환히 밝히고자 한다. 이 언어의 등불은 그녀 자신이 고통과 절망 때문에 수없이 어두워졌다가 다시 밝아진다. '네 이름의 외곽에서/쓰러져 잠든 내 언어들'(「편지」), '한 가슴이/불현 듯 감금한 말들'(「실어증」)을 되살려 환한 등불이 되게 하려는 그녀의 시의 여정은 있는 것과 없는 것의 경계를 무너뜨리며 끝없이 이어진다.

이렇게 최문자의 시는 격렬함으로 시작해 따뜻함으로 끝난다. 절망에서 시작해 더 큰 절망으로 끝나고, 끊임없이 불타오르면서도 결국 아무것도 태우지 않는다. 삶이란 그 지독한 끝에서 다시 처음과 만나는 것이기 때문이다. 이 결렬한 無爲야 말로 그녀가 제시하는 삶의 본질이며, 그녀의 시가 발산하는 '독한 아름다움'의 실체이다.

《현대시학》 2000년 2월)

위기를 넘어서는 운명의 언어

고 봉 준
(문학평론가)

1. 문학의 운명

시인은 전대(前代)의 영향으로부터 결코 자유로울 수 없다. 헤럴드 블룸(Harold Bloom)의 이 명제는 역설적으로 끊임없이 세계와 언어를 새롭게 재구성하고 창조해야 하는 문학의 운명을 암시한다. 세계를 자기의 언어로 재구성한다는 것은 새로운 세계를 창조하는 행위이다. 숨가쁘게 한 세기를 뛰어 넘은 지금, 이제 세기말의 우울한 종말 서사들, 특히 문학의 위기를 예언하는 담론들은 새롭게 구성되어야 한다. 왜냐하면 진정한 문학이란 언제나 위기 속에서만 가능하기 때문이다. 문학의 존재성에 대한 질문들은 논리적인 서술로 해명되는 것이 아니라 시인의 고유한 개성과 참신한 언어를 통해 답변되어야 한다. 시적 언어는 인간의 지식 구성이 '아이스테지스(aesthesis)', 즉 심미성과 인식을 통해 가능함을 보여준다. 또한 그것은 감성과 이성의 매개로 작용함으로써 새로운 패러다임의 존재론적 기반을 형성한다. 낯섬과 익숙함이라는 이중주 속에서 긴장력을 잃지 않는 언어, 그것은 언제나 위기 저편에서 창조된다.

2. 굴절과 반사

시와 소설의 아스라한 경계에 위치하고 있는 김영석의 『나는 거기에 없었다』는 새로운 공간의 발견에 대한 탐구이다. 그리고 이 새로운 공간의 발견을 뒷받침하는 시적 장치가 바로 '가랑이 사이로 세상보기'와 '거울보기'이다. 총 3부로 구성된 이 시집은 1부에서 가랑이 사이로 세계를 봄으로써 '허공'이라는 사물의 배후를 드러낸다.

> 창을 통해/저 광대한 허공을 내다보는 것은/내 속의 허공을 들여다보는 일이다/허공은 나를 알처럼 품고 있고/나 또한 내 속의 허공을 품고 있으니/나는 구멍이 숭숭 뚫린 알껍질 같은 것이다
> ―「알껍질」부분

인간의 지각작용이 사물에 집중될 때 그 사물의 배경은 인식되지 않는다. 이는 사물을 사물이게 하는 공간, 의미를 의미로 형성시키는 무의미의 세계를 놓치는 것이다. 사물이란 특정한 공간 속에 놓여질 때 구체성으로 지각되며, 또한 의미란 '무의미가 빛을 내게 하는 것'에 지나지 않는다. 가랑이 사이로 세계를 바라본다는 것은 공간과 사물, 의미와 무의미라는 기존의 관계를 해체하는 행위이다. 가랑이 사이로 세상보기란 「상하의 전도」라는 새로운 구도를 전제로 해서만 성립되는 것이 아닌가.

가랑이 사이의 '창'을 통해 사물을 바라볼 때 인간의 시선은 사물에 매몰되지 않고 '사물의 배후에 있는 공간'을 보다 생생하게 인식한다. 시인은 이 사물의 배후가 되는 공간을 '허공' '푸른 하늘' '텅 빈 들판' 등으로 다양하게 변주시킨다. 그러나 여기에서 중요한 것은 의미와 무의미, 공간과 사물의 관계가 대립적이면서 상호 순환적이고 상호 생성적이라는 인식론적 통찰이다. '없음의 있음'이나 '있음의 없음'이라는 진술은 의미와 무의미의 관계가 일여적(一如的)이라는 사실을 단적으로 보여준다.

1부가 가랑이 사이라는 '상하 전도'의 구도로 세상보기라면, 2부는 거울이라는 '좌우 전도'의 구도로 세상보기이다. 이 행위 역시 굴절과 반사를 통해 새로운 공간의 창조와 발견이라는 문제의식을 담고 있다. 「매사니와 게사니」는 합리성으로 표상되는 근대적 과학 장치의 무능함을 드러내는 일종의 알레고리적 해석이다. 여기에서 매사니란 '그림자가 없는 사람'을 그리고 게사니란 '임자 없는 그림자'를 일컫는다. 그림자와 육체의 분리, 이것은 곧 현대인의 삶이 물신화의 단계에 이르렀음에 대한 비판이다.

「바람과 그늘」에서 시인은 한 인물이 '오달삼-박구열-최지민'으로 변신하면서 정체성 상실의 위기에 노출되어 있음을 보여준다. 카프카의 「변신」과 유사한 이 작품은 현대인의 삶이 극심한 정체성의 혼란을 겪고 있음을 상징적으로 드러낸다. 「변신」이 그레고리 잠자라는 인물을 통해 자본주의라는 합리적 사고를 바탕으로 하는 제도가 어떤 방식으로 폭력이 되어 한 인간을 죽음으로 몰고 가는가라는 문제의식에서 발로한 예술 데카당스적인 작품이라면, 「바람과 그늘」은 '페히너의 심리물리학'으로 대표되는 근대적 담론과 근대성이 어떻게 인간을 파편화시키는가를 보여주는 한편으로 인간의 자기정체성이 '고향'과 '자연'을 통해 통합될 수 있다는 대안적 인식을 제공한다. 물론 여기서 고향과 자연이 주체의 퇴행적 의지를 의미하는 것은 아니다. "고향은 되돌아가는 곳이 아니라/날마다 꿈꾸는 미지의 땅이리니/과거는 언제나 미래의 따뜻한 품 속에/알을 품고 있으므로"라는 구절은 과거와 미래가 시간성 속에서 일여적인 관계에 있음을 보여줌으로써 과거-현재-미래를 시간의 한 계기를 통해 통합시킨다. 따라서 여기서의 고향과 자연이란 과거적인 의미가 아니라 어디까지나 과거이면서 동시에 미래일 수 있는 시간성의 지평을 의미한다.

「거울 속 모래나라」는 '구성하는 주체'와 '구성되는 주체'의 관계라는 현상학적 아이디어를 바탕으로 환상과 현실의 공존가능성을 보여주는 알레고리적 작품이다. 여기서 시적 자아인 '나'는 '미분되어 흐뭇한 존재 가능성'으로 인식되는데, 이는 곧 인간을 비롯한 모든 사물이 이미 완료된 상태로서의 '존재'가 아니라 일종의 '생성'적 과정에 있는 주체임을 보여준다. 이는 '있음'과 '없음'이 대립적인 동시에 일여적인 관계 속에서 끊임없이 일종의 '파동'을 만들어냄으로써 상호 생성적이고 상호 순환적인 관계에 있음을 보여주는 것이다.

한편 2부가 다변(多辯)의 산문적 세계라면 3부는 절제와 압축을 통한 극서정의 세계이다. 또한 전자가 파동이 '존재'의 영역으로 솟아오른 상태를 보여준다면, 후자는 그것이 '부재'의 영역으로 가라앉은 상태를 보여준다. 부재의 영역에 놓여 있는 언어는 「산」, 「길」, 「저녁」처럼 말없음의 무의미로 의미를 생성시킨다. 그 세계에서 모든 사물은 일체의 대립과 반목을 넘어 잉여적이고 상호 생성적인 모습을 띤다.

> 그대 보아라/숲이 몸을 바꾸며/어떻게 다시 죽고 또 태어나는지/소나무숲은 참나무숲이 되고/참나무숲은 서어나무숲이 되어 저리 드높다/그대 보아라/돌맹이가 어떻게 파도의 입술이 되고/북소리가 마침내는/어떻게 꽝꽝나무 옹이가 되는지
> ― 「저 별이 빛나기 위해」 부분

소나무숲의 참나무숲 되기란 곧 죽음과 삶, 의미와 무의미, 존재와 부재가 끊임없이 상호 생성적이고 상호 순환적인 세계임을 보여준다. 즉 삶이 곧 죽음이고, 죽음이 곧 삶인 세계. 그리하여 있음이 곧 없음이고, 없음이 곧 있음이 되는 세계. 그 세계 속에서 무의미는 진정한 하나의 의미로 상승할 수 있다. 물론 그것이 가능하기 위해서는 많은 '눈물'과 '피멍'이 필요하다. 따라서 3부의 극서정적인 세계는 필연적으로 2부의 다변적인 세계를 가로질러 통과한 후에야 비로소 성취될 수 있다.

3. 부끄러움과 그리움

허형만의 시는 조용하다. 그의 언어 속에는 남도의 풍경과 향토적 감수성이 조화로운 서정을 이루며 자리잡고 있다.『비 잠시 그친 뒤』는 이러한 서정을 배경으로 부끄러움과 그리움의 두 가지 정서를 곡선처럼 펼쳐 보인다.

> 부끄러운 힘.//소 한 마리 끌/힘도 없으면서//문고리 문고리마다/있는 대로 다/끌어당기려고 하는구나.
>
> ―「시의 방(房)」 전문

시는 근본적으로 '자아와 세계의 동일화' 혹은 '세계의 자아화' 위에서 성립한다. 이때 자아의 동일화 의지는 욕망의 다른 표현이며, 인용시의 시적 화자는 이러한 자신의 욕망을 '부끄러움'이라고 토로한다. 그에게 부끄러움이란 시를 성립시키는 힘이다. 그것은 '소 한 마리 끌' 수 없는, 물리적으로 무능한 힘이지만 동시에 세계를 시의 '방'에 감금시키려는 엄청난 힘이기도 하다. 또한 그것은 "잠이여 부끄러운 생이라도/다시 살아/돌아올 수 있다면"(「부드러운 잠」)처럼 삶에 대한 욕망이기도 하다.

한편『비 잠시 그친 뒤』를 구성하고 있는 또 하나의 정서적 축은 '그리움'이다. 시인은「이 시대의 낙타」,「낙타를 위하여」 등에서 자신이 살고 있는 현실적 삶의 공간을 '사막'으로, 그리고 그곳에서 생활하는 모든 인간을 낙타로 비유한다. '사막'이란「긴장하기」에서 등장하는 '풍진 세상'처럼 삶을 질곡으로 몰아가는 부정적 현실을 의미한다. 그리고 그는 이러한 부정적 현실과 대립되는 공간으로 '고향'을 상정한다.

> 내 고향 순천은/타향살이 힘들고 가슴 저밀 때/사랑의 등불 하나 밝혀 들고/밤늦은 길목에서 나를 기다리다가//내 고향 순천은/때때로 고단하고 힘들

어할 때/어머니 다사로운 품안/그 아늑함으로 나를 쉬게 하다가
― 「별 하나 팽팽하게 지상의 그리움을」 부분

   화자에게 고향이란 '풍진 세상'이 바람이 틈입하지 못하는 모성의 공간이다. 그곳에는 '봉화산'과 '비봉초등학교'(「봉화산에 올라」)로 대표되는 자신의 유년이 고스란히 살아 숨쉬고 있고, 어머니, 아버지, 당숙모, 외할머니 등으로 표상되는 포근한 가족사가 있다. '타향살이 힘들고 가슴 저밀 때' '고단하고 힘들어할 때'처럼 현실적 삶이 어려움에 직면할수록 그의 고향에 대한 그리움은 '어머니 다사로운 품안'의 아늑함으로 살아난다. 시인은 이러한 현실적 시련을 겨울의 이미지로, 고향이라는 그리움의 공간을 봄의 이미지로 묘사함으로써 날카롭게 대립시킨다. "겨우내 눈 녹은 자리로/영춘화 노랗게 꽃망울 터지니 … 아직은 떨리는 햇살처럼/ 나의 가슴 또한 소리 없이 떨리나니"(「따뜻한 그리움」)에서 보여주듯 그리움의 공간에서 화자는 세계와의 조화로움 속에서 자연과의 교감을 느낀다.

4. 식물성, 사랑 그리고 욕망

   이십 년 넘게 벽 같은 남자와 살았다. 어둡고 딱딱한 벽을 위태롭게 쾅쾅 쳐왔다. 벽을 치면 소리 대신 피가 났다. 피가 날 적마다 벽은 멈추지 않고 더 벽이 되었다. … 눈도 코도 입고 숨고 벽 속에서 막혔다. // … 나는 벽의 폐허였다. 벽은 나의 폐허였다.
― 「벽과의 동침」 부분

   최문자의 시에서는 '슬픔의 악취'가 난다. 그의 시 속에서 사랑은 언제나 대상 부재의 위기에 노출되어 있다. 화자에게 남편이란 '벽'이다. 벽이란 곧 "그와 나 사이에/끄떡없는 깊이가 있다"(「다리 앞에서」)처럼 사랑의

대상이 부재함에서 인식 가능하다. 사랑의 대상이 부재함을 말하는 모든 담론은 항상 부재를 버려짐의 시련으로 변형시키려는 경향을 지닌다. 따라서 사랑의 부재란 항상 일방향적이다. 이때 항상 현존하는 '나'는 끊임없이 부재하는 '너'를 전제로 해서만 성립한다. 그러므로 부재를 말한다는 것은 곧 주체의 자리와 그 사람의 자리가 교환될 수 없음을 의미한다. 즉 그것은 인용시에서 "벽을 치면 소리 대신 피가 났다"라는 진술처럼 사랑하는 것만큼 사랑받지 못한다는 것을 의미한다. 이처럼 대상의 부재 가운데에 존재하는 사랑이란 '나'와 '벽'을 동시에 폐허로 만든다.

> 여러 개의 문들은 아버지의 순한 종들이었다. 모습이 바뀐 또 다른 아버지였다. 나는 무거운 아버지를 힘껏 떠밀면서 생가를 드나들었다. … 지금은 아예 문이 없는 벽 속에 산다. … 뿌리칠 수 없는 팔을 다 떼내고, 뼈와 살이 날마다 빠져나올 수 없는 벽 속으로 더 깊이 빠진다. 벽 속은 얼마나 견고한 캄캄함인지. … 벽을 열 수 있는 열쇠란 없다.
> ―「문 이야기 3」 부분

벽이란 '문'의 또 다른 이름이다. 전자가 화자의 현재적 삶을 옭죄고 있는 힘이라면, 후자는 화자의 유년을 지배하는 힘이다. 이들은 모두 남성적 질서를 상징적으로 나타낸다는 점에서 등가를 이룬다. 「문 이야기 1」에서 화자는 아버지의 "좁은 문으로 들어가려면 뼈만 남은 앙상한 식욕과 욕망에 걸리지 않는 치마를 입어야 해"라고 말함으로써 자신의 욕망이 거세되었음을 토로한다. 그는 철저히 타인의 욕망만을 욕망하기를 강요당한다. 이처럼 남성적 질서는 화자를 '견고한 캄캄함'의 벽 속에 감금한다.

육체성의 상실, 즉 죽음을 통과하지 않고는 이 벽을 열 수 없기에 '열쇠'란 존재하지 않는다. 남성적 질서의 '견고한 캄캄함'은 "막히고 감추어져 있으며, 쉽게 이해할 수 없고 애매하며, 암울하고, 희망이 없으며, 칠흙같이 캄캄하거나 혹은 상당히 캄캄한 것"이다. 결국 "내가 잃어버린 것은 물이었다 … 아무도 눈물 없이 울 수 있는/내 식사법을 말리지 않았다"(「죽음에 이르는 식사」)에서 화자는 자신이 남성적 질서에 의해 '눈물'이라는 최소한의 인간적 조건마저도 상실했음을 말하려 한다. 그리고 "꽃이라면 좋겠다/꽃잎은 팔이 없는 여자"(「꽃이라면 좋겠다」)에서는 육체성의 상실을 통해 그 질서로부터 탈주하고자 한다.

> 벼랑에선 늘 풋내가 났다./목마른 추락의 종점으로부터/풋내가 올라왔다./풋내는/빠져죽을 생명의 발바닥을 기다렸다./내 발이 자꾸 미끄러진다./풋내 나는 쪽으로
>
> ―「실족 3」 전문

> 훨씬 더 독한 사랑이었다면/우리는 없어진 듯 벌써 재개 됐겠지./더 이상 손을 넣어/서로의 숯을 만져볼 수도 없는 재./타오르는 재./아직도 더듬더듬 연기가 피어오르는/오오, 영영 식을 수 없는 재가 됐겠지.
>
> ―「뜨거운 재」 부분

「실족 3」은 화자의 선택이 죽음을 통한 남성적 어둠으로부터의 탈출로 귀결되고 있음을 암시한다. 특히 이 시에서 '풋내'는 남성적 질서인 '어둠'의 '견고함'과 날카롭게 대립함으로써 생명성을 상징한다. 한편 「뜨거운 재」는 화자의 죽음에 대한 욕망이 사랑과 무관하지 않음을 보여준다. 애초에 화자의 고통이 사랑의 대상 부재에서 출발되었음에도 불구하고 그는 '더 독한 사랑'을 통해 부재를 넘어서려 한다. 물론 여기서의 사랑이란 '영영 식을 수 없는 재'가 되는 것이라는 점에서 영원성의 사랑이다. 또한 그것은 '빳빳한 풀을 찾으리라'(「풀」)처럼 식물성의 생명성을 지닌 사랑이다.

5. 그리움과 동경의 사이

김은자의 『세상의 밥상에서』는 두 가지 감정의 길항작용 속에 놓여 있다. 지상에 붙박혀 있는 간절한 그리움과 우주적 공간에의 동경. 전자가 유년과 가족사를 통해 과거 시제로 표현되는 반면, 후자는 장차 도래하기를 희망하는 '새 존재' '새 시간'라는 점에서 미래적이다. 이처럼 지상적 이미지와 천상적 이미지는 과거와 미래라는 시간의 축을 통해 구체화된다.

> 시소와 미끄럼틀을 닦고 또닥또닥/오래 전에 닦아 선반 높이 올려둔 시간을/읽어내는 빗소리, 통영초등학교 1학년 5반/아이들 다 돌아간 교실에서 어머니를 기다리던/금간 유리창으로 눈물자국을 내며/켜켜이 쌓인 먼지가 흘러내린다
>
> ― 「마른 눈」 부분

인용시는 화자의 반성적 기억에 의한 유년 회상이다. 이 유년의 세계는 '선반 높이 올려둔 시간'을 읽어내는 회상과 추억의 방식으로써만 드러난다. 화자가 이처럼 자신의 유년을 굳이 기억해 내려는 까닭은 "순진한 나도 이제 아니예요 … 꿈 같은 거 별 같은 거 잊어버리고 … 병든 지구와 타락한 영혼 얼마나 환상적인 한 쌍인가요"(「안녕, 업실론」)처럼 현실적 삶이 그의 유년의 꿈들을 부정하는 가운데 진행되기 때문이다. 화자의 현실은 분명 '지키지 못한 약속'(「비의 幻」)과 '허기진 마음'(「마음의 집에」)처럼 환멸과 허무에 깊이 침윤되어 있다. 이러한 현실적 질곡 때문에 그의 '핏줄에 대한 그리움'은 눈물로 이어지지 못하고 '안구건조증'에 시달린다.

> 고이 간직한 추억의 집들이 무너진다/새로운 시간의 나무들이 쓰러진다/내일의 둥지를 틀던 새떼들이 하늘 끝으로/흩어져 간다, 이 누더기에 고여 있는/마지막 슬픔도 빠져 나가면/남은 뼈마디로 뽀드득 이를 갈면서/뜨거운 모래사막의 방울뱀처럼/환한 하늘 아래 우물을 찾아가리/우물 속에 떠 있는 우리

의 별을 보리

　　　　　　　　　　　　　　　　　―「우물로 가는 길」 부분

　'엡실론 안드로메다'와 '통영국민학교'로 상징되는 화자의 '추억의 집'도, 그가 꿈꾸어 온 '샹그릴라 신세계'의 우주적 공간도 현실적 삶의 질곡에 의해 붕괴된다. 따라서 "시계 속의 뻐꾸기는 내일 또 울고, 어제의 아나운서는 같은/목소리로 오늘의 뉴스를 방송하고"(「빗금 안에서」)처럼 무의미한 '묵은 씨방의 시간'으로부터 탈주하고자 하는 '새 시간'에 대한 욕망 역시 쓰러진다. 이러한 상황이 화자의 현실 인식을 환멸의 방향으로 몰고 간다. 그러나 이러한 현실적 고통은 '우물' 그리고 궁극적으로 '별'에 의해 치유 가능하다. 별이 천상적 이미지의 상징적 표현이라고 한다면, 아직 그녀의 꿈은 무너지지 않았다. "내가 빨아들이는 들숨 속으로/먼 은하계의 꽃구름 날아들고/우주의 꿈을 품은 먼지 하나 되어/나도 은행 안으로 굴러 들어가지요"(「온라인」)처럼 그녀의 도시적 일상은 언제나 천상적 세계와 '온라인'됨으로써 삶의 건조함과 무의미를 넘어선다. 비록 '어린 날의 종이배가 오래 전에 바다 깊이 가라' 앉아 버렸을지라도.

　　　　　　　　　　　　　　　　　(《시와 시학》 2000년 봄호)

번뇌와 적멸의 거리
— 최문자 『울음소리 작아지다』, 김명리 『적멸의 즐거움』

홍 용 희
(문학평론가 · 경희사이버대 교수)

1

불가에서는 일체개고(一切皆苦)라고 하여 삶이란 모두 고통과 번뇌의 바다라고 설명한다. 물론 우리의 삶에는 기쁘고, 즐겁고, 행복한 일들도 많이 있지만, 그러나 이러한 것들 또한 그 내부에는 고통의 씨눈이 자라고 있다. 어떤 화려한 권력, 부, 사랑, 환희도 영속불변하지 않고, 시간과 함께 변질되고 사라지는 숙명을 지니고 있기 때문이다. 실존하는 모든 것은 우수, 허무, 슬픔, 분노의 뒷모습을 준비하고 있는 것이다. 그래서 세상은 잠시도 무량한 번뇌의 그림자로부터 벗어나지 못한다.

새 천년이 시작되고 고도의 문명을 자랑하는 오늘날에도 여전히 시가 활발히 쓰여 지고 감상되는 기본적인 배경은 여기에서 찾을 수 있을 것이다. 시인에게 시 쓰기란 궁극적으로 실존적인 번뇌와 상처를 위무하고 치유하는 과정의 일환이기 때문이다. 그러나 이러한 논의는 새삼 다음과 같은 돌연한 질문을 제기시키기도 한다. 과연 시인들은 시 쓰기를 통해 자신의 실존적인 번뇌가 끊긴 자리, 그 열반적정의 언덕에 도달할 수 있을까? 여기에 대한 대답은 매우 회의적이다. 번뇌와 고통의 숲에서 벗어나고자 하는 집착과 욕망이 또한 스스로를 번뇌의 늪으로 떨어뜨리는 요소로 작용할 것이기 때문이다. 무애자재(無碍自在)의 경지에 오르기 위해서는 먼저 어떤 현상과 사물에도 실체가 존재하지 않는다는 일체개공(一切皆空)의 인식 속에서, 스스로 모든 집착과 자성(自性)을 철저히 버리는 자세가 요구된다고 한다. 그러나 이러한 절대 무아의 경지는 이미 문학의 영역을 넘어선 종교적 범주에 해당된다. 그리하여 세상에는 밤하늘이 별보다 많은 시편들이 출현하고 사라지는 과정이 반복된다. 시적 상상력은 기본적으로 종교적 신성의 세계와 대별되는 세속적 일상에 뿌리를 내리고 있기 때문이다.

최문자와 김명리의 시세계는 공통적으로 불행과 고통으로부터 행복과 적멸을 부단히 갈망하고 추구하는 모습을 공통적으로 보여준다. 그러나 최문자의 시세계는 기본 음조가 실핏줄처럼 미세하면서 뜨겁고 동적이라면, 김명리의 경우는 결이 강하면서 창담하고 정적이라는 점에서 선명하게 대비된다. 이것은 두 시인의 번뇌의 바다를 가로질러 나가는 항해로의 방향과 성격의 차이에서 기인하는 것으로 보인다. 이를테면, 최문자는 현실 속의 상처의 신열을 낭만적 사랑의 열정으로 상승시키고 있다면, 김명리는 자연 친화적인 정서를 통해 이를 대상화시키고자 한다. 이들 두 시인의 번뇌와 바다를 헤쳐 나가는 흔적들을 함께 따라가 보기로 한다.

2

최문자의 시집 『울음소리 작아지다』에는 상처, 불안, 절망, 우울, 환희, 황홀, 희망 등의 밝고 어두운 색감과 향기가 달뜬 분위기 속에서 제각기 활성화 되고 있다. 이처럼 다채로운 시적 정감의 어사들이 제각기 활발하게 자기 조직화 운동을 할 수 있는 배력은 무엇인가? 그것은 극한적인 절망과 희망, 단절과 소통, 증오와 사랑의 팽팽한 긴장과 대립의 자장력에서 비롯된다.

> 실험의 바퀴가 삶을 한 바퀴 도는 동안
> 몰라보게 흙부스러기가 될 수도 있는 땅은
> 신열이 돋는 소리로
> 오래오래도 신음했다.
> 여름의 흙이 순한 만큼
> 자멸하려는 꿈 또한 몸 어디에나 깨어 있는 줄 알기에
> 수레는 더욱 광포했다.
> (……)
> 독한 희망을 가진 여자여,
> 깨어진 바퀴로
> 네 영혼 다시 뒤집어 깨우리.
>
> ―「수레바퀴 밑에서」부분

 일반적으로 수레바퀴는 생사의 쳇바퀴나 일상적인 인과의 고리의 이미지와 연결되면서 삶의 역사와 운명을 표상한다. 이 시에서도 "수레바퀴"는 나의 운명을 규정하는 횡포적인 외부의 대상을 가리키고, "수레바퀴"를 감당하는 "땅"은 시적 화자의 고통스런 현실 삶을 가리킨다. "실험의 바퀴가 삶을 한바퀴 도는 동안" 땅은 "흙부스러기가" 되는 "신음"과 "신열"의 고통을 고스란히 감내해야 한다. 이때, "실험의 바퀴"에서 실험이란 시적 화자가 스스로 현재의 규범적인 삶을 자신의 운명의 본령으로 승인하지 않는 것을 뜻한다. 그래서 그에게 반복되는 일상은 "헛소리를 지르다 제자리에 기절해 버리는", "공회전"(「공회전」)과 같은 것이 된다. "수레바퀴"의 횡포가 가중될수록 시적 화자의 "독한 희망"은 더욱 크게 탄성 진동한다. 그래서 그의 삶에서 바큇살의 굴레에서 해방되는 "독한 희망"은 점점 더 선명한 지향점으로 빛을 발하여 삶의 세계는 물론 죽음의 세계까지 스며드는 절박한 염원으로 달아오른다.

나무는 죽을 때 슬픈 쪽으로 쓰러진다
늘 비어서 슬픔의 하중을 받던 곳
그쪽으로 죽음의 방향을 정하고서야
꽉 움켜 잡았던 흙을 놓는다

새들도 마지막엔 땅으로 내려온다.
죽을 줄 아는 새들은 땅으로 내려온다.
새처럼 죽기 위하여 내려온다.
허공에 떴던 삶을 다 데리고 내려온다.
종종거리다가
입술을 대고 싶은 슬픈 땅으로 찾는다.

죽지 못하는 것은은 모두 서 있다.
아름다운 듯 서 있다.
참을 수 없는 무게를 들고
정신의 땀을 흘리고 있다.

— 「닿고 싶은 곳」 전문

이 시를 형성하는 핵심적인 이미저리는 슬픔과 죽음이다. 그래서 시적 풍경의 외관에는 스산하고 음울한 하강적 기운이 묻어나온다. 그러나 정작 이 시편의 심층은 애틋한 그리움과 정염의 상승적 열기로 채워져 있다. 죽음과 슬픔의 이미저리가 그 내부에 삶과 사랑의 열망과 환희의 정감을 감싸고 있는 것이다. 좀더 섬세하게 이 시편의 시상의 안팎을 읽어 보기로 한다.

시적 화자는 1연에서 "나무는 죽을 때 슬픈 쪽으로 쓰러진다"고 전언한다. "슬픈 쪽"은 "늘 비어" 있던 결핍의 자리이다. 결핍은 충족되지 못하는 갈망과 허기의 공간이다. 그러나 나무는 "늘 비어서 슬픔의 하중을 받던" 그곳으로 "죽음의 방향을 정하고서야/꽉 움켜 잡았던 흙을 놓는다." 죽음의 방향이 목마른 내적 갈망의 근원지로 향해 있음을 확인하고 나서야 안도감을 느끼고 있는 것이다. 2연은 1연의 내용을 좀더 보편적으로 확대시킨다. "새들도 마지막엔", "입술을 대고 싶은 슬픈 땅을 찾는다." 여기에서도 슬픔은 마지막까지 이루지 못한 원망에 대한 안타까움을 가리킨다. 새들도 결핍과 허기에 대한 원망충족을 죽어서까지 갈망하고 있다는 것이다.

결핍된 원망 충족이 실현된다면 죽음의 세계라 할지라도 그곳은 아름다운 공간으로 인식된다. 그래서 죽음의 세계가 오히려 삶의 세계보다 더 행복하게 느껴진다. 3연의 "죽지 못하는 것들은 모두 서 있다"라는 진술이 이를 뒷받침 한다. 현실을 지배하는 삶의 과정이란 "참을 수 없는 무게를 들고/정신의 땀을 흘리"며 "죽지 못"해 버티고 있는 절박한 상황일 따름이다. 번뇌와 고통의 속박으로부터 열반과 환희의 세계를 향한 화자의 열망이 죽음과도 바꿀 수 있을 만큼 절대적인 가치를 지니고 있다. 이 시에서 "죽음"과 "슬픔"은 역설적으로 행복한 삶에 대한 욕망의 강렬성을 강조하는 어사이다.

그렇다면, 시적 화자가 이토록 간곡하게 "닿고 싶은 곳"은 구체적으로 어디일까? 그것은 남몰래 타오르고 있는 낭만적 "사랑"의 서식지이다.

> 만지기만 해도 뼈가 아픈 시간이
> 시간 밖에서 들찔레 같은 사랑을 하고 있었다
> 한없이
> 한없이
> 부자연스럽게
> 그래서 독하게
>
> ─「시간 밖에서 보낸 시간」 부분

시적화자의 사랑의 열정은 일상의 율법에서는 "부자연스"런 것이기에 형언할 수 없이 아름답고, "만지기만 해도 뼈가 아픈" 낭만적 아이러니의 속성을 띤다. 현실의 강요된 사랑이 패소공포증을 불러일으킬수록 낭만적 사랑에 대한 희구가 더욱 전면으로 분출된다. 다시 말해, "벽과의 동침"(「벽과의 동침」)이 강요되는 오랜 세월들이 "시간 밖"의 사랑의 열도를 더욱 뜨겁게 가열시키는 활성의 재질이 되고 있다. 그는 이 "시간 밖의 사랑"을 생각하면 "혼비백산하는 황홀"에 "동맥까지 우울하게 떨려"(「공회전」) 오기도 하고, "불안의 냄새"(「무서운 흐름」)에 몸서리치기도 한다. 그에게 "시간 밖의" 사랑의 여정은 불행의 원인을 치유하고 행복을 불러오는 유일한 통로로 여겨진다. 이러한 사정은 강요된 삶의 일상과 "시간 밖의" 사랑의 세계의 상반성을 더욱 극대화 시킨다. 그래서 이 둘에 대한 변별은 이성적인 성찰 이전의 생리적인 감각적 차원에서 직접 감지된다. 시집 도처에서 빈번하게 등장하는 후각적 심상은 이러한 상황을 선명하게 보여준다.

① 이별의 높은 철책도 훌훌 넘어 내게로 오는
  기화된 무서운 날콩의 비린내
  이미 야망을 품은 그리움의 벌레가 몸을 푼 날콩.
  그가 떠오를 때마다
  그가 무거워
  너무 무거워
  나는 날콩의 돌쩌귀에서 빠져나올 수 없다
  ― 「냄새 1-날콩」 부분

② 늘 풀내 나는 향수를 쓴다.
  풀도 꽃만큼 자란다.
  하고 싶은 말도 꽃만큼 자란다.
  (……)
  내 몸 어느 풀숲에서 풀벌레가 요란하게 울었다.
  어느새 풀이 내 안에 들어와 있다.
  ― 「냄새 2-풀」 부분

①과 ②의 시적 정황은 각각 "날콩의 비린내"와 풀냄새의 향기로 미만해 있다. 날콩의 냄새가 억압, 고통, 애증의 정서와 연관된다면, 풀내는 애잔하고, 부드럽고, 그리운 연모의 정서와 연관된다. "말마다 풍기는 비린내를 진저리치면서", "향내나는 말이 그리워 / 숨죽이고 우는"(「실어증」) 형국을 뚜렷하게 그리고 있다. 알싸하고 매혹적인 풀내의 진원지는 어디인가? 그 것은 황홀한 사랑의 희억이 배어 있는 풀밭이다.

> 은은했던 외로움이 풀물 들고도 모
> 자라 우리는 와락 껴안고 어느 날 사랑이 되었다.
> — 「풀장난」 부분

향기로운 풀내는 사랑의 추억을 머금고 있다. 아니 더운 사랑의 알갱이가 풀내를 통해 살고 있다. 그가 일상사에서 "발이 자꾸 미끄러진다/풋내 나는 쪽으로"(「실족」)라고 말하거나, "조심할수록 그릇의 살끝을 놓치고/꼭 하려던 그릇의 말 끝을 놓치"(「잃어버린 물」)는 불안정한 행위는 모두 은밀한 사랑의 향기에 취해 현기증을 느끼는 순간들의 미세한 흔적이다. 그러나 이 "들찔레 같은" 사랑은 점점 두렵고 불안하고 무섭다. 황홀한 사랑의 불꽃이 아직 제대로 피기도 전에 사그라질 것만 같기 때문이다.

> 그러나 이 사랑의 운명은 불안하다.
> 그와 나 사이에
> 끄떡없은 깊이가 있다.
> 우리는 서로 그 깊이를 모른 체하고 있다.
> 깊이를 걸친 흔들거리는 다리가 하나 있긴 하다.
> (……)
> 우리에게 시달린 다리가
> 막 끊어지려고 하는 걸 우리는 알아냈다.
> — 「다리 앞에서」 부분

"사랑의 운명"에 불안의 파장이 일고 있다. "그와 나 사이"의 다리에 "막 끊어지려"는 균열이 감지되고 있는 것이다. 사랑이 미처 청춘의 시절을 맞기도 전에, "젊은 날에 붉은 피가/미리 다 쏟아지는"(「자목련」) 상처의 허구렁으로 빠져들고 있다. "시지프스처럼 신은 언제나 나를 산 아래 남겨둔다."(「산행」) "앞으로 만만치 않게 나를 향해 부르틀 어둠"(「울음소리 작아지다」)을 어떻게 감당할 것인가. 사랑을 소유하기 위한 정열이 오히려 스스로를 상처 입히는 화근으로 작용하고 있다. 사랑도 역시 세상의 다른 모든 것들처럼 실체가 아니라 허상이었던 것일까? 그래서 불가에서는 일찍이 "미워하는 사람과는 만나서 괴롭고, 사랑하는 사람과는 이별해서 괴롭다"고 하여 이 모든 것이 고통을 낳는 원천임을 설파하지 않았을까? 그러나 최문자 시인은 오늘도 번뇌의 늪에서 벗어나기 위한 항해를 부단히 추구하고, 그로 인해 또다시 다른 번뇌의 늪으로 빠져들게 된다. 하지만 이러한 과정은 우리 모두의 공통된 삶의 양식이며 동시에 이 시대에도 시가 활발하게 생산되고 소비될 수 있게 하는 기름진 토양이 된다는 점에서 새삼 역설적인 의미를 지닌다.

3

김명리의 세 번째 시집 『적멸의 즐거움』은 여행시편이 주류를 이룬다. 그가 전국에 걸쳐 수려한 운치가 살아 숨쉬는 산, 강, 바다, 섬, 사찰 등을 향해 부단히 떠나는 것은 스스로 자연에 깊이 동화되고 일체화되기 위해서다. 따라서 그에게 시란 "흙에, 나무에, 그것들이 소망하는 한 줄기의 소나기에 닮아가려는 몸 짓"(自序에서)으로서의 의미와 가치를 지닌다. 자연과 인간의 상동성에 입각한 시적 인식은 김명리의 시세계를 구성하는 특징적인 미학원리이다. 그에게 자연은 고전 시가 문학에서 일반적으로 통용

되는 따르고 본받아야할 전범적인 도(道)의 세계이다. 그의 시세계의 기본 절조가 고전 시가의 색채와 유사와 특성을 보이는 까닭이 여기에 있다.

> 마음이 물소리를 따라간다
> 옛 스님들 부도탑 장독간처럼 나란나란한
> 개심사 뒤뜰
> 저다지 환한 봄볕을 거느리려고
> 가지 속마다 속살거리는 밀회의 은빛 물소리를 거쳐
> 여기까지 끌고 온 傷한 마음들
> 죄다 벗어버리려듯 마음이
> 물소리를 따라간다
>
> ― 「물소리를 따라간다」 부분

화자는 "개심사 뒤뜰"을 무연히 바라보고 있다. "개심사", 마음을 여는 절에 온 그는 스스로 "물소리를 따라" 마음을 풀어놓고 있다. 이제 "마음이 물소리를 따라간다". "여기까지 끌고 온 傷한 마음들"이 점차 걸러지고 순화되면서 물 속으로 섞인다. 이때, 물은 "傷한 마음들"과 상대적 의미를 지닌다. "傷한 마음이" "극약 같은 세월"(「전등사, 눈」) 속에 노출된 비속한 상태를 가리킨다면, 물은 "저다지 환한 봄볕"과 어울리는 맑고 순연한 상태를 가리킨다. 일찍이 노자는 도덕경에서 물의 심성은 온갖 것을 위해 섬길 뿐, 그것들과 겨루는 일이 없고, 모두가 싫어하는 낮은 곳을 향하여 흐를 뿐이다. 그러기에 물은 도에 가장 가깝다고 했다. 따라서 시적 화자가 "개심사" 뒤뜰에서 "물소리를 따라 가"고자 하는 것은 스스로 "傷한 마음"을 치유하고 자신의 본성을 회복하여 도의 평정에 이르고자 하는 염원으로 해석된다.

물론 시인의 마음의 본성을 일깨워주는 대상은 "물"뿐만 아니라, 조화로운 자연의 공통된 속성이다. 따라서 그가 자연을 동경하고 찬탄하고 순례하는 것은 번뇌에 찌들리고 시달린 마음을 스스로 헹구고 게워내어 순정

하게 정화시키고자 하는 자기 수련의 과정이다. 다음 시편은 적멸지도(寂滅之道)로서 존재하는 자연의 성격을 좀더 사실적으로 드러내준다.

> 내 울음 속 고요하여도 나는 俗塵에 눈먼 사람
> 내 캄캄한 눈시울 한 점 청보랏빛 꽃등으로
> 가물거리는, 저기 저 산자락
> 단 한 채, 손바닥만한 지장보살殿
> 아무리 서둘러도 법당 곁 샘터까지는
> 여기서부터 길이 먼데
> 달려온 골짜기 엷은 계류가 앞질러 읊조리는
> 나무지장보살 나무지장보살
>
> ―「栢泉寺 길」부분

이 시는 "俗塵에 눈먼" 범인이 아득히 먼 산자락에 걸려 있는 "지장보살殿"을 향해 걷고 있는 한적한 풍경을 묘사하고 있다. "한 점 청보랏빛 꽃등", "가물거리는", "손바닥만한" 등의 어사는 시적 화자로부터 "지장보살殿"까지의 원거리를 시각적으로 그려 보여 준다. "아무리 서둘러도" "법당"까지의 길은 멀다. 이 때 먼 거리는 단순히 법당까지의 물리적 간격에 한정되지 않고, 속진과 적멸과의 시공간적 간격을 가리킨다. "계류가 앞질러 읊조리는" "나무지장보살 나무지장보살"의 염불은 이를 암시적으로 뒷받침한다. 주지하듯, 지장보살이란 석가모니 부처가 입멸한 이후 미륵불이 나타날 때까지 육도중생을 제도하는 보살을 가리킨다. 따라서 여기에서 시적 화자와 "지장보살殿"과의 거리는 속세에 대한 제도의 지난함, 즉 속세와 적멸의 멀고도 아득한 간격으로 해석해 볼 수 있다. 그렇다면 속세와 적멸의 이토록 먼 간격을 어떻게 감당하고 채워나갈 것인가? 하는 문제가 남는다. 시집 전반의 중심항을 이루는 신성한 자연의 전경을 찾아 헤메는 복잡한 지형도가 바로 이 간격을 메우는 내용이다. 이것은 곧 비속한 일상에서 적멸의 평정을 향해 나가는 부단한 도정을 가리킨다. 김명리 시세계의 지배적인 미적 특성인 자연 친화적인 요소와 여행의 양식은 이러한 배경 속에서 생성된 것이다.

다음 시편은 그의 자연친화적인 서정 시편의 특징적인 형성 원리를 보여 준다.

> 맹세는 깨어졌다
> 그해 가을이 다 저물도록
> 오마던 사람 오지 않았다
> 멍투성이 핼쑥한 가을하늘이
> 기다리는 사람의
> 부러진 손톱 반달 밑에 어려서
> 반 남은 봉숭아 꽃물이
> 버즘나무 가로수
> 단풍진 앞자락을 쫓아가는데
> 붉디붉은 붉나무
> 샛노란 엄나무
> 그 물빛에 엎어지는
> 저 또한 못 믿겠는 사람 심사를
> 목마른 가을 나무들이 맨 먼저
> 눈치채지 않았겠는가
>
> ―「가을나무의 말」 전문

인간사의 애잔한 번뇌와 아픔의 성정이 자연의 정취를 통해 대상화되고 있다. "가을이 다 저물도록/오마던 사람"은 끝까지 오지 않고 있다. "맹세는 깨어졌다". 버려짐의 시련에 빠진 화자의 마음은 고뇌의 소용돌이에 빠진다. 그래서 그에게 하늘은 "핼쑥"한 "멍투성이"의 아픔으로 병약해지고 창백하게 보인다. 창백한 하늘 빛이 다시 화자의 "손톱 반달 밑"으로 스며든다. 하늘이 객체적 대상이 아니라 주관적으로 의인화되는 대목이다. 평정을 잃은 화자의 마음은 다시 붉고 노란 색감으로 다양하게 변색된다.

"붉디붉은 붉나무/샛노란 엄나무"의 단풍들은 불안정한 화자의 마음의 굴곡들이기도 하다. 하늘과 나무들이 "못 믿겠는 사람 심사를" 이미 눈치채고 있었는지 모를 일이다. 화자의 심리적 변화의 색감을 가을 나무의 변화의 마디절에 긴밀하게 대응시켜 표현하고 있다. 그러나 인간사의 곡절이 간곡한 구체성을 띠고 있지 않기 때문에 좀더 생동하는 시적 탄력성을 확보하지는 못하고 있다.

김명리의 시세계에서 모든 인간사를 자연의 지형도 속에서 이해하고 사유하는 미적 특성은 다음 시편을 통해서도 뚜렷하게 명시된다. 시인은 자연 속에서 세속의 번뇌가 끊긴 자리, 적멸의 땅을 목도하고 있다. 자연이 신성사적 가치의 본령이며 척도로서의 선명한 위의(威依)를 지니고 있다.

> 오대산 중대에 이르러서도 보지 못한 적멸보궁을
> 여기 와서 본다
>
> 위도 아내도 훌러덩 벗어 던지고
> 삐걱대는 맨 뼉다귀에 바람소리나 들이고 있는 지
> 적멸
>
> 생각나면 들러서 誠心을 다하여 목청껏 진설하는
> 물소리 바람소리 새소리
> 저 소리의 고요한 일가친척들
>
> 세상에 나루만큼 따뜻한 이웃 다시 없어라
> 몰골이 말이 아닌 두 塔身이
> 낮이나 밤이나 대종천 물소리에 귀를 씻는데
>
> 텅빈 불상좌대 위,
> 저 가득가득 옮겨앉는
> 햇빛부처, 바람부처, 빗물부처
> 오체투지로 기어오르는 갈대잎 덤불

밤내린 장항리,
폐사지 자욱한 달빛 眞身숨쉬여!

— 「적멸의 즐거움」 전문

   이곳은 "맨 뼈다귀에 바람소리나 들이고 있는", 어떤 인공적인 가공물이나 풍요로부터도 벗어난 무위(無爲)의 세계이다. 오직 "물소리, 바람소리, 새소리"만이 제각기 어우러져 목청을 돋우고 있다. 산의 풍경도 "남루"하고, "두 塔身"도 몰골이 말이 아니다. 이 "남루"의 틈으로 "햇빛/바람/빗물"이 채워지고 있다. 허적(虛寂)의 공백, 없음의 풍요 앞에서 시적 화자가 "적멸"을 직시하고 있는 형상이다.

   그러나 여기에서의 "적멸"의 환희가 깊고 그윽한 내공을 확보하지는 못하고 있다. 그래서 "적멸"의 풍경이 어둠 속의 불꽃처럼 또렷하기보다 신기루처럼 허실하게 느껴지는 것이 사실이다. 시상의 초점이 외부 세계로 지나치게 편중되면서, 내성의 힘이 결여되고 있기 때문이다. 마음으로부터 자재로운 정적(靜寂)을 체득한다면, "오대산 중대"에서도 적멸은 가까이서 직시할 수 있었을 것이다. 적멸의 즐거움은 외부세계의 "남루"를 통해 현실되는 것이 아니라, 스스로 모든 분별지(分別智)를 벗어난 마음의 "남루"에서 현시되는 것일 터이기 때문이다. 이러한 사정은 김명리의 여행시편이 단순한 풍물기를 넘어 삶의 무게를 확보해 내기 위해서는 내적 성찰의 고투가 보강되어야 한다는 것을 적시해준다. 그의 시편이 시적 대상의 다채로움에도 불구하고 비교적 변화성의 층위가 약하고 단조로운 이유가 여기에 있다. "헛딛은 우리들 삶의/찌든 안전선"(「리기다 소나무」)에 안주하지 않고 부단히 떠나는 그의 여행길이 동시적으로 자신의 견고한 내적 탐색과 견인의 길로 연결될 때, 시적 긴밀고와 탄력성이 배가될 것이다.

   한편, 우리는 여기에서 시적 화자가 스스로 모든 갈등과 욕망을 초월한 열반묘심(涅槃妙心)의 단계에 이르면, 일상 속에서도 "적멸의 즐거움"을 감득할 수 있을 것이라고 일단 정리할 수 있다. 그러나 이것은 누구도 쉽게 강변하고 주장할 수 있는 차원의 성격이 아니다. 세속의 세계로부터 적멸, 그 백척간두 진일보(百尺竿頭 進一步)의 경지는 이미 우리들의 일상적인 삶과 시의 영역을 넘어서 있기 때문이다. 우리들 앞에 놓인 것은 번뇌와 적멸의 사잇길을 끊임없이 맴도는 여정이 존재할 따름이다. 이렇게 보면, "적멸의 즐거움"을 추구하고 집착하는 것 역시 또 다른 번뇌의 미로로 빠지는 행위가 된다. 번뇌와 적멸의 거리는 좁혀지지 않는다. 이 숙명적 굴레를 위로하기 위해서 앞으로도 지속적으로 시가 쓰여질 것이다.

(≪동서문학≫ 2000년 봄호)

닫힌 공간 열기, 혹은 황폐한 정신 공황 탈출하기
— 최문자 시집 『울음소리 작아지다』

박 진 환
(문학평론가)

1. 전제

　최문자 시인의 시집『울음소리 작아지다』를 읽으면서 특별한 의미를 지지고 있다고 여겨지는 몇 작품들이 있었다. 그것은 「벽과의 동침」, 「구멍」, 「울음소리 작아지다」, 「문이야기·3」, 「두 번 꽃핀 것도 같은 내일」, 「사막은 어떻게 되었는가?」, 「돌」, 「어떻게 열리는가?」 등의 시편들이 있는데 예시한 시편들은 다른 시에 비해 특별한 의미를 담고 있다고 여겨졌기 때문이었다.

　예시한 위의 작품들을 그 성격별로 분류하면 삼분법이 적용될 수 있을 것으로 여겨졌는데 그 하나는 '벽'과 같은 단절 내지는 영어의 공간의식이었고, 둘째는 '사막', '돌'과 같은 작품은 황폐내지 석화적 결정의식이었다. 그런가 하면 이와는 달리 '문'이나 '열림', 그리고 '꽃'을 빌어 또 다른 암시역을 설정하고 있다고 보아지는 데, 그것이 세 번째의 경우를 담당하고 있다고 보아졌다.

　이러한 전제설정은 최문자 시인의 시역을 세 부분으로 나누어 조명해 볼 수 있게 하는 근거를 마련하는데, 이 세 영역이 어떻게 각기 다른 시역을 지니며, 또 어떻게 맞물려 총체성을 획득하고 있는가를 시를 제시, 구체화 했을 때 이 시집의 정체랄까, 특성이랄까는 드러날 것으로 본다.

2. '벽'과 의미와 닫힌 공간으로서의 이미지

최문자 시인의 시에서 '벽'의 의미는 단순한 시의 소재라는 한계를 초월한 곳에 그 의미가 설정될 수 이 있다. 그것을 '벽'이 칸을 구분하기 위한 건축물의 한 구조가 아니라, 장애가 되는 것, 또는 극복하기 어려운 것을 비유적으로 이르는 말의 의미를 지니고 있기 때문이다.

달리 말하면 실재 공간으로서의 벽이나, 공간의 한계로서의 벽이 아니라 '벽'으로써 그 무엇을 암시하고 있다는 뜻이다. 곧 '장애가 되는 것', 또는 '극복하기 어려운 것'을 비유하고 있다는 뜻인데, 그렇다면 이 '장애'가 되는 것과 '극복하기 어려운 것'이 무엇인가를 해명했을 때 최문자 시인의 시에서의 '벽'의 의미는 그 본태를 드러낼 것으로 본다.

먼저 시부터 제시해 보자.

이십년 넘게 벽 같은 남자와 살았다. 어둡고 딱딱한 벽을 위태롭게 쾅쾅 쳐왔다.
벽을 치면 소리 대신 피가 났다. 피가 날 적마다 벽은 멈추지 않고 더 벽이 되었다.
커튼을 쳐도 벽은 커튼 속에서도 자랐다. 깊은 밤, 책과 놀다 쓰러진 잠에서 언뜻
깨보면 나는 벽과 뒤엉켜 있었다. 어느새 벽 속을 타고 내가 내문처럼 들어가 있었다. 눈도 코도 입도 숨도 벽 속에서 막혔다.

― 「벽과의 동침」 부분

예시에서 볼 수 있듯이 최문자 시인의 시에서의 '벽'은 '어둡고 딱딱한 벽'이고, '치면 칠수록 피가 나는 벽'이며, 피가 날 적마다 벽은 멈추지 않

고 더 벽이 되고, '커튼을 쳐도 커튼 속에서 자라는 벽'이며, 눈도 코도 입도 숨도 막히는 그러한 벽이다. 분명 무엇인가에 빗대고 있는데 그것이 바로 '장애가 되는 것'이고 '극복하기 어려운 것'임을 말해주고 있다.

이 시의 끝부분에서 '나는 벽의 폐허였다. 벽은 나의 폐허였다'고 '벽'과 '폐허'를 동일시하고 있는데 이로써 보면 벽은 폐허였다는 등식을 성립시킨다. 그것은 화자 스스로가 벽의 폐허였다고 인식한 것이나, 벽이 화자의 폐허였다고 하는 것은 옳게 맞추나 거꾸로 맞추나 벽 즉 폐허라는 등식을 성립시키기 때문이다. 여기에서 '벽'의 비유역은 설정 될 수 있게 된다. 그것은 화자의 폐허의식이 곧 벽이었고, 벽은 곧 폐허의식 그것이었기 때문이다.

폐허란 건물이나 성, 또는 시가 따위가 파괴되어 황폐하게 된 터를 이르는 말이다. 그렇다면 최문자 시인의 시의 경우 무엇을 폐허로 보았던 것인가가 의문으로 제기된다. 여기에서 한 가지 분명한 것은 건물도, 시가도, 성도 아니라는 사실이다. 그렇다면 무엇일까.

아마도 그의 시에서의 벽은 현대인의 의식구조의 단면인 단절과 소외, 혹은 단독자 의식이 체험한 고립의식이거나 그러한 고립된 단독자가 체험한 정신공황 내지는 정신적 황폐성을 비유한 것이 아닐까 여겨진다. 그것은 벽이 '눈도 코도 입고 숨도 벽 속에서 막혀' 버린 그런 단절의 공간이고, 또 단절은 고립된 소외공간으로서 단독자가 체험하는 그런 공간의식이기 때문이다.

다시 한편의 시를 제시했을 때 이 부분은 더 극명해 질 것으로 본다.

　　지금은 아예 문이 없는 벽 속에 산다. 벌레만이 드나들 수 있는 허름한 벽
　속에 산다.
　　못 하나 박을 수 없는 벽, 못을 쳤다가는 내장 까지 우수수 쏟아져 내릴 헐
　어빠진 벽
　　속에 산다. 아무것도 걸어놓지 못하고 산다. 내 가느다란 울음소리 듣고도
　금이 착착
　　가버리는 자해의 벽 속에 산다. 뿌리칠 수 없는 팔을 다 떼내고, 뼈와 살이
　날마다

빠져나올 수 없는 벽 속으로 더 깊이 빠진다. 벽 속은 얼마나 견고한 캄캄
　함인지,
　　어둠을 헤치면 다시 몇 배의 어둠이 금방 차 올랐다.
　　　　　　　　　　　　　　　　—「문이야기·3」의 부분

　부제「벽」이라고 붙인 이 시에서도 벽은 아예 문이 없는 공간으로 설정되고 있다 그런가 하면 못 하나 박을 수 없는 벽이고, 못을 쳤다가는 내장까지 우수수 쏟아져 내릴 헐빠진 벽이다.
　여기에서 벽이 단순한 벽이 아닌 허물어져 내리는 벽, 가느다란 울음소리에도 금이 좍좍 가버리는 자해의 벽, 그리고 어둠을 헤치면 몇 배의 어둠이 다시 차오르는 그런 벽으로 설정되고 있음을 알 수 있게 한다.
　일종의 흙벽으로써 차단된 가슴이거나 마음을 가둬놓고 있는 그런 내면적이고도 정신적인 벽이란 걸 알 수 있게 해 준다. 문이 없고, 헐어빠지고, 우수수 쏟아져 내리고, 어둠만이 가득한 벽, 그것은 확실히 현실 공간이 아니고 내면의 공간으로서 앞의 시가 그러했듯이 정신의 황폐성, 정신의 공황의식을 상징적으로 드러내 보인 것으로 풀이할 수 있게 해 준다.

3. 정신적 황폐성과 사막의식

　두 번째로 최문자 시인의 시에서 간과할 수 없는 것이 '사막' 의식과 '돌' 의식이다. '사막'은 달리 황야, 삭막한 죽음의 땅으로 불리우는 일종의 불모지이다. 그런가 하면 '돌'은 광물질의 덩어리로서 영원한 침묵이거나 생명부재의 죽음의지, 혹은 죽음을 상징하기도 한다. 그래서 사막과 돌은 다 같이 악마적 이미지를 대표하는 표상사물로 제시될 수 있게 된다.
　최문자 시인의 시에서 이런 황무지로서의 '사막' 의식이나 생명부재로서의 '돌' 의식이 전면에 배치되는 것은 앞의 '벽'과 무관하지 않다고 본다. 그것은 그의 정신적 공황의식이나 황폐성에서 비롯한 내면적 삶의 단면을

'벽'이 말해주고 있다면 '사막'과 '돌'은 그러한 내면적 정신세계의 황폐한 풍경보로 제시되고 있다고 보아지기 때문이다. 역시 시를 제시했을 때 이 부분에 대한 이해를 도울 것으로 본다.

> 그런데, 그 쨍한 날이 적어서
> 나는 더 무시무시한 사막이 되었다.
> 자고 나면 기대고 살던 것들이 하나씩 빠져나가 한웅큼씩 모래가 되었다.
> 가끔 모래가 된 나를 끝까지 만져본다.
> 수많은 까끌까끌한 알갱이
> 신이 되고 싶었던 것들이 오랫동안 부서져 모래로 만져졌다.
> ―「사막은 어떻게 되는가?」 부분

예시에서 볼 수 있듯이 사막은 '발목까지 푹푹 빠지는 모래밭'인데 문제는 발목만 빠지는 것이 아니라 '마음이' 발목과 함께 빠진다는 사실이다. 그런가 하면 '자고 나면 기대고 살던 것들이 하나씩 빠져나가 한웅큼씩 모래가 되는' 그런 '기대고 살던 것'들이 무너져 내리거나 빠져나가 실종되는 그런 모래밭으로서의 사막이다.

그뿐만이 아니다. 시행에서 볼 수 있듯이 '신이 되고 싶었던 것'은 시인의 희망이었거나 기대, 또는 바람 같은 것이었을 것으로 추정하기는 어렵지 않다. 신은 올려다보고, 오르는 등정을 통해 정상에 오르고자 하는 그런 희망의 표상이미지이기 때문이다.

이로써 알 수 있듯이 사막으로서의 모래밭은 마음이 빠지는 카오스이거나, 황무지의 늪, 또는 기대고 살던 것들이 무너져 내리고 빠져나가 버리는 절망, 그리고 희망이나 기대까지도 폐허가 되어버리는 그런 황폐한 땅, 곧 정신공황의 공간으로 제시되고 있음을 볼 수 있다.

다음엔 시 「돌」을 제시해 보자.

오래 썩어도
뿌리가 된 것 같지 않은 돌이여,
불쑥
내게 던져진
이 거역의 중력
낮은 포복으로 너는 흐르지만
무거워 무거워
나를 뒤채인다.

예시가 보여주듯 「돌」은 두 의미의 해석근거를 마련해 준다. 그 하나는 '뿌리가 될 것 같지 않은 돌'이 말해주는 생명부재의식이고, 다른 하나는 '무거워 무거워'가 말해주고 있듯이 짓눌리는 중압감이다.

생명부재와 생명마저도 짓눌려 압사시킬 수 있는 돌의 무게는 정신적 위기의식의 한 단면을 드러내 보여준 것으로 볼 수 있게 하는데 한마디로 풀이하면 생명위기 의식으로 집약될 것으로 본다.

최문자 시인은 이 시 1, 2행이 말해 주고 있듯이 '한 무거움이/ 나의 몸 안에 있다'고 진술함으로써 이 생명위협에 짓눌리거나 이를 떨쳐버리지 못하고 있는데 이 또한 현대인들의 정신적 죽음에서 나아가 실존적 죽음의 위협이라는 그런 현대인의 의식구조 속에 잠재한 위기의 무거움으로 중량하는 그런 것으로 볼 수 있게 한다.

4. '열림'과 '닿고 싶은 곳'에의 지향

지금까지 최문자 시인의 시의 발상이 악마적 절망의식이나 정신 공황의 황폐성으로 암시되는 벽에 갇힌 공간으로 제시되거나, '사막'이나 '돌'에서 볼 수 있듯이 내면적이고도 정신적 풍경보인 죽음의식 따위로 제시된 것과는 달리 '열림', 혹은 '닿고 싶은 곳'의 공간 설정이나 지향은 또 다른 시적 측면으로 작용하고 있음을 볼 수 있다.

'열림'은 벽에서의 탈출 통로 구실을 담당할 수도 있고, 사막이나 돌과 같이 굳어 있거나 황폐화한 그런 공간으로부터 일탈할 수 있는 그런 통로 구실을 담당할 수도 있다. 그런가 하면 '닿고 싶은 곳'은 내면적이고도 정신적인 갇힌 세계로부터 새로운 삶으로 돌진하고자 하는 내면적인 힘의 암시로써 동원한 이미지라고 할 수 있다. 역시 시를 제시했을 때 이 점 보다 극명해 질 것으로 본다.

> 꽃이 불 수 있게
> 꽃을 볼 수 있게
> 미래의 거리를 놓고
> 오래오래 서성거린다
> 눈망울이 익은 꽃은 웃었고
> 한칸의 방으로 몸을 열어주었다.
> 저절로 열리는 것들에게
> 축복있으라
>
> ―「어떻게 열리는가?」 부분

예시가 말해주듯이 '미래의 거리'는 미지의 지향이자, 미지를 열기 위한 통로 개설로서의 '거리'라고 할 수 있다. 그런가 하면 닫힌 벽의 공간에서 '한칸의 방'으로 공간이 이동되고, 동시에 벽만이 열리는 것이 아니라 '몸을 열어주는' 그런 공간열림으로 확대지향 되고 있음을 보여주고 있다.

여기에서 최문자 시인은 '저절로 열리는 것들'을 비로소 볼 수 있게 되는데 그것은 벽을 허물었을 때만이, 내면적이고도 정신적 공간에서 탈출했을 때만이, 사막이나 돌의 갇힘 공간을 극복했을 때만 뜨이는 개안의 결과라고 할 수 있다.

곧 마음을 열고, 가슴을 열었을 때만 열리는 세계지향이란 뜻이다. 비로소 최문자 시인의 열린 공간을 향한 정신적 개안이거나 그러한 의지의 동반을 말해주는 것으로 볼 수 있게 하는 부분이다.

또 이러한 열린 공간이나 세계지향은 미지에의 도전을 통해 도달하고자 하는 세계나 공간을 필연화 하는데 그것이 '닿고 싶은 곳'에의 지향이다. 시를 제시해 본다.

> 나무는 죽을 때 슬픈 쪽으로 쓰러진다.
> 늘 비어서 슬픔의 하중을 받던 곳
> 그쪽으로 죽음의 방향을 정하고서야
> 꽉 움켜잡았던 흙을 놓는다.
>
> 새들도 마지막엔 땅으로 내려온다.
> 죽을 줄 아는 새들은 땅으로 내려온다.
> 새처럼 죽기 위하여 내려온다.
> 종종거리다가
> 입술을 대고 싶은 슬픈 땅을 찾는다.
>
> 죽지 못하는 것들은 모두 서 있다.
> 아름다운 듯 서 있다.
> 참을 수 없는 무게를 들고
> 정신의 땀을 흘리고 있다.
>
> ― 「닿고 싶은 곳」 전문

1연에서는 나무들의 죽음의 방향을, 2연에서는 새들의 삶의 방향을, 종연에서는 서 있는 것과 그 무게를 통해 사물들이 닿고 싶어하는 어떤 극지이거나 미시의 세계를 말하고 있다. 그렇다고 닿고 싶은 곳이 극명히 드러난 것은 아니다. 나무나 새, 그리고 서 있는 것들이 그것이 삶이었건 죽음이었건 다 무엇인가를 지향하고 살다가 죽는 다는 것을 말하고, 또 살아있는 동안 어디인가에 닿고 싶은 곳을 지향하며 산다는 것을 이 시는 말해주고 있다. 이쯤에서 결론을 제시해도 좋을 것 같다.

5. 결어

최문자 시인의 시집 『울음소리 작아지다』에서 유독 특별한 의미를 지니고 있다고 여겨지는 몇 편의 시를 대상으로 그의 시역을 설정해 본 셈이다. 그 결과 최문자 시인의 시는 '벽'과 같은 닫힌 공간을 통해 현대인의 단절과 소외, 그리고 단독자 의식을, '사막'이나 '돌'을 통해 내면적이고도 정신적 황폐성이나 정신공황을 드러내고 있다고 보아졌다.

여기에 머무르지 않고 최문자 시인은 다시 닫힌 공간 열기, 황폐한 정신적 공화에서 탈출하기를 시로써 시도하고 있다고 보아지는데 그것은 최문자 시인이 '열린 공간'과 '닿고 싶은 곳'을 시로써 제시하고 있기 때문이다.

《조선문학》 2000년 3월)

닿고 싶은 곳
― 최문자의 「울음소리 작아지다」를 읽고

김 순 일
(시인)

최문자의 네 번째 시집 「울음소리 작아지다」를 거듭 읽었다.
제일 앞머리의 시 '닿고 싶은 곳'에서 오래 머물렀다가 또 4부 '닿고 싶은 곳'에 나룻배를 대고 14편의 그늘에 앉아서 풋내 나고 혈기 왕성했던 젊은 날을 둘춰 보는, 씁쓰레한 즐거움의 한때를 보냈다.

　　나무는 죽을 때 슬픈 쪽으로 쓰러진다.
　　늘 비어서 슬픔의 하중을 받던 곳.

　　그 쪽으로 죽음의 방향을 정하고서야
　　꾹 움켜 잡았던 흙을 놓는다.

　　새들도 마지막엔 땅으로 내려온다.
　　죽을 줄 아는 새들은 땅으로 내려온다.
　　새처럼 죽기 위하여 내려온다.
　　허공에 떴던 삶을 다 데리고 내려온다.
　　종종거리다가
　　입술을 대고 싶은 슬픈 땅을 찾는다.

> 죽지 못 하는 것들은 모두 서 있다.
> 아름다운 듯 서 있다.
> 참을 수 없는 무게를 들고
> 정신의 땀을 흘리고 있다.

'나무는 죽을 때 비어서 슬픔의 하중을 받던 곳으로 방향을 정한다'고 한다.

내가 어렸을 때 부모님이나 동네 어른들은 내 머리를 쓰다듬으며 '고 녀석 대통령감이네.' 아니면 '장군이나 부자가 될 거야.'라며 농담의 칭찬을 해주곤 하셨다.

그럴 때마다 여든이 넘으신 허영 할머니께서는 나를 비어있는 눈빛으로 쳐다보시며 터엉 비어 있는 웃음을 웃으시는 것이었다.

왜, 할머니의 그 터엉 비어있던 눈빛과 웃음이 대뜸 내 머릿속을 툭 치며 떠오르는 것이었을까?

최문자는 또 '새들도 마지막엔 땅으로 내려온다'고 말한다. 그리고 '죽을 줄 아는 새들은 땅으로 내려온다'고 한다.

죽을 줄 아는 벌레나 날것들, 풀이나 나무, 짐승이며 무생물인 물이나 바위, 별들도 그리고 죽을 줄 아는 사람만이 살 줄을 안다는 것 일게다.

개코원숭이는 지위가 높아질수록 나무 위에서 아래로 아래로 땅을 향해 내려오며 산다고 한다. 우두머리가 되면 땅에 내려와서 어린 새끼들 이도 잡아주고 똥구멍도 핥아주며 무리를 다스리다가 때가 되면 죽어서 흙이 된다고 하는데……

이어서 최문자는 '죽지 못하는 것은 모두 서 있다. 아름다운 듯 서 있다'고 말한다.

죽을 줄도 모르는, 그래서 살 줄도 모르는 총이나 주의나 황금이나 왕좌

등등 허공의 비단구름을 움켜잡으려고 직립상승을 꿈꾸는 허깨비들은 '참을 수 없는 무게'를 들고 정신의 땀을 흘리며 '아름다운 듯 서 있는' 것들이 아닐까?

비어 있는 최문자의 그늘에서 피어나는 파아란 바람이 맛있다.

나는 한때, 지금도 그들의 그늘에서 벗어나지 못하고 있지만, 노자·장자의 오지마을을 구석구석 빈배로 떠돌기도 했었고, 비렁뱅이 석가의 누더기도 훔쳐서 입어보기도 하였고, 가난뱅이 예수의 맨발을 흉내내기도 했었다.

그런데, 모두가 노자·장자고, 석가고 예수라면 사람 사는 세상 어떻게 될까, 모두가 터엉 비어있는 자루라면 정말 살맛이 날까? 대장균의 씨알머리 하나 없는 물이라면 내 창자 속은 건강할 수 있을까?

제몸을 제 가시로 찔리고 나서/ (중략) /푸릇푸릇 자라는 고통의 살/ 상처도 때로는 환하게 푸르다/ (「푸른자리」·2)는 아픈 삶을 보듬고 최문자가 닿고 싶어하는 '평화로워 눈물이 나는 곳'(「잠들지 말자」)을 향해 나도 게으른 산책을 즐겨본다.

(《시와 사문》 2000년 가을호)

잃어버린 신화, 귀향, 여성적 자아 찾기
— 이시영, 『은빛 호각』(창작과비평사, 2003)
— 박종국, 『집으로 가는 길』(세계사, 2003)
— 최문자, 『나무 고아원』(세계사, 2003)

유 재 천

(경상대 교수)

1. 이시영의 『은빛 호각』

시가 시대와 삶을 반영한다고 할 때 반드시 거창한 역사적 문제나 정치적인 문제를 통해서만 그렇게 아는 것은 아니다. 우리가 겪는 자잘한 모든 경험들이 사실은 더 역사적이고 진솔한 삶의 모습을 보여 줄 수 있는 것이다.

이시영의 『은빛 호각』은 60, 70년대를 거쳐 오늘에 이르기까지 시인이 경험했던 자잘한 체험들을 서술한 산문시집이다. 지금까지 이런 소재들은 시라는 범주 속에 포함될 수 없는 것처럼 생각되기도 했다.

그러나 역사적으로 거슬러 올라가면 백석이나 신경림, 그리고 최근에 박태일에 이르기까지 이런 소재들은 엄연히 우리 시의 한 전통을 이루어 왔다는 것을 알 수 있다.

백석이나 신경림, 박태일의 시집들이 주로 농촌 체험을 바탕으로 한 것들인 데 비해 이시영의 시집은 농촌에서 어린 시절을 보내고 서울로 유학와 하숙이나 자취방을 전전하면서 겪은 도시 이야기, 그리고 서울에서 가난하게 살아가면서 겪었던 정치적 격변과 문인들의 에피소드들을 풍속화처럼 펼쳐놓고 있다.

이런 이야기들은 얼핏 보기에는 일기나 산문처럼 보이지만 인물이나 사건의 단면을 압축적으로 제시하여 전모를 상상케 해주고 시적인 공간으로 독자들을 끌어들이는 강한 흡인력은 지니고 있다는 점에서 시적 효과를 극대화시킬 수 있는 방법이기도 하다.

시 「잠실시영아파트」는 잠실시영아파트 재건축 뉴스를 보고 그것을 매개로 77년 시골 어머니를 모셔와 첫 살림을 차렸던 기억, 연탄 백장 들여놓고 든든했던 기억, 그리고 그곳에 살던 시절 남민전 사건으로 김남주 시인이 동지들과 함께 잡혀갔던 일, 1979년 대통령 유고, 계엄령 등 사건을 일기처럼 서술해 나간다. 그러나 단순한 기억의 술회처럼 보이는 이 이야기 속에는 70년대 정치, 경제적과 문화적 상황들이 압축되어 있다. 현재는 재개발로 3억 7천 만원이 나간다고 하는 투기의 대상이 되고 있지만 이곳은 지어진 이래 30년간 우리의 애환과 삶의 기억이 간직된 곳이기도 하다. 이시영 시의 매력은 이러한 사소한 것 속에서 우리의 기억들을 환기시키고 그것들을 살아있는 것으로 만들어내는데 있다.

인물을 묘사할 때도 마찬가지다. 이 시집에는 송기원, 최명희, 김남주, 미당 등 많은 문인들의 에피소드가 등장한다. 이 에피소드들은 하나의 프로필처럼 그 인물들의 성격을 압축시켜 재미있게 보여준다. 이를 테면 「고양이 엄마」에서 서울에서 양평으로 내려가 살고 있는 김민숙이 고양이 엄마라고 불리게 된 시연을 통해 시인은 김민숙이라는 소설가에게로 독자들의 관심을 집중시킨다. 독자들 중에는 김민숙을 잘 아는 사람도, 전혀 모르는 사람도 있을 것이다. 그러나 독자들은 시인이 제시한 압축된 프로필을 통해 김민숙이 살고 있는 사적인 공간 속으로 들어가게 되고 그러한 것을 통해 김민숙의 성격이며 삶과 태도를 재구성해내게 된다.

> 양평에 혼자 사는 소설가 김민숙씨는 진돗개 두 마리 말고도 어쩌다 들고양이 아홉 마리를 기르게 되었다는데요. 식사 시간만 되면 어디서 나타났는지 고 앙징스런 것들이 앞발로 톡톡 창유리를 두드리며 해사하게 웃는다고 음식상에 남은 생선뼈들을 거두며 말하는 것이었어요. 하루는 글쎄 그것들 중 한 마리가 산책길에 나선 자기를 알아보곤 좋아라고 바짓가랑이를 물고 늘어지는 통에 동네에서 고양이 엄마라는 호사스런 별칭이 붙었다고, 그런데 요즈음 사료값이 너무 올라 걱정이라며……
> ─ 「고양이 엄마」 전문

 이시영의 『은빛 호각』은 그 동안 거대담론 밑에 묻혀 있던 60년대 이래 우리 삶의 기억을 되살려 놓은 현대의 신화라고 할 수 있다. 시인은 직접적으로 자신의 정치적인 입장을 피력하거나 주장하지 않고 특정 사건이나 에피소드, 장소나 건물, 또는 인물들을 매개로 그 시대의 경제적인 상황이나 삶의 애환들을 독자들에게 환기시키고 있다. 따라서 그의 시들은 우리 시대의 잃어버렸던 문화적 단편이고 고고학적 파편들이라고 할 수 있다. 그 파편들은 그것이 살았던 시대의 기억들을 간직하고 그 기억 속으로 우리를 끌어간다는 점에서 중요한 문화적 자산이라고 할 수 있다.

2. 박종국의 『집으로 가는 길』

 박종국의 『집으로 가는 길』은 제목 자체로 볼 때 귀향 시집이라고 할 수 있다. 그러나 귀향이라는 것이 출향이라는 것을 전제로 해서 이루어지는 자전적인 귀향과정을 다루는 것임을 생각 할 때 박종국의 『집으로 가는 길』은 물리적인 고향을 찾아가는 귀향시집이라기보다는 마음이라는 집으로의 귀향을 노래하는 시집이라고 해야 옳다.

 『집으로 가는 길』은 소재 면만으로는 어머니에 대한 추억과 자연을 노래한 시집이다. 어머니의 죽음은 이 시집에서 귀향의 가장 강력한 동인으로 작용한다. 어머니의 죽음 앞에서 시인은 돌아온 탕자일 수밖에 없다. 시인에게 어머니는 물을 다 흘려보내고 그리움으로 말라버린 도랑이었고, 수확이 다 끝난 뒤 온갖 새떼들에게 자신을 통째로 내주는 다랭이논과 같은 희생적 사랑의 존재였다.

> 다 갈러터진 손가락으로 도라지 쪼개는
> 한겨울 노점상 할머니 입김이 뽀얗다
>
> 모두 키워 떠나보낸 삶이 바닥까지 드러나
> 끝이다 싶은 생, 건사하느라 악착같다
> 바람에 날리는,
> 백발모근에서 가끔은 새카만 움이 돋기도 한다
>
> 그루터기만 남은 갈라진 논바닥
> 먹이 찾아 날아든 참새들,
> 부리질하는 들판은
> 내어줄 것 없어 안쓰럽다
>
> 오늘 아침 신문은 한 생애
> 도라지 쪼개고 콩나물 팔아서
> 몇 억 학교 재단에 맡긴 할머니의 까뭇까뭇한 머리칼로 눈부시다
> 늦가을 들판 매운 바람에,
> 나는 쩍쩍 갈라진다.
>
> ―「늦가을, 다랭이논」 전문

이런 어머니나 상학남을 내논 할머니의 희생적 삶 앞에서 시인은 지금까지 자신이 걸어온 길이 얼마나 허망한 것이었는가를 되돌아본다. 자신이 걸어온 길은 밝은 불빛을 향한 것이었고 지금까지 짓눌러오던 행복이란 이름 아래 욕망은 얼마나 허수아비 같은 것 이었는가 깨딘게 되는 것이다.
이런 어머니의 희생과 사랑에 대한 발견, 생에 대한 새로운 인식은 시인의 등줄기를 서늘하게 한다.

눈 깜짝할 사이, 내가 찔레꽃 하얗게 피었습니다. 햇빛 한 자락 칭칭 감고 빨랫방망이 소리 물길삼아 퉁퉁 불었을 젖꼭지 찾아가던, 내 유년 같이 맑은 냇물 안쪽에 피었습니다. 어머니 향기가 물씬 납니다 깜박 졸았나 봅니다. 오십 년 세월이 훌쩍 지나 버렸습니다.
……
찔레꽃 따서 씹어보는 등줄기가 서늘합니다
— 「그 봄이 다 지나도록」 부분

어머니에 대한 새로운 발견은 자연에 대한 발견으로 이어진다. 어버이들이 자식들을 다 내보내고 고향을 지키는 것처럼 허리 굽은 노송은 곧은 나무들을 대처로 내보내 남의 집 대들보로 사용되게 하고 산을 푸르게 지키고 있다. 마찬가지로 고향의 산천어는 현대문명 속에서도 계곡 속에 살아남아 여전히 소백산을 밀어올리고 있다.

현대문명이 전부라고 생각했던 시인에게 자연에 대한 재발견은 하나의 기적으로 생각된다.

잘 살아보겠다고 선산 등진
그들은 지금,
어느 하늘 어느집 대들보가
되기는 되었는지 잘 살기나 하는지
제 몸이 떨구는 비수같은 갈비
오랜 세월 그리던 소망으로
언 땅을 녹입니다
온 산에 푸른 숲 만들고 있습니다

어쩌다 고향 내려와 선산 보면
콧날이 시큰시큰합니다
— 「등 굽은 적송」 부분

소백산 끝자락 기암절벽 아래는
산천어가 살고 있다

자세히 들여다보면, 산천어
꼬리칠 때마다 물결은
소백산 산자락을 밀어올리고 있다
……

어쩌다 고향 찾아가
산천어 바라보면
아직 살아있는
그들이 기적 같아서
내 등에선 식은땀이 난다, 등짐이 는다

— 「쌍곡계곡」 부분

  시인으로 하여금 식은땀이 나게 하고 등줄기 서늘하게 하는 것은 무엇인가. 그것은 우리가 가을 산을 등산하다가 수북이 쌓인 낙엽들을 보면서 놀라는 것과 같은 이치일 것이다. 이 세상에는 인간 세상만 존재하는 것이 아니라 헤아릴 수 없을 만큼 많은 낙엽들, 벌레들, 철새들이 존재하고 있는 세계인 것이다. 그것들은 없는 것이 아니라 문명과 속도에 물든 현대인들 눈에 보이지 않을 뿐이다.

  박종국 시인의 『집으로 가는 길』은 현대문명에 눈이 먼 우리들에게 진정한 행복이란 물질적 욕망의 충족에 있는 것이 아니라 자연과 어머니의 마음으로 돌아가는 것이라는 것을 가르쳐준다. 문명 세계 속에서 살아남기 위해 버려야 했던 많은 것들, 그것들 속에 진정한 삶의 의미가 있다는 것을 보여주는 것이다.

무심코 버린 신발
문수를 늘릴 때마다 벗어던진,
다 기억할 수 없는,
그것들이 나를 예까지 몰고 온 게 아닐까

굳이 찾으려 애쓰지 않아도
그들이 남기고 떠난 채취는
신발의 문수를 늘려 놓았고
다 자란 문수의 맥박은 숨가빴다

문수를 더 늘리려고
잘 맞는 신발을 고르려고
버려야 했던 것들은 얼마나 많은가
버리지 않고는 신발 한 켤레도 고르기 힘든
내 삶 속 그들의 체온은
나를 견디고 숨쉬게 했다

버릴수록 따뜻한 배경으로 남아
너와집 한 채 지었다 부쉈다 한다

─「버린 신발」전문

3. 최문자의 『나무고아원』

최문자의 『나무고아원』에서 시인의 주 관심사는 존재론적 문제에 집중되어 있다. 이 시집에서 시인은 사회적 존재로서 인간의 정체성위기의 문제를 다루고 있지만 특히 여성으로서 존재 문제에 관심을 보여준다는 점에서 의미 있는 시집이다. 의자 연작에서 시인은 맞지 않는 남성의 의자에 앉아 다리 오그린 늙은 여자로 변해가는 자신을 다음과 같이 노래한다.

한 남자의 의자에 앉게 되었다.

발 아래가 깊었다.
저녁같이 쓸쓸한 의자
저녁이면 구름같이 더욱 깊어지는 깊이
의지에서 바닥까지 흐르려는 무게를 가까스로 잡아당기다
다리 오그린 늙은 여자가 되었다.
편한 잠은 서로가 없었다. 모든 부드러운 게
의자처럼 딱딱해졌다.
앉으면 노래도 뚝 끊기는
그 까끌까끌한 의자에서 몇 번이고 일어서려 했다.
의자 위에서 보낸 딱딱한 시간들이
의자에 못박힌 선언들이
여자를 잡아당겼다.
낮이고 밤이고
의자의 발톱들이 눈을 뜨고 모든 걸 보았다.
저녁이다.
보얗게 시간은 먼지 쌓이고
박혀 있던 못들이 보일락 말락 세상으로 나온다.
정할 수만 있다면 흐린 저녁에 주고 싶다.
어둑어둑한 말끝을 맺으며
의장서 스르륵 빠지고 싶다. 못처럼

관 뚜껑을 닫을 때
누군가가 울다 말할 것이다.
의자 위에서 죽었네.
희미한 저녁 의자 위에서

― 「그녀의 의지 4」 전문

여성적 존재로서 시인은 평생을 한 남자의 의자에 앉아 다리 오그린 늙은 여자가 된 자신을 발견한다. 남자의 의자에 앉아 그 의자에 적응하다 보니 편안할 리가 없다. 여성을 상징하는 부드러움은 딱딱한 것으로 변해버렸고 노래도 끊겼다. 의자에서 벗어나려고 해보지만 의자의 선언들이 여자를 잡아당긴다.

의자가 상징하는 남성 중심적 체계 속에서 여성성의 위기를 노래하고 있는 시이다.

이러한 위기의식은 물드는 것에 대한 두려움으로 나타나기도 한다. 아버지는 어머니를 쉽게 물들였고 어머니는 헐렁하게 물들여지는 것을 허락했다. 그러나 시인은 삼십년을 살면서도 그 색깔 그대로냐는 남편의 질책을 받는다. 시인이 물들여지는 것을 거부하는 것은 무슨 까닭인가. 그것은 존재의 상실로 생각하기 때문이다.

> 어려서는 엄마를 잡고 웃었다
> 커서는 남자를 잡고 울었다
> 엄마보다 검은 남자.
> 시간은 느릿느릿 내게 검은 물을 먹였다.
> 더 맛있게 죄를 짓고 잡혀온 기억들은
> 페이지마다 모두 검었다.
> 책을 들면,
> 몇 페이지 못 읽고 정전이 되었다.
> 깜빡 꺼졌다. 살아나는 세상의 페이지
> 눈을 끔뻑거리는 사이사이로
> 검은 이야기들이 지나갔다.
> 이제 보니
> 꿈만 빼놓고
> 검은 동화를 쓰며 살아왔네
>
> ―「검은 동화」 전문

> 첫눈 오는 날
> 독한 잎 하나를 보았다.
> 끝까지 초록 옹쳐 매고
> 설 자리 없어
> 거꾸로 매달려 흔들리는 잎

퍼뜩,
물들거나 마르지 못하는 몸
몸 속엔 분명 색깔이 있다.
손을 잡기만 해도 흠뻑 물드는
무서운 물감
아버지는 어머니를 쉽게 물들였고
어머니는 헐겁게 물들어주면서
나중엔 어떤 색깔이랄 수도 없이
그런 비슷비슷한 혼융의 색깔이 자라던
그 화평의 나무 아래서
나는 하나도 아프지 않게
맘껏 색칠 놀이를 하였다.
유년과 어긋나던 물감의 세상
삼십년을 살고도 펴보면 그 빛깔 그대로냐고
 그가 화낼 적마다
 어금니 깨물고 물들자 작정해도
 저렇게 독하게 옹쳐 맨
내 안의 잎 하나
그 마르지 않는 힘을
나, 어떻게 이기나?
비바람 칠 때마다
창문을 열어본다.
거꾸로 매달린 희망
마지막 저 잎새.
죽음을 앞두고도
끝내 초록을 떠나본 적 없는
믿을 수 없는 독한 잎 하나
바람이 잘 때까지
나는 잠 들 수 없다.

— 「마지막 잎새」 전문

시인에게 남편마저도 자신에게 검은 물을 들이고 검은 동화를 쓰면서 살게 만드는 위협적인 존재로 인식된다. 이런 대결 관계 속에서 사는 것은 쉬운 일이 아니다. 시인은 어금니 깨물고 물들자고 작정해도 마지막 잎새처럼 물들지 않고 독하게 옹쳐 맨 "내 안의 잎 하나"를 확인할 수밖에 없다. 시인에게 이러한 마지막 잎새를 지키려는 안간힘이 글쓰기였다고 할 수 있다. 그러나 그러한 시인의 안간힘은 늘 실패일 수밖에 없다. 시인은 치마 입고 산에 오를 때 걸리고 잡아당기는 것처럼 끈끈이주걱이나 도둑놈 갈고리 같은 세상은 여성성을 위협하고(「걸리는 기쁨」) 이 색깔 저 색깔로 덧칠 당하고 돌아오는 자신을(「파란 대문에 관한 기억」) 발견할 수밖에 없다.

이 시집 『나무고아원』은 한편으로 이러한 여성으로서의 정체성의 위기와 그 비애를 노래하면서도 그 동안의 개인적인 한계에서 벗어나 외부 세계로 자신을 확장하려는 가능성을 보여준다는 점에서 의미 있는 시집이라고 할 수 있다.

시인이 자신의 정체성 문제에 집중할 때 시세계는 외부 세계와 단절되고 자신의 내면세계로 고착될 수밖에 없다. 그러나 눈을 밖으로 돌릴 때 시인은 자신의 세계를 외부로 확장할 수 있는 것이다. 「나무고아원」 연작시는 그런 가능성을 내포한 시이다.

    지금쯤
    노을 아래 있겠다
    그 버려졌던 아이들
    절뚝거리는 은행나무
    포크레인에 하반신이 찍힌 느티나무
    왼팔 잘린 버즘나무
    길바닥에서 주워다 기른
    신갈나무, 팥배나무, 홍단풍
    지금쯤
    찬 눈 맞으며
    들어올린 팔뚝 내리지도 못 하고

검단산 바라보고 섰겠다.

한여름
맑은 쑥대 큰 기름새 사이로
쌀새와 그늘사초 사이로
불쑥불쑥 꽃피던
은방울꽃 소곤대는 사이로
버림받고 엎어졌던 아이들
지금쯤
바람부는 솟대길 지키며
그럭저럭 키만 커서
주워다 붙인 이름표 달고
지금쯤 표정 순하게 강을 보고 있겠다.
창백했던 시간을
강물에 씻으며

— 「나무고아원 1」 전문

  이 시에서 눈에 띄는 것은 시인의 시선이 자기 자신으로부터 벗어나 외부 사물로 향하고 있다는 것이다. 나무고아원은 가정이나 공사 중 버려진 나무들을 모아 놓은 곳이다. 인간이란 어쩌면 낙원으로부터 이식당한 나무일지도 모른다. 이 시에서 나무에 대한 연민은 시인 자신의 비극성에 대한 연민으로부터 비롯된다고 할 수 있다.
  나무에 대한 관심이 전적으로 외부세계에 자신을 열어놓는 것은 아니더라도 외부 세계와 자신을 능가적으로 연결하면서 확장시켜 나간다는 것은 틀림없는 사실이다.

(《시와 사람》 2004년 봄호)

꽃과 쇠의 드라마
— 최문자의 『나무고아원』

홍용희
(문학평론가 · 경희사이버대 교수)

　최문자의 시집 『나무고아원』은 외부 세계의 폭력성에 시달리는 여리고 섬세한 내면의 살점들의 뜨거운 통증과 비린내로 져며 있다. 그와 외부 세계는 상극관계를 이룬다. 그에게 세상을 살아가는 과정은 '푸르딩딩한 폐허'(「파란 대문에 관한 기억」) 속에서 '수천 개의 못 자국'(「옻나무 밭」)에 긁히며, '붉게 터진 마음을'(「쇠 속의 잠」) 추스리고, '피를 닦'(「믿음에 대하여」)는 신산스런 고통으로 점철된다. 그래서 그의 시편들은 지난한 '사막일기'(「사막일기」)이며, 희망을 잃은 '검은 동화'(「검은 동화」)의 속성을 지닌다. 그의 이러한 삶의 역정은 또한 스스로를 향한 비관적인 현실 인식과 회한의 자의식을 강화시킨다. 그리하여 그의 시적 삶은 외부세계의 폭력성과 이로 인한 자신의 고통스런 삶을 향한 스스로의 처연한 자의식이 중첩되는 이중적 불행 속에 노출되어 있는 것이다. 그렇다면, 『나무고아원』의 출발지점에 해당하는 시인과 세계의 상극관계의 실재는 무엇인가?

　　와우리 성애원 옆, 금곡폐차장엔
　　벌써 10년 넘게

> 쇠와 싸우는 풀들이 있습니다.
> 보통리 그 넓은 벌판 다 빼앗기고
> 변두리로 밀리고 밀리다
> 폐차장 무쇠더미 속까지 떠밀려와 살고 있습니다.
> 쇠와 살대고 살면서도
> 쇠와 섞이지 않는 강아지풀 하나
> 지난 봄에 살해당한
> 풀의 아이를 배고
> 죽은 엔진 뼈대에 기대어 잠이 들어 있습니다.
>
> ―「쇠 속의 잠」부분

  이 시의 생성 원리는 '쇠'와 '풀'의 상극관계에 있다. 상극관계는 서로가 서로를 해치는 죽임의 속성을 지닌다. 이를테면, 나무와 쇠가 만나면 반드시 그 나무가 썩게 되는 것과 같은 이치이다. 그래서 우리는 오래된 목조 건물에는 쇠못이 없으며, 뒤틀린 목조 가구에 쇠를 붙이면 고착화의 마비 현상이 나타나는 것을 확인할 수 있다. 위의 시편에 나오는 '쇠'와 '풀' 역시 상극관계의 극단에 놓인다. 자신의 삶의 터전을 '다 빼앗기고' 밀려나온 풀이 쇠의 거주지에 머문 지도 '벌써 10년'이 넘었다. 그러나 풀은 아무리 '쇠와 살대고 살'아도 쇠와 동일화되지 못한다. 오히려 쇠에 의해 '살해' 당하는 숙명을 확인할 뿐이다. 쇠는 풀로 인해 더욱 빨리 녹슬고 풀은 쇠로 인해 죽임을 당한다. 그리하여 '지난봄에 살해당한/풀의 아이를 배고' 잠을 청하는 '강아지풀'의 모습에서 죽음의 그림자가 가까이 다가오고 있음을 감지하기란 어렵지 않다. 「쇠 속의 잠」, 즉 살해의 공격에 노출된 일상을 살아가고 있는 '풀'의 위태로운 운명이 이 시의 중심점을 이루고 있는 것이다.

  이와 같이 '쇠'와 '풀', 광물과 식물의 이미지로 표상 되는 상극관계는 다음의 시편의 경우 외부 세계의 폭력성과 '꽃'의 이미지로 변주되어 나타나기도 한다.

① 그녀의 믿음은 잃는 것으로 수북하다.
　누가 그녀에게 이런 믿음의 시동을 걸었을까?

　깊은 밤 그녀는 아무도 모르게
　차를 몰고 나간다.
　무거웠던 수만 개의 못들을 자르르 쏟아버린다.

　믿을 때마다 돋아나던 못,
　못들을 안아야 돋아나던 믿음.
　그녀는 깊은 밤
　피를 닦으며 잠이 든다.
　　　　　　　　　　　　　—「믿음에 대하여」부분

② 태초에 신이 진흙을 주물럭거릴 때
　진흙을 뚫고 여자로 움트던 꽃잎
　진흙 위에 진흙을 바르며 꽃잎을 느꼈었다.
　가장자리가 다 닳아빠지도록
　그 동안 얼마나 창백하게 내버려둔 꽃잎인가?
　삶의 들판 사이사이에서 울고 웃던 꽃잎
　울다가 구름을 안고 집으로 돌아오던 꽃잎
　진흙인 줄 모르고 쇠처럼 써버리던 꽃잎
　　　　　　　　　　　　　—「꽃잎」부분

시 ①은 믿음이 배신과 등식화되는 양상을 드러내고 있다. '그녀의 믿음은 잃는 것으로 수북하다.' 화자에게 세계는 모든 믿음을 공격적인 가해로 보답한다. 그래서 화자는 '믿을 때마다 돋아나'는 '못'에 시달리게 된다. 화자가 깊은 밤, 차를 몰고 나가서 버리는 '수만 개의 못'이란 세계로부터 받은 '수만 개의' 배신의 상처 자국을 가리킨다. 여기에서 '못'은 세계의 폭력성의 선명한 표징으로 존재한다.

한편, 시 ❷는 시적 화자의 본령이 '꽃잎'의 이미지로 표상되고 있다. 화자는 제 몸에 '진흙을 바르며 꽃잎을' 감지하고 있다. 그 '꽃잎'은 자신의 존재의 근원이다. 지상에서 가장 섬세하면서 아름다운 생명의 정수가 자신의 원형질이었던 것이다. 그러나 '그 동안 얼마나 창백하게 내버려' 두었던가? 꽃잎을 '쇠'처럼 함부로 다루었던가? 이러한 질문에는 '가장자리가 다 닳아빠지도록' 자신을 마모시키며 살아온 세월을 향한 가없는 탄식과 회한이 배어 나온다.

이상의 두 편의 시에서 엿볼 수 있듯이 시인에게 자아와 세계의 관계는 꽃과 못, 즉 연성과 경성, 식물성과 광물성의 대립으로 파악된다. 광물성의 경성체는 생물적인 자기 조직화 운동을 멈춘 닫힌 존재의 속성을 지닌다. 그래서 이것은 소통 불능의 폐쇄성, 차가운 비인격적 특성을 표상한다. 다음 시편은 일상 속에서 만나는 이러한 부정적인 금속성의 세계를 보여준다.

> 엘리베이터에서 내리면
> 긴 골목도 없이 나를 막아서는 802호
> 지금은 거기에 산다.
> 열쇠를 돌리려면 한참씩 문 앞에서 달그락거리지만
> 잠긴 저 안은 언제나 쇠처럼 고요하다.
> 하루 종일
> 이 색깔 저 색깔로 덧칠당하고 돌아온 나를
> 아무도 눈치채지 못하나.
> 희망처럼 보이는 푸르딩딩한 폐허를
> ―「파란대문에 관한 기억」 부분

이 시의 중심짐은 '쇠'이다. 화자에게 자신의 집은 단단한 '쇠'의 공간으로 이해된다. 그래서 집은 화자를 맞이하는 곳이 아니라 '막아서는' 곳이다. 가장 평온한 안식의 공간마저 화자에게는 차갑고 이질적인 금속성의 벽이다. 여기에서 '쇠처럼 고요하다'는 것은 소통불능의 침묵이며, 절대 고독의 고립감을 나타낸다. 집안의 구성원들은 누구도 '이 색깔 저 색깔로 덧칠 당하고 돌아온 나를/아무도 눈치채지 못한다.' 그래서 쇠처럼 느껴지는 고요가 화자에게는 폭력적인 가해가 된다.

그렇다면, 사위를 에워싸고 있는 금속성의 고착물을 용해시킬 수 있는 방법은 없을까? 이러한 물음 앞에 다음 시편이 놓인다.

> 탱탱 얼린 닭 배를 강제로 어기고
> 얼어붙은 찹쌀을 부숴 넣은 다음
> 언 수삼을 넣고
> 팔팔 달였지요.
> 에어컨을 3단으로 올려
> 얼음을 켜 놓고
> 삼계탕 국물까지 후루룩 마신 뒤
> 제각기 제 방으로 들어갔어요.
> 녹으려는 것들을 데리고 들어갔어요.
> 뜨겁게 삼킨 닭을 다시 얼리고 있었어요.
> 얼음나라에 살고 있어요.
>
> ― 「얼지 않는 여자 · 2」 부분

얼어붙은 '닭'과 '찹쌀'을 '팔팔 달'여서 용해시킨다. 단단한 고체가 액화되면서 온 식구들이 모여 앉는 정다운 자리가 마련된다. '삼계탕 국물'을 '후루룩 마'시는 풍경은 따뜻한 가족 공동체의 풍경을 연상하기에 충분하다. 그러나 이내 뜨겁던 국물은 견고한 고체로 다시 전환되고 만다. 식구들은 '녹으려는 것들을 데리고', '제각기 제 방으로 들어'간다. 식구들이 들어가면서 녹은 것들이 다시 얼고 있다. 그러나 이 순서는 동시적이어서 굳이 선후를 따질 필요는 없다. 그래서 국물이 식으면서, 즉 액체가 고체화되면서 식구들의 관계도 다시 금속성의 침묵으로 돌아가고 있는 것으로 해석해도 무리가 없다. 이제 다시 집안의 풍경은 소통 부재의 '얼음나라'로 변화된다.

시적 화자에게 주변의 일상은 부드럽고 유동적인 대상마저도 딱딱한 고체로 응결되면서 고립감을 심화시키는 요소로 작용한다. 그에게 소외와 고립은 외부세계로부터 강요된 선험적인 숙명으로 보인다.

> 내 몫으로 돌아온 손잡이는
> 처음부터 한쪽 고정못이 빠져 달아난
> 위험한 손잡이였다.
> ―「바람 속 부부」 부분

> 모든 부드러운 게
> 의자처럼 딱딱해졌다.
> 앉으면 부르던 노래도 뚝 끊기는
> 그 까끌까끌한 의자에서 몇 번이고 일어서려 했다.
> 의자 위에서 보낸 딱딱한 시간들이
> 의자에 못박힌 선언들이
> 여자를 잡아당겼다.
> ―「그녀의 의자·4」 부분

시적 화자에게 비극적인 삶은 자신의 의지와는 무관하게 주어진 것이며 강요당한 것임을 드러내고 있다. 그에게 '내 몫으로 돌아온 손잡이는/처음부터 한쪽 고정 못이 빠져 달아난' 위험한 것이었다. 그에게는 이미 순탄치 못한 삶이 예고되고 있었던 것이다. 그의 주체적인 의지와 원망은 어디에서도 성취되지 않는다. '앉으면 부르던 노래도 뚝 끊기는/그 까끌까끌한 의자에서' 일어나려고 하지만, 그러나 이것은 허용되지 않는다. '의자에 못박힌 선언들이' 그를 놓아주지 않는다. 물론 여기에서 '의자에 못 박힌 선언들'이란 화자를 포박하는 삶의 규율들을 가리킨다. 그에게 '모든 부드러운 게' '딱딱'하게 고착화되는 현상은 벗어날 수 없는 숙명으로 보인다.

그래서 그에게는 사위를 에워싸고 있는 고착화된 광물의 이미지, 즉 비인격적인 '쇠'의 계열체들이 식물적인 부드러움으로 전환되는 것은 간절한 꿈이 된다.

> 덩어리들은 매일 밤 꿈을 꾼다.
> 별안간 뽀얀 가루가 되는 꿈을 꾼다.
> 뿌리를 타고 올라가
> 다시 나무가 되는 꿈을 꾼다.
>
> ― 「가루를 향하여」 부분

'덩어리들'의 '다시 나무가 되는 꿈'이 실현될 수 있는 자리는 어디일까? 다시 말해, 그가 가혹한 소외와 피해의식으로부터 벗어날 수 있는 출구는 어디인가? 사랑의 추억과 종교적 상상력의 세계가 그 가능성을 어느 정도 엿보게 한다.

> ① 사랑은
> 내게 마지막 남은 들판이다.
> 아직도 노랑나비 비릿한 속삭임으로 꽉 차 있다.
> 들판에 서면
> 물결 같기도 하고
> 눈물 같기도 한 노랑나비가
> 들풀의 정갱이에서 글썽이고 있던 들판이다.
> 울지도 않고
> 뒤돌아보지도 않고
> 날아가던 노랑나비 들판.
>
> ― 「노랑나비」 부분

> ② 목사님이 나더러 꼭 소금이 되라 했는데

몇십 년 그 말을 어겨 왔다.
저렇게 시퍼런 배추의 영혼 속으로 들어가
간을 치고 죽어야 하는데
믿을 수 없다.
가시를 품고도 내가 소금이 된다는 것
소금 속의 가시가 배추를 먼저 찌를 텐데

— 「붉은 소금」 부분

시 ①에는 시적 소재의 중심을 이루고 있는 '노랑나비/물결/들풀/비릿한 속삭임' 등에서 배어 나오는 가볍고 경쾌하고 탄력적인 분위기가 생동감 있게 펼쳐지고 있다. 최문자의 이번 시집의 주조음을 이루고 있는 비관적인 하강성이 어디에서도 배어 있지 않다. 그것은 이 시의 생성의 터전이 '사랑'이기 때문이다. 그러나 여기에서 사랑은 이미 지나간 기억의 시간 속에 있다. 「당신의 풀」, 「왼손잡이 사랑」 등의 시편에서도 노래되고 있는 사랑의 언어는 모두 과거형이다. 따라서 이들 사랑 시편의 계열에서 그의 하강적인 시적 삶에 활력을 불어넣을 수 있는 미래지향적인 가능성을 기대하기는 어렵다.

시 ②는 종교적 상상력이 개진되고 있다. 화자가 스스로 소금이 되어 배추와 동화된다는 것은 '식물성의 나무가 되는 꿈'(「가루를 향하여」)의 실현과 연관된다. 종교적 상상력의 방법론을 통해 광물적인 고체로부터 식물적인 부드러움에 도달하는 길을 찾아내고 있는 것이다. 그러나 이러한 방법론 역시 실질적인 대안이 되어주지는 못한다. 시적 화자는 스스로 '살해의 꿈을 꾸면서/소금이 피를 흘린다는 거/그 피로 배추의 시퍼런 죄를 씻어준다는 거/믿을 수 없다'고 생각한다. 이미 화자의 내면에는 타자와 동화되거나 합일될 수 없는 금속성의 '가시'가 존재하고 있는 것이다. 그래서 '목사님이 나더러 꼭 소금이 되라 했'던 말에 부응할 수가 없다.

여기에 이르면, 시적 화자는 지속적으로 이번 시집 『나무고아원』의 출발점을 이루는 쇠와 풀의 상극관계에서 벗어나지 못하고 있음을 거듭 확인할 수 있다. 이를테면, 그가 '누구의 짓이었을까?/풀잎 같던 어깨가 이렇게 딱딱해지는 것은'(「내 안의 돌」)이라고 할 때, '누구'는 바로 외부 세계의 비인격적인 광물적 속성을 가리킨다. 이러한 도저한 피해의식 앞에서 그는 '무게에 지친 내 안의 것들아./굳은 것과 굳으려는 것 사이/용케 돌아 나가는 길'을 찾아 '나비처럼 날아가.'라고 하지만, 그러나 이것은 공허한 바램에 그칠 뿐이다. '내 안의 돌'이란 화자 자신의 삶의 과정 속에서 '참을 수 없는 것들'이 '쓰러지면서 덩어리가 된'(「가루를 향하여」) 결과물로서 이미 자신의 존재 그 자체이기 때문이다. 따라서 꽃과 쇠 혹은 식물과 광물의 상극관계에서 벗어나지 않는 한 광물적인 고착화의 숙명에서 자유로울 수 없다. 그렇다면, 이번 시집의 출발점에 해당하는 '쇠'와 '풀'의 상극관계의 드라마에서 벗어날 수 있는 방법은 무엇일까? 다시 말해, 그의 이번 시집의 주조음을 이루고 있는 어둡고 비관적이고 무거운 고통과 회한의 어조에서 벗어날 수 있는 길은 어디에 있을까? 그것은 아마도 스스로를 '풀'이라고 표나게 전제함으로써 외부 세계와 더욱 날카로운 각도로 형성되는 상극관계 자체를 와해시키는 방법 밖에 없지 않을까? 그때만이, 시적 화자 자신의 '내 안의 돌'이나 '소금 속의 가시'가 점차 사라지면서 '시퍼런 배추의 영혼 속으로 들어가'(「붉은 소금」) 완전히 동화될 수 있지 않을까? 최문자의 시 세계는 이제 여기에 응답할 차례이다. 이것은 시인의 시적 삶의 절박한 운명과 연관된다는 점에서 매우 본질적인 문제성을 함유한다.

《현대시학》 2004년 3월호)

월평 / 계간평 / 단평

여류시와 페미니즘 그리고 기담시奇談詩 • 최동호
여성시의 화려한 폭죽 • 이숭원
마음의 올과 결 • 이숭원
벽의 너머로 • 김동원
비극적 현실의 서정적 풍경들 • 오정국
눈물과 침묵에 대한 겨울 이미지 • 이규리
마주침, 그리고 단상들 • 김유중
죽음의 의미를 탐색하다 • 이승하
'詩而吾', 그리고 '땅에다 시 쓰기' • 전도현
꽃으로 피어나는 슬픔 • 이숭원
심미적 대상으로부터 환기된 내면의 울림 • 오태호
견딤의 방법론, 부재하는 • 김수이
빛과 그리고 그림자 • 강성철
말들의 풍경 • 유성호
삶과 꽃 사이, 적요에 이르는 그토록 많은 길 • 유지현
최문자의 「꽃냉이」를 읽고 • 손현숙
몸을 통한 세상과의 소통 • 오정국
절망과 희망의 이중주二重奏 • 박영호

여류시와 페미니즘 그리고 기담시(奇談詩)

최 동 호

(문학평론가 · 고려대 교수)

1

여류시라는 말 속에는 보수적이며, 남성 중심적인 체취가 담겨 있다. '여류'라는 말이 무색해진 오늘날 구태여 여류시라고 할 필요가 있겠는가. 시에서 무슨 성차별을 논하려는 것은 아니다.

여류시나 페미니즘이라는 말에서 느껴지는 서로 다른 질감을 어떤 형태로든 확인해보고 싶은 것이다.

페미니즘 하면 무엇보다 먼저 여성해방운동을 떠올리게 되고 여성 중심주의적 사고의 유행을 생각하게 된다. 남녀동등의 양성주의는 문화가 발달할수록 강화된다. 인류문화의 패턴이 오히려 부계 중심에서 모계 중심으로의 새로운 대전환이 이루어지는 것이 아닐까 느껴시기도 한다.

사회 도처에서 기존의 관습은 무너지고 종래 불가능한 부문으로 여겨지던 여러 영역에서 여성들의 진출은 비약적으로 이루어지고 있다. 그럼에도 여성들의 입장에서 말하라고 한다면 아직도 사회적 구속과 제약은 유형무형으로 그들을 구속하고 있다고 말할 것이다. 어떻든 여성들의 시쓰기는 이제 여류라고 불리는 몇몇 사람들에 의해 행해지는 것이 아니라 시단의 상당 부분을 그들이 점유하게 되었다고 해도 과언이 아닐 정도로 활발하다.

우리 시사에서 노천명, 모윤숙에서 시작된 여류시는 김남조, 홍윤숙 등을 거쳐 김초혜, 유안진, 신달자는 물론 천양희, 문정희, 노향림, 김승희, 최승자 등에 이어지고 다시 페미니즘적 성향을 다분히 풍기고 있는 김정란, 조윤희, 노혜경, 정은숙, 강문숙 등에 이르고 있다. 최근 들어 이들의 활동은 더욱 가속화되고 있으며, 이들을 중심으로 더 많은 여류들이 시단의 저변을 형성하고 있다고 할 것이다.

2

여류시라고 해서 특별 대접을 받아야 할 필요가 없는 것처럼 페미니즘이 유행했다고 해서 여기에 과중한 관심을 표방해야 될 이유는 없다. 그리나 이들의 최근 활동은 작품의 질과 양에서 오히려 시단의 탄력적 부분을 형성하고 있는 것이 아닌가 판단된다. 그들의 시가 결코 호사취미가 아니라는 점에서 눈여겨보지 않을 수 없다.

시시한 일상사에 매달리거나 무기력한 되풀이나 위축된 자의식을 징징거림처럼 하소연하는 시들이 시단의 일부를 점하고 있는 오늘날 여성들의 시쓰기는 아려한 자기 도취에서 벗어나 시단의 중심부를 강하게 추동하는 활력이 되고 있다고 하겠다.

"영혼의 밑바닥에 있는 희망을 쓰고 싶다"는 천양희는 「나는 가끔 날개를 꿈꾼다」(《문학사상》 1996년 8월호)에서 다음과 같이 말한다.

> 절망 희망 절망 희망의 날들. 새들은 벌써 하늘에 있다. 물새들이 날 때마다 나는 상처받았다. 하늘 높은 줄 모르는 것들.(……) 새들은 날개가 있고 나에게는 시가 있다. 정말 시가 뭐냐? 사는 게 뭐냐? 뭔가 고픈 것이냐? 축여풀 꽃 몇, 잡풀 속에 끼여 있다. 축여풀 먹으면 허기가 없어진대, 저 환하게 푸른

꽃 축여(祝餘)! 저것이 혹 생시(生時) 같은 건 아닐까. 오늘 따라 아득해지는 정신. 정신없이 강줄기 따라간다.
— 「나는 가끔 날개를 꿈꾼다」 후반부

잘 다듬어진 시라고 할 수 없지만, 화자의 내적 독백을 진술하게 드러내고 있다. 특히 시란 무엇인가라는 의문에 대한 천착을 보여주고, 잡풀 속에 있는 축여풀꽃을 통해 시인이 도달하고자 하는 생시(生時)를 발견한다는 점에서 시인으로서 천양희의 고뇌를 읽을 수 있다. 날아오르는 물새를 볼 때마다 상처를 받는다는 그의 시심은 어떤 점에서 이상의 「날개」를 연상시킨다.

아마도 그것은 저주받은 영혼의 표상일 것이다. 그러나 "새들은 날개가 있고 나에게는 시가 있다"는 진술이 극히 시적인 것은 아니지만, 가망 없는 희망에 자신의 시를 걸고 있다는 점에서 쉽게 던져지는 명제는 아니다.

이런 천착을 바탕으로 천양희는 「풀 베는 날」(《현대문학》 1996년 8월호)과 같은 기적을 얻는다.

마음이 풀포기 몇, 말아올린다. 날 살게 하는 건 썩어
거름 된 풀잎들, 싹 내민 무명초들, 풀도 잘못 잡으면
손을 벤다고? 세상에는 베이는 일들이 너무 많다
멍멍해진 눈에 노물이 차오른다. 들판 한쪽을 오래
당겨본다. 실개천 하나 달려나오고 물떼새 왁자지껄
날아오른다. 오르고 또 올리도 허늘 밑이디.
우두커니 나는 풀밭에 서 있어 그때마다 발끝이 들려

풀 베다 본다
한 뿌리 모두 여러 갈래다
같은 땅인데 길조차 여러 갈래
풀섶이 내 속에 들어앉는다
풀씨만한 한 생(生)이 꿈틀거린다

> 풀아 날 잡아라
> 내가 널 당겨 일어서겠다.
>
> ―「풀 베는 날」 마지막 제3~5연

　상처받기 쉬운 영혼이 풀베기를 통해 강하게 일어서는 역동성을 담고 있는 이 시는 무리없이 잘 다듬어진 작품이다. 썩어 거름이 되는 풀잎들을 통해 삶의 힘을 얻는다는 화자의 시적 관찰은 일시적으로 얻어진 것은 아니다. 삶의 아픔을 순화시켜 새롭게 꿈틀거리는 생을 획득하는 과정은 "풀섶이 내 속에 들어앉는다"라는 표현 속에 압축되어 있다.

　한 뿌리 한 뿌리가 여러 갈래인데, 그 풀섶이 내 속에 들어앉음으로 인하여 여러 갈래 갈기갈기 상처받은 화자의 마음 또한 풀과 하나가 된다. 잡아당겨 베어낸 풀은 거름이 되고, 그 거름이 상처 많은 나를 치유하는 것이다.

　언뜻 지나치기 쉽지만 천양희의 시적 특색은 "날아오른다. 오르고 또 올라도 하늘 밑이다"에서 감지된다. 아무리 날아오르려 해도 날아오를 수 없음을 깨닫고, 풀베기를 통해 삶의 역동성을 얻고 있는 천양희의 시는 영혼의 밑바닥에 있는 희망을, 포기하지 않는 고통의 시이다.

　그의「풀 베는 날」에는 베인 풀로 가득한 풀밭처럼 고통의 체취가 진동하고 있다. 고통의 강렬함이야말로 그를 날아오르게 하는 힘의 원천이다. 그가 지닌 고통의 진정성은 우리 모두에게 "사는 게 뭐냐"라는 그의 화두를 새삼 음미하게 만든다.

　천양희의 시와 더불어 최문자의「두 번 꽃필 것도 같은 내일」(≪현대문학≫ 1996년 8월호)은 여류시의 정상을 읽는 기쁨을 느끼게 한다. 최문자의 시가 지금까지 비평의 대상이 된 예는 드물지만, 최근 그의 작품들은 괄목할 만한 시적 성과물로 여겨진다.

산에 다녀온 날은
머리를 감아도 감아도 풀냄새가 난다.
실핏줄까지 새파란 풀의 정신이
내 몸 온 데를 건드렸나 보다.
소래포구로 생선 사러 갔다 온 날은
두 손을 비누로 닦아도 닦아도 비린내가 났다
어쩌지 못하는 것들은 냄새의 혼이 있다
냄새 속에서 지난날의 피가 흐른다.
기억을 잠글수록 비린내가 더 진동한다.
새벽 2시
타인들은 푸르게 잠들고
나는 쓰리고 아픈 냄새들이 요 밑에서 으깨어질 때마다,
아픈 진동을 뒤척였다.
더운 어느 날처럼
쓴 커피 한 잔 타 마시고 찬물로 세수하고 나니,
창살 너머로 뿌옇게 내일이 보였다.
내일.
오늘의 비린내에 푹 젖어 아무것도 못 잊을 내일.
불발의 그리움이 오늘을 채우고도 남아
두 번 꽃필 것도 같은 내일
모든 희망이 거품을 일으키며 문을 여는 미명에
밤새 낯질해도 안 쓰러지던 냄새를 헤치고
나는 꼭두새벽부터
말라붙은 땅에 끼익 시동 걸고
앞서가고 있는 노동의 뒤를 따라나서야 한다.

― 「두 번 꽃필 것도 같은 내일」 진빈**부**

  이 시를 지배하고 있는 것은 후각적 이미지이다. '풀냄새/비린내/그리움의 냄새'로 시적 이미지가 전개된다. 그러나 이 후각적 이미지들은 "냄새의 혼"으로부터 힘을 얻는다. 이 시의 화자가 표현하고 있는 후각적 이미지들은 냄새의 혼을 통해 피가 통하는 살아 있는 이미지가 되어 강한 정서

적 환기력을 유발한다.

"새벽 2시"는 냄새의 혼이 발동하는 정점이다. 잠글수록 진동하는 냄새들로 인하여 그는 잠들지 못하고 뒤척인다. "쓰리고 아픈 냄새들이 요 밑에서 으깨어질 때"이기 때문이다.

살아서 움직이는 고통의 냄새들로 인해 그는 부옇게 밝아오는 새벽을 보기도 한다. 이 시에서 제17행 "내일"을 돌출시킨 것은 적절한 시적 장치이다. 과거를 현재로 끌어오고 다시 현재를 미래로 끌어나가기 위한 매개체로서 내일은 시간의 연속성을 머금은 등뼈와 같다.

그렇다면 그의 이 냄새들은 어디에서 연유된 것일까. 단순히 풀냄새나 생선 비린내라면 크게 문제될 것이 없다. 시 전체를 진동시키는 후각적 이미지들의 근원은 "불발의 그리움"으로부터 온다. 화자는 오늘이 고통스럽고 힘들더라도 내일에 희망을 걸고 있다. 그 희망은 불발의 그리움의 성취이다. 그리움은 과거로부터 오고 다시 내일로 이어진다. 오늘과 내일로 이어지게 하는 하나의 도취작용으로서의 냄새가 이 시에 살아 움직이고 있는 것이다.

최문자는 물론 직설어법을 피하고 있지만, 냄새의 혼을 되살아나게 하는 시적 힘은 지난날의 피가 흐르는 "불발의 그리움"이 있기 때문이고, 생에 대한 열망이 있기 때문일 것이다. 끝내 사라지지 않는 냄새를 헤치고 꼭두새벽 차를 굴리는 그의 노동에는 삶의 아픔을 헤치고 나아가려는 인간적 의지가 담겨 있다. 누구에게나 어쩌지 못하는 것들이 있고, 피하지 못하는 것들이 있다. 이 지점에서 우리는 어떤 운명론적 명제와 부딪칠 것이다.

그러나 최문자의 시심에는 "새파란 풀의 정신"이 "푸른 신경으로 온 몸에 불 켜고" 있음으로 인해 "두 번 꽃필 것도 같은 내일"을 향해 달려갈 에너지가 축적된다. 불발의 그리움이 오늘을 가득 채우고도 남아 두 번 꽃필 것 같은 내일을 기대하며 산다는 얼마나 잔인하고도 강력한 후각적 이미지들의 충만인가.

김정란, 조윤희, 정은숙, 노혜경, 신현림 등은 직간접으로 페미니즘의 세례를 받은 시인들이다. 그들은 포스트모더니즘을 경험하였을 뿐 아니라 종전의 여성주의를 해체시키면서 그들이 하고자 하는 시적 감정의 토로에 거리낌이 없는 어법을 획득한 것처럼 느껴진다. 할 말은 하면서 살아야겠다는 페미니즘적 사고는 그들의 시적 감정을 강경한 어조로 만들고, 그들의 시적 수사를 과다한 자신감으로 충만시킨다.

물론 그 이면에 자리잡고 있는 것은 일종의 세기말적 허무의 감정이지만, 그들의 시의 전면에 나타나는 것은 자기 탐닉으로 돌출된다.

> 나는 이제 망설이지 않는다
> 때가 되었다는 것을 알아차렸으므로
> 나는 내면의 신전에 내려갔었다
> 신탁은 분명했다 그것은 쓰여진 글자였다. 이번엔
>
> 당당하라, 너를 죽여라, 그리고 너 자신이 되라
> ―「침묵, 바닷가에서 주운 칼날」제1~2연

망설임을 갖지 않는 당당한 선언에 대해서는 좀더 심층적인 탐구가 필요한 바이지만, 이 시에서 우선 읽혀지는 것은 스스로 당당하게 자기 자신이 된다는 것이다. 인습이나 기존의 틀에 얽매인 외적 틀을 깨기 위해 스스로에게 죽으라고 명령할 수 있다는 것이다. 또하나의 여성해방선언이라고도 볼 수 있다. 몽상을 현실로, 현실을 몽상으로 뒤바꿔놓는다는 점에 김정란의 시 「침묵, 바닷가에서 주운 칼날」(≪현대시≫, 1996년 8월호)의 섬뜩한 묘미가 있다. 물론 그는 이런 선언을 하기 위해 이미 「잔혹한 외출」(≪현대시≫, 1996년 8월호)을 감행한 바 있다.

희디흰 뼈 눈부시게 드러나고
바람과 바람의 결 사이에 촘촘히 박혀 있던
잊혀진, 강렬한 말들이
핏줄 위에서 널을 뛰기 시작한다

잔혹한 외출

최소한의 삶으로 버티던 여자 하나, 모랫벌을 달려가
시퍼런 바닷물 속으로 걸어들어간다

— 「잔혹한 외출」 제5~7연

  죽음을 통해 잊혀진 말들의 강렬함을 되살리겠다는 시적 의지는 "너 자신이 되라"는 명제를 실천하는 동인이 된다. 자기 희생을 전제하므로 이 강경한 선언이 가능하다는 것이다.
  그러나 그의 이 모든 시적 사고는 자기 탐닉적이라는 점에서 시대적 방향성을 드러내 보이지 않는다. 순간순간 부스러져버리는 삶의 황홀에 도취하자는 과감한 자기 선언 이상의 것이 되지 못한다. 그의 시가 현란한 이미지들을 구사하지만 때로 백일몽의 세계에 빠져드는 것은 그러한 이유에서다.

  이따금 몸 속에서 반딧불들이 날아다닌다. 몸이 깜빡깜빡 꺼진다. 요샌 낮잠을 많이 잔다. 몸 한구석이 텅 빈다. 몸이 물러난 빈자리에서 눈길들이 느껴진다. 생의 울타리를 나지막하게 흔드는 멀리서 온 사람들. 라일락 향기가 난다. 그들이 고개를 기울이고 정성스럽게 묻는다. 아파? 아니, 안 아파. 하지만 마저 여의었으면 좋겠어. 뭘? 그리움. 그리움이 날 아프게 해. 곧 그렇게 돼. 걱정하지마.

— 「낮꿈」 제1연

  꿈속에서 화자가 느끼는 죽음의 충동은 향기롭다. 그리움은 라일락 향기를 퍼뜨리며 생의 울타리가 흔들리는 변경에서 화자를 죽음의 나락으로 이끌어들인다.

최문자의 그리움이 고통을 삶으로 전화시키는 역동성을 가진다면, 김정란의 그리움은 삶을 추억 속의 죽음으로 이끌어들이는 악마적 메커니즘을 갖는다.

많은 패미니즘적 시인들이 젊음의 덧없음을 죽음의 충동으로 파괴적으로 이끌어나가는 듯한 느낌을 받는 것은 우연한 일치일까. 극단적 심미주의는 그 극단성으로 인해 강렬한 메시지를 발산한다. 그러나 그것이 일회적 단속적으로 명멸하는 시적 감정이라는 점에서 그 치열성의 배면에는 극단적 불안감이 함께 공존하고 있다는 점을 반성할 필요가 있지 않을까.

비교적 신인으로 생각되는 강문숙의 「자루 속에서」(《문학사상》 1996년 8월호)는 관찰자적 시선과 안정된 어법이 주목된다.

> 수많은 낮밤을 완두콩을 갉아먹는
> 벌레들로, 자루의 속은 얼마나 들썩거렸을까.
> 푸른 떡잎과 싱싱한 넝쿨손을 갉아벅히면서
> 완두콩은 또 얼마나 아팠을까.
> 벌레를 껴안고 사방으로 굴러가는 완두콩
> 자루가 해탈한 표정으로 보고 있다.
> 무한천공을 떠다니는 지구 덩어리
> 거대한 자루 속, 함께 들썩거리며
> 나도 쉬지 않고 세상을 갉아먹고 있는 중이다.
> 완두콩과 벌레와 자루가 서로 껴안고 구를 때
> 삶은 굴렁쇠처럼 반짝이고 있다.
> ―「자루 속에서」 마지막 제2~3연

전체 구상과 시적 마무리에 큰 무리가 없는 시이다. 말의 쓰임 또한 신중하다. 그러나 관념적이다. 삶의 실감이 시에 배어 있지 않다. 천양희의 시와 비교하면 단박에 드러난다.

"완두콩은 또 얼마나 아팠을까"나 "해탈한 표정으로 보고 있다", 그리고 "삶은 굴렁쇠처럼 반짝이고 있다" 등의 표현에 감정의 실감이 없히지 않는다. 이런 점에 유의한다면 그의 잠재적 가능성은 크게 빛나게 될 것이라 기대한다.

3

여성들이 향기로움이 성세를 이루고 있을 때 또다른 시인들은 무엇을 하고 있을까. 그들은 위축되고 일그러진 자신들의 이미지를 다음과 같이 희화적으로 그려낸다.

> 우리들의 구 선생은 공처가
> 학교에선 99.9
> 인기 많은 호랑이 선생
> 잘 가르치고 학생들과 잘 통하는
> 우리들의 우상이지만
> 왜 그런지 집에서 0.34
> 비실비실 겉도는 공처가
> 싸모님의 잔소리에 마음 크게 다치고
> 자식들은 하나같이 엄마 편만 들어
> 말 안 듣고 대들기 일쑤
>
> ―「구 선생은 0.34」 제1연

시종 쓴웃음을 지으며 읽지 않을 수 없는 풍자시이다. 호랑이 선생/공처가, 이 양면이 일그러진 오늘의 남성상 것이다. 여성들의 위세 앞에 주눅든 남성을 떠올릴 때 우리는 자기도 모르게 또다른 남녀분리주의에 빠지게 된다. 어떤 것이 우월하냐를 따지는 것은 어리석은 일이다. 시를 논하는 데 남녀를 구분할 필요가 있겠는가. 오직 중요한 기준은 시일 뿐이다.

무더운 여름, 필자에게 시읽기의 즐거움을 만끽하게 해준 것은 상희구의 시집 『요하의 달』이다. 나로서는 낯선 시인이다. 시집을 다 읽고 호기심이 발동하여, 그전에 간행된 『발해기행』(1989)을 찾아 다시 읽어 보았다. 일종의 기담집(奇談集)이 갖는 흥미가 일차적이기는 하지만, 고금의 시공을 넘나드는 그의 시적 상상력과 재치는 뛰어난 것이라고 말하지 않을 수 없다. 발해의 옛이야기를 더듬어가는 시법은 사료적 흥미를 넘어서는 절묘한 언어의 배치에 의해 현대성을 획득한다. 그의 오랜 시적 천착, 학적 탐구, 선별된 언어들은 우리 시의 새로운 영역의 개척이 분명하다. 중남미의 네루다나 보르헤스의 한 특징들이 언뜻언뜻 보이기는 하지만, 결코 일차적 모방이 아니라는 점에서 주목할 필요가 있다. 특히 「발해기행 41 ─ 시전(時殿)에」라는 시가 웅장하다.

　　　식초, 性病, 사기꾼
　　　말(馬), 임기응변의 시전에 아뢴다.

　　　불도마뱀인 시전에 아뢴다
　　　숯검댕이인 시전에 아뢴다
　　　紙類와 난장이인 시전에 아뢴다

　　　꿈인 시전에 아뢴다

　　　다시 몸을 깨끗이 하고

　　　偈頌(게송)과 찬송으로
　　　가장 좋은 악기로
　　　바라와 小鼓
　　　箜篌(공후)의 줄을 퉁기면서
　　　靈妙(영묘)한 詩의 神殿(신전)인

시전에!
백번 더 부복하고 시전에 아뢴다
그냥 시전에 아뢴다
시전에 아뢴다

— 「발해기행 41」 끝부분

 그의 박식은 산만한 지식의 나열이 아니다. 우리가 상상할 수 있는 거의 모든 것들을 등장시켜 이질적인 것들을 하나로 종합하여 구축된 상희구의 '시전'은 현란하고 웅장하다. 그의 시들은 초보적이고 회고 취미나 현학주의와 맥을 달리한다. 난삽함은 다채롭게 전개되는 사물들과 중첩되면서 오히려 고전적 격조로서 현대적 부박함을 감싸 안는다.

 되풀이해서 시의 참다움을 음미하게 하는 시집을 갖는다는 것은 비평가에게는 기쁨이요 독자들에게는 행복이다. 시인의 몫은 남겨둘 필요가 없다. 그 자신의 '시전'에 이미 너무나 많은 보물을 숨겨놓았기 때문이다.

(《문학사상》 1996년 9월호)

여성시의 화려한 폭죽

이 숭 원

(문학평론가 · 서울여대 교수)

　여성과 남성이 다르지 않다고 주장하는 데 나는 결코 동의하지 않는다. 여성과 남성은 분명 다르다. 신체 구조가 다르고 생리가 다르고 심성의 움직임도 다르다. 다만 여성과 남성은 인간적 가치에 있어서 동등할 뿐이다. 여성과 남성의 심성 구조가 다르기 때문에 여성의 시와 남성의 시도 정도의 차이는 있지만 다른 양상으로 나타난다. 일반적으로 여성의 언어 능력은 남성보다 뛰어나다고 평가된다. 이것은 남녀 어린아이가 말을 익히고 사용하는 과정을 비교해 보면 쉽게 확인된다. 또 정서적 반응이라든가 감수성의 측면에서 여자는 남자보다 더 민감하다고 알려져 있다. 이렇게 보면 시는 남성보다 여성에게 더 적합한 문학양식이라고 말할 수 있을 듯하다. 고대 희랍의 유명한 서정시인 사포가 여성이라는 점도 이와 무관하지 않을 것이며 많은 서정시들이 여성적 정조를 머금고 있다는 사실도 이와 관련이 있을 것이다.
　그런데 실제로 우리 현대시 출발기의 시인을 보면 여성 시인은 거의 없다. 세계적으로도 여성 시인의 수는 남성 시인보다 훨씬 적다. 이것은 거의 모든 사회가 남성 중심적으로 움직여 왔음을 단적으로 보여주는 사례다.

여성에게 더 적합한 문학 장르에서조차 여성은 소외되어 왔던 것이다. 해방 이후 50년대와 60년대를 거치면서 우리 문단에서 여성 시인의 비중이 확대되어 왔지만 그 여성시인들이 문단의 전면에 나서지는 못하였다. 당시 현대문학의 전개과정을 개관하는 글을 보면 우선 남성 시인들을 중심으로 그 경향을 몇 가지 유형으로 나누어 설명한 다음 끝부분에 여류시 항목을 설정하여 여성시인들의 특징을 약술하는 경우가 많았다.

우리 시단에서 여성시인들이 남성시인 못지않게 굵고 선명한 목소리로 자기 세계를 펼쳐내기 시작한 시기는 70년대였다. 70년대 이후 여성시인들은 어법이나 비유, 심상, 주제, 정치적 사회적 참여의식 등에 있어서 어떤 면에서는 남성시인보다 더 격렬한 방법으로 자기 소리를 힘차게 토로했다. 이처럼 여성시인들이 70년대에 들어서서 부상하게 된 데는 개발독재와 관련된 산업화의 양상이 중요한 요인으로 작용했다고 나는 생각한다. 여성시에 나타난 괴로운 육성들이 표면적으로는 남성중심 사회의 억압 속에 고통당하는 여성들의 몸부림처럼 보였지만, 혹은 한 절망적 자아의 도발적인 넋두리처럼 보였지만, 사실은 한국 사회를 짓누르고 있는 정치적 억압에 대한 저항의 의미를 암묵적으로 담고 있었다. 일반적으로 남성의 언어가 사회의 규범을 준수하는 경향을 보이는데 비해 여성의 언어는 언제나 그 규범에서 이탈하려는 모습을 보인다. 여성의 언어는 바로 이러한 특성 때문에 남성의 언어와는 달리 공식적이고 규범준수적인 사회를 교란하는 기능적 역할을 훌륭히 수행할 수 있었던 것이다.(이와 관련된 내용은 졸저, 『서정시의 힘과 아름다움』에 수록된 「산업화 시대 여성시의 전개와 성과」 참조) 80년대와 90년대를 거치면서 여성시는 그 질과 양에 있어서 한국시의 중요한 자리를 점유하게 되었다.

≪문학과 의식≫ 1998년 여름호를 보면 열다섯 명의 시가 발표되어 있는데 그 중 여섯 명이 여성 시인이다. 이것은 40퍼센트에 해당하는 비율이니 사회의 다른 분야에서 남녀가 차지하는 비율과 비교해 보면 매우 높은

비율이라고 할 수 있다. 그리고 더욱 중요한 것은 그 여성 시인들의 작품이 남성 시인들의 작품을 압도할 만한 질적 수준과 독자적 개성을 견지하고 있다는 사실이다. 여성 특유의 감성적 직관과 섬세한 관찰력은 탁월한 언어구사 능력과 결합됨으로써 창조적인 시의 지평을 열어 보인다. 그뿐 아니라 그 시편들은 어느 하나의 경향이나 주제에 귀착되지 않고 다양한 스펙트럼으로 분사되고 있다. 바로 이런 점에서 우리 시대의 여성시가 바야흐로 상상력의 찬란한 향연을 눈앞에 두고 있다고 이야기할 수 있는 것이다.

노향림의 「영산홍」은 정신병원에 입원해 있는 여인들이 정원에서 햇살을 쪼이는 정경을 그려낸 작품이다. 시인은 감상적 정조를 배제하고 정경의 외관을 그려낸다. 시인이 점묘해 내는 하나하나의 영상을 통해 연민과 회한의 색조가 묻어난다. 정신병원 뜰에 쭈그리고 앉아 해바라기를 하고 있는 여인들을 보고 시인은 "붉은 그림자들을 몸속에서 꺼내어 깔고 앉았다"고 진술하였다. 그 붉은 그림자는 요양 중인 여인의 내부에 담겨 있던 어떤 것이리라. 그것은 그 여인이 살아온 삶의 아픈 궤적에 해당하는 것일지 모른다. 어떤 문제 때문에 정신병원에 입원하게 되었는지는 알 수 없지만 생의 시련과 갈등에 대한 과민한 반응이 정신 질환을 야기했을 것이다. 자신으로서 도저히 감당하지 못했던 생의 상처와 갈등을 자기 자리에 그림자처럼 깔고 해바라기를 하는 여인들. 이 장면에서 벌써 잔잔한 비애의 감정이 밀려나오는데 이것은 남성 시인들의 시에서 보기 힘든 대목이다.

그 여인들은 "숙인 목덜미와 파인 가슴에/비밀 사랑 몇 징을 지갑처럼 숨기고 있다"고 한다. '숙인 목덜미와 파인 가슴'이라는 짤막한 구절은 정신병원에 입원해 있는 여인의 섬약한 모습을 매우 집약적으로 드러낸다. 지금은 병들어 육체와 정신이 시들어 가지만 어느 한때는 사랑을 꿈꾸거나 사랑에 탐닉했던 그들. 그러나 지금의 처지를 생각하면 그 모든 사랑의 추억들은 비밀 지갑처럼 숨겨둘 수밖에 없는 것들이다. 그런 애처로운 여인들의 처지와는 아무 상관없다는 듯 봄 햇살들은 근처에서 '통통 튀며' 놀고 있다. 앞에서 '숙인 목덜미와 파인 가슴'을 제시한 것이나 햇살이 통통 튄다고 표현한 것은 모두 여성적 감수성의 소산이라고 나는 생각한다. 남성의 시야에도 이런 것이 포착되겠지만 이 시에서처럼 이렇게 자연스럽게 형상화되기는 어려운 노릇이다. 통통 튀는 햇살의 경쾌함으로 말미암아 그 여인들의 애상성은 더욱 강화된다.

  병원 뜰의 고사목 밑에는 "하루 해가 길고 지루했다는 듯" 영산홍이 피어 있는데 이 고사목과 영산홍이 여인들의 처지를 암유하는 것은 물론이다. 병든 여인들의 하루하루란 길고 지루한 날들이며 결국 그런 날들을 보내다가 영산홍처럼 시들거나 고사목으로 말라갈 것이다. 그 여인들에 대해 시인이 보인 연민의 감정이 결코 직접적으로 언술되지는 않았다. 봄날의 정경을 스치듯 보여주면서 개개의 영상에 정감의 습기를 담아내려 한 데 이 시의 강점이 있다.

  한영옥의 「꽃사과, 메모리」도 여성이 아니면 구사하기 힘든 상상력의 움직임을 보여준다. 꽃사과는 관상용 화초의 이름이고 메모리는 응답용 전화의 녹음내용을 말한다. 하나는 생명의 섬세한 부분을 나타내고 다른 하나는 생활의 효용과 관련된 기계장치를 뜻한다. 이렇게 이질적인 두 항목이 하나로 결합되면서 시적 긴장을 자아내는 것도 재미있는 일이다.

  시의 서두는 어머니의 메모리 내용으로 시작된다. 한영옥 시인의 실제 생활을 시화한 것이라면 그 어머니는 상당히 연만한 연치(年齒)에 이른 분일 것이다. 그렇게 나이 드신 어머니인데도 딸의 전화를 바로 알아보는 직감을 유지하고 있다. 이것은 어쩌면 여성과 여성 사이에만 교류되는 직감인지 모른다. 어머니는 딸이 전화한 것을 알고 자동녹음기에 메시지를 남긴다. 옥상에 꽃 보러 가서 전화를 받지 못했다는 어머니의 말로 미루어 볼 때 상당히 정갈하게 노년을 보내시는 분이라는 것을 알 수 있다. 그런 어머니의 음성을 시인은 "또글또글한 꽃사과 알맹이"라고 표현한다. 그만큼 작고도 또렷한, 그러면서도 정갈한 아름다움의 영상을 우리는 떠올리게 된다. 꽃사과에서 연상된 시각적 영상은 끝부분에서 미각적 이미지로 전환된다. "혀 끝에 가져다 대이면/슴슴한 맛으로 고이다가/메모리 끝나면/강엿으로 굳는다"는 마지막 구절은 어머니의 음성이 미각으로 내면화되는 변형의 과정을 전달한다. 어머니의 사랑은 불처럼 타오르다가 금방 식어버리는 그런 것이 아니다. 맛으로 보면 자극적이고 톡 쏘는 맛이 아니라 슴슴하게 오래 지속되는 오이와 같은 맛이다. 엿으로 비유하면 여러 번 켜서 희게 만든 엿이 아니라 한번 끓여 그대로 식힌 강엿과 같은 소박한 것이다. 그러면서 그것은 강엿처럼 딱딱하게 굳은 상태로 오래 마음에 남아 있다.

  어머니를 소재로 한 것도 여성적이지만 어머니의 이미지를 꽃사과라든가 슴슴한 맛, 강엿 등에 비유한 것도 여성적이다. 이런 시는 여성만이 쓸 수 있는 독특한 질감을 지닌다. 남성시인의 입장에서 보자면 스케일이 작다든가 주제가 소박하다든가 비판할 수도 있겠지만 이런 작고 소박한 아름다움의 포착이 서정시의 근원이 된다는 점은 부정할 수 없다. 서정시의 근저에는 여성적인 것이 숨어 있다. 거꾸로 뒤집어 말하면 모든 여성적인 것은 시적이다.

  최문자의 「다리 앞에서」도 여성적인 섬세함을 보여준다. 이것은 인간 존재와 존재 사이에 가로놓인 단절의 벼랑을 알레고리적으로 표현한 것이다. "그와 나 사이에/끄떡없는 깊이가 있다"고 시인은 서두를 시작한다. 그와 나 사이건, 너와 나 사이건, 우리는 상대방에게 완전히 밀착되지 못하는 소외의식을 느낀다. 존재와 존재를 가로막는 심연 위에는 다리가 놓여 있다. 그 다리 밑에는 아스라한 벼랑이 위험스럽게 가라앉아 있다. 인간은 간혹 존재의 심연을 넘어 모험을 감행하려는 수가 있다. 우리가 이렇게 고립된 자아로 남을 수는 없지 않느냐. 다리를 건너는 모험을 해 보자. 생각보다는 쉽게 다리를 건널 수 있을지 모른다. 이렇게 고립되어 존재하느니 차라리 다리를 건너다가 가슴이 으깨어져 죽어도 좋다고 말하기까지 한다.

그러나 그것은 말일 뿐 저 깊이모를 바닥에 흔들리는 시퍼런 죽음의 공포는 우리를 다리 끝에 서성이게만 한다. 다리 주위를 서성이며 다리를 매만지고 다리가 튼튼한가 흔들어보기도 한다. 그러나 끝내 다리에 발을 올려놓지는 않는다. 결국 시인은 "우리에게 시달린 다리가/막 끊어지려고 하는 걸 우리는 알아냈다"로 시를 종결한다. 이것은 그와 나 사이에 끄떡없는 깊이가 있다고 하던 처음의 상황보다 사태가 더 악화되었음을 나타낸다. 심연 위에 놓인 다리조자 끊어지려고 하는 것이다. 존재의 마지막 통로조차 사라지고 모든 관계의 소통이 차단될 위기에 처해 있는 인간의 막막함을 이 마지막 시구는 마치 남의 이야기를 하듯이 던져버린다. 바로 그러한 능청스러운 어법 때문에 이 시의 알레고리적 구성은 확고한 시적 의미를 지니게 된다. 그리고 그것은 인간 존재에 대한 사색으로 우리를 이끌어 간다.

나희덕의 「고여있는, 그러나 흔들리는」도 존재의 문제를 명상하고 있다. 그런데 이 시는 인간 존재에 시선이 국한된 것이 아니라 인간을 포함한 모든 물상의 존재방식에 관심을 기울인다. 시상의 출발은 우포늪에 빗방울이 스치고가는 장면을 스케치하는 것에서 시작된다. 늪에 빗방울이 뿌리면 "풀들이 화들짝 깨어나 새끼를 치기 시작한다"는 시구를 보면 그 자상하고도 날카로운 관찰력에 감탄하지 않을 수 없다. 빗방울을 맞아 이리저리 흔들리는 풀의 모습이 그 다음에는 "진흙뻘을 기어가는 푸른 등"의 이미지로 전환된다. 이것은 대상을 아주 밀착된 상태로 관찰하지 않으면 얻어질 수 없는 표현이다. 흔들리는 풀 사이에 우렁이 새끼들이 기어가는 것도 보인다. 빗방울은 이처럼 고요히 머물러 있던 늪에 움직임을 가져오고 여러 가지 생명의 무늬를 그려 넣는다.

시인이 늪에서 파악한 존재의 실상은 시의 중간 부분에 제시된다. "기어가는, 그러나 묶여있는/고여있는, 그러나 흔들리는"이 그것이다. 빗방울이 뿌리고 풀이 흔들리고 우렁이가 기어다니지만 그 모든 움직임은 늪이라는 공간의 한계를 벗어나지 못한다. 그러면 늪은 존재의 사슬에 묶여 그냥 고요히 머물러만 있는 것인가. 그렇지 않다. 고요히 머물러 있는 것 같은 늪은 그 내면의 다양한 움직임을 통하여 끝없이 흔들리고 있다. 모든 물상의 존재 방식은 이렇게 이중적이다. 인간의 존재 방식도 이와 다르지 않으리라. 나희덕 시인은 늪의 한 장면을 관찰함으로써 이와 같은 성찰에 이르렀다. 그런데 그 범상치 않은 성찰을 지극히 범상한 방법으로 표현한 데 이 시의 뛰어난 미덕이 있다. 이것이 여성적 겸허함의 발현은 아닐까 혼자 생각해 본다.

지금까지의 시를 보고 여성시인의 시가 지나치게 관조적이고 정관적이고 내향적이라고 생각하는 사람은 김정란과 허혜정의 시를 읽으면 생각이 달라질 것이다. 이 두 시인의 시는 존재의 벽을 뚫고 치솟아 오르려는 분출력이 있고 남성 못지 않은 의지의 힘이 있고 자신의 내부를 폭로해 깡그리 해체하는 과감성도 있다.

김정란의 「기다림의 왕국」은 큰 숨을 몰아쉬며 추운 계절을 견뎌내려는 의지의 자세를 보여준다. 아무리 큰 시련이 몰아닥친다 해도 시인은 그렇게 걱정하지 않는다. "핏줄을 흘러가던 아우성치던 아픔들이/어느새 밝은 슬픔이" 되는 과정을 보았으며 "슬픔을 나날의 양식처럼 먹는 법을" 이미 터득했기 때문이다. 비록 시련의 아픔 속에 있다 하더라도 "나날이 더욱더 맑은 기름을" 걸러 언젠가 "기다림 스스로 생을 완결할 때" 그 맑은 기름에 "생의 불을 환히 밝힐 수" 있기를 기원한다. 기다림이 스스로 생을 완결한다든가 티끌 하나 없이 맑은 기름에 생의 불을 환히 밝힌다는 표현은 참으로 힘차고도 아름답다. 이것은 그야말로 '기다림의 왕국'에서 참된 기다림을 실천한 사람에게서 나올 수 있는 발언이다. 어쩌면 이것은 성미 급한 남성들이 기다리지 않고 다른 세계로 가버린 뒤 비어있는 자리를 '생의 광휘'로 바꾸려는 여성적 인내심과 지구력의 발현인지 모른다. 바로 이런 점에서 여성시의 찬란한 향연이 펼쳐질 것이라고 앞에서 말했던 것이다.

이러한 견녀냄과 기다림의 자세는 그 다음에 실린 「커피 타임」에도 잘 나타나 있고 「고요 연습」에는 조금 다른 양상으로 제시된다. 이것은 시 창조의 한 과정을 나타낸 것인데 완전 무지의 어린 아이로 고요 가운데 투신할 때 비로소 완전히 새로운 개념의 생이 발견된다고 말한다. 그렇게 모든 것을 버리고 고요에 매진하여 자신의 새로운 생과 만나게 되는 과정은 바로 앞의 시에서 보인 견뎌내고 기다리는 자세가 변형된 것이라 할 수 있다. 그런 점에서 '기다림의 왕국'은 '고요의 왕국'도 될 것이다.

허혜정의 「귀신들린 집」은 자신의 존재와 실존의 뿌리를 악마적 이미지와 위악적인 포즈로 폭로하고 있다. 이 시의 화자는 유령, 처녀귀신, 관 속의 여왕 등 "너무 많은 이름을 가진" 존재로 설정되어 있다. 이렇게 비현실적인 화자를 설정한 것은 우리의 삶이나 존재 방식이 그렇게 허망하고 불길하다는 것을 말하기 위함인 듯하다. 유령의 고을에서 휑한 사당을 지키는 처녀귀신은 슬픔의 횃불로 내 집을 밝혀달라고 말한다. 그러한 귀신의 육성은 "핏방울로 가득한 딸기", "당신이 거부하지 못할 불모의 쾌락" 등의 구절을 거치면서 어느덧 죽음을 내포한 사랑 때문에 괴로워하는 자아의 목소리로 바뀐다. 모든 사랑에는 죽음의 그림자가 있다. 남성의 사정은 남성의 죽음과 통한다. 수컷 버마재비는 사정을 하는 순간 암컷에게 잡혀 먹힌다. "피로 변하는 술잔을 올리겠네/나를 사랑하면 당신이 죽네"라는 말은 사랑이 껴안고 있는 죽음의 불길함을 암시한다. 이것은 또한 불모의 사랑 때문에 괴로워하는 화자의 자의식을 드러낸다.

그 다음에 실린 「모닥불」이나 「어두운 항구」에서도 비슷한 내용이 제시된다. "진흙으로 가득한 보석상자를 선물한 그대, 세상에서 가장 불행한 탕자를 사랑했네"라는 고백은 화자가 지닌 사랑의 위상이 어떠한 것인가를 암시해 준다. 「어두운 항구」에서는 생의 막바지에 이르러 광포한 몸부림을 보이며 사랑 때문에 괴로워하는 자아의 모습이 나타난다. 요컨대 허혜정의 시적 자아는 유령과 같은 도시의 삶 속에서 가혹한 번뇌에 사로잡혀 있으며 질식할 것 같은 생의 중압감에 몸부림치고 있다. 한편으로 사랑을 갈구하고 사랑한 사람을 잊지 못하고 있지만 이 황폐한 세계 속에 그 사랑도 결국은 죽음으로 끝나고 말 것이라는 예감에 불길해 한다. 허혜정의 시는 다변적이어서 무언가 정리가 안 된 듯한 느낌을 주는데 그 미정리의 어법이 오히려 자아의 번민을 드러내는 데 효과적으로 작용한다는 점도 이채로운 일이다.

(≪시와 의식≫ 1998년 가을호)

마음의 올과 결

이 숭 원

(문학평론가 · 서울여대 교수)

1. 시의 결과 마음의 결

'올'과 '결'이란 우리말은 아름답다. 그 어원이 어디서 온 것인지는 알 수 없으나, '올'은 실의 가닥을 의미하고 '결'은 실이 엮어져 천을 이루었을 때 바탕의 태깔을 의미한다. 존 크로우 랜섬(J. C. Ransom)은 시를 이루는 요소로 스트럭쳐(structure)와 텍스쳐(texture)를 구분하였다. 그는 "시는 불명확한 세부의 결을 가지고 있는 느슨한 논리적 틀이다."(The poem is a loose logical structure with an irrelevant local texture.)라는 말을 했다. 이 번역은 이상섭 교수가 한 것인데 스트럭쳐와 텍스쳐를 틀과 결로 번역한 것은 우리말 어휘를 잘 살린 명역이다. 시는 과학의 연구대상처럼 엄격한 논리적 구조를 지닌 것은 아니지만 어느 정도 논리적 분석이 가능한 틀을 지니고 있다. 그러나 그 안쪽에는 논리적으로 따지기 어려운 미세한 결이 드리워져 있어서 완전한 논리적 분석은 불가능하다는 것이 랜섬의 생각이다.

시는 말을 올처럼 엮어 결을 이루는데 그것은 시의 커다란 틀 속에 가려 잘 보이지 않는다. 그 결은 만해의 시구에 나오는 "동풍에 몰려가는 무서운 검은 구름의 터진 틈으로 언뜻 언뜻 보이는 푸른 하늘"처럼 어떤 미지의 순간에 잠깐 모습을 드러내는 것인지 모른다. 한편의 시를 잘 이해하려면 틀 속에 잠깐 모습을 드러내는 결을 감지해야 한다. 어떤 비밀스러운 순간에 모습을 드러내는 시의 결을 눈으로 보고 손으로 만져 보고 뺨에도 대 보아야 한다. 비평가가 하는 일은 그 느낌을 비교적 조리있게 늘어놓는 일이다. 그렇지만 사실 그러기가 얼마나 힘든가!

시가 마음을 담아내는 그릇이라면 마음에도 틀과 결이 있을 것이다. 틀은 쉽게 드러나지만 결은 포착하기가 쉽지 않다. 어떤 사람의 우울한 낯빛을 보고 그 사람이 슬픈 심정에 잠겨 있다는 것은 쉽게 말할 수 있다. 그러나 그 슬픔이 어떤 결을 지니고 있고 어떤 올로 짜여 있는지 우리는 알 수 없다. 아마 우울해 하는 그 사람도 자신의 슬픔이 어떤 올과 결로 이루어져 있는지 제대로 말할 수 없을 것이다. 천 길 물 속은 알아도 한 길 사람 속은 모른다는 말이 남에게만 해당되는 것이 아니다. 자기 자신도 자기 마음을 정확히 알지 못하는 경우가 아주 많다. 까닭없이 눈물이 흐를 때도 있고 느닷없이 한 사람이 그리워질 때도 있고 불현듯 옛날 일이 떠오를 때도 있다. 그래서 '내 마음 나도 몰라'라는 말이 나온 것 아니겠는가.

2. 투명한 마음

이기철의 아름다운 시 「마음을 깁는다」(≪현대시≫, 2000년 6월호)는 제목이 이 글의 주제와 통한다. 이 시는 마음을 하나의 옷과 같은 것으로 보고 세월의 구비 많은 흐름을 거쳐오는 동안 여러 갈래로 씻겨졌던 마음을 쉰 번이나 기워내 이제는 바늘 댈 틈도 없다고 고백한다. 그러면서 이 시는 자신의 마음의 세부를 다 들여다보면서 비교적 투명한 어조로 마음의 움직임을 서술하고 있다.

    냇물이 교차하는 곳에서
    내 상추잎 같은 날들은 쇠어갔다

> 기쁨 한 꾸러밀 사기 위해 열 다발의 슬픔을 팔고 온 세월
> 들국이 필 때까지는 기다리자고
> 들국 한 송이가 오래고 지친 산을 일으킬 때까지는
> 놀처럼 빨갛게 기다리자고,
> 그것이 내 가난한 언어로 빚은 삶의 비유다
> 더 자세히 말하기엔 내 마음이 아직 삭풍이다
> 내 몸 지쳤을 땐 돌아가 기대던 의자와 가족들
> 부르기만 하면 등불이 되는 이름들
> 그것 아니면 들판의 전부가 어둠이었을 풀꽃들
> 그 곁에서 나는 이제 실밥처럼 뜯긴 마음을 기우며
> 그리움을 그립다고 말하기로 한다
> 살아있는 날들의 상처가 보석이 되는 날
> 작별한 모든 것들은 따뜻한 옷이 된다
>
> ―「마음을 깁는다」 부분

 삶의 갈림길에서 자신이 살아온 날들이 상추잎처럼 쇠어갔다는 것, 기쁨 한 꾸러미를 사기 위해 열 다발의 슬픔을 팔았다는 것은 자신의 나약함과 어처구니없는 생활의 단면을 고백한 것이다. 평범한 생활 속에 굴욕의 길을 걸어가면서 싱싱했던 젊음이 시들어가고 마음의 윤기도 사라져 갔을 것이다. 그러나 그러한 삶의 신산함을 다 말하기에는 "내 마음이 아직 삭풍"이라고 한다. 앞으로 어떤 시련이 다가올지 알 수 없는 상태이기에 과거의 어려움을 다 말할 수 없다는 뜻이다. 이렇게 자신의 마음을 상추잎, 삭풍 등의 형용어로 비유할 수 있다는 것은 시인이 비교적 자신의 마음 상태를 어떤 틀 속에 명확하게 포착하고 있음을 의미한다.

 이렇게 굴곡 많은 생의 시련 속에서 시인을 지탱해 주고 위안해 준 대상은 가족이다. 그 가족이 바로 '부르기만 하면 등불이 되는 이름'이며, '그것 아니면 들판의 전부가 어둠이었을 풀꽃들'이다. 결국 가족을 위해, 그리고 가족에 대한 사랑과 희생으로 열 다발의 슬픔을 판 것이며 그들의 위안이 있었기에 구비 많은 생을 거쳐 올 수 있었던 것이다. 그러기에 거쳐 온 상

처가 보석이 되고 작별한 모든 것들이 따뜻한 옷이 된다고 노래한다. 작별한 모든 것이 자신을 감싸줄 따뜻한 옷이 되다니! 이 생각은 물론 아름답다. 그러나 그 생각은 마음의 움직임을 단순화한 시인의 꿈이다. 그것은 마음의 실상과는 거리가 있다. 살아있는 날들의 상처가 어떻게 하면 보석이 되는가? 상처가 보석이 되려면 굉장한 화학변화가 일어나야 할 터인데 실밥처럼 뜯긴 마음을 기운다고 상처가 보석이 될 수 있을까? 가족이 그렇게 의미있는 것이라면 가족이 없는 사람은 그 고통을 어떻게 견딜까? 가족이 없었다면 슬픔을 팔아 기쁨을 사는 일은 하지 않아도 되었던 것은 아닌가?

요컨대 이 아름다운 시에 대해 내가 따져보고자 하는 것은 이 시가 어떤 마음의 올과 결을 드러내고 있는가 하는 점이다. 마음을 깁는다고 했는데 마음을 깁는 것이 얼마나 힘든 일인가? 마음이란 눈에 보이지도 않고 손에 잡히지도 않는다. 자기 자신도 모르는 것이 마음이다. 그러기에 오장환도 "내 마음도 나를 속여온다"고 노래했다. 갈피를 잡을 수 없는 마음의 올과 결을 깁는다는 것은 꿈이 아닐까? 보이지 않는 마음을 이렇게 투명하게 드러냈다는 것 자체가 나에게는 경이적이다. 단순하지 않은 마음을 단순하게 처리한 데 이 시의 아름다움이 있는데 그 아름다움에는 아쉽게도 생의 진실이 담겨 있지 않다. 진실하지 않은 아름다움도 있는가? 그런 것 같다. 한 순간의 환상은 아름답지만 그것을 진실하다고 말하는 사람은 없기에.

3. 두 갈래 마음의 부딪침

최문자의 「정진이」(≪시안≫, 2000년 여름호)는 우리가 살아가는 생이 단순하지 않다는 것을 말하기 위해 두 개의 축을 마련하였다. 한 쪽에는 어릴 때 물놀이하다 익사한 정진이가 있다. 정진이는 아이들과 물 가장자리에서 놀다가 별안간 그물 삼태기를 들고 깊은 데로 들어가 죽었다. "몇 번, 거품처럼 히끗거리다가 정진이는 곧 익사했다"는 단순한 처리가 매우 인상적이다. 시인의 의식 속에 정진이는 깊고 푸른 중심을 향해 모험을 감행한 도전적 정신의 표상으로 자리잡고 있다.

또 한 쪽에는 얕은 물에서 안전하게 헤엄치는, 시인 자신을 포함한 일상인들이 있다. "삶아 데친 듯한 세상의 얕은" 물가에서 "후줄근한 물고기의 유영"이나 바라보면서 그날그날을 살아가는 사람들이다. 그들은 세상의 위험한 중심을 향해 모험적인 돌진을 감행하는 것은 꿈도 꾸지 못하는 사람들이다. 그러나 안전을 지키는 것만이 능사가 아니며 오히려 그것이 세상의 어둠에 휩싸이는 결과를 가져온다는 사실도 잘 알고 있다. 그러면서도 그 유폐적 실존의 굴레를 벗어나지 못하고 있는 존재들이다.

우리 마음에는 이 두 갈래의 마음이 늘 충돌한다. 위험을 무릅쓰고 세상의 중심으로 나아가려는 충동과 현상에 안주하며 갇혀진 세계의 자유에 자족하려는 성향이 부딪치고 있다. 그 부딪침을 시인은 다음과 같이 표현하였다.

> 얕은 물에서도
> 늘 캄캄했다.
> 더 캄캄했다.
> 그 때마다
> 어둠 속에 숨었다가 나오는
> 유년의 금강이 보였다.
> 가운데, 기괴하게 파란 정수리.
> 정진이가 거기 서 있었다.
> 금방 찢어질 것 같은 만선, 그때 그 그물 삼태기를 들고
> 푸우푸우
> 깊은 물살을 내뱉는 휘파람 소리.
> 정진이의 심장이 소리소리 지르며
> 온 강을 유영하고 있었다.
>
> ─「정진이」 부분

얕은 물에 안전하게 사는 것이 더 캄캄한 일이라는 것은 어릴 때는 모른다. 어른이 되어 이 얕은 세상에 '껑충한 다리'를 내밀고 이곳저곳을 돌아다니며 허둥대어 보아야 세상의 캄캄함을 알 수 있다. 그 인식이 첨예화될 때 기억의 어둠 속에 잠겨 있던 유년의 금강이 떠오르고 그물 삼태기를 들고 심장 소리 쿵쿵대며 온 강을 유영하는 정진이가 보인다. 그럴 때 어찌할 것인가? 정진이의 휘파람소리를 따라 깊고 푸른 중심으로 나아갈 것인가? "몇 번, 거품처럼 허끗거리다가" 물에 빠져 죽을지도 모르는데. 아니면 얕은 물에 그물을 던져 촐랑대는 피라미나 잡을 것인가? 그러한 마음의 갈등을 이 시는 나타낸다. 그러기에 이 시는 아름답지는 않지만 진실해 보인다. 일상인의 삶을 얕은 물에서의 생활로 보고 중심을 향해 나아간 정진이의 회상을 결합시킨 면이 시적으로 뛰어나다.

그러나 그 진실은 정말 진실일까? 과연 세상은 깊은 물과 얕은 물로 이분되어 있는가? 정진이의 축과 일상인의 축으로 나뉘어져 있는가? 정진이 쪽으로 나아가면 죽음이 있고 일상인 쪽에 머무르면 캄캄함이 있는가? 이 두 축은 만날 수 없는가? 이런 의문이 생길 만하다. 그런 의문을 자아낸다는 것부터가 이 시가 생의 진실에 육박해 있다는 증거다.

4. 절규하지 못하는 마음

천양희의 「산에 대한 생각」(《21세기문학》, 2000년 여름호)에는 대립의 두 축이 아니라 융화의 두 축이 있다. 산과 내기 융회의 상대로 존재한다. 융화의 기반이 되는 것은 모성애다. 시인은 산에서 모성애를 감지하고 있다. 바람이 불고 숲에서 어린 새들이 달려나오자 산은 새들이 길을 잃을까 넘어질까 가슴이 조마조마하여 발끝을 들어 먼 데를 바라본다. 산이 그런 마음을 가질 리 없지만 시인은 산을 그렇게 생각한다. 그래서 시인은 산을 자식 걱정을 태산같이 하던 부모님으로 생각한다. 산에서 그러한 모성애를 발견한 것은 시인의 마음이 그런 쪽으로 기울기 때문이다. 이제 육십을 바라보는 나이에도 시인은 어린 새와 같은 자식 생각에 몸 둘 바 몰라 한다. 그것을 스스로 말할 수 없기에 산을 두고 말한 것이다. 그 마음의 갈피를 누가 헤아릴 수 있겠는가. 시인 자신도 알지 못하리라.

그런데 산과 사람이 다른 점이 있다. 사람은 나이 들어서도 자식을 애물같다고 여기고 자식 걱정을 놓지 않지만 산은 새들이 자라 떠나면 다시 숲을 키우고 오솔길을 만들며 다른 새끼를 키운다. 지극한 모성애를 보여주되 대상에 집착하지 않는 사랑을 산은 실현한다. 그러기에 산은 불멸의 명작이며 볼 때마다 감동을 주는 것이다. 시인은 산에게서 이런 깨우침을 얻기는 해도 마음의 갈피를 제대로 잡을 수가 없다. 그래서 "서툰 문장으로 감상문을 쓸 수가 없다"고 고백한다.

그렇게 망설이고 동요하는 시인에게 바람이 불어와 "머리를 띠잉, 치고 간다". 여기서 '띠잉'이라는 의성어는 놀랍다. 그것은 마치 새벽을 깨우는 깊은 산사의 범종 소리를 연상시킨다. 그래서 시인에게 어떤 깨우침과 각성을 준다. 번쩍 제정신이 든 시인은 어두워오는 숲을 향해 "나도 절규할 수 있는 사람이다"라고 말한다. 그는 절규할 수 있는 사람이라고 '절규'하지 않고 그냥 말했다. 어쩌면 속삭였을지도 모른다. 산 너머 송전탑마저 웅웅거리는데 왜 시인은 절규하지 못하는 것일까? 나도 절규할 수 있는 사람이라고 중얼거릴 뿐일까? 나는 여기서 말 못할 모성애의 올로 짜 올린 슬픔의 결을 본다. 절규할 수 있는 사람이지만 절규하지 않는 마음의 결이 가슴 저리게 한다. 저 혼자 깊어지는 산, 저 혼자 부는 바람과 달리 혼자 가라앉지 못하는 사람의 마음이 뭉크의 그림보다 더 슬프다.

5. 아픈 몸에 부딪치는 마음

김명인의 「고혈압」(《21세기문학》, 2000년 여름호)은 육신의 고통과 마음의 고통 사이에서 방황하는 착잡한 움직임을 그대로 보여주고 있어 인상적이다. 이 시에 반복되는 의문형 어미는 스스로 자신의 마음을 잡을 수 없다는 의식의 반영이다.

> 이 불안은 어디서 오는 걸까
> 햇살 비듬도 성긴 황혼녘에 앉았으나
> 바닥 모를 깊이에서 며칠 째
> 오한이 솟아오른다, 어느새 몸이 아득한
> 절벽의 둘레에 섰다, 바닥이
> 안 보이는 끝없는 나락,
> 천 가닥 파랑마다 일만 마디의 비명을 일렁이며
> 반짝이는 것은 햇살인가
> 내가 지금 이곳에서
> 무서움으로 끓여내는 죽음의 시간도
> 살의 한 올이려니, 썩은 관절로
> 틈새를 이으려는 온몸이
> 또 이렇게 부서지듯 삐걱거린다
> 눈 시려 내다볼 수 없는
> 저쪽은 여전한 꽃밭이지만 늦된 나비,
> 거울 안쪽에서 힘겹게 날고
> 난반사되어 가는 늦가을 햇살만 조각조각
> 날개 위로 내린다
>
> ―「고혈압」 전문

우리가 감지할 수 있는 것은 한 인간의 위기의식이다. 늘 건강해 보이던 시인이 병든 것일까? 50대 중반의 나이가 육신의 불안감을 불러일으킨 것일까? 그보다는 고혈압에 시달려 온 그의 모친의 간병 과정에서 암시를 얻은 작품으로 보는 것이 좋을 것이다. 그러니까 이 시의 화자는 시인과 그의 모친이 중첩된 상태다. 육신의 병은 모친이 앓고 있으나 마음의 번민은 시인의 것이다. 시인은 처음부터 "이 불안은 어디서 오는 걸까"라고 말했다. 불안의 이유를 알 수 없을 때 불안은 더욱 불길하게 다가온다. 자신이 느끼는 몸의 이상도 "바닥 모를 깊이에서" 솟아오른다고 했다.

그 다음에 나오는 '어느새'라는 말은 의미심장하다. 이 말은 어느날 느닷없이 찾아온 몸의 배반에 대한 당혹감을 그대로 드러낸다. 자기도 느끼지 못하는 사이에 몸이 아득한 벼랑 끝에 서 있다는 것을 느끼는 때의 불안감과 당혹감이 그것이다. 그런데 묘한 것은 "바닥이 안 보이는 끝없는 나락"을 접하면서도 천 가닥 파랑마다 반짝이는 햇살을 감지한다는 사실이다. 물론 "반짝이는 것은 햇살인가"라고 했으니 미정형의 의문형 어투이긴 하지만 죽음의 벼랑에도 삶의 기미가 여전히 드리워져 있다는 생각의 반영인 것은 분명하다. 그러기에 그 다음 행의 "무서움으로 끓여내는 죽음의 시간도 살의 한 올이려니"라는 구절이 도출되었을 것이다.

나에게 두려움을 안겨주는 이 바닥 모를 불안의 시간에도 내 살의 한 올이 이어져 있을 것이라는 생각은 감동적이다. 어쩌면 이 육신의 고통은 내 살의 한 올 한 올이 힘을 다해 죽음과 맞서 싸우는 과정일지 모른다는 생각이 여기 담겨 있다. "썩은 관절로 틈새를 이으려는" 과정이 이런 고통과 오한과 불안을 만들어내는 것이다. 세상은 나의 이런 고통과는 무관하다는 듯 여전히 아름다운 꽃밭을 보여준다. 삶의 꽃밭에 동화되지 못한 나는 한 마리 '늦된 나비'와 같다. 아름다운 삶에 동화될 수 없음에도 불구하고 그렇게 힘겹게 난다는 것은 무엇을 의미하는가? 그것 역시 '살의 한 올'이 움직이는 것이고 "썩은 관절로 틈새를 이으려는" 노력이리라. 고혈압에 고생하는 그의 모친만이 아니라 사실은 우리 모두가 그렇게 부서지듯 삐걱거리며 힘겹게 이 세상을 날고 있는 것이다. 힘겨움 자체가 살아있음의 한 올이고 삶의 한 속성이 아니냐고 시인은 조심스럽게 묻고 있다. 그 조심스러움이 많은 의문형 어미를 동원했으나 그 물음 때문에 나는 시인의 마음의 결을 들여다 볼 수 있었다.

《21세기문학》 2000년 가을호

벽의 너머로

김 동 원
(시인)

1. 그녀가 눕고 각도를 낮추자 시선이 열리다.

나는 지금 사진 한 장을 들여다보고 있다. 사진에는 "발"이란 제목이 붙어있다.

나는 그 사진이 카메라 속의 필름 위에 형상을 새기기 이전으로 상상의 촉수를 들이밀어 본다. 그 상상의 세계 속에선 벌거벗은 여인이 카메라 앞에 서 있다. 여인은 지상을 수직으로 딛고 똑바로 선 자세로 카메라를 응시하고 있다. 정면으로 자신을 드러낸 가장 일상적인 직립의 자세이다. 우리들은 대체로 저렇게 나를 드러내야 한다고 믿는다. 똑바로 서서 나의 정면이 드러나도록.

나는 카메라의 창에 눈을 갖다 대고 사각의 구도 속에서 여인이 모습을 살펴본다. 나의 시선은 포충망처럼 벌어지며 앞으로 향하고, 그 시선은 위로 여인의 얼굴과 만나고, 아래쪽으로는 그녀의 발끝과 만난다. 그리고 그 지점에서 얼굴과 가슴, 허리, 다리, 발을 하나하나 짚어낸 나의 시선은 여인의 모든 것을 한눈에 포착해낸다. 그러나 동시에 그 시선은 여인의 정면에서 곧장 멈추어 있다. 그 순간 시선의 끝에서 묻어나는 느낌은 답답함이다.

여인의 정면은 내게 있어 벽에 새겨진 부조이다. 그 앞에서 나는 그 부조의 윤곽이 보여주는 형상의 아름다움을 더듬기보다 오히려 그 부조가 새겨진 벽, 그러니까 정면의 각도에서 내가 느끼는 몸의 질감에 더 민감하게 반응한다. 그 민감한 반응 앞에서 여인의 정면은 내게 무엇을 보여주는 것이 아니라, 오히려 그녀를 보고자 하는 나의 시선을 가로막는 벽으로서의 느낌이 더욱 강하다. 그렇게 나의 시선은 그 벽 앞에서 차단당하고 답답함은 바로 거기에서 온다. 그 벽을 넘어갈 수는 없는 것일까?

카메라의 뒤에서 주문해 본다.

- 다른 자세를 한번 취해 볼래요?
- 어떻게요?
- 그냥, 아무 거나 다른 거요. 옆으로 틀어보던지… 아니면 아예 누워 보던지…
- 그럼 한번 누워볼까요?

그녀가 눕는다. 팔을 허리 아래쪽으로 들이밀어 양팔로 대칭의 형상을 만들면서 반듯하게 눕는다.

다시 카메라의 창을 통하여 여인을 살펴본다. 시선은 이제 그녀를 정면으로 마주하는 것이 아니라, 아래쪽으로 하강하며 그녀의 몸으로 내려앉는다. 그러나 아직은 그 하강의 각도가 급하여 그녀의 몸으로 내려앉은 시선이 그녀의 몸에 그대로 고착되어 버리고 만다. 그녀의 머리 뒤쪽으로 휑하니 뚫린 공간이 넓게 자리 잡고 있지만 여인의 몸에 주저앉아 버린 시선은 비스듬한 각도에도 불구하고 그 빈 공간으로 튀어 오르지 못한다.

나는 카메라의 각도를 낮추어 본다. 카메라의 창에 눈을 붙이고 바닥에 누운 여인의 모습이 어떻게 바뀌는가를 계속 살펴가면서 높이를 낮추어간다. 어느 순간 나는 움직임을 멈춘다. 그 순간 지금까지와는 다른 형상이 그곳에 있었다.

엄밀히 말하여 형상의 질감이 느낌을 달리하는 그 순간, 여인의 모습을 자세히 기술해보면 가장 먼저 여인의 발이 눈에 들어온다. 발뒤꿈치의 자글자글한 주름이 선명할 정도로 그것은 크게 확대되어 있다. 시선은 이제 그녀의 발바닥에서 막히지 않고 그것을 타고 올라 엄지발가락 쪽으로 이동한다. 아니, 발이 나의 시선을 안내하여 발의 너머로 이끈다. 그 곳을 넘어간 나의 시선은 그녀의 두 다리 사이로 가늘게 트여 있는 공간을 따라 위로 올라간다. 그리하여 여인의 다리 사이에 오밀조밀하게 모여 있는 수풀을 만나고, 잠시 그곳에서 머뭇거린다. 이어 수풀을 지나 봉긋하게 솟아 양쪽으로 대칭을 이룬 가슴 사이로 빠져나간 시선은 반달처럼 휘어진 턱을 지나고 그녀의 콧등과 만난다. 그리고 거기서 시선은 멀리 뒤쪽으로 트인 허공을 호흡하며 한참동안 그대로 머물고 있었다.

이제 그녀의 몸은 벽이 아니라 길이었다. 벽이었을 때 우리의 시선을 가로막았던 몸은 이제 길이 되었을 때 앞을 열어주며 그녀의 너머로 나의 시선을 터주고 있었다. 그리고 그 끝에서 나는 공간을 호흡할 수 있었다.

그 한 장의 사진은 그렇게 하여 나에게 대상을 보여주는 듯하면서도 시선을 막는 각도가 있는가 하면, 대상을 보여주면서 동시에 시선의 길을 여는 각도가 있음을 얘기하고 있었다. 현실 속의 우리는 대체로 있는 그대로의 대상을 정면으로 마주하는데 아주 익숙해져 있다. 그 익숙함은 때로 우리에게 대상을 보여주는 것 같으면서도 사실은 시선의 길을 가로막고 있이 대상의 너머, 또 다른 길이 있음을 보여주지 않는다. 때문에 때로 우리는 길을 열기 위하여 여인을 눕히고 카메라의 각도를 낮추는 것과 같은 사세를 취해볼 필요가 있다. 그 자세는 일상적 자세는 아니지만 일상이 벽과 같이 느껴지는 순간, 그러한 자세가 우리들에게 새로운 길을 열어줄지 모른다.

2. 세 가지의 예

나는 먼저 최문자가 안내하는 삽화 속으로 시선을 들이밀어 본다. 그 삽화 속에서 시인이 자신이 그려낼 삽화의 전제로 삼고 있는 것은

더, 더
참을 수 없는 것들은
쓰러지면서 덩어리가 된다.

는 것이다. 무엇을 참을 수 없는 것인지, 덩어리가 무엇인지는 아직 시작의 어구만으로는 짐작하기 어렵다. 그 다음의 삽화를 쫓아가 보면 우리는 덩어리가 얼음덩어리 임을 알 수 있다. 그 얼음 덩어리는 사우디아라비아의 뜨거운 모래벌판을 달리다가 자동차의 앞바퀴가 빠지는 사고로 숨져 시체로 귀국한 대림산업 현상소장의 알루미늄관 속에 넣어진 얼음덩어리이다. 시체의 부패를 막기 위해 그렇게 했을 것이다. 시인이 말하는 참을 수 없는 것이란 그 남편을 잃은 아내의 슬픔이다. 소복 입은 그의 아내를 그 슬픔이 너무 커서 그 곁에서 또 하나의 큰 얼음덩어리로 서 있다. 그 순간 그의 아내를 정면으로 마주하면 우리의 시선엔 슬픔 이외엔 다른 것은 하나도 잡히지 않는다. 그것은 슬픔이라기보다 슬픔의 벽이다. 슬픔의 벽은 우리들로 하여금 그 앞에서 눈물로 서성이게 할 뿐 그 너머로 걸음을 떼지 못하게 하는, 정면의 각도에서 본 슬픔의 굳은 현실이다. 내가 시인에게서 기대하는 것은 바로 그 벽을 넘어서는 낮은 시의 각도이다.

그 순간 시인이 시의 각도를 바꾼다. 정면으로서 있는 소복 입은 여인의 슬픔을 바닥으로 눕히고, 시선의 발끝으로 옮긴 것이리라. 그 순간 얼음 덩어리의 너머로 시선이 트인다. 놀랍게도 그 자리엔 눈부시게 흰 눈이 날리고 있다.

얼음도,
차가움의 근원은 저 눈부신 흰 눈이었는데

  그리하여 시인은 아주 자명한 진리를 얻어낸다. "그 포근했던 기억의 가루"가 "북풍 앞에 쓰러지면 바로 덩어리"가 된다는 사실이다. 우리는 시선으로 전달받는 느낌과 달리 눈이 전혀 포근하지 않음을 알고 있다. 그런 측면에서 눈으로부터 포근함을 읽어내는 순간, 우리들은 현실 속에 있지 않다. 그리고 우리는 알고 있다. 우리가 눈을 포근함으로 바라보는 순간 속에 계속 머물 수 없음을. '북풍'은 그것을 확연하게 깨닫게 해준다. 그것은 아무도 무시할 수 없는 냉혹한 현실의 원리이다. 그 현실 앞에서 "포근했던 기억의 가루"는 '덩어리'로 굳어질 수밖에 없다.

  이제 시인이 제시한 삽화에 따라 경계선을 그어보면 현실 속에 덩어리가 서 있고, 그 반대편에 가루가 날리고 있다. 우리는 그 경계선을 넘나들며 살고 있고, 그 경계선을 가운데 두고 덩어리와 가루의 세계는 서로 대립하고 있다. 그 둘이 대립할 때마다 번번히 이기는 것은 덩어리의 세계이다. 그 둘의 대립과 현실의 승리를 접할 때마다 시인은 "몹시 아프다". 보통 그 아픔의 끝에서 우리들이 선택하는 길은 다시는 덩어리의 경계선 반대편으로 시선을 주지 않는 것이다. 아니, 시선을 주지 않는다기보다 대상을 정면으로 바라보는 현실적 시각에 포박되어 살아가는 일상적 존재를 이제 운명으로 받아들이게 된다. 그러나 '참나무'가 "나무로 치솟다가 더는 참지 못 하고 숯덩이가" 될 수밖에 없는 현실을 살아가면서도 시인은 그 가루의 세계를 잊을 수 없는 운명의 존재이다.

    참나무를 자꾸 베어 숯을 구어내도
    내 안의 아픈 산들은 나무로 울창하다.
    저 포근했던 가루, 사랑의 기억 때문에
        — 최문자, 「가루를 향하여」(현대시, 4월호)

그러므로 최문자에게서 시의 각도는 현실의 벽 너머로 우리의 시선을 이끌어 '꿈'이나 '사랑'의 길을 보여주며, 그것을 잊지 않도록 작용한다. 그리고 현실의 하중 속에 짓눌려 사라지는 한편으로, 동시에 꿈과 사랑은 그 기억의 힘에 기대어 끊임없이 부활한다.

그러나 김인희의 현실에 대한 접근은 최문자와는 다르다. 시인은 시의 첫머리에서 이렇게 고백한다.

　　우리는 잠실에서 미사리 가는 길을 모른다.

잠실과 미사리 사이의 공간적인 거리는 매우 가깝다. 아마 시인이 차를 가지고 있다면, 그리고 길을 잘 알고 있을 경우, 30분이 정도면 도달할 수 있는 거리에 미사리는 있다. 잠실이 완전히 개발된 아파트촌이라면, 그래서 도시적 서정 이외에는 기대할 것이 없는 곳이라면, 미사리는 아직 들판이 여기저기 그대로 널려 있는 개발되지 않은 땅이다. 그러면서도 서울이란 대도시로부터 멀리 떨어져 있지 않아 도시의 편리함을 향유하면서도 아울러 자연의 낭만을 함께 취할 수 있는 곳이다. 미사리와 가까운 잠실에 살고 있고 또 "미사리 들어가는 입구에 예쁜 집을 지"은 시인의 친구가 있다는 말로 미루어 시인이 미사리 가는 길을 모를 리는 없을 것 같다. 그런데도 시인은 미사리 가는 길을 모른다고 잡아떼고 있으며, 말미의 자리에서 다시 한번 그 얘기를 반복하여 못을 박는다.

시인은 시속에서 그 미사리 친구의 얘기를 듣고 있다. "잠실에서 미사리 들어가는 왼편 산중턱에서 남편과 딸 셋" 그리고 '아들 하나'와 "오손 도손 행복하게" 살고 있다는 얘기다. 시인의 친구가 하는 얘기가 구체적으로 어떤 내용일 것인가를 짐작하기는 어려울 것 같지 않다. 남편이 어떤 직장에 다니고, 수입은 얼마나 되며, 그 남편이 어떻게 해주고, 아이들이 공부는 어느 정도 잘하며, 집은 어떻게 꾸몄고, 아마, 그런 식으로 진행되지 않을까.

그 친구의 얘기를 정면으로 마주하면 우리의 시선에서 잡히는 것은 물론 그녀의 얘기이다. 우리는 당연히 그 얘기가 그녀를 드러내고 있다고 생각한다. 하지만 대상을 정면으로 마주할 때, 대상이 드러나는 것이 아니라, 오히려 시선의 길을 가로막는 장벽이 되었듯이, 그녀의 얘기가 실제로는 그녀를 드러내는 것이 아니라, 그녀에 대한 우리의 시선이 그녀의 뒤를 넘보지 못하도록 길을 가로막는 차단 구실을 하고 있는 것인지도 모른다.

그렇다면 어떻게 그녀의 뒤로 시선을 옮겨볼 수 있을까? 김인희가 시선의 각도를 낮추자 시인의 눈에

> 그녀는 우리와 만날 때 집을 거기에 두고 그녀만 온다
> ─ 김인희, 「미사리 가는 길」(현대시, 4월호)

는 사실이 드러난다. 이는 자명한 사실이지만 우리의 시선이 그녀의 얘기에 고착되어 있을 때 이 사실은 거의 포착되지 않는다. 이 구절은 그녀의 얘기를 들을 때 그녀와 전혀 구별 없이 하나로 묶여 있던 그녀의 집을 그녀로부터 분리해낸다. 이런 식으로 둘을 갈라놓으면 그녀의 얘기에 등장하는 예쁜 집과, 또 남편과, 아이들을 그녀로부터 모두 분리해 낼 수 있다. 그녀에게서 이 모든 것을 갈라놓는 것이 그녀의 행복을 빼앗아 버리겠다는 불순한 의도도 보이진 않는다. 시인은 다만 그녀의 행복이 어디에 귀속되어 있는가를 확인해보고 싶었을 것이다. 그 결과에 따르면 불행히도 그녀의 행복은 다른 객체에 귀속되어 있었다. 그런 점에서 그녀의 얘기는 그녀의 행복을 다른 객체들의 삶과 묶어버리는 마취력을 갖고 있다. 그녀의 얘기를 정면으로 들을 때 우리는 바로 그러한 마취력에 빨려든다. 얘기하는 그녀도 그 점을 눈치 채지 못하고 있다. 그러나 시인은 그 마취력으로부터

벗어나는 방법을 알고 있다. 바로 시선의 각도를 낮추어 그녀와 그녀의 집을 분리시키는 것이 그 방법이었다.

　시인은 짓궂다. 그녀와 그녀의 집을 분리시키는 데서 더 나아가 그녀가 말하는 삶에서 그녀의 집을 지워본다. 집을 지우고 나니 그녀의 남편과 아이들이 아무데서나 자게 된다. 그녀 또한 아무데나 있게 된다. 더 나아가 시인의 앞에 나타나지도 못하게 된다. 시인의 짓궂은 장난 속에서 우리는 우리의 행복이 집에 귀속되어 버린 우리 사는 세상의 모습과 자신의 행복이 남편과 아이들의 삶에 귀속되어 버린 이 땅 여자들의 삶을 보게 된다. 만약 그녀의 행복이 그녀의 것이었다면 시인이 그녀의 집을 지우고, 그녀의 남편, 아이들의 자리를 지운 끝에서도 그녀의 행복이 분명한 자기 자리를 확보하고 있었을 것이다. 그런 점에서 그녀의 행복은 허상이다. 그리하여 우리들은 시인이 미사리 가는 길을 모른다고 했을 때 그 길이 행복의 허상으로 연결된 길임을 알게 된다.

　유종인의 관점은 시선의 각도를 낮추는 정도가 아니라 아예 거꾸로 뒤집고 있다.

　예를 들어 누군가가 진정한 자아가 무엇인가를 묻고, 그것의 구현을 주제로 삼아 입에 올렸다고 해보자. 그때 사람들의 도식적 대답 중 하나는 껍데기를 버려야 한다는 것이다. 그러나 유종인은 깡통의 회고 형식을 빌어 그러한 일반적 도식성이 실제로는 답이 될 수 없음을 보여준다.

　우선 깡통은 '가슴에' 무엇인가를 담아두었을 때는 깡통이 아니다. 깡통은 "단 한 번 나를 열어" 그 속을 쏟아냈을 때 비로소 깡통이 된다. 그런 점에서 보면 빈 깡통이 내는 요란한 소리는 귀를 막아야 할 시끄러운 소음이 아니다. 깡통은 그 내면에 가득한 소리를 갖고 있었으나 자신을 닫고 침묵으로 일관해야 했다. 빗방울이 떨어지며 깡통을 두드릴 때 깡통은 그 소리를 찾아내며, 번지는 붉은 녹빛은 생명의 핏빛이 된다. 따라서 빗방울이 빈 깡통을 두드릴 때 나는 그 시끄러운 소리는 사실은 깡통이 자신의 자아를 찾아낸 순간에 발하는 희열의 소리이다.

> 나를 닫고 보냈던 시간들이
> 얼마나 소리 가득한 침묵이었는가
> 빗방울 하나둘 떨어질 때, 그 소리
> 붉게 번진다

깡통에 대한 일반적 시각 속에선 깡통의 이러한 모습은 포착되지 않는다. 각도를 낮추는 정도가 아니라, 정반대로 비틀었을 때 비로소 깡통의 이러한 모습은 우리의 시선에 포착되어 들어온다. 사람들은 최문자나 김인희의 경우와 달리 깡통의 경우엔, 그 전도된 시각에 당황하면서 이런 시각으로부터 삶에 대한 일반적인 시사를 얻어낼 수는 없는 것 아니겠냐는 주장을 펼칠지 모른다. 그러나 그것은 우리의 삶이 실제로 무엇에 더 가까운가에 따라 달라진다. 만약 우리의 삶이 깡통의 회고 속에서와 마찬가지로 "나는 나를 담고 있었다고 할 수가 없"는 삶이었다고 보면, 깡통에 대한 유종인의 시각은 곧 우리의 삶에 보다 적절한 시각으로 뒤바뀐다.

따라서 속을 버리고 껍데기를 찾으려는 깡통의 길은 껍데기에 대한 도식적 시각을 넘어섬과 동시에 현실의 외압에 시달리는 우리의 삶을 더 적절하게 보여주면서 그러한 삶의 우리들이 나를 찾기 위하여 걸어가야 할 길을 새롭게 열어주게 된다.

> 쇠로 만든 껍데기, 갈 데까지 가야지
> 껍데기로 만든 속일 걸
> 찌그러지고 눌리고 납작해져
> 마지막 外壓이 내 안에서 속을 버릴 때까지
> 껍데기여, 갈 데까지 가야 한다
> ― 유종인, 「깡통의 回顧錄」(현대시, 4월호)

3. 작은 희망을 보면서

　나는 각도를 낮춘다는 것이 단순히 또 하나의 관점이라고는 생각지 않는다. 때로 각도의 이동은 대상에 대한 질감을 완전히 뒤바꾸어 버리면서, 대상의 세계를 그간의 각도에선 전혀 접할 수 없었던 길로 새롭게 열어 준다. 물론 그렇다고 나는 시가 현실적 문제를 해결할 수 있다고는 생각지 않지만, 가령 예를 들어 내가 집을 장만하는데 시가 도움이 되리라고 는 전혀 생각지 않지만, 그러나 나는 세상의 현실이 시속에서 뒤집힐 때 마다 그 작은 힘이 계속 축적되어 나가다 보면 내가 집을 장만하지 않고도 살 수 있는 세상이 올지도 모른다는 생각에 곧잘 사로잡히곤 한다. 시인이 열어 보인 대상의 질감이 벽에서 길로 바뀌었을 때 더더욱 나의 그런 생각은 희망으로 부푼다. 나는 이 달에 최문자와 김인희, 유종인의 시에서 그런 희망의 순간을 만났다. 앞으로 그들의 길에 행운 있기를.

(《현대시》 2001년 5월호)

비극적 현실의 서정적 풍경들

오정국
(시인 · 한서대 교수)

저 집들, 언제 강을 건너
저렇게 무덤처럼 웅크리고 앉았나
아무도 몰래 건너 가버린 저 산들은
어떻게 다시 또 데려오나
젖은 길만 골라 가는 낡은 나룻배가
산과
나무들과 꽃들,
풀밭을 다 실어 나른 건가
남아있던 불빛마저 참방참방 뛰어서
저 편으로 가는구나
환하다,
내가 없는 저곳

— 이은림, 「彼岸」 전문

    집들이 강을 건너가고, 산과 나무와 꽃과 풀밭도 강을 건너가 버렸다. 그나마 남아 있던 불빛마저 저 편으로 가고 있다. 그곳은 환하다. 그런데 그곳엔 내가 없다. 내가 없기 때문에 저렇게 환한 것일까? 저곳은 피안(彼岸). 내가 영원히 다다를 수 없기 때문에 피안은 피안으로 존재하는 것인가.

그렇다면 지금 이곳의 현실은 어떠한가. 이번 달엔 시인들이 어떤 '현실'을 바탕으로 시를 쓰고 있으며, 현실 너머의 세계는 어떤 곳인지를 살펴보기로 하자. 시는 언제 어디서나 지금 이곳의 현실로부터 출발한다. 소설도 마찬가지다. 역사소설이나 SF소설, 판타지소설도 결국은 작품이 쓰여진 당대의 현실을 비춰주는 거울이다. 쟈크 데리다가 그의 저작물들을 통해 수없이 강조했던 것처럼, 현존(現存, presence)이야말로 모든 사고의 진행을 가능케 하는 가장 통일적인 기반이기 때문이다.

이은림의 '피안'은 간명하고 활달하다. 함축적이고도 감각적인 화법이 돋보인다. '피안'이란 낡고 무거운 제목이 무색할 정도다. 특히 마지막 두 행 '환하다,/내가 없는 저곳'이 환기시키는 효과는 크다. 그 두 행으로 인하여 앞의 모든 행들이 아연 생기를 띠게 될 뿐 아니라 낡은 제목을 새롭게 태어나게 한다.

저곳이 환할수록 이곳이 더욱 어둡게 느껴진다. 그러나 이은림은 이곳의 현실을 구체적으로 드러내지 않는다. '피안'으로 가지 못한 자신, 차안(此岸)의 세속적 현실에 대해 침묵한다. 우리에게 너무나 친숙했던 것들, 우리의 생존과 생활을 지켜주던 것들, 우리가 무심코 접해왔던 것들이 사라진 세계는 어떠한가? 시인은 단지 '저곳이 환하다'는 말로 '이곳이 깜깜하다'는 걸 보여줄 뿐이다. 집을 잃고, 산을 잃고, 나무와 꽃도 잃어버린 '나'의 지각만 존재할 뿐이다. 그렇다면, 이은림은 '부재'를 통해 '현존'을 드러내는 셈인데, 강 건너의 거울이 너무나 선명하여 이쪽의 현실이 더욱 아프게 느껴진다. '피안'이란 제목이 상징하듯 관념적 색채를 지니기도 했지만, 이승의 번뇌를 해탈한 열반의 세계로 가지 못한 세속적 자아를 간명하게, 그리고 감각적으로 표현해낸 솜씨가 놀랍다. 작금의 시인들은 너무 많은 언어를 혹사시키고 있다.

이은림의 시가 '피안'과 '차안'이란 두 개의 공간을 대비시켜 시적 화자의 현실적 삶을 담아냈다면, 홍윤숙 시인은 '새벽 4시'라는 시간을 중심축으로 삼아 죽음과 맞선다.

> 새벽 네시엔 자명종처럼 잠이 깬다 언제부터인가 인체가 기계가 되어있다 잔잔한 물굽이 한 귀퉁이 부드럽게 갈라지며 문득 수면으로 부상하는 자동인형 그 검은 물체에선 살냄새가 안 난다 마른 산사나무 잎새 타는 연한 연기 한 솔기 후르르 감돌고 부피도 없이 일어서는 허수아비 빈들에 삭정이로 흔들리는 새벽 네시의 벌판, 세상의 도시 어디선가 첫기차 떠나는 소리 들리고 후드기는 빗줄기 섞여 죽은 살의 젖은 발이 잠시 눈을 뜨는……
>
> 핏기없이 마른 가을 볏짚의 엉성한 제웅 하나 어둠 속에 눈뜨고 세상을 바라본다 생애 중 가장 청정한 살의 몸 하나로
> 한 발이 이미 천상의 계단에 닿은 듯도 한 아, 무중력의 가벼움 이 허공……

— 홍윤숙, 「새벽 네시의 벌판에」 전문

홍윤숙 시인은 새벽 4시의 현실 속에 있다. 이 시인의 '새벽 4시'는 '죽음과 맞서는 차갑고 엄격하고 예민한 시간'이다. 시인은 자신을 '새벽 4시'에 잠을 깨는 '자동인형'이라고 말하는데, 이젠 '살냄새'조차 나지 않는다는 것이다. 살냄새 없는 육체는 '부피도 없이 일어서는 허수아비'로 전이(轉移)되고 다시 '핏기 없이 다른 가을 볏짚의 제웅'이 된다. 시인이 이같은 육탈을 노래한다는 것은 바로 죽음과 맞서는 행위. 그러나 그 어조는 너무나 담담하고 진솔하다. 시인은 결코 정신적 탈속을 꿈꾸지 않는다. 이 지상의 새벽 4시를 끊임없는 연민으로 바라본다. 망(亡)자들의 안쓰러운 육체, '죽은 살의 젖은 발'을 본다.

시적 화자와 함께 눈을 뜨는 것은 벌판의 허수아비. 그러나 독자들은 시인이 벌판에서 잠을 깼다는 느낌을 가진다. 이 벌판은 노시인이 단독자(單獨者)로 홀로 깨어 있는 절대 공간이다. 고해소(告解所) 같은 이지상의 차갑고 엄격하고 빈틈없는 절대의 공간 속에서 시인은 생사(生死)가 엇갈리는

것을 본다. 첫 기차가 떠나고 망자들이 눈을 뜨고 시퍼런 벌판에서 제웅 하나 또 눈을 뜨게 되니, 시인은 꿈꾼다. 생에 중 가장 청정한 살의 몸 하나로 천상의 계단으로 나아갈 것을.

이 작품엔 '망자들의 젖은 살에 대한 연민'과 '가을 볏짚처럼 향기로운 육탈을 향한 꿈'이 중첩되어 있는데, 이 작품이 필자를 감동케 한 것은 육체를 통해 죽음과 맞서려는, 그 정신에 있다. 요즘엔 젊은 시인들마저 '탈속'을 읊조리고, '잠언'같은 시를 쓴다.

가을볕에 잘 마른 혼(魂), 혼(魂)의 노래처럼 섬뜩함을 절창(絶唱)들었다고 필자는 감히 그렇게 말하고 싶다. 최문자 시인 또한 죽음을 눈앞에 둔 비극적 현실을 노래하고 있다. 시인은 '곧 세상이 얼어붙는다'고 말한다. 최문자 시인 또한 죽음을 눈앞에 둔 비극적 현실을 노래하고 있다. 시인은 '곧 세상이 얼어붙는다'고 말한다.

> 그대,
> 우리 서로 얼어붙기 전에
> 툰드라 벌판에 우물 하나 파기로 하자.
> 이별은 우리가 우리 안에 숨긴
> 가장 차가운 얼음
> 저 이별의 얼음 밑엔
> 깊은 물 속이 있다.
> 지난 날 우리의 꽃잎
> 거기서 물을 마시다가
> 푸른 산맥 모두 얼음이 되는
> 불길한 예감으로
> 지금 미리 팔을 떨고 있다.
> 사랑과 함께 이별 하나 태어나려고
> 어느 지층 얼음 품고 그렇게 설레였던가?
> 그대,
> 곧 빙하기가 시작된다.

얼음도 얼음과 헤어져
혼자 얼어붙는 참을 수 없는 시간이 온다.
우리가 흘렸던 눈물까지
하얗게 얼음을 뒤집어쓰는
슬픔도 얼음처럼 빛나는
툰드라의 계절이 오고 있다.
그대,
간빙기에 우물하나 파기로 하자.
가는 뿌리 하나 몰래 키우면서
얼음 속에서도 얼음을 녹이는
빙하기에서도 김이 오르는
우물 하나 파기로 하자

간빙기
① 빙기와 빙기 사이의 기간
② 빙하기가 오기 전 잠시 얼음이 녹고 온대림이 덮히며, 호수와 못이 생기는 기간이다. 이때 우물을 파고 식수를 마련해둔다.

— 최문자, 「간빙기 1」 전문

  시인은 불길한 예감에 몸을 떨고 있다. 몸이 얼어붙는다는 것은 곧 죽음을 의미하는 것, 따라서 '그대'와 '나'도 필연적으로 이별을 할 수밖에 없다. 시인은 우리에게 또 다시 간빙기가 온다는 가상적 상황을 배경으로 죽음 앞에서의 이별을 노래하고 있는데, 우리가 숨을 이어가는 삶이 바로 간빙기에 해당된다는 것일까? 그렇다면 온 세상이 얼어붙는 빙하기의 기나긴 침묵은 무엇인가? 그것이 바로 영원이란 것일까?
  시인은 이별이란 우리가 '우리 안에 숨긴' 얼음이라고 말한다. 몸 안의 얼음이란 어차피 녹게 되는 것, 그렇다면 우리의 사랑이란 고작 얼음이 녹고 있는 동안 나누는 대화나 몸짓에 지나지 않는다. 이토록 짧은 사랑에 긴 이별이 준비되어 있으니, 그 이별이 바로 지상에서 가장 차가운 얼음이 아니겠는가?

게다가 '사랑과 함께 이별 하나 태어나려고' 지층이 얼음을 품고 그토록 설레었다니! 그렇다, '사랑'과 '이별'은 자웅동체였던 것이다. 생의 물밑을 내려다보는 통찰력이다.

마침내 빙하기가 시작되면, '얼음도 얼음과 헤어져/혼자 얼어붙는 참을 수 없는 시간' 속에 갇힌다. 필자는 '얼음도 얼음과 헤어져/혼자 얼어붙는 참을 수 없는 시간'이란 구절 앞에서 몸이 얼어붙는 듯 했다. 결국엔 혼자 얼어붙게 되는 인간의 숙명을 얼음처럼 명쾌하고 서늘하게 드러내 놓았다.

시인은 죽음의 이별을 앞둔 이 시간, 우물 하나를 파자고 한다. 그 우물은 '얼음 속에서도 얼음을 녹이는', 우리가 지닌 최후의 희망이며 그 씨앗이다. 우리네 애달픈 사랑에 비해, 이 짧은 생애에 비해 그 희망은 좀 더 영속적이다.

나희덕 시인은 여전히 낮게 낮게 중얼거린다.

> 처음엔 흰 연꽃 열어 보이더니
> 다음엔 빈 손바닥만 푸르게 흔들더니
> 그 다음엔 더운 연밥 한 그릇 들고 서 있더니
> 이제는 마른 손목마저 꺾인 채
> 연못 속에 거꾸로 처박히고 말았네
> 수많은 창을 가슴에 꽂고 연못은
> 거대한 폐선처럼 천천히 가라앉고 있네
>
> 저 바닥에 처박혀 그는 무엇을 하나
> 말 건네려 해도
> 손 잡으려 해도 보이지 않네
> 발 밑에 떨어진 밥알들 주워서
> 진흙 속에 심고 있는지 고개 들지 않네
>
> 백 년쯤 지나 다시 오면

>   그가 지은 연밥 한 그릇 얻어먹을 수 있으려나
>   그보다 일찍 오면 빈 손이라도 잡으려나
>   그보다 일찍 오면 흰 꽃도 볼 수 있으려나
>   회산에 회산에 다시 온다면
>
>   — 나희덕, 「사라진 손바닥」 전문

 시적화자의 눈앞에 펼쳐진 풍경은 처참한 잔해 뿐이다. 꽃을 피워 연밥을 만들던 연의 줄기들이 연못 속에 거꾸로 처박힌 상황이다. 게다가 연못마저 폐산처럼 가라앉고 있다. 이 작품엔 연 줄기들이 꺾이고 연못이 황폐해지는 이유가 나타나 있지 않다. 시인의 관심은 다른데 있기 때문일 것이다. 여기에 이 시인의 개성이 있다. 시인은 물에 처박힌 연들이 고개를 들지 않는데, 발밑에 떨어진 밥알을 주워서/진흙 속에 심고 있기 때문이라고 생각한다.

 '사라진 손바닥'은 사라진 시간에 다름 아니다. 그 사라진 시간들이 백 년 뒤의 공양을 불러오고 있으니 바로 연밥 한 그릇이다. 언제나 각박하기 마련인 현실, 때로는 처참한 풍경과 마주치는 게 우리네 삶인데, 그런 풍경들을 백 년 뒤의 연밥 공양으로 버무려내는 모성적 상상력이 가슴 뭉클한 감동을 준다.

 그런데 조건이 하나 달려 있다. '회산에 회산에 다시 온다면'이란 구절이 그것이다. 이 구절로 인해 갑자기 시가 탄력을 얻는다. 회산에 회산에 다시 온다면은 다시 오기 어려운 것이라는 부정적인 의미를 내포하고 있다. 시인은 다시 오기 어려운 회산과 언젠가 다시 피어날 연꽃을 대비시켜 인간의 유한적인 삶, 그 비극성을 강화시켜놓았다.

 이번 달에 논의한 작품들은 주로 현재의 시간을 기점으로 시상을 과거 또는 미래로 확장시켜나가는 형태를 취했는데, 그 과거와 미래에 의해 현실적 고통이 부각되고 있다. 이들 시인이 바라보는 현실 너머의 세계는 '내가 없기 때문에 불빛 환한 피안'이며 '해후의 날을 기약할 수 없는 연꽃 핀

연못'이며 '온 세상이 얼어붙는 빙하기' 그리고 '무중력의 허공'이다. 그 '피안'과 '연못'과 '빙하기의 얼음'과 '무중력이 허공'이 우리의 세속적 현실과 유한적 삶의 비극을 거울처럼 비춰준 셈이다.

 이번 달에 논의한 작품들은 서정과 서사가 잘 어울려 읽기가 쉬웠고, 평이한 듯 했지만 시를 읽어나가는 도중 허방다리를 딛는 듯 현기증을 느끼게 했다. 사실, 주위를 둘러보면 말을 도무지 알아들을 수 없거나 너무도 식상한 말을 늘어놓는 시들이 얼마나 많은가. 서정과 서사가 물처럼 흘러가는 시, 그러나 현기증을 느끼게 하는 시, 그 이유가 궁금했다. 논의한 시들은 다시 한 번 읽어보니, 아 저마다 하나씩의 풍경을 지니고 있었다. 시의 화자가 풍경을 업고 있거나 입고 있었다. '강'과 '연못'과 '얼음'과 '벌판'이 피워낸 눈부신 슬픔들이었다.

(《현대시》 2002년 2월호)

눈물과 침묵에 대한 겨울 이미지

이 규 리
(시인)

Q에게

겨울의 끝자락에 나를 세웠습니다.

아무도 만나지 못한 채 한 계절을 보낸다는 의미를 아십니까.

겨울에 사람들이 닫아거는 것은 창문만이 아니죠. 칩거하듯 그런 형식으로라도 비로소 자신을 들여다보고 싶은 당위성은 삶의 곤고함이 주는 갖가지의 아픔을 객관화하려는 자기검증 때문이라 여겨집니다.

맑은 날은 바깥이 잘 보이고 흐린 날은 비로소 자기가 잘 보이듯 이번 겨울 스스로 마음의 동안거에 든 사람 있어 고요와 묵언으로 얻어진 깨달음 있다면 그 마지막 형태는 <눈물> 아닐까요.

몇 해 전 뉴욕을 싸고 흐르는 허드슨 강가에서 깨어진 빙산 덩어리들이 강물을 타고 둥둥 떠내려 오는 것을 보았지요. 강물의 결빙이란, 한계점까지 간 슬픔의 분량이 응고된 결정체이며 먼 곳에서 내가 어떤 막의 뉘앙스는 흡사 히여 그 강물 또한 내 눈물의 일부였음을 지금사 떠올린다 해도 당신은 이미 내게 아무런 위로가 될 수 없음을 압니다.

얼음 덩어리나 눈물은 기록되지 않으므로 아무도 그들의 존재를 계산하지 않습니다. 또한 그 눈물이 당신에게 당도하기도 전에 세상의 속도는 나를 그 감정 속에 오래 머물게 하지도 않지요만. 일찍이 고려시대 이래 최대의 엘레지라 불리운 送人의 결귀에서 참으로 대단한 눈물을 본 적 있지요.

— 「別淚年年添綠波」

정지상은 이 때 눈물을 통해 소멸하지 않고 퍼렇게 살아 현재라는 통로로 엮어 흐르는 인식의 장을 강이라는 역사성에 편입시켜 슬픔의 미학으로 돋우고 있었습니다.

억압이나 자기규제로부터 부자유한 사람이 세상에 마주 서기 위해 스스로 마련해 두는 것은 무력하지만 눈물이라 여겨집니다. 눈물로써 자신의 아픔을 견디고 그 이후까지를 세척하는 일, 비애는 비애가 가진 독특한 방식 때문에 끝없는 유혹으로 사람의 마음을 데려가지만, 그 다음에 남는 몸이란 기실 얼마나 탈진한 가벼움이던가요.

부유하는 음모와 음해만이 가득한 도시의 스모그 속을 헤쳐 나올 때, 빽빽한 슬픔들 안으로 스며 상처가 되고 그 상처들 너무 커져서 저희끼리 부딪히며 아우성일 때, 그 아우성 잠재우려 내가 준비하는 것도 눈물, 눈물이었음을 고백하는 것은 이제 무의미하겠지요. 스스로 그 누수의 과정을 제의처럼 치러내는 시간들은 이미 익숙하여 습관이 되었다 손쳐도 그 효용 또한 누구에게도 말 할 수 없는 그야말로 무력한 것 아니겠습니까.

이쯤이면 내가 스스로 자신을 정화하는 방식이 무엇인지 명민한 당신은 아실 테지요. 그래요 눈물입니다. 소중하다고 여기는 것이 결국 자기를 억압하듯이 나는 눈물에 억압되어 있고 또 역설적이게도 눈물의 힘을 믿습니다.

그리고 이 달엔 또 한 사람의 눈물을 보고야 말았습니다. 감추어도 삐져 나오는 하얀 속치마처럼 최문자 시인의 「눈물·1」도 쓸쓸한 상처 조각인 것을 말입니다. 동성애자가 직감적으로 동성애자를 인지하듯 그의 눈물이 나의 어망(語網)에 반짝이며 걸려 가련한 언어를 공유하게 되었습니다.

눈물이 눈물을 만나면 그 다음은 침묵이지요. 언어를 초월하는 이미지들 말입니다. 언젠가 내가 오지 않는 당신을 기다릴 때의 절망과. 기다림을 포기한 자리에 뒤늦게 당도한 당신의 무의지 앞에 목적이었던 숱한 비유와 상징의 시간들을 버리면서 내 날들을 지탱했던 눈물을 당신은 알지 마십시오.

> 어릴 적 외할머니가 이불빨래를 하는 날은
> 뒷마당에서 잿물을 내렸다.
> 금이간 헌 시루 밑에서 뚝뚝 떨어지던
> 재의 신음소리
> 꼭 독한 년 눈물이네.

잿물의 사전적 의미는 콩깍지·풋나무 등의 재를 시루에 앉혀서 흘려내린 물로 지금의 표백제에 해당하지요. 잿물을 여러 번 통과하면서 누렇던 광목이나 목면들이 눈부시도록 희게 변하는 걸 보았습니다. 땀이나 눈물, 목에 낀 때로 인한 얼룩이 묻은 이불빨래들이 잿물 속에서 순백으로 재현되는 일과 내 고통의 흔적들이 겸허히 내성(內省)을 거쳐 눈물로 순화되는 과정이 어찌 그리 같은 구조를 지녔던지요. 그 삶의 신음 소리란 '독한 년'이 아니면 절대 통과할 수 없는 비의가 아니던가요. 이때 눈물이나 잿물은 질료이면서 곧 결과물이기도 하지요. 따라서 최문자 시인이 상정하는 '눈물=잿물'의 등식은 아프고도 경이롭습니다.

> 열 아홉에 혼자된 외할머니 독한 잿물에
> 덮고 자던 유년의 얼룩들은 한없이 환해지면서
> 뒷마당 가득 흰 빨래로 펄럭였다

열 아홉에 혼자된 외할머니의 삶 자체가 이미 잿물에 다름 아닙니다. 덮고 자던 유년의 얼룩들은 외할머니(혹은 화자)를 억압했을 현실이며 뒷마당 가득 펄럭였던 흰 빨래는 외할머니(혹은 화자)를 지탱해 주었을 쓸쓸한 순결이었겠지요. 어쩌면 잿물에 자신의 생을 표백하고 싶었을지도 모르는 욕망에는 은밀히 여성성이 존재하고 있음을 봅니다. 그러한 순결에 대한 절대적인 의지는 고전적인 잣대로 보아 혹 여성들만이 경험하는 참혹한 쾌감은 아니었을까요.

아리스토텔레스는 『시학』을 통해 '비극의 목적은 어떤 특정한 쾌감을 산출하는 데 있다'고 말하며 '쾌감 그 자체는 선한 것도 악한 것도 아니다. 그것은 아무 방해도 받지 않고 순조롭게 전개되는 활동에 자연적으로 수반되는 정신 상태로서, 활동의 선악에 따라 그에 수반되는 쾌감의 선악도 결정된다. 그런데 비극이 제공하는 특정한 쾌감은 우리의 감정을 좋은 의미에서 구제하여 주는 선한 활동에 수반되는 쾌감인 것이다.'

말하자면 기쁨의 극한은 슬픔이며 양질의 슬픔은 기쁨과 통한다는 순환 방식이 설득력을 획득하는 거지요. 잿물을 통과하는 흰 빨래나 눈물을 통과하는 성찰들은 모두 <카타르시스>라는 이름 아래 놓여 비극의 순기능을 담당한다고 여겨집니다.

> 하나님은
> 내가 재가 되기를 기다렸다.
> 하루 종일 재가 되고났는데도
> 아직 남아있는 먼가 있을까? 하여
> 쇠꼬챙이로 뒤적거리며 나를 깊이 파보고 있었다.

잿물 속의 빨래를 쇠꼬챙이로 뒤적거리는 행위와 하나님이 화자를 뒤적거려 시험하는 일은 동일하게 나타나고 있습니다. 하나님은 참 재미없는 분이죠. 그리하여 사람들은 그 반대로 자꾸 가려하니까요. 그럼에도 재가 되기를, 한 톨 씨앗이 되기를 끊임없이 주문하곤 하지요. 왜냐하면,

> 재가 되지 않고는 세상을 건널 수 없었을 때
> 재도 눈물을 흘렸다

어제의 재에다
새로 재가 될 오늘까지 얹고
독한 잿물을 흘렸다.

  재(잿물)가 된다는 건 쉬운 일이 아닙니다. 재는 타자를 정화시키는 하나의 매개물이 되지요. 성수, 또는 눈물 같은 것, 세상에 존재하는 어떤 신뢰 혹은 사랑의 불신으로 불면하던 숱한 시간들을 견디었던 것도 추억이나 기억 따위가 아니라 눈물 때문입니다. 눈물은 종교적으로 세례의 형식을 띄지만 이전의 격렬했던 시간으로부터 한 걸음 떼어놓고 분출하는 감정을 고요히 눌러 주며 다시 바라보는 세상을 한결 성숙하게 하지요. 그리하여 진실로 눈물을 모르는 수많은 당신들을 용서하게 되는 것입니다.

  더러는/옥토에 떨어지는 작은 생명이고저……// 흠도 티도/금가지 않는/ 나의 전체는 오직 이뿐!// 더욱 값진 것으로/드리라 하올 제.// 나의 가장 나중 지니인 것도 오직 이뿐!// 아름다운 나무의 꽃이 시듦을 보시고/ 열매를 맺게 하신 당신은,// 나의 웃음을 만드신 후에/ 새로이 나의 눈물을 지어 주시다//
                                          ― 김현승, 「눈물」 전문

  눈물을 최고의 미와 최고의 가치로 승화한 위의 시를 '눈물'을 모르던 시절에 암송하고 다녔던 아이러니는 또한 어떻게 설명해야 옳을까요. 어느 날의 당신처럼 아마 그것도 비극을 추종하는 내 생의 궤도에 예비 되어 놓인 내성이었음을 부징힐 수 없습니다.

조금도 적시기 싫었던 재의
사랑까지 한없이 하예져서
세상 뒷마당에 허옇게 널려있다.
재는 가끔 꿈틀거렸다.
독한 눈물을 물을 닦기 위하여

이렇듯 재의 사랑까지 하얗게 변하는 저 힘은 어디서 오는 걸까요. 시인의 삶이 남기는 모든 불협화음과 부조화와 욕망들이 지고의 비애 앞에 엎드려 흐느끼는 것, 그리고 이윽고 하예지는 저 힘이란 것.

다시 Q에게

여전히 창 밖은 겨울입니다. 눈을 기다렸습니다. 닫아 건 창문 안으로도 눈 오는 날의 광휘는 찬란했던 기억이 새롭습니다.
눈은 청각으로도 닿고 시각으로도 닿고 촉각으로도 닿습니다.
눈 때문에 모든 감각이 열렸던, 제어할 수 없는 이성은 도대체 무얼 의미하는 것입니까. 소멸하는 것, 시간의 한계 앞에서 가뭇없이 소멸해갈 것에 대해 견딜 수 없이 조급했던 연민 같은 것, 또한 기약할 수 없는 미래 같은 것, 눈 혹은 눈물들.
눈물은 눈에 있는 것인가? 아니면 마음(심장)에 있는 것인가? 눈에 있다고 하면 마치 물이 웅덩이에 고여 있는 듯한 것인가? 마음에 있다면 마치 피가 맥을 차고 다니는 것과 같은 것인가? 눈에 있지 않다면, 눈물이 나오는 것과 다른 신체 부위와는 무관하게 오직 눈만이 주관하니 눈에 있지 않다고 할 수 있겠는가? 마음에 있지 않다면, 마음이 움직임 없이 눈 그자체로 눈물이 나오는 일은 없으니 마음에 있지 않다고 할 수 있겠는가? 만약 마치 오줌이 방광으로부터 그곳으로 나오는 것처럼 눈물이 마음으로부터 눈으로 나온다면 저 것은 다 같은 물의 유로써 아래로 흐른다는 성질을 잃지 않고 있으되 왜 유독 눈물만은 그렇지 않은가? 마음은 아래에 있고 눈은 위에 있는데 어찌 물인데도 아래로부터 위로 가는 이치가 있단 말인가!

최근에 읽은 조선시대 명산문가 심노승의 『눈물이란 무엇인가』의 서두에서 이렇게 진술하고 있었습니다. 이어서 그는

마음은 비유하자면 땅이고 눈은 구름이다. 눈물은 그 사이에 있으니 비유하자면 비와 같다. 비는 구름에 있지도 않고 땅에 있지도 않다. 그러나 비가 구름에서 생기고 땅은 관여하지 않는다고 한다면, 하늘 위에는 늘 비가 있어

야 하지 않는가? 비는 땅에서 생기고 구름은 관여하지 않는다고 한다면, 비는 어째서 하늘로부터 내린단 말인가? 이는 氣의 감응에 불과할 따름인즉, 눈물은 마음으로부터 나오고 또 눈으로부터 나오는 것이다.

눈과 마음의 기(氣)가 서로 감응해서 눈물이 된다는 것이 결어인 것 같습니다. 눈물을 흘릴 때 콧물이 나오는 것이나, 재채기를 할 때 눈물이 나오는 것이며 귀가 먹먹할 때 침을 꼴딱 삼켜 상태를 완화시키듯이 이때 '감응'이란 아주 적격인 단어이지요. 내가 당신을 바라보았던 것이나 당신이 나에게로 왔던 시간과 공간의 기운들도 말하자면 '감응' 아니었을까요.

기다리는 것은 쉬 오지 않고 깊은 곳에 눈물 가득 채우고 있는 듯한 최문자 시인의 사진을 드려다 보다가 '눈물'로 글을 채웠습니다.

그리고 나는 오늘 멋대로 당신을 여기 불러 세웠으며 비난했으며 열망했으며 '눈물'로 해석할 수 있는 인식의 곳간을 구석구석 들 쑤셨습니다.

허드슨 강을 둥둥 떠가던 얼음 덩어리들의 고독, 무리 지어 있으되 결국 '혼자'가야 할 삶의 엄격함이란 고요하고 깊어지는 것 아닐런지요.

불현듯 말을 하면 없어지는 것은 '침묵'이라는 로베르트 베르니니 감독의 말이 스쳐 지나갔습니다.

(《현대시학》 2002년 3월호)

마주침, 그리고 단상들
― 문정희 / 신지혜 / 최문자

김 유 중
(한국항공대 교수)

1. 일상 속에서 마주치는 낯설음에 대하여

러시아 형식주의자들에 따르면 시란 일종의 '낯설게 하기'의 기법으로부터 파생된 언어의 정서적 효과를 극대화하려는 목적에서 산출된 예술품이다 말하자먼 일상속에서 익숙한 어법이나 표현법들을 의도적으로 낯설게 배열함으로써 원래의 목적을 성취하려는 것이 시이다. 이 이론을 그대로 따른다면 시인이 시를 쓰기 위해서는 이렇게 낯설게 바라보고 표현하는 방식을 끊임없이 연구하지 않으면 안 되며, 그런 이상 그것은 기본적으로 일상어를 통해 익숙하게 표출되어 온 우리 주변의 현실이나 정서에 대한 의도적인 왜곡의 과정을 반드시 거쳐야 할 것을 전제로 하게 마련이다.

그러나 달리 생각해볼 때, 우리가 시에서 궁극적으로 얻고자 하는 바가 '낯설게 표현하는 것' 그 자체에 있는 것이 아니라 그러한 표현법으로부터 빚어진 색다른 느낌, 즉 그것으로부터 빚어진 정서적인 효과에 있다고 한다면, 굳이 이러한 의도적인 왜곡의 과정이 시적 표현법이 지녀야 할 유일한 절대 조건이기를 고집할 이유는 없으리라. 낯설다고 느끼는 것, 그것은 단순히 언어 배열이나 표현법 상의 문제로만 국한 되는 것은 아니기 때문이다. 오히려 더욱 많은 경우에 우리는 문득 스쳐지나가는 현실속에서 자신의 존재가, 현실이, 그리고 지금 마주친 이 상황이 낯설게 느껴지는 경우를 경험하게 된다.

문제는 그러한 느낌을 포착하여 이를 시적인 구성과 형태에 담아 적절히 옮겨 적는 일이다. 경험하고 포착하기는 쉬워도, 막상 그것을 시적인 형태로 구성하여 제시해 놓는 것은 쉽지 않은 작업이기 때문이다. 여기에는 위에서 우리가 의도적인 왜곡의 과정이라고 불렀던 언어적 표현기법 면에서의 고민과는 또 다른 고민이 스며들게 된다. 이 때의 낯설음이란 일차적으로 하나의 상황이지 표현의 문제가 아닌 까닭이다. 무심코 스쳐 지나쳤을 수도 있는 그러한 낯설음을, 그 느낌을 그대로 살려내어 독자들에게 전달한다는 것은 결코 쉬워보이는 일이 아니다.

그러나 분명한 것은, 만일 그가 시인이라면 바로 이 지점에서 그 자신의 진가를 드러내리라는 사실이다.

2. 파뿌리에 묻힌 인생

결혼이란 축복이다. 특히 당사자인 신랑 신부에게 그것은 둘이서 힘을 합쳐 가정을 꾸리고, 그들 앞에 펼쳐질 밝은 장미빛 인생을 설계하기 위해 마땅히 갖추어야 할 필요 충분조건이다. 그들을 향해, 주위 사람들은 곧잘 말한다. "검은 머리 파뿌리 되도록…" 그래. 그것은 징녕 영원히 변치 말고 오손도손 서로 아끼며 아들 딸 낳고 사랑하며 지내라는 축복의 말인 것이다.

그러나 그것은 또한 하나의 억압이기도 하다. 결혼을 한 이상, 무슨 일이 있어도 헤어져서는 안 된다는 무언의 압력이자 그것의 우회적 표현일 수 있다. 결혼을 통해 맺어진 두 남녀는 그 순간부터 바로 누군가의 남편과 누군가의 아내로 살아가야 한다. 그리고 그 순간부터 그들에게 부여된 역할과 지위로부터 벗어날 수 없게 된다. 남편은 아내와 가족을 위해 밖에 나가 돈을 벌어야 하며, 아내는 자식을 낳고 집안일을 하며 남편과 가족의 뒷바라지를 위해 애써야 한다. 이러한 구도가 가정 내에서 굳어지고 공식화되어 버린 순간, 결혼이란 이미 두 사람에게 축복만이 아닌, 억압이자 족쇄이다.

문정희의 텍스트에서 내가 발견한 것은 이미 중년을 넘어선 한 시인이 어느날 문득 부엌일을 하다가 부딪친 이러한 일상의 결혼생활에 대한 근본적인 의문이다.

> 크고 뭉툭한 부엌칼로 파뿌리를 잘라낸다
> 마지막까지 흙을 움켜쥐고 있는
> 파뿌리를 잘라내며 속으로 소리지른다
> 결혼은 왜 새를 닮으면 안되는가
> 질기게 붙잡고 늘어져야 하는가
> 뿌리없이 가볍게 날아다니는 깃털이란
> 그토록 두렵고 불안하기만 한 것인가
> 언제나 정주만을 예찬해야 하는가
> 가축처럼 번식과 무리를 필요로 하고
> 영원히 동반이어야 하는가
> 검은 머리는 언제 파뿌리가 되는가
> 나 오늘 파뿌리를 잘라낸다
> 부엌칼 중 제일 크고 뭉툭한 칼로
> 남은 끓는 찌개에 쓸어 넣는다
>
> ― 문정희, 「파뿌리」 전문 (현대시, 4월호)

누구나 가끔은 현재의 결혼 생활이 덧없고 무의미하게 느껴지는 경험을 하게 된다. 결혼으로 인한 일상의 끝없는 반복은 생활의 피로와 권태를 불러들이게 마련이니까. 위 시는 중년기 여성이 경험하게 되는 그러한 권태감의 정체에 대해 말해주고 있는 듯하다.

시인은 제일 크고 뭉특한 칼로 파뿌리를 잘라 끓는 찌개에 쓸어넣는 행위를 통해, 내면에 억압된 심리상태을 어느 정도 만회해보려 시도한다. 하지만 어디까지나 터져나오지 못하고 안으로 삼켜 버리는 내적인 절규에 불과하다. 누구도 가정이라는 울타리를 선뜻 넘어서지는 못한다. 결혼은 이미 우리의 의식 내에 자리잡은 억압이기 때문이다. 문제는 이러한 덧없음과 억압에 대한 불만이 반드시 상대방에 대한 불만에서 비롯된 것은 아니라는 점이다. 그것은 오히려 결혼이라는 제도가 그들에게 부여한 사회적 역할과 위상에 대한 불만이라고 해야 옳을 것이다. 불만으로 인한 내적 절규가 쉽사리 밖으로 터져나오지 못하고 삼켜지고 마는 결정적인 이유가 여기에 있다. 시인은 이러한 상황을 예리하게 포착하여, 텍스트를 통해 제시해 놓고 있다.

3. 이제는 사라져 버린, 그러나 지워질 수 없는

'아우라의 상실'을 주장하던 이론가가 있었다. 기술 복제로 예술품들의 대량 복제 제작이 흥행하는 이 몰염치하 상업화 시대에 임하여, 더 이상 인간은 예술 작품으로부터 그 어떤 신비스러움도 찾기 어려울 것이라는 논리다. 한때 나는 그의 이야기가 맞다고 생각했다. 그러나 그 후 돌이켜 생각해보니 어딘지 미심쩍은 구석이 있기도 하다. 과연 그럴까. 혹은 시대의 문화적 배경에 대한 지식과 문화 예술 자체의 억측성을 무시해버렸던 것은 아닐까.

사람들은 왜 굳이 옛날 영화를 보러갈까. 첨단 제작 기법으로 무장한 할리우드의 최신 액션물들을 제쳐놓고, 왜 굳이 마니아들은 비가 죽죽 내리는 무성형화를 고집할까. 이것이야말로 예술 자체가 지닌 아우라에 대한 향수가 아닐까. 기술 복제 시대의 예술에도 분명 아우라는 있다. 그것도 더욱 강한 흡입력을 지닌 채로.

신지혜의 텍스트를 접하는 순간, 나는 그가 한 순간 이러한 아우라의 경험을 접하였음을 직감할 수 있었다. 그것은 이 분야에 대한 그의 취미나 기호와도 관계가 있는 것이긴 하나, 더 넓은 시각에서 본다면 이 시대에 살아 숨쉬는 아우라의 발현 순간과의 마주침이라 할 만하다.

    이제 그 여가수는 돌아오지 않습니다
    아득한 그곳에서 몸은 버리고
    목소리만 젖어왔습니다 얇게 압축된
    가벼운 디스크 한 장속에 눌린 그녀의 목소리엔
    소름 끼치도록 아름다운 마력이 아직 살아있어,

    …(중략)…

    노래의 시간은 허방처럼 깊고
    흑단의 긴 생머리 찰랑찰랑이던 그녀의
    허스키한 목소리는 윤기로 넘실넘실거렸습니다

    나는 좀더 가까이 듣기위해 내 안으로 귀를 말아넣습니다
    가는 혈관을 따라 번져가는 힘센 사랑이
    내 휴식의 텅빈 활선을 따라 번져갑니다 하지만
    이제 그녀는 돌아오지 않습니다
    한번 입력된 그녀의 곡조는 지워지지 않은 채
    내 구석구석을 돌아 문득문득
    찢겨진 내 생각 밖으로 흘러나와 나를 물들이고
    나는 빙글빙글 돌아가는 그녀의 회전을
    좀처럼 멈출 수 없습니다
            — 신지혜 「죽은 여가수의 노래」 부분 (현대시학, 4월호)

여기서 시인이 마주친 것은 단지 흘러간 대중가요일 뿐이다. 그럼에도 불구하고 그러한 가요의 곡조며 정서는 이제는 두 번 다시 무대에서 볼 수

없는 어느 여가수에 대한 향수를 강하게 자극한다. 흘러간 가요는 묘한 향수를 불러일으킨다. 익숙하면서도 왠지 촌스럽게 생각되는, 그리하여 한편으론 낯설게 느껴지는, 이러한 익숙함과 낯설음의 동시적인 대비효과야 말로 기술복제 시대만의 아우라적인 효과가 아닐까. 누구나 친숙해 있으면서도, 또한 누구나 거리감을 경험하게 되는, 그러한 거리감에 대한 인식이야 말로 이 시대의 아우라의 본질이 아닐까. 실상 이러한 자극은 그 어느 수준 높은 예술품을 대할 때보다 더 진한 감동으로 다가온다. 시인은 그 마력으로부터 빠져나올 길을 찾지 못한다.

따라서 문화 예술 작품이 지닌 아우라는 그것의 복제 여부에 관계없이 면면이 이어져 내려오게 마련이다. 시인의 예민한 감각은 복제 기술에 담긴 그 아우라의 순간을 포착하였던 것이다. 그 곳에는 그 시대를 경험한 사람들을 잡아끄는 마력이 살아 숨쉬고 있다. 시인의 표현대로 소름 끼치도록 아름다운 마력'이.

4. 마음이 가 닿은 곳

끝은 누구에게나 두려운 존재다. 시작이 신선함과 활기 넘치는 것이라고 한다면 끝이란 쓸쓸함과 애잔함과 왠지모를 아쉬움 같은 것을 남겨주기 때문이다. 그러나 그럴수록 우리는 시작의 활기참을 그리워하기보다는 끝의 아쉬움에 오히려 마음이 쏠린다. 그것은 쓸쓸함으로 다가오곤 하지만, 때론 오랜 세월이 흐른 뒤에도 나시 되돌아 볼 막연한 아쉬움과 그리움의 흔적으로 우리 곁에 남기도 한다.

진정한 사랑을 한번이라도 경험해 본 사람이라면 위 진술의 내용이 좀 더 절실하게 다가오리라. 대부분의 경우, 사랑의 시작과 끝은 삶의 예기치 못한 순간에 다가온다. 우리가 미처 준비 자세를 갖추기도 전에 들이닥치며, 더불어 우리가 충분히 마음을 정리하기도 전에 사라져 버린다. 그러한

소용돌이의 순간이 그치고 나면, 삶이란 결국 그 끝의 흔적으로나 남아 있을 뿐이다

> 언제부터 이 끄트머리에 와 서 있었을까?
> 힐끗 돌아만 봐도
> 여기저기서 날 버리고 끝낸
> 삶은 끝의 흔적일 뿐
> 벌판을 누비다 우뚝 멈춘
> 민감한 들짐승의 꼬리 끝 같은 그 쓸쓸함
> 참을 수 없어
> 어느 날,
> 땅끝마을로 갔다
>
> …(중략)…
>
> 처음에 앉았던 자리에
> 사라질 일만 남은 배배 마을 끝이
> 처음의 저 북쪽의 창가에
> 뼈도 살도 다 내놓고 같이 앉아 있었던 일,
> 까맣게 몰랐겠지.
> 반짝였다면,
> 정말 사랑했던 마지막 여자처럼
> 끝이 반짝였다면,
> 아직도 묵묵부답인 끝을 더듬어본다
> ― 최문자, 「끝을 더듬다」 부분 (문학사상, 4월호).

최문자가 찾은 곳은 반도의 끝인 땅끝마을이다. 표면적으로는 끝의 아쉬움을 비틀어 버리기 위해서라지만, 실상 그곳을 찾은 진짜 이유는 무언가의 끝이 남긴 아쉬움, 그 흔적이나마 더듬어 보기 위해서라고 해야 옳을 것이다. 여기서 우리가 주의깊게 읽어야 할 것은 땅끝이라는 물리적, 지상

적 한계보다는 끝이라는 인식이 남겨준 심리적 여운과, 그것을 바라보는 주체의 아쉬움의 감정이다. 그 아쉬움은 아직도 주체의 내면에서 반짝이며 그를 부른다. 그러나 우리가 붙잡을 수 있는 것은 그것의 실체가 아닌 흔적, 지나쳐 버린 과거의 희미한 흔적일 뿐이다. 우리가 더듬어 보기엔 너무나도 희미해져 버린, 아무리 들춰보아도 묵묵 부답인 흔적일 뿐이다.

  끝을 환기하는 것은 고통일수 있지만, 그것이 고통에서만 그치는 것이 아님 또한 분명한 일이다. 끝의 흔적을 더듬는 일은 또 다른 측면에서 내밀한 즐거움의 작업일 것이기 때문이다. 시인은 끝이 남긴 아쉬움과 안타까움을, 참을 길 없는 그리움과 그것을 되짚어 보는 자의 은밀한 즐거움으로 환치시켜 놓는다. 고통을 쓰다듬는 일은 괴로운 것이지만, 시에 있어서의 고통이란 그 자체가 도리어 즐거움일 수도 있을 것이다. 하물며 그것이 인생의 가장 아름답던 순간에 다가왔다 사라진 일인 다음에랴.

                                              (《현대시》 2002년 5월호)

죽음의 의미를 탐색하다
— 최문자 시인의 「가루를 향하여」를 읽고

이 승 하
(시인·중앙대 교수)

더, 더
참을 수 없는 것들은
쓰러지면서 덩어리가 된다.

얼음 덩어리와 함께 돌아온 사내를 보았다.
대림산업 현장소장이던 그가
사우디아라비아 뜨거운 모래벌판 달리다가
앞바퀴 빠져 시체로 귀국할 때
알루미늄관 속에 넣은 드라이아이스,
고등어자반 소금에 절이듯
이리저리 얽어맨 몸 부위부위
더글거리던 덩어리 얼음
소복 입은 그의 아내 그 곁에서
또 하나의 큰 얼음 덩어리로 서 있었다.
얼음도,
차가움의 근원은 저 눈부신 흰 눈이었는데
그 포근했던 기억의 가루도
북풍 앞에 쓰러지면 바로 덩어리가 되었다.
몹시 아프고 나면 그 끝에 덩어리가 매달린다.

뭔가 방울방울 떨어져 녹아내리면서……
단단했던 기억의 참나무도
나무로 치솟다가 더는 참지 못하고
숯덩이가 되었다.
덩어리들은 매일 밤 꿈을 꾼다.
별안간 뽀얀 가루가 되는 꿈을 꾼다.
뿌리를 타고 올라가
다시 나무가 되는 꿈을 꾼다.

참나무를 자꾸 베어 숯을 구워내도
내 안의 아픈 산들은 나무로 울창하다.
저 포근했던 가루, 사랑의 기억 때문에

— 「가루를 향하여」 전문

세상의 대표적인 종교는 다 죽음에 대한 인식에서 출발했기 때문에 죽음의 의례를 소중히 다루어왔다. 기독교와 이슬람교는 사후 영생의 내세가 있다고 보았으며, 죽음은 죄의 값이기에 하나님(이슬람교의 경우 알라신)의 말씀을 믿고 잘 따라야만 영생을 누릴 수 있다고 보았다. 불교에서는 업을 벗어난 경지인 열반에 이르기까지 다른 생명으로 태어나는 윤회를 거듭한다고 하였다. 힌두교는 윤회의 속박에서 벗어나 불사의 브라흐만을 실현하는 것이 해탈이라고 하여 불교의 죽음관과 비슷하다고 볼 수 있다. 종교를 갖고 있지 않다면 죽음은 단지 생명체의 소멸일 따름일 텐데, 시인에게 있어 죽음이란 아무리 풀려고 해도 풀기 어려운 난제이다. 척문자 시인의 「가루를 향하여」를 보면 죽음의 의미를 탐색하는 시인의 진지한 자세를 엿볼 수 있다.

시인은 시가 한참 전개될 때까지 대림산업 현장소장이었던 한 사내의 죽음을 알리는 정보 제공자의 역할만 하고 있다. 그런데 "포근했던 기억의 가루"라는 문장에서 독자를 긴장시킨다. 기억의 가루란 기억의 잔해인가,

아니면 뼛가루인가? 가루가 무슨 뜻인지, 제목을 왜 이렇게 붙였는지는 끝까지 읽어보아야 알 수 있다.

  한 사람이 죽었다고 하여 그것이 어찌 그의 완전한 종말이리. 그가 사랑했던, 그를 사랑했던 나의 기억 속에서 그는 "단단했던 기억의 참나무"로 부활한다. 기억의 참나무는 나무로 치솟다가 숯덩이가 되고, 뽀얀 가루가 되고, 뿌리를 타고 올라가 다시 나무가 된다. 포근했던 가루는 곧 사랑의 기억이다. 사랑은 낱낱의 기억을 되살려내고, 뿌리를 타고 올라가 다시 나무가 되는 꿈을 이루고, 숯을 아무리 구워내도 여전히 울창한 참나무 숲을 가능하게 한다. 내가 지상에 살아 있는 한, 아니 죽어 저승에 가더라도 내 안에서 그는 기억의 참나무로 임립하여 울창할 것이다. 그런 뜻에서 이 시의 가장 중요한 시어는 '사랑'이다. 우리네 인생이란 것이 화장장의 뼛가루를 향하여 걸어가는 것일지라도 사랑이 있는 한 영생할 수 있으리라는 희망을 잃지 않고 있기에 시인은 이 시를 쓰지 않았을까.

(『백 년 후에 읽고 싶은 백 편의 시』 2002년)

'詩而吾', 그리고 '땅에다 시 쓰기'

전 도 현
(문학평론가)

1

　시인들에게 시 쓰기는 각별한 삶의 체험이 아닐 수 없다. 예술적 창조 행위에는 일상적인 경험의 테두리를 벗어나는 고통과 은밀한 기쁨이 수반되기 때문이다. 새로운 세계의 창조는 낡은 세계의 파괴를 전제로 한다. 시 쓰기에서 기존 세계의 성벽을 무너뜨리는 일은 세계에 대한 통념과 상투적인 언어와의 싸움을 통해서 수행된다. 이 싸움은 자신의 전 존재를 던져 현실을 초월하려는 실존적 기투의 과정이라 할 수 있다.
　현실의 논리와 제약을 뛰어넘는 상상력은 거대한 세상의 허위에 맞서 삶과 죽음, 의미와 무의미의 경계에서 벌이는 정신의 고투를 통해 얻어진다. 시대와의 불화 속에서 삶의 근원적 허무를 탐색하는 작품들이 보여주는 서늘한 감동은 시인들이 자신의 한계 지점에서 벌인 고통스러운 싸움의 성과이다. 의사소통의 딱딱한 도구인 언어를 쇄신하여 예술적 매체로 비약시키는 작업 또한 예사롭지 않은 수련과 고통을 요구한다. 빛나는 예술적 형상으로 승화된 시적 언어들 역시 낡고 때 묻은 언어와의 지난한 싸움을 통해서 얻어진 것이기 때문이다.

이처럼 힘겹고도 각별한 체험이 많은 시인들에게 시적 소재가 되는 일은 자연스럽다. 이 달에 발표된 시편들 가운데서도 시 혹은 시 쓰기에 대해 노래한 작품들을 만나보기는 어렵지 않았다. 이들 메타시편들이 표백하고 있는 예술적 창조 행위의 고통과 기쁨을 살펴보는 일은 시인들이 가지는 내밀한 자의식과 시적 지향을 엿보고, 나아가 우리 시대 시의 위상과 의미를 되짚어보는 일이 될 것이다.

2

'백지'는 글쓰기의 막막함과 고통을 표상하는, 가장 보편적인 이미지 가운데 하나이다. 박기동 시인은 "캄캄한 백지"라는 역설을 통해 시 쓰기의 어려움을 토로하고 있다.

> 변하지 않는군요, 캄캄한 백지.
> 시를 쓴답시고 서성거린지 한 십년, 또 십년이 넘었지요.
>
> 나는 아직도
> 백지는 캄캄하다고 할 수밖에 없습니다.
>
> 어쩌다
> 내 손 끝에서 멀어져 간
> 이슬같은 가시내를 떠올릴라치면
>
> 캄캄한 백지가 제 몸을 풀어
> 미명의 희부윰한 세계를 펼쳐 보이는 순간이 없는 것은 아니지만,
> ― 박기동, 「나는 아직도」 부분 (현대시, 8월호)

아무것도 쓰여 있지 않은 하얀 종이를 앞에 두고 느끼는 시인의 막막함과 절망은 캄캄한 밤에 비유된다. 새로운 세계의 창조를 위한 모색의 시간

이 칠흑같이 어두운 밤으로 느껴지는 일은 오랜 시력(詩歷)에도 변하지 않는다. 그래서 시인은 "나는 아직도/백지는 캄캄하다고 할 수밖에 없습니다"라고 고백한다.

이런 시적 구도 속에서, 드물게 찾아오는 시적 창조의 순간은 "미명의 희부윰한 세계"로 그려진다. 이 때 "컴컴한 백지"의 이미지는 "제 몸 풀어" 새벽의 여명이 지닌 "희부윰한" 색깔로 자연스레 변용된다. 그런데 시인에서 시적 영감이 찾아오는 순간은 "내 손 끝에서 멀어져 간/이슬 같은 가시내를 떠올릴" 때로 진술된다. 이 구절은 시인의 시적 지향이 '이슬 같은 가시내'로 표상된 순수하고 원초적인 그리움의 정서에 있음을 알려준다. 이처럼 결핍과 부재로서의 삶에 대한 인식을 바탕으로, 순수한 그리움의 정서를 표백하는 시세계는 전통적인 서정시의 원형에 가까운 것이라 할 수 있을 것이다.

이와 달리 '백지'보다 '컴퓨터'에 더 익숙한 세대로 보이는 김은정 시인은 좀 더 자유롭고 활달한 방법으로 우리 시대 시인과 시 쓰기에 대한 탐색을 보여준다.

> 시는 내 영혼을 살리는 극약
> 이미 나는 세상의 모든 시를 詩로 변환하는 마우스
>
> 그 친구 시집간다 하여도 그 친구 詩집?
> 그 사람 시건방시도 하여도, 그 사람 詩 건방지다?
> 서울시 하여도 서울詩, 특별시 하여도 특별詩?
> 시원하다 하여도 詩원하다?
> 시인하였다고 하여도 詩인?
>
> 그리고는 시인을 정의한다
>
> 시인 — 영혼의 신대륙을 만드는 사람

> 詩인 – 시쳇말도 살려내는 어눌한 불한당
> 시인 – 스스로를 고용하여 스스로에 저항하며 스스로의 정신을 세우고 다 듬는 CEO
>
> 시인, 1인1기업가까지 생각하다
> 시가 자본을 섬겼으면 국부론의 장과 절이 달라졌을 텐데 하다가
> 양은 사람을 잡아먹었어도
> 시는 시인이나 잡아먹었지 누굴 잡아먹은 적 있는가
> 詩퍼런 눈으로 다시 읽는, 詩而픔
>
>   — 김은정, 「중독」 전문(현대시학, 8월호)

첫 행에서 "시는 내 영혼을 살리는 극약"으로 인식된다. 그것은 한편으로 위험하고, 다른 한편으로 '영혼을 살리는' 효험을 지닌 것이다. 그리고 시인 자신은 "세상의 모든 시를 詩로 변환하는 마우스"로 표현된다. 일종의 말놀이 기법을 통해 진술되는 제2연의 내용은 '시'라는 '극약'에 '중독'된 시인의 모습을 유머러스하게 드러낸다.

"그리고는 시인을 정의한다" 먼저, "영혼의 신대륙의 만드는 사람"이라는 정의는 세속적인 가치와 구속에 얽매인 구질서를 거부하고 새로운 정신세계를 개척하는 존재로서의 시인에 대한 인식을 표현하고 있다. 그리고 "시쳇말도 살려내는 어눌한 불한당"이란 규정은 상투성의 족쇄를 차고 죽어 있는 언어를 갱신하는 창조 작업의 주체를 가리키고 있다. 여기서 그 시대에 유행하는 말이란 의미를 가진 '시쳇(時體)말'은 주검을 뜻하는 '시체'의 의미를 동시에 떠올리게 함으로써 말재롱의 효과를 다시 보여준다. 시인에 대한 가장 독특한 인식과 표현은 다음 행에서 찾을 수 있다. "스스로를 고용하여 스스로에 저항하며 스스로의 정신을 세우고 다듬는 CEO"라는 구절이 그것이다. 이 구절은 기본적으로 자신과의 혹독하고 어려운 싸움을 계속하는 정신을 표현하고 있지만, 이 같은 발상의 배후에는 자본의 시대에 대한 인식이 깔려 있음을 알 수 있다.

제5연의 진술은 이런 시대적인 배경을 화두로 삼은 연상의 흐름을 따라 이루어진다. 스스로 사용자이고 피고용인인 "1인 1기업"이란 생각으로부터, 산업 자본의 자유경쟁주의를 대변하는 아담 스미스의 국부론, 산업화 초기 경작지를 잃어버린 소작농들의 고통으로 이어진 생각이 흐름은 근대 자본주의 시대 시의 존재방식에 까지 이어지고 있는 것이다. 작품의 마지막 2행은 근대 사회에서 '시'의 세계가 자본을 섬기지 않는 예외적인 영역으로 남아있으며, 이 탐욕스런 자본의 시간을 "詩퍼런 눈으로 다시 읽는"것이 시인의 임무라는 생각을 암시하고 있다. 즉, 시인은 자본의 자기중식 논리를 대변하는 'CEO'가 아니라, 자본의 비인간성을 감시하는 존재라는 것이다. 마지막 행의 말재롱, '詩而吾'가 암시하는 것은 이러한 자각일 것이다.

3

시 쓰기는 꿈꾸기의 한 방식이다. 현실의 구속으로부터 벗어난 사랑과 초월의 세계는 모든 시 쓰기가 궁극적으로 지향하는 지점이다. 하지만 이런 꿈꾸기는 지상의 한계 속에서 이루어질 수 있을 뿐이다. 그래서 비상과 초월을 불가능하게 하는 '땅'의 중력과 어두움은 시 쓰기의 전제조건이 된다. 시인들이 새로운 세계의 창조를 위해 고투를 벌이는 장소는 푸른 하늘이 아니라, 세상의 바닥과 삶의 심연이다. 시인들이 자신의 시와 시 쓰기를 '흙바닥' 혹은 '땅바닥'의 이미지를 빌이 형상화하고 있는 것은 이 때문일 것이다.

> 텔레뱅킹으로 계좌이체를 몇 번 하고 나니
> 월급이 바닥난다 약속된 것은
> 아무것도 없는데, 비가 오면 우산을 펴고
> 비가 오지 않아도

> 서둘러 신호등을 건넌다 모래알은
> 왜 물밑으로 흘러가나
> 말이 중얼거리니
> 몸이 따라가는 것,
> 비 개인 앞마당의 지렁이 자국
> 제 몸 긁힌 흔적이 시(詩)라면,
> 저런 게 생(生)이라면
>
> 약속된 것은 아무것도 없는데,
> 흙바닥을 기는 햇빛의 뱃가죽엔 흠집이 없는데
> ― 오정국, 「약속된 것은」 전문 (문학사상, 8월호)

이 시의 진술들 사이에는 비약과 여백으로 인한 빈틈이 많은 편이다. 그 빈틈을 채우며 따라 읽어 가면, 시를 "비 개인 앞마당의 지렁이 자국/제 몸 긁힌 흔적"으로 파악하는 시인의 시선을 만날 수 있다. 시의 초반부는 남루하고 가난한 세속의 삶을 암시하고, 그런 생활 속에서 불확실성과 우연성으로 다가오는 삶의 느낌을 표현하는 것으로 읽힌다. 이어 3행에서 5행에 걸친 진술은 현실이 강요하는 무미건조한 삶을 수동적으로 살아갈 수밖에 없다는 인식을 드러낸다.

이처럼 속수무책으로 떠밀려 흘러가는 '모래알' 같은 삶에 대한 고뇌는 시와 시인으로서의 삶에 대한 자각으로 이어진다. 시의 화자는 문득 "모래알은/왜 물밑으로 흘러가나"라는 질문을 던지고, 스스로 "말이 중얼거리니/몸이 따라가는 것"이라고 답한다. 이 자답(自答)은 나의 몸과 삶을 이끌어가는 '말'의 힘에 대한 믿음을 드러낸다. 곧 부정적인 현실의 규정력에 맞서는 시의 힘에 대한 자각의 표현인 것이다. 이렇게 몸과 말, 삶과 시가 일치될 때 그것은 막막하고 고통스러운 현실의 바닥을 온 몸으로 생채기를 내며 나아가는 과정 혹은 그 흔적이 된다.

누추하고 고통스러운 세상의 바닥이 시 쓰기의 터전이라는 생각이 보다

본격적으로 표현되고 있는 것은 최문자 시인의 다음 작품이다.

> 나는
> 땅바닥에 대고 시를 써왔다.
> 돌짝도 흙덩이도 부서진 사금파리도
> 그대로 찍혀나오는
> 울퉁불퉁했던 내 것들.
> 삐뚤삐뚤 한글 자모가 나가고
> 미어진 종이 위에서
> 연필은 몇 자 못쓰고 늘 부러졌다.
> 시에서 지금지금 흙부스러기가 씹혔다.
> 죽었던 내 부스러기들이 씹혔다.
>
> 더 이상 세상에 매달리지 못하는 것들은
> 모두 땅바닥에 와있었다.
> 죽은 꽃잎에 대고
> 죽은 사과알에 대고
> 작은 새의 죽은 눈언저리에 대고
> 꾹 꾹 눌러 썼다.
> 에스겔서에 나오는 골짜기 마른 뼈들처럼
> 우드득 우드득
> 무릎 관절 맞추며 붙이며
> 죽은 것들이 일어섰다.
> 지금도 나는 흙바닥에 대고 시를 쓴다.
> 죽음도 사랑도 절망도 솟구치며 찍혀나오는
> 미어지는 종이 위에 꾹꾹 눌러쓴다.
> 몇 자 못쓰고 부러지는 연필 끝에
> 침 대신 두근거리는 피를 바른다.
> 시에서 늘 비린내가 풍겼다.
> ― 최문자, 「땅에다 쓴 시」 전문 (현대시학, 8월호)

작품의 첫 머리에서 시인은 "땅바닥에 대고 시를 썼다"고 진술한다. 그래서 그의 시는 네모반듯하고 매끈한 것이 못되는 것으로 그려진다. 그것은 돌멩이와 흙덩이, 사금파리가 그대로 찍혀 나와, "울퉁불퉁"하고 "삐뚤삐뚤 한글 자모가 나가"있는 것이다. 또한 그것은 향기롭고 정갈한 음식이 아니라, "지금지금 흙 부스러기가 씹"히는 것으로 비유된다. 그리고 그 불순물처럼 씹히는 것들은 다름 아니라 "죽었던 내 부스러기들"임이 진술된다. 이런 비유적 진술들은 척박한 땅위에서의 고통스러운 삶의 체험이 시작(詩作) 행위의 질료가 되어왔음을 암시하고 있다.

하지만 이런 실패와 고통의 체험이 시인에게만 국한되고 있는 것은 아니다. "더 이상 세상에 매달리지 못하는 것들은/모두 땅바닥에 와있었다"라는 진술은 세상으로부터 타락되고 소외된 모든 존재들에 대한 인식을 드러낸다. '죽은 꽃잎', '죽은 사과알', '죽은 새' 등이 그 세목들이다. 이것들은 모두 시인과 더불어, 허위로 가득 찬 세상 속에서 고통 받으며 '죽어간 것'들로 그려진다. 이제 시인의 임무는 이 '죽은 것'들을 자신의 작품 속에서 다시 일으켜 세우는 것이 된다. 성경을 인유해서 그려진 부활의 장면은 바로 이러한 궁극적인 지향점을 형상화한 것임을 알 수 있다.

그러나 세상의 전도된 가치 기준에 맞서서 버려진 존재와 가치들을 되살리기 위해 척박한 땅위에 시를 쓰는 일은 결코 순탄한 작업이 아니다. "몇 자 못 쓰고 부러지는 연필 끝에서/침 대신 두근거리는 피를 바른다."는 구절은 그 지난한 작업의 강도를 암시한다. 그래서 "죽음도 사랑도 절망도 솟구치며 찍혀 나오는" 땅의 시편들에서는 "늘 비린내가 풍"기는 것이다.

평범한 독자의 한 사람으로서 나는 이 '비린내' 풍기는, '땅에다 쓴 시'들이 매끈하고 정갈한 작품들보다 좋다는 말을 하고 싶다. 이 말이 시인의 고통을 조금이라도 위안할 수 있으면 좋겠다. 그러면서 또 시인에게 더 많은 '피비린내'가 서려있는 작품을 요구하는 것은 가혹한 주문일까?

《현대시》 2003년 9월）

꽃으로 피어나는 슬픔

이 숭 원

(문학평론가·서울여대 교수)

1. 모래의 시간

몇 달 전 신두리 구경을 가자는 친구가 있었다. 신두리가 어디인지 몰랐던 나는, 그곳이 천연기념물로 지정된 태안반도의 사구지대라는 말을 듣고, 그곳에 가면 무엇을 볼 수 있느냐고 물었다. 모래 언덕 특유의 바람 자국과 해당화 군락이 있다는 것이 친구의 대답이었다. 모래벌판에 바람이 스치고 간 자국이 있고 어느 기슭에는 붉은 해당화가 몰려 피어있다니, 생각만으로도 그곳은 묘한 슬픔을 자아내게 했다. 그러나 나는 그곳에 가 보지 못했다.

그곳에 냉이도 핀다는 것은 이번에 최문자의 「꽃냉이」(≪현대시학≫, 2004. 6월호)를 보고 알았다. 냉이꽃이라면 작고 여린 모습으로 슬픔과 한을 떠올리게 하는 꽃. "어머니가 매던 김밭의/어머니가 흘린 땀이 자라서/꽃이 된 것아/너는 사상을 모른다"로 시작하는 이근배의 「냉이꽃」으로 우리에게 친숙한 꽃이 아닌가. 어찌 그뿐인가. "네가 등을 보인 뒤에 냉이꽃이 피었다"로 시작하여 "눈물을 참으려다가 냉이꽃이 피었다/너도 없는데 냉이꽃이 피었다"로 끝나는 안도현의 「냉이꽃」도 있고, "우리가 사랑이라고 부르던 사막의 마지막 별빛/언젠가 내 가슴 속 봄날에 피었던 흰 냉이꽃"으로 끝나는 정호승의 「사랑」도 있지 않은가. 그런데 대부분의 사람들이 흰색으로 인식한 냉이꽃을 최문자 시인은 노랗게 피어난다고 했다. 신두리 모래벌판의 바람 자국 속에서는 흰 냉이꽃도 노랗게 보이는 것일까? 아니면 마음의 사구(砂丘)에서 피어나는 꽃이기에 노랗게 채색된 것일까?

> 모래 속에 손을 넣어본 사람은 알지
> 모래가 얼마나 오랫동안 심장을 말려왔는지.
> 내 안에 손을 넣어본 사람은 알지
> 그가 얼마나 오랫동안 나를 말려왔는지.
> 전에는 겹 백일홍이었을지도 모를
> 겹 동백이었을지도 모를
> 꽃잎과 꽃잎 사이
> 모래와 모래 사이
> 나와 그 사이
> 그 촘촘했던 사이.
> 보아라.
> 지금은 손가락 쑥쑥 들어간다.
> 헐거워진 자국이다
> 떠나간 맘들의 자국
> 피마른 혈관의 자국.
>
> 신두리 모래벌판 가본 사람은 알지
> 피마른 자국마다 꽃 피는 거
> 헐거워진 모래 자궁으로도 노랗게 꽃 피우는 거
> 지금, 신두리 모래벌판 꽃냉이 한철이다
> 슬픔도 꽃처럼 한 철을 맞는다.
>
> ― 「꽃냉이」 전문

이 시가 내 마음을 잡아당긴 이유는 무엇일까? 나도 어느덧 모래의 시간

쪽으로 많이 다가섰기 때문이리라. 손가락 쑥쑥 들어가는 모래의 허망함이 내 가슴에 제법 자리를 잡아가기 때문이리라. 그런데도 나는 내 안에 손을 넣어본 적이 없었는데, 이 시는 헐겁고 피마른 내 마음 속 모래 벌판을 비로소 더듬어 보게 했다. 이십년 전 혹은 삼십년 전 우리에게도 청춘의 시대가 있었다. 겹백일홍처럼 사랑이 피어나고 겹동백처럼 열정이 불타던 그때, 바람의 자국만 이리저리 갈라지는 황량한 모래벌판을 그 누가 꿈꾸기나 했으랴. 한때는 타오르는 태양이고 장미였으나 결국은 삭막한 모래로 끝난다는 것. 그것을 일러주는 것으로 이 시가 끝났다면 이 시에 내가 그렇게 끌려들지는 않았으리라. 이 시는 연을 바꾸어 신두리 모래벌판의 냉이꽃을 보여주고 슬픔이 피어나는 극적인 국면을 보여준다. 이것이 이 시의 매력이고 강점이다.

피 마른 자국만 남은 모래벌판. 그것은 그것으로 끝나는 것이 아니다. 발이 쑥쑥 빠져들어가는 "헐거워진 모래 자궁에서도" 노랗게 피어나는 것이 있다. 비록 겹백일홍도 아니고 겹동백도 아니지만, 슬픔의 한철을 누리기에는 충분한 것, 아니 과분한 것. 옥토에는 기름진 동백꽃이 피고 박토에는 가녀린 냉이꽃이 핀다. 저 메마른 사막에도 낙타들이 먹는다는 가시 돋친 거친 풀이 돋아나지 않던가. 이것이 자연의 이법이다. 꽃다운 청춘의 시대를 지나 모래의 시간을 보내고 있지만, 모든 인간은 자신의 위상에 맞는 무엇인가를 창조할 수 있고, 또 반드시 그렇게 해야 한다. 그렇지 않다면 몇 십 년이 될지 알 수 없는 모래의 시간을 어떻게 견뎌갈 것인가.

시난 시간을 돌이켜보는 시는 마음을 아프게 한다. 그것은 꽃동신이 모래 언덕으로 변하는 과정을 펼쳐 보이기 때문이다. 김사인의 「아무도 모른다」(《문학수첩》, 2004. 여름호)는 그런 슬픔을 가득 안고 있다. 과거의 것들은 사라져 보이지 않는데, 그것들은 도대체 어디로 갔는가? 아무도 모른다는 것이다. 그러면 김사인의 기억 속에 남아있는 소중한 삶의 세목들은 무엇인가? 참으로 어처구니없게도, "고무신 밖으로 발등이 새카맣던 어린

나"를 그는 그리워하고 있다. 그 아이는 어디로 갔는가? 가죽 구두에 단정한 양복을 걸친 중년의 시인 교수가 되었다. 표면적으로만 보면, 과거의 내 모습이 삭막하고, 지금의 나는 꽃동산에 놓인 것 같다. 그러나 시인의 의식 속에 그것은 반대로 뒤집혀 있다.

그는 "땡볕 아래서도 촉촉하던 그 마당과 길들"을 그리워한다. 이것도 회상의 과정에서 시인의 의식에 의해 변질된 것이다. 땡볕 아래서도 촉촉한 땅은 어디에도 없다. 민둥산이 많았던 그 시절에 오히려 가뭄은 더 심했고 땡볕 아래 갈라진 땅이 더 많았다. 그러나 시인의 의식 속에 과거의 흙은 촉촉하게 남아 있다. 아무리 가난과 배고픔에 시달려도 그 어린 시절이 그에게는 꽃 피는 봄날이었기 때문이다. 어찌 그에게만 그렇겠는가. 모든 사람에게 다 그러하리라.

그는 힘센 팔뚝으로 등감을 후려치던 아버지를 그리워하고 캄캄한 골방에서 캄캄한 기침소리를 내던 할아버지와 그 골방에 있던 캄캄한 고리짝과 그곳의 캄캄한 냄새를 그리워한다. 그로부터 사십년의 세월이 지난 지금 그 냄새를 다시 맡으면 잠시 향수에 잠기겠지만 이틀을 견디지 못하고 개명한 세상으로 발길을 옮길 것이다. '과거의 나'와 '현재의 나'가 분리되어 있기 때문이다. 그의 의식 속에 옛날의 것들은 순수의 표정으로 남아있고 지금의 상황은 거기에서 멀리 벗어난 황폐한 것으로 인식된다. 그 역시 모래의 시간에 이미 한발을 내디딘 것이다. 신두리 사구의 개미귀신이 구멍을 파 놓고 그가 사구에 빠지기를 기다리고 있는 것이다. 그 위기의식이 그에게 이 시를 쓰게 했고 「90년식」 연작시를 쓰게 했으리라. '헐거워진 모래 자궁'에서 꽃이 피어나고 시가 탄생된다.

2. 먹구름과 칼

문인수 시인이 인도 여행 후 연작시를 연이어 발표하고 있다. 이번에 읽은 인도 여행시 중 「인도소풍, 먹구름 본다」(≪문학수첩≫, 2004. 여름호)가 인상적이다. 언어로 말해진 것 뒤에 은밀히 남아있는, 말로 표현하기는 참 어려운, 어찌 보면 말로는 도저히 나타낼 수 없을 것 같은, 삶의 비밀스러운 국면이 시 속에 잠복되어 있기 때문이다. 대상을 알몸으로 발가벗겨 놓은 것은 좋은 시라고 하기 어렵다. 말해진 것 속에 말해지지 않은 것을 풍성히 함축하고 있는 시를 나는 좋아한다. 상상의 여백을 넓게 남겨놓는 시가 우리의 언어와 삶을 더 풍요롭게 한다고 나는 생각한다. 문인수의 시는, 누더기 이불의 뭉게구름과, 그 구름 속에 서식하는 사람들의 자연스러움과, 그것을 바라보는 나의 이질감과, 그것과는 무관하게 이불 속 사정에 따라 꿈틀거리며 흘러가는 먹구름의 모습 등을 보여준다.

> 새벽 차가운 거리에
> 人道 여기 저기에 웬 누더기 이불들이 시꺼멓게,
> 뭉게뭉게 널려 있습니다.
>
> 저 한 군데
> 이불 자락이 자꾸 꼼지락거리더니 아,
> 젖먹이 아기 하나가 앙금앙금 기어 나오는군요.
> 노란 물똥을 조금 쩰겨 놓고
> 제자리로 얼른 기어듭니다.
>
> 니무도 참 자발적 동작이어서
> '서식'이란 말이 뇌리에
> 거미처럼 달라붙었다 퍼뜩 떨어집니다.
>
> 아기가 단숨에 기어든 이 바닥은 사실
> 이역만리보다 멀어서
> 그 어떤 여행으로도 나는 가 닿을 수 없고요,
> 멀어서인지 잠잠 아무 소리도 나지 않습니다.

다만 여러 굴곡을 안에서 묶는 오랜 이불 속 사정이
그나마 한 자루 그득하게 꿈틀거리며
먹구름, 먹구름 흘러갑니다.

—「인도소풍, 먹구름 본다」 전문

영국 작가 포스터(E. M. Forster, 1879~1970)가 1924년에 발표하고 데이빗 린 감독이 1984년에 영화로 만든 『인도로 가는 길』(A Passage to India)이라는 소설이 있다. 이 소설은 인간을 이해한다는 것도 어렵지만 다른 문화권의 문화를 이해한다는 것도 그 못지않게 어렵다는 메시지를 담고 있다. 'passage'라는 말은 어떤 지역을 통과해 간다는 뜻을 갖고 있는데, 인도라는 나라를 제대로 알고 통과해 가기란 인간 그 자체를 이해하는 것만큼이나 어렵다는 뜻을 제목이 함축하고 있다. 문인수의 이 시도 그런 뉘앙스를 풍기고 있다.

이 시에 나오는 '서식'이란 말이 인상적이어서 사전을 찾아보았다. 이 말은 '생물이 어떤 곳에 거처를 정해 산다'는 뜻이다. 말하자면 이 말은 생물체와 환경이 친화적인 관계를 형성하고 있다는 뜻을 내포한다. 예를 들어 강원도 정선 정암사 지역에 열목어가 서식하고 있다고 하면, 그곳은 열목어가 깃들여 살 만한 생태학적 조건을 갖추고 있고 열목어는 그곳의 생태학적 적합성을 최대로 수용한다는 뜻을 함축하는 것이다. 그런 의미를 이 시의 인도 풍경에 도입하면, 누더기 이불 사이에서 기어 나와 물똥을 누고 다시 이불 사이로 돌아가는 젖먹이 아이의 모습은 생명체와 환경이 생태학적 조화를 이루는 한 장면을 연상시킨다는 것이다. 그 완벽한 조화의 공간에 국외자는 끼어들 수가 없다. 펭귄이 서식하는 남극에 인간이 가 살 수 없는 것과 같은 이치다. 그러니 아기가 살고 있는 '이 바닥'은 어떠한 여행으로도 가 닿을 수 없는 이역의 공간일 뿐이다. 나는 나의 서식지가 따로 있고 인도인은 그들의 서식지가 따로 있다. 그들이 편안하게 살고 있는 그 모습에 대해 불결하다든가 반문명적이라든가 논평할 권리는 누구에게도 없다.

　이 시의 메시지는 이것이 다인가? 그렇지 않을 것이다. 아무 소리도 나지 않는 '그 바닥'에 대한 명상, "여러 굴곡을 안에서 묶는 오랜 이불 속 사정"에 대한 관심, "한 자루 그득하게 꿈틀거리며/먹구름, 먹구름 흘러"가는 모습에 대한 관조 등 서식의 토대에 대한 시인의 지향은 여전히 살아서 꿈틀대고 있다. 『인도로 가는 길』의 주인공처럼 이해의 끝판에서 두 손을 드는 일이 있다 해도, 아무 소리도 나지 않는 저 먼 바닥에 대한 시인의 향심은 사그라지지 않는다. 자신과 다른 차원에 서식하고 있는 삶을 이해해 보겠다는 미묘한 가슴 두근거림과 어린애 같은 호기심이 자아내는 가벼운 황홀의 떨림이 이 시에 교차하고 있다.

　새롭고 독특한 어법과 상상력으로 우리를 늘 경이롭게 하는 이덕규 시인이 「칼과 어머니」외 4편(≪시작≫, 2004. 여름호)의 신작시를 발표하였다. 이 다섯 편의 작품은 어머니와 칼을 연결시켜 이미지의 중심에 놓고 시상을 펼쳐간 일종의 연작 형태를 취하고 있다. 그 연작의 중심 노릇을 하는 작품이 「칼과 어머니」다. 화자의 말에 의하면 어머니는 우리 집에서 칼을 제일 많이, 또 가장 능숙하게 쓰는 사람이다. 이것은 어느 집안의 경우나 마찬가지일 것이다. 어머니는 부엌에서 칼로 여러 가지 재료들을 자르고 다듬기 때문이다. 화자는 도마 위의 날렵한 칼솜씨를 보면 어머니는 무인 가문의 후손이 확실하다고 규정한다. 그런데 불행한 것은 "칼의 볼모로 잡힌 이래 집 밖으로 칼을 내돌리지 못하는 몰락한 칼잡이의 딸"이라는 점이다. 어머니는 "시퍼렇게 빛나는 천근 칼날 지붕 아래"에서 언제나 인내하며, 절대 다른 생각을 하지 않고 자식을 향해서만 마음을 열어놓고 칼을 든다. 이 어머니가 주무시는 모습도 칼을 닮았다. 반월도처럼 웅크리고 칼잠을 자는 것이다. 어머니의 몸을 반듯하게 고쳐드리면 "날을 세우듯" 다시 모로 눕는다. 분명 칼의 대가임에 틀림없는, 그러나 안타깝게도 칼의 감옥에 갇힌 어머니의 모습과 그 사랑이 어느새 화자의 가슴을 가르고 들어와

날선 비수처럼 박혀 있다.

어머니의 사랑과 자식의 안타까움을 이렇게 칼로 비유한 시는 주위에서 별로 읽은 적이 없다. 이덕규의 독창적 사유의 소산임에 틀림없는 이 시적 상상력은 고슴도치를 어머니의 환생으로 본다. '진화 예측론'이라는 부제가 붙어있는 「고슴도치」에서 고슴도치의 몸에 돋은 가시를 화자는 칼로 상상한다. 온몸에 칼을 꽂고 그것도 모자라 더 꽂을 칼이 없냐고 착한 눈을 꿈벅이는 고슴도치의 모습. 그것은 노년에 여러 가지 노환의 칼에 꽂혀 "내가 죽어야 모두 편안들 하다고 간절히 눈빛으로 말하곤" 하던 어머니의 모습을 떠오르게 한다. 화자는 고슴도치의 뒷모습에 대고 나직이 "엄마"라고 불러본다. 정말로 어머니에 대한 회한이 그의 가슴에 비수처럼 꽂혀 있는 것이다. 매우 가슴 뭉클한 대목이다.

3. 질문의 형식

자연물이 인간의 일을 성찰케 하는 중요한 매개 역할을 하는 경우가 많다. 남성보다도 여성의 경우, 민감한 감수성과 관찰력으로 자연에 대한 명상이 삶에 대한 반성으로 전이되는 경우가 많다. 그것은 여성의 감각과 사유가 생명의 문제에 가까이 다가설 수 있는 가능성을 본질적으로 더 많이 갖고 있기 때문이다. 여자는 말이 많다고 하지만 어떤 경우 여성의 절제된 언어는 웅변보다 더 큰 폭발력을 지닌다. 여성 특유의 감각적 생명성이 절제된 언어 구사와 결합될 때 다음과 같이 짤막한 질문의 형식이 강력한 의미의 파장을 만들어낸다. 천양희의 「벌새가 사는 법」(《문예중앙》, 2004. 여름호)은 질문 그 자체가 시가 되는 독특한 형식을 보여준다.

> 벌새는 1초에 90번이나
> 제 몸을 쳐서
> 공중에 부동자세로 서고

파도는 하루에 70만번이나
제 몸을 쳐서 소리를 낸다

나는 하루에 몇 번이나
내 몸을 쳐서 시를 쓰나

— 「벌새가 사는 법」 전문

 자연 현상이 억지로 무엇을 꾸미지 않고 그야말로 자연스럽게 흘러가는 것 같지만, 그 내면을 들여다보면 상상을 초월한 치열한 운동의 법칙이 작용하고 있는 것을 알 수 있다. 우리도 벌새의 기묘한 날갯짓을 보고 파도의 부서짐을 보지만 그것을 우리의 실존의 문제와 관련지어 생각한 적은 없다. 그런데 시인은 지극히 평범한 자연 현상을 듣고 보면서도 이렇게 예민하게 그 의미를 성찰하며 그것을 통해 자신의 삶의 태도를 반성하고 있다. 자연으로 돌아가자고, 자연을 따르자고 말하지만, 자연을 따른다는 것이 사실 얼마나 어려운 일인가? 제비가 하늘을 날거나 베짱이가 소리를 낼 때 얼마나 힘겹고 복잡한 움직임이 그 안에서 일어나는지 우리는 알 수가 없다. 우리는 모든 것을 너무나 평범하게 대하고 자신에 대해서도 안이하게 생각한다. 우리는 일종의 나른한 가수(假睡) 상태에 빠져 있다. 그런데 "나는 하루에 몇 번이나/내 몸을 쳐서 시를 쓰나"라는 질문은 우리를 그 나른함에서 번쩍 깨어나게 한다. 여성의 생명의식과 언어감각이 전광석화처럼 부딪칠 때 이러한 기적이 일어난다.

 이진명의 「자랑이 많은 나무들이여」(《신생》, 2004. 여름호)도 의문형의 어법으로 시를 이어갔다. 이 시는 아예 작품 전체가 의문문으로 구성되어 있다. 그런데 그 의문문의 반복적 구성이 시의 단순한 메시지에 리듬과 윤기를 불어넣어 이 시를 활활 살아나게 한다. 그 기적은 어디서 오는가? 여성적 자의식과 리듬의식과 언어감각의 결합에서 온다. 이 시의 맛을 충분히 음미하려면, 의문문의 묘미를 살려 이 시를 '잘' 읽어야 한다. 백문이 불

여일견이라고 다음의 시를 잘 읽어보기 바란다.

> 이 회화나무는 수령 300년을 자랑한다고?
> 이 주목은 수령 500년을 자랑한다고?
> 이 느티나무는 수령 600년을 자랑한다고?
>
> 자랑한다고?
> 자랑한다고?
>
> 이 나무들이 모두 그 아름다운 樹形을 자랑한다고?
>
> 늙어도 푸른 잎으로 젊고?
> 젊어도 서늘한 그늘로 깊고?
> 하늘 닿을 듯 하늘 찌를 듯 하늘 덮을 듯 하늘 받칠 듯?
> 땅에 드리울 듯 드리울 듯?
>
> 나무들 세자릿수 나이는 영원히 사는 신선의 일?
> 세월 흐를수록 풍염해지고 격을 갖는 자태는 풍류도인의 일?
>
> 자랑할 게 없는 사람들이 나무마다에 앞글을 붙여
> 말도 글도 모르는 나무들을 대신 자랑해 준다?
>
> ―「자랑이 많은 나무들이여」 전문

(《문학수첩》 2004년 가을호)

심미적 대상으로부터 환기된 내면의 울림

오 태 호
(문학평론가)

1. 대상으로부터 길어올린 내면의 외화

지난 8월호에 발표된 시들 중에서 오정국, 장인수, 최문자(2편), 류외향, 고영, 김충규, 김신용 등의 시 8편을 주목하였다. 이들의 시는 산 울음, 개구리 울음, 한여름의 한기(寒氣), 나무와의 오르가즘, 가창오리 그림자, 검은 산의 움직임, 사과의 흔적, 꽃과 넝쿨의 생명력 등을 주목하면서 대상과 내면의 호응을 통해 존재론적 좌표에 대한 질문을 던진다. 그러한 질문은 시인의 심미적 서정이 대상으로부터 환기되는 방식을 통해 다양한 대답을 마련한다.

2005년 8월 시인들의 시계(視界)에는 대체로 심리적 호명을 야기하는 물리적 대상 세계가 주목된다. 물론 그 호명에 대한 반응은 시인 나름의 언어와 사색을 통해 각양의 무늬로 빚어진다. 찰나적 응시와 지속적 성찰 속에서 길어 올려질 내밀한 서정을 포착하기 위한 시인들의 고투는 계속된다. 그리하여 그 무늬는 새로운 서정을 향해 나아가고 또다른 내면의 울림을 예비한다.

2. 자연에서 비롯된 서정들

오정국의 「폭우」(≪문학사상≫, 2005. 8)는 폭우 속에 울려오는 산의 울음을 응시하며 산울음의 다양한 양태를 주목한다. 그리하여 산울음이 육체를 가진 존재로 인식되면서 폭우에 젖은 산이 화자의 내면을 울리는 공명(共鳴)의 공간으로 전이되어, 화자는 내면의 씻김굿 한판을 진행하게 된다.

> 폭우에 갇힌 산, 그곳에도 / 헐떡이는 숨결이 있어, 짐승처럼 우는 / 산, 울음이 울음을 올라타고 / 울음이 울음 밑에 자리 깔고 눕는 것, 그곳에도 / 몸을 비벼 몸을 여는 육체가 있어 / 울음과 울음이 뒤섞이는 것, 울음이 / 울음을 업어주고, 울음이 / 울음을 핥아주는 것, 그곳에도 / 몸을 비벼 몸을 달래는 육체가 있어 / 그 울음이 비로소 질펀하게 / 흘러가는 것, 허벅진 / 울음들, 계곡을 흘러 / 돌부리를 적시는 것, 폭우에 갇힌 / 산, 제 몸의 몸부림을 어찌할 수 없어 / 울음이 울음을 업고 / 눈물 흘리고, 울음이 / 울음을 말갛게 씻어주는 것,

도시적 일상에 지쳐 있다가 여름휴가를 계곡물이 울울탕탕 흐르는 산에서 보낸 사람이라면 산의 울음이 얼마나 우렁차게 도시 생활에 찌든 심신을 훑어내리는지 묻지 않아도 알게 된다. 오정국의 「폭우」는 폭우와 산이 빚어내는 울음의 진경에 착목한다. 그리하여 짐승처럼 헐떡이며 울어대는 산의 울음이, 혼자가 아니라 여럿이 서로 올라타고 눕히며 몸을 비벼 열고 뒤섞이며 업어주고 핥아주며 서로의 몸을 달래는 여러 겹의 육체를 지니고 있음을 체감한다. 산의 울음은 울음으로 육체를 빚어 여러 겹으로 울려 퍼지면서 질펀하고 질퍽하게 흘러 '허벅진 울음들'이 돌부리를 적시며 주체할 길 없는 몸부림으로 정화된 눈물처럼 시인의 내면을 말갛게 씻어주는 것이다. 시에서는 '폭우에 갇힌 산'이라고 표현되지만 오히려 폭우 속에서 산은 자신의 생명력을 '울음'의 다양한 몸짓으로 표출한다. 따라서 산은 폭우에 갇힌 것이 아니라 폭우에 의해 닫혀 있던 내면의 온갖 찌꺼기들을

시원스레 씻어내고 있는 것이다. 폭우는 사람이 자신의 설움을 깊은 눈물로 토해내듯 산으로 하여금 울음의 나락에 젖어들어 정화의 계기를 마련하게 하는 것이다.

오정국의 시가 폭우 속 산울음에 주목한다면 장인수의 「울음 농사」(《현대시학》, 2005. 8)는 '개구리의 울음'에 착목하여 인간의 생을 조망한다. 무논에서 울어대는 '개구리의 울음'이 '울음 농사'로 표현되면서, 울음으로 농사를 지을 수밖에 없는 '개구리'의 모습과 그 울음 농사법을 터득하지 못한 화자의 내면을 대비시켜 존재론적 성찰을 확대한다.

> 개구리가 울음 농사를 짓고 있다 / 무논 속의 하늘과 구름에게 울음모를 심고 있다 / 논바닥은 울음교실, 울음하늘, 울음노래방 / 논바닥은 온통 울음 곳간 / 개구리비가 쏟아진다, 판초를 입어야 할 것이다 / 개구리 울음 속에는 혈압을 안정시키고 기분을 상쾌하게 만든다는 / 음이온의 전자가 쏟아지고 있다 / 나는 어렸을 적 저 울음의 원천이 궁금하여 / 개구리를 돌로 찧고 면도칼로 배를 갈라 / 팔딱팔딱 뛰는 심장을 꺼내본 적이 많았다 / 개굴經의 깨알같은 글자를 찾아내지는 못했다 / 어둠이 함께 울고, 논두렁이 울고, 허공이 울고 있는데 / 나는 아직도 울음 농사법의 기초도 모르고 있다 / 아내의 저녁짓는 소리는 어떤 개구리 울음인가 / 동해안의 파도는 어떤 개구리 울음인가 / 열정이란, 울창함이란, 달빛이란 어떤 개구리 울음인가 / 나는 누군가에게 어떤 울음인가

개구리의 울음을 '울음 농사'로 표현한 화자는 그 울음이 무논 속에 비친 하늘과 구름에 모를 심고 있는 것으로 파악한다. 그리하여 "논바닥은 울음교실, 울음하늘, 울음노래방" 등을 거쳐 "온통 울음 곳간"으로 전이되면서 화자는 개구리비가 쏟아지는 것 같은 착각에 젖어든다. 지금은 화자가 개구리의 울음이 사람의 혈압 안정과 상쾌한 기분을 충족시켜주는 '음이온의 전자'를 쏟아낸다는 사실을 알고 있지만, '개구리의 울음의 원천'에 대한 화자의 어릴 적 호기심은 '개구리의 심장'을 꺼내보는 잔혹 취미로

이어지기도 한다. 그러나 지금의 화자는 '어둠, 논두렁, 허공' 등이 개구리와 함께 울고 있음에도, 여전히 '울음의 원천'과 '울음 농사법의 기초'를 모른다. 그저 모든 것을 '개구리의 울음'으로 환원하여 질문을 던질 뿐이다. 그리하여 '아내의 저녁짓는 소리, 동해안의 파도, 열정, 울창함, 달빛' 등은 과연 어떤 개구리 울음인 것인지에 대해 지속적으로 회의하게 된다. 그리고 그러한 회의는 종국에는 "나는 누군가에게 어떤 울음인가"라는 존재론적 질문으로 이어진다. 결국 화자는 '개구리의 울음 농사'를 통해 자신의 생을 비춰보면서 자신에 대한 존재론적 물음을 던지고 있는 것이다.

장인수의 시가 '개구리 울음'에서 환기된 존재론적 질문을 던지고 있다면, 최문자의 「여름 산책」(《현대문학》, 2005. 8)은 한여름에도 냉기를 품고 살아갈 수밖에 없는 화자의 내면을 추적한다. 화자의 내면을 장악한 '몸속의 얼음'은 존재론적 한기의 다른 이름으로 존재하면서 '미분화된 세포로 무제한 증식하는 암세포'처럼 확장됨으로써 타자의 온기를 기대하게 만든다.

> 일 년 중 / 한 보름 정도만 빼고 나머지는 추웠다. / 지구의 가슴이 점점 뜨거워져서 / 빙벽이 녹아 무너져내린다는데 / 오랫동안 여름을 보지 못했다. / 나는 여름 동안 어디 있었나? / 한여름 문 열고 나와본다. / 깊은 밤 / 군데군데 뭉쳐 있던 몸속의 얼음 / 소름 돋아 오슬오슬 떨려오던 장기들 / 같이 따라나선다. / 활활 타오르는 땡볕 아래를 / 얼음을 품고 걷는다. / 꽃인지 나무인지 분간 못하게 / 온몸을 쥐어짜며 푸르기만한 / 푸르거나 말거나 상관없이 / 시린 손을 호주머니에 넣고 걷는다. / 한여름 속에 살고 있는 / 이 은밀한 한기 / 이 추위 깊숙이 저 아래 / 어쩌면 내가 있으리라. / 갑자기 여름이 되지 않는 / 찬우물 같은 내가 / 순간순간을 진저리처대야 바뀌던 나를 / 붙잡고 헉헉대며 이미 다 써버린 여름 / 소낙비처럼 쏟아지다 뒤틀린 땀방울 / 씻어주는 이 없어 얼고 또 얼던 얼음 위의 얼음 / 어느 장기 옆일까? / 어느 마음 옆일까? / 나를 버티게 하던 울퉁불퉁한 빙벽이 서 있는 곳 / 칠보산 정상까지 걸었다. / 언젠가 그와 같이 산을 걷다가 / 추위 깊숙이 웅크린 얼음 서로 만져볼 수 있다면 / 이 푸른색 공기로도 / 어쩌면 내가 녹아 있으리라. / 눈물처럼.

화자는 "오랫동안 여름을 보지 못한" 채 1년 중에 보름 정도를 제외하고는 춥게 지낸다. 화자가 한여름 깊은 밤에 산책을 나와도 "군데군데 뭉쳐 있던 몸속의 얼음"이 따라나서고, 땡볕 아래에서도 화자는 얼음을 품은 채 시린 손을 호주머니에 넣고 걷게 된다. 그리하여 화자는 한여름 속 '은밀한 한기' 깊숙한 곳에 화자의 본질적 자아가 있을지도 모른다고 추측한다. 화자는 자신과의 싸움 속에서 여름을 이미 다 소진해버렸으며 '뒤틀린 땀방울'을 씻어주는 존재가 없었기에, '얼음 위의 얼음'이 켜켜이 쌓인 '찬우물 같은' 존재가 된 것이다. 그리하여 미지의 '그'와 함께 산을 걸으며 서로의 내면에 "추위 깊숙이 웅크린 얼음"을 만져보게 된다면 한기로 얼어버린 화자의 '얼음 같은 내면'이 눈물로 녹아내릴 수도 있을 것이라고 기대하게 된다. 결국 화자의 존재론적 한기는 타자가 부재한 현실적 외로움에서 비롯된 것이다.

최문자의 시가 한여름의 고독한 냉기를 주목한다면 류외향의 「풍림모텔」(≪현대시≫, 2005. 8)은 사철탕집 골목에 자리한 '풍림모텔'이라는 욕망의 공간에서 오래된 은행나무와 육체 관계를 맺으며 심미적 오르가즘을 경험하는 풍경을 기록한다. 그리하여 은행나무와의 육체적 호응은 화자에게 새로운 잎을 돋게 함으로써 신생의 전환을 마련하게 만든다.

> 사철탕집이 즐비한 그 골목에 풍림모텔이 있다 들녘을 달려온 바람이 모텔 외벽에 부딪혀 중심을 잃고 골목 어귀를 돌아나가지 못할 때 그땐 이미 사철탕집의 지붕 너머로 붉은 달이 떠오른 뒤였다 마른 어둠이 몸 뒤채는 소리가 깊어질 때 나는 풍림모텔로 들어갔다 한 그루 은행나무의 손을 잡은 채였다 수천 년을 걸어 그에게로 갔다 오체투지로 다가가 그녀의 속살을 더듬어 물기 마른 나이테를 가만히 쓰다듬었다 내 손이 그의 허리를 스칠 때마다 그녀의 몸에서 일찍 태어난 잎들이 침대 위로 떨어져 내렸고 커튼을 젖히고 들어온 바람이 그 잎들 위를 자분자분 걸어다녔다 그의 입술이 벌어질 때마다 전생과 후생의 언어들이 비밀스럽게 내 귓바퀴를 간지럽혔고 우수수 일어

선 잎들이 공중을 떠다녔다 잎들의 소용돌이, 푸른 블랙홀 속에서 우리는 전율했다 사철탕집 지붕 너머에서 미열 같은 빛이 떠오르고 있었다 나는 풍림모텔을 나왔다 한 그루 은행나무와 손을 꼭 잡은 채였다 우리를 따라나온 바람이 골목 어귀를 휘몰아쳐 갔다 내 몸에 잎이 돋고 있었다

"마른 어둠이 몸 뒤채는 소리가 깊어질" 무렵 화자는 한 그루 은행나무의 손을 잡고 사철탕집 골목에 자리한 풍림모텔에 들어간다. "수천 년을 걸어" 오체투지로 '그+그녀'인 은행나무에게로 다가간 화자가 은행나무를 애무할 때마다 잎들이 침대 위로 떨어져내리고 은행나무의 입술에서는 전생과 후생의 언어들이 토해지고 잎들은 소용돌이를 일으키며 '푸른 블랙홀'을 만든다. 화자는 전율 속에서 '미열 같은 빛'을 감지하며 은행나무와 손을 잡고 모텔을 나오고, 화자의 몸에는 새로운 잎이 돋는다. 화자에게 사철탕집이 늘어선 곳에 자리한 모텔은 육체적 욕망의 생성과 배출 공간이다. 그 속에서 은행나무와 몸을 섞은 화자는 바람과 은행나무잎들이 제공하는 오르가즘의 경이로움을 체감하고, 몸에 잎이 돋는 것처럼 생기를 제공받을 수 있게 된다. 그리하여 모텔은 남녀가 자신들의 성적 충동을 해소하는 물질적 공간이지만, 화자에게는 오래된 자연과의 섹스를 통해 충일된 자연합일의 경지를 체감하게 만드는 관념의 공간으로 자리하는 것이다.

류외향의 시가 모텔에서 은행나무와의 접목을 노래하고 있다면, 고영의 「그림자」(《현대문학》, 2005. 8)는 가창오리가 날아가는 저수지 수면의 한 장면을 포착하여 '그림자'와 실체와 물의 관계를 조망한다. 그리하여 실체적 그림자를 잃어버림으로써 허상적 실체만 남게 된 가창오리의 모습을 통해 존재에 대한 질문을 던진다.

　　수면을 박차고 오르는 가창오리를 / 물보라가 따라붙는다 // 저수지에 빠뜨린 제 그림자에게 / 덜미를 잡힌 가창오리 / 날개가 일으킨 파문이 / 목에 걸린 동아줄처럼 조여든다 // 가창오리그림자 흔들리는 만큼 / 물그림자 흔들린

다 // 가창오리그림자 업고 가라앉는 물그림자 / 바닥까지 잠긴 가창오리그림자 // 물의 지옥에서 누가 자꾸 끌어당기는가 / 빈 몸뚱이만 물 위에 떠서 / 하염없이 발을 젓고 있다

　화자는 저수지에서 가창오리가 수면을 박차고 오르려는 모습을 응시한다. 가창오리는 물보라를 일으키면서 떠나려고 하지만, 저수지에 남겨진 자신의 그림자에 의해 덜미를 잡힌다. 처음에는 가창오리의 그림자가 물그림자와 함께 흔들리지만 점점 물그림자는 가창오리 그림자를 수면 아래로 끌어내린다. 결국 자신의 그림자를 수면 바닥에 빼앗긴 '빈 몸뚱이'로서의 '가창오리'는 물 위에서 발만 저어댈 뿐이다. 시인은 가창오리와 그림자, 수면의 관계를 포착하여 그림자를 물에 빼앗긴 가창오리를 응시하면서 어느 한적한 저수지의 장면을 본질과 현상의 관계로 치환하여 해석한다. 그리하여 그림자와 가창오리의 나르시스적 관계에서 그림자를 제거함으로써 허상으로서의 가창오리만이 남게 되는 모습을 포착하고, 본질과 현상의 관계를 주목하게 된다.
　고영의 시가 수면을 중심으로 가창오리와 그림자의 관계를 주목했다면, 김충규의 「물짐승」(《현대시학》, 2005. 8)은 저수지와 '검은 산'의 고요한 움직임을 통해 자연의 진상을 주목한다. 그리하여 환영으로 바라보는 '검은 산'의 고요하지만 부산한 움직임은 화자와의 은밀한 공감을 확장하면서 새로운 고요의 세계로 화자를 인도한다.

　내 몸속에서 다 새어나간 / 고요를 채우려고 저수지를 찾았는데 / 수면을 젖히고 무언가 쑥 올라왔다 / 검은 산! / 저수지 밖을 나온 검은 산이 부르르 몸을 떨자 / 나무들이 기겁하며 하산했다 / 사람에게 잠수를 들킨 검은 산이 쿵쿵 / 발자국을 깊이 찍으며 뒤편으로 가 웅크렸다 / 자리가 좀 불편한 듯 몸을 / 이리저리 뒤척이더니 이내 등을 보였다 / 숨결이 차츰 낮아지고 있었다 / 저수지의 수면엔 눈동자가 풀린 / 물고기들이 어지럽게 떠 다녔다 / 검은 산이 얼마나 품었는지 / 비늘이 산의 빛깔을 닮아 있었다 내 몸속에 고요를

채우기는커녕 / 밑바닥 찌꺼기 고요를 오히려 저수지에 보태며 / 나는 고요하게 앉아 아무 말도 하지 않았다 / 사람이 없을 때 / 검은 산이 저수지 속으로 들어가는 / 물짐승이 되는 줄 뒤늦게 알았으나, / 나도 가끔 물 속 깊이 들어가 / 눕고 싶었으므로 비밀로 간직했다

화자는 자신의 몸에서 새어나간 고요를 채우기 위해 저수지를 찾지만, 저수지 수면에서 '검은 산'이 올라와 몸을 부르르 떨자 "나무들이 기겁하며 하산"하는 모습을 보게 된다. 화자에게 비밀스런 잠수를 들킨 '검은 산'이 자신의 터를 잡고 난 뒤 저수지의 수면에는 산 빛깔을 닮은 비늘을 지닌 물고기들이 눈동자가 풀린 채로 어지럽게 떠다닌다. 이러한 모습을 지켜본 화자는 고요를 채울 수가 없어 오히려 저수지에 고요를 보태며 고요하게 앉아 검은 산이 물짐승으로 전이되는 비밀을 간직한 채 아무 말도 하지 않는다. 화자 역시 '검은 산'처럼 "가끔 물 속 깊이 들어가 / 눕고 싶었"기 때문이다. 시인은 고요한 정적만이 흐르는 저수지 근처에서 '검은 산'을 바라보며 고요가 빚어낸 환상을 경험한다. 그리하여 '검은 산'이 물짐승으로 변신하는 것처럼 자신 역시 그러한 변신을 욕망하고 있음을 표출한다.

김충규의 시가 '검은 산'의 '멱감기'를 환영으로 바라본다면, 최문자의 「흔적들」(《현대시학》, 2005. 8)은 한쪽 얼굴이 발간 붉은 사과를 보면서 사과의 상처 속에서 과거를 추적해 들어가며 흔적에 대한 단상을 기록한다. 그리하여 누구에게나 존재하는 흔적과 상처가 오히려 신생의 가능태로 존재하는 것임을 깨닫게 된다.

식탁 위에 놓인 붉은 사과 / 한쪽 얼굴이 발갰다. / 나는 사과에게 물었다. 피 묻은 뺨에 대하여 / 사과는 아무 말 안하고 있다. / 말이 답답할수록 우리는 바벨의 언어로 말했다. / 사과와 나는 서로 다른 언어로 말했지만 / 잠시 후 우리는 금세 알아차렸다. / 흔적들은 소리내지 않고도 말하고 있다는 것을 / 자세히 보면, 누구나 흔적들로 가득하다. / 사과가 떠나올 때 울었던 흔적 / 사과와 나무가 갑자기 잃어버린 어느 한 부분 / 그 한쪽에 피가 몰렸다 / 피

한 방울 없이도 핏발선 얼굴로 지냈다. / 사과나무 속에도 사과가 들어갔던 흔적이 있다 / 가슴팍에 머리를 처박고 이별을 버티던 / 쑥 들어진 부분 / 사과를 씻어주면 소리없이 눈물이 고이던 그 자리 / 아, 생각난다 / 단칼에 잘라먹던 사과의 눈물 / 칼에도 도마에도 묻어있던 사과의 눈물 / 사과나무가 / 아팠던 자리마다 다시 사과를 배는 것은 / 그 자리에 열린 사과가 더 빨간 것은 / 떠난 사과들의 흔적 때문이다. / 나무는 그 부분들을 지우지 않고 있다. / 흔적들이 다 말하도록 내버려두고 있다 / 푸른 눈물이 마를 때까지

화자는 한쪽 얼굴이 발간 붉은 사과를 보며 '피 묻은 뺨'에 대하여 질문하지만, 사과는 말이 없다. 사과와 '바벨의 언어'로 서로 다르게 대화하던 화자는 "흔적들은 소리내지 않고도 말하고 있다"는 사실을 알아차리게 된다. 화자에게 "누구나 흔적들로 가득하다"는 깨달음은 "사과가 떠나올 때 울었던 흔적"과 사과나무 속에 있는 "사과가 들어갔던 흔적"을 주시하면서 확인된다. 그러한 '흔적'은 '눈물'에 대한 연상으로 이어져 "단칼에 잘라먹던 사과의 눈물"과 "칼에도 도마에도 묻어있던 사과의 눈물"을 떠올리게 한다. 화자는 사과나무가 사과를 떠나보낸 자리에 더 빨간 사과를 밸 수 있는 것이 '사과들의 흔적' 때문이라고 생각한다. 또한 나무들 역시 그 흔적들을 지우지 않고 "푸른 눈물이 마를 때까지" "흔적들이 다 말하도록 내버려두고 있"기에 더 빨간 사과를 밸 수 있다고 판단한다. 시인은 붉은 사과와의 대화를 통해 상처로서의 흔적과 눈물의 관계를 성찰하며 '상처와 흔적, 눈물' 등이 고통스런 생을 이어가는 보편적 인간의 또다른 궤적일 수 있음을 주목하고 있는 것이다.

최문자의 시가 사과를 주목하며 인간의 생에 대한 성찰을 이끌고 있다면, 김신용의 「도장골 시편-민들레꽃」(《현대시학》, 2005. 8)은 헌신적 모성의 자애로움과 생명력을 보여주는 민들레꽃을 주목한다. 그리하여 민들레꽃처럼 허옇게 머리칼이 센 화자는 자신이 씨를 품을 수 없는 존재라는 사실에 부끄러움을 느끼며 민들레꽃의 끈질긴 생명력 앞에 경건해지게 된다.

새로 이사 온 집, 마당의 잡풀을 뽑다가 / 노란 꽃잎 하 이뻐서 그대로 둔 민들레꽃 한 송이 / 그 모습, 어느새 지우고 하얗게 센 씨방 머리에 이고 서 있다 / 그 흰 머리칼 올올마다 씨가 맺혀 있다고 생각하니 / 새삼 그 앞에 서 있기가 경건해진다 / 노란 꽃잎 지우고 솜털 가볍게 부푼 홀씨 / 그 홀씨 떠나 보내기 위해 가는 꽃대 꼿꼿이 세운 모습을 보면 / 자식 키우기 위해 굽은 허리도 곧게 펴던 모성 같아 / 제 생 다 진무르도록 들옷 입고, 뼈 삭정이 꺾어 아궁이 불 지피던 그 마음 같아 / 씨 하나 품지 못하고 허옇게 센 내 머리칼이 더 민망해진다

― 「도장골 시편―민들레꽃」 부분

화자는 노란 꽃잎이 예뻐서 뽑지 않고 둔 민들레꽃 한 송이가 어느 날 흰 머리칼처럼 하얗게 센 씨방을 머리에 이고 서 있는 모습으로 변화한 것을 바라보게 된다. 민들레꽃이 "홀씨를 떠나 보내기 위해 가는 꽃대 꼿꼿이 세운 모습"은 화자에게 자신의 생을 진물리면서도 자식과 가족을 위해 헌신하던 모성의 모습과 닮아 있어 자신을 돌아보게 만든다. 그리하여 그 민들레꽃 앞에서 스스로 "씨 하나 품지 못하고 허옇게 센" 자신의 머리칼을 연상하며 민망해질 수밖에 없는 것이다.

「도장골 시편―담쟁이 넝쿨의 푸른 발들」(《현대시학》, 2005. 8)에서도 시인은 줄기 밑둥이 잘린 채 철제 조립식 건물 벽에 매달린 마른 담쟁이 넝쿨의 줄기를 바라보면서 담쟁이 넝쿨의 '끈질긴 포복의 생리'에 대한 호기심을 느끼다가, 줄기를 떼어내 철제 벽면 페인트 속을 파고든 담쟁이 넝쿨의 깨알 같은 발들이 "모래밭에 찍혀 있는 새의 작은 발자국 같은 그 앙징맞은 무늬, 무늬들"로 새겨져 있음을 보게 된다. 생명을 유지하고 있었던 과거의 기억을 떠올리며 빙판 같은 차가운 철제 벽면에서 떨어지지 않고 견뎠을 '마른 담쟁이 넝쿨'들을 보면서 시인은 푸른 생명력의 기운을 절감하는 것이다.

3. 소실점을 응시하는 서정

인간은 푸른 국도에서 "소실점 하나로 길 위에 남"(김왕노, 「푸른 국도」, ≪현대시학≫, 2005. 8)는 존재이거나, 끝간데에서 바라보면 이 "쪽이 아스라이 사라지고 있"(정철훈, 「소실점」, ≪현대시학≫, 2005. 8)는 소실점일 수 있듯 결국 길 위에 서 있는 '소실점' 같은 존재이다. 그러나 대부분의 현존재들은 소실의 현재적 가능성을 미래에 투기해버리기 마련이다. 나의 소실은 오늘이 아닐 것이라는 예단과 확신이 존재하기 때문이다.

그러나 우리는 누구나 소실될 것이다. 그리고 사라지기 전에 착목해야 할 것들이 우리 주변에는 풍성하고 무성하게 존재한다. 때로 경제적 일상에 지쳐 외면해온 내면의 진실은 아직 우리에게 그 모습을 드러내지 않고 있다. 하지만 시인의 성정은 그러한 비가시적 실체를 포착하여 독자에게 가시적 형태로 그 모습을 제공한다. 그것이 우리가 끊임없이 탐구해야 될 무엇이기 때문이다. 그러므로 소실점을 앞에 둔 우리는 시인이 제공한 표정들을 따라 지속적으로 소멸의 문제를 주목해야 한다. 우리는 언제 흙이나 바람의 품으로 돌아갈지 모르는 유약한 영혼을 소유한 존재들이기 때문이다.

(≪현대시≫ 2005년 9월호)

견딤의 방법론, 부재하는

김수이

(문학평론가 · 경희대 교수)

    삶에 대해 좌절하고 절망하는 순간, 존재에게 삶은 견뎌내야 할 대상으로 화한다. 견디지 않으면 별다른 방법이 없기 때문이다. 이 견딤의 끝없는 의무는 존재에게 이중 삼중의 고통을 안겨준다. 견딤의 방법 또한 달리 없기 때문이다. 확대해 말하면, 환멸과 절망이 삶의 필연적인 일부(때로는 거의 전부)임을 자각하는 일은 삶의 주체에게는 그 자체로 삶의 내용이 되고 형식이 되며, 내면의 동인과 질료가 된다. 이렇게 볼 때, 삶의 각 주체들이 선택할 수 있는 것은 삶이 가혹하게 종용하는 끝없는 견딤들, 혹은 삶이라는 불가능한 견딤을 가까스로 혹은 맹렬히 지속하는 저마다의 자세뿐인지도 모른다.
    이 견딤의 비극적인 의무와 자세가 시의 오랜 천착의 주제임은 물론이다. 이 오래된 사실을 새삼 환기하는 것은 지난 두어 달 동안 발표된 시들에서 삶에 대한 견딤의 문제를 정면으로 다룬 시들이 유난히 많이 발견되기 때문이다. 그 중 삶의 폐부에 대한 섬세한 관찰력과 탁월한 묘사력을 갖춘 젊은 시인 박판식은 시 「상상동물도감」에서 삶을 견디는 거의 유일하고 유용한 자세는 "단념"이라고 말한다. 박판식은 "단념"이 삶을 잘 통과하는 데 필요한 '하나의 기술'이라고 역설力說/逆說한다.

> 회백색의 집들이 어둠과 힘겹게 맞서 싸운다
> 인간의 동네에선 나무들이 귀찮다는 듯이 자란다
> 나는 더 이상 어린 날처럼 잠잘 때조차 아름답지 않다
> 인간에게는 왜 말이라는 게 생겨나왔을까 식물과 달리
> 인간의 입술은 참으로 못생겼다
> 시계는 부동자세로 오므라든다 달력은 9월에 멈췄다
> 여우를 숫자 4를 발가락을
> 그리고 새를 그리다
> 신을 그릴 수 없어 슬펐다
> 어른들이 잡아온 노루의 갈라진 발굽에서 쉴새없이 피가 쏟아졌고
> 20년 후 피가 멈추지 않아 붕대를 쉴새없이 갈아대는 여자를 만났다
> 인간이라는 속임수, 동물과 인간을 분별하는 생물도감에 질렸다
> 어쩌다가 약삭빠르게 자살이라는 단어를 배웠다
> 돌고래는 인간과 닮았다 사람들은 돌고래에 흥분한다
> 말 못하는 아이도 좋아하고 발가락이 둘인 아이도 좋아한다
> 그러나 하나는 땅속으로 또 다른 하나는 물속으로 들어갔다
> 단념은 하나의 능숙한 기술이다
> 심사숙고하는 따분한 백과사전을 덮는다
> ― 박판식, 「상상동물도감」 전문(《문학판》, 여름호)

"단념"은 "힘겹게 싸"우는 저항의 행위나, "쉴새없이 피가 쏟아"지는 고통의 상태, "신을 그릴 수 없어 슬"퍼하는 비탄의 감정 등과는 반대편에 있는 것이다. 단념은 "인간의 동네에선 나무들"조차 "귀찮다는 듯이 자"라고, "시계는 부동자세로 오므라"들며, 인간은 "약삭빠르게 자살이라는 단어를 배"우는 자기방기·위축·포기의 감정 및 자세와 같은 계열에 속해 있다. 한 가지 유의할 것은, "단념"이 삶을 견디는 "능숙한 기술"이라고 말하는 박판식의 시각이 매우 양가적이라는 사실이다. 박판식에게 단념은 빠르게 소진되는 텅 빈 삶에 대해 적절한 거리를 유지하는 방법이자, 그 속에서도

"쉴새없이 피가 쏟아"지는 삶에 종내는 함몰되어가는 존재의 무력한 상태를 의미한다. 그 예로, "심사숙고하는 따분한 백과사전"은 단념의 기술을 터득하지 못한 인간의 환유이자, 단념의 기술에 능숙해진 인간의 환유이기도 하다. 박판식의 「상상동물도감」에서 최대의 탐구가치를 지닌 상상의 동물은 결국 인간인데, 성장한 후 더 이상 "아름답지 않"은 인간은 "참으로 못 생"긴 "입술"로 '못생긴 말'들을 뱉어내며 살아갈 수밖에 없는 존재이다. 그 "심사숙고하는 따분한" 말들의 모음이 바로 박판식이 완성해가는 「상상동물도감」이며, 거창하게는 그가 앞으로 쓰게 될 시들은 피할 수 없는 운명이라고도 할 수 있다. 박판식이 삶에 대해 "단념"이라는 양날의 "능숙한 기술"을 발휘하는 순간, 그의 시는 싸우면서 멈추고, 자라면서 오므라들며, 밖으로 쏟아지면서 안으로 들어가는 서로 다른 방향을 동시에 치열하게 답파해가는 것이다.

한편, 박정대에게 삶의 절망은 삶 자체가 아닌, 삶의 외곽에서 그 삶의 비루함을 일깨우는 "한 무리의 자작나무"에 의해 비롯된다. 박정대에게 견딤의 대상은 삶이 아니라, 삶의 변경에 자욱하게 도열한 "그 나무들"이다.

> 산책길에서 만나게 되는 한 무리의 자작나무를 볼 때마다 나는 절망한다. 내 절망은 나뭇잎처럼 자욱하다, (······) 나는 삶에 지쳐서 절망하는 것이 아니라 나무에, 그 빌어먹을 나무에 대하여 절망한다. 말 없음으로 무수히 나를 고문하는 그 나무들에 대하여, 나는 잎사귀처럼 절망하는 것이다, 누가 자작나무를 만들어 나를 쉼 쉬게 했는가, 내 삶은 저 자작나무로부터 오고 내 절망 또한 저 자작나무의 숨결로부터 오는 것이다, 내 절망을 쉼 쉬려는 그대여, 노랗게 물든 자작나무의 잎을 밟으면 내게로 오라, 우리 함께 오래도록 자작나무 아래를 거닐며 절망의 산책을 하자, 상처에 대한 가장 적절한 처방은 상처이듯 절망에 대한 가장 적절한 치료는 자작나무 아래에서의 산책이다.
>
> ― 박정대, 「파울 첼란에게」 부분(《시선》, 가을호)

박정대의 '절망과 고문의 나무들'은 박판식의 '단념의 능숙한 기술'과 마찬가지로 삶의 부박함을 반증하는 이중의 역설이다. 이 역설은 근래에 자연의 아름다움과 위안에 의탁하는 많은 시들의 획일적인 관점과는 달리, 그 아름다움이 오히려 "절망"과 "고문=쉼"을 가한다는 독특한 시선에 의해 구성되고 있다. 이 역설이 최종적으로 도달한 지점은 시의 마지막 부분에서 낯설지 않은 논법으로 제시된다. 아름다운 자작나무가 존재에게 절망과 고문, 상처를 유발한다면, '비슷한 것은 비슷한 것을 고친다'는 동종요법의 유사(類似)의 원리에 의해 "자작나무 아래에서의 산책"은 "절망에 대한 가장 적절한 치료"가 된다는 것이 이 시의 역설적인 주장인 것이다. 박정대 특유의 낭만성과 이국적 취향을 고스란히 함유하고 있는 이 시는 미학적 대상으로만 인식되기 쉬운 "자작나무"를 삶의 견딤을 반어적으로 일깨우는 또 다른 견딤의 대상으로 설정함으로써 그 미학에 일정한 긴장과 탄력을 부여하고 있다.

많은 경험과 연륜을 지닌 시인에게도 삶은 여전히 "참을 수 없"고 "조금이라도 견뎌"보기 위해 애써야 하는 고투의 대상으로 다가온다. 최문자는 참을 수 없는 삶의 고통을 어떻게든 견뎌보려고 그녀가 속한 곳이 아닌 다른 곳으로 간다. 이를테면, "평창"이 그 중 하나인데, 거기서도 삶이 부과하는 견딤의 중압과 고통은 조금도 줄어들지 않는다.

평창으로 갔다
참을 수 없어서
조금이라도 견뎌볼까 하여 내내
무밭에 서 있다가 파밭에 서 있다가 하면서
달이 뜨는 줄도 몰랐다
깊은 산 밑으로
어둠이 개 한 마리 끌고 왔다
짖는 소리까지 질질 끌고 왔다
흐린 달빛 흠뻑 뒤집어쓴 개가

따라오며 계속 짖었다
나를 끌어다놓고 짖었다
네가 수상하다
내 안 컴컴한 덤불 속
물어뜯고 핥켜 본 적이 있는 어둠이 꿈틀한다
　　　— 최문자, 「평창을 돌다가·2」 부분(≪시와 사람≫, 가을호)

평창에 가서도 시인에게는, "무밭"과 "파밭"까지 "개"와 "달빛"이 따라와 "내 안 컴컴한 덤불 속" "어둠"을 "물어뜯고 핥켜"놓는다. 그 내면의 "어둠이 꿈틀"하는 순간의 충격과 현기증은 삶의 다른 장소에서도 조금도 변함없이 계속된다. 그도 그럴 것이, 이 어둠은 존재의 외부가 아닌 내부에 도사리고 있는 것이기에 장소나 시간과는 무관한 것이다. 최문자가 평창에 가서 떠돌며 확인한 것도 이 어둠의 내발적 기원과, 삶에서 견뎌내야 할 궁극의 대상은 바로 자기 자신(의 내면)이라는 사실인 것이다. 그것도 끝까지 마주하려고 분투하는 시인의 모습이 음각되어 있는 이 시는 30여 년 간 지속되어온 최문자의 시정신의 강인한 기반을 능히 짐작하게 한다.

송용배는 길을 잘 못 든 딱새 한 마리가 교실로 날아들며 벌어진 상황을 담담하게 묘사하는 가운데, 삶을 견디고 결정해야 하는 자의 끊임없는 동요와 쓸쓸함을 드러낸다.

　'선생님 살려줄까요'
　발끝까지 떨고 있는 새 나는 두려움으로 나이를 먹었다 무엇 하나 바르게 결정도 못 하고 6. 2. 5. 4. 1. 9. 5. 1. 8…… 따위의 난수표에 붙들려 뿔뿔이 흩어진 생각과 상처 받은 언어와 사람을 불신하는 법을 둥그렇게 말아 누덕누덕 시간을 기웠다.
　'선생님 어떡해요'
　따뜻한 아이의 눈빛
　붙잡힌 새의 몰골

우유부단한 내가
일직선의 시간에 꿰어져 미로 속 길을 흔들고 있다
— 송용배, 「행렬」 부분(≪현대시≫, 9월호)

교실 안으로 잘못 날아들 가엾은 "새"는 시인에게 6·25, 4·19, 5·18등의 역사적 상처와 지나온 삶의 많은 상처들을 한꺼번에 들춰내고 대상화하면서, 통렬한 자기 인식에 이르게 한다. 시인이 두려움에 떠는 새를 통해 본 자신은, 삶의 수많은 상처에 "붙잡힌 새의 몰골"로 "일직선의 시간에 꿰어져 미로 속 길을 흔들고 있"는 "우유부단"하고 가련한 형상을 하고 있다. 송용배가 그려 보이는 이 곤혹스럽고 뼈아픈 상황은 그 배면에 깔려 있는 삶의 상처에 대한 망각과 외면의 시간들을 함께 자각하게 한다. 송용배가 간접적으로 암시하고 있듯이, 고통스러운 삶을 견디는 가장 '효과적인' 방법의 하나는 망각과 외면인지도 모를 일이다. 이 의도적인 망각과 외면은 적어도 다음의 시에서 황병승이 직설과 반어가 하나로 착종된 새로운 화법으로 비판하는, 타자의 억압과 착취를 전제로 하는 기만보다는 훨씬 나은 것임은 분명하다.

"언니들, 왜 우리 집은 이렇게 언제나 매번 항상 웃음이 끊이질 않고 근심 걱정이 없고 사랑과 배려로 넘쳐나며 원하는 모든 것을 원할 때에 언제든 소유할 수 있는 걸까? 속상해"

부잣집 소녀들

하얗고 납작해진 얼굴로 예, 그럼요
아니오, 그런 것은 별로 …… 읊조리던 보조, 주방장보조,
로버트가 돌아온다
식탁 위의 가자미가 뼈를 드러내는 저녁

뒤집을 것도 없는 가자미들

　　누군가는 겁에 질린다

　　　　— 황병승, 「이 저녁의 모든 것은 어긋났고 우리는 그 모든 것의
　　　　　　　　　　　　　멤버」 부분 (《현대문학》, 9월호)

이 시에서 "하얗고 납작해진 얼굴로 예, 그럼요/아니오, 그런 것은 별로 …… 읊조리던 보조"와 "뒤집을 것도 없는 가자미들"들과 "겁에 질린" "누군가"는 모두 동등하다. 진주해오는 삶의 '속상한' 폭력과 상처들 앞에 속수무책이라는 점에서, 뒤집어도 달라질 것이 없다는 점에서 그러하다. 황병승의 시가 갖는 새로움은 이 속수무책을 '노래하는' 새로운 방법에 있는 것이지, 속수무책을 노래하는 새로운 방법만으로도, 그것을 견디는 새로운 자세만으로도 새로운 시의 임무는 이미 충분히 달성된 것이라고 말할 수 있을 것이다. 황병승의 말대로, "이 저녁의 모든 것은 어긋났고 우리들은 그 모든 것의 멤버"이며, 삶을 견디는 확고한 방법론이란 기실 부재하다는 것이 지금까지 씌어져온 많은 시들이 조심스럽게 누설해온 비밀인지도 모르기 때문이다. 아직 명확하게 발설되지 않은 …….

　　　　　　　　　　　　　　　　　　　　(《현대문학》 2005년 10월호)

빛과 그리고 그림자

강 성 철
(시인)

1. 라이너 마리아 릴케에게

    손가락 사이로 빠져 버리는 모래알처럼, 여름은 어느 샌가 지나가 버리고, 지금은 가을마저 막바지로 향해 가고 있습니다. 이미지 동산에서 불볕 더위로 멱을 감았고, 기나긴 방황의 파도에 허우적거렸던 지난여름은 기세도 등등하게 꺼질 줄 모르더니, 아침 햇살에 녹아내리는 안개처럼 사라지고, 사색의 계절, 고독의 계절, 당신의 말처럼 이제 집이 없는 사람은 더 이상 집을 지을 필요가 없는 계절 – 가을이 마지막 안간힘으로 제 옆에서 가느다랗게 숨을 몰아쉬고 있습니다.

    당신의 말처럼 지난여름은 위대하시도 않았고, 남녘 햇살도 강렬하지 않았지만, 포도의 단맛을 내는 데는 그리 인색치는 않았습니다. 그 포도의 단맛을 맥주 한 잔으로 음미하며 이 늦가을, 그것도 밤늦게 당신께 편지를 쓰는 것은, 당신이 그렇게 아파하였고, 사색하였던 어둠의 본질을 나이가 들어 갈수록 조금씩이나마 공감해가는 놀라운 깨달음에서입니다.

    당신은 평생 고독을 벗 삼아 어두운 밤과 평온한 죽음과 당신에게는 영원한 불가사의 – 기독교적인 신이 아닌 당신 자신의 신에 대하여 노래하였습니다. 당신의 신은 어둠 속에서 감지됩니다. 당신의 절대고독은, 어둠 속에서 당신 자신의 신과 교감되어, 아름답고 투명한 시 구절로 튀어나오곤 하였습니다.

당신이 빛보다는 어두움을 더욱 더 노래한 것은, 빛이 어둠을 만나고서야 그 아름다운 자태를 발하기 때문일 것입니다. 모든 사물은 어둠에 파묻혀 있기 때문에 더욱 존재의 가치가 있다는 것이겠지요.

가을로 접어들면서 우리 시단도 당신처럼 빛의 주위를 애무하는 '어둠' 그리고 역으로 그 어둠의 그림자인 '빛'을 이야기하는 시인들이 많았습니다. 당신으로 하여금 시인의 길로 눈뜨게 해준 '루 살로메'와의 러시아 여행처럼, 우리나라 시인들도 당신이 기대었던 어둠 속에서 자신들의 존재와 절대고독을, 강은교 시인의 '바리움'알약처럼 환한 가을 햇살아래 쏟아내었습니다.

2. 빛의 주위를 애무하는 어둠

이명세 감독의 <지독한 사랑>의 영화제목을 떠올리게 하는 아래의 시 「지독한 어둠」에서 심재휘 시인은 어둠으로 표상 되는 자신과, 결국은 '어둠'으로 가겠지만 현재는 '빛'인 딸아이와 관계를 「빛과 그림자」의 동전 앞뒤 같은 모습으로 잔잔하게 풀어나간다.

    아홉 살 딸아이는 어둠이 무섭다고
    잠자리에 누어 말한다 나는 스탠드의 불빛을
    가을 이불처럼 흐리게 덮어주고 나온다
    그러면 딸아이는 오늘 밤
    흉한 꿈을 꾸지 않으리라
    하지만 나는 불 꺼진 거실에 서서

> 나의 어둠이 밝아지도록 한참을 기다린다
> 어둠 저편의 방으로 건너가기 위해 나의 눈은
> 그저 기다릴 수밖에 없다
> 스탠드도 없이
> 변명도 없이
> 몸 하나로 기다리는 수밖에 없다는 것을
> 캄캄함 속에 서보면 안다 그러나 기어이
> 어둠보다 먼저 밝아오는 슬픔
> 언젠가는 너도 이 지독한 어둠 속에
> 결국 혼자 서 있을 수밖에 없을 터인데
> 나는 온몸에 가난한 어둠을 묻히고
> 다시 딸아이의 방으로 들어간다
> 이내 이불을 차버리고 잠든 모습이
> 그런데 오늘은 왜 이렇게 서글픈 것이냐
> ─ 심재휘, 「지독한 어둠」 전문 (《현대문학》, 10월호)

'어둠'인 시인은, 어둠이 무섭다는 아홉 살 딸아이에게 스탠드 '불빛'을 가을 이불처럼 덮어주어야만 흉한 꿈을 꾸지 않고 잘 자리라고 생각한다. 그러면서 시인은 "불 꺼진 거실에 서서/나의 어둠이 밝아지도록 한참을 기다린다"고 한다. 어둠 저편의 '빛의 방'으로 가기 위해 시인은 아무런 대책도 없이 ("스탠드도 없이/변명도 없이") 수동적으로 기다릴 수밖에 없다고 한다, 캄캄한 속에 서보면 안다면서…….

그러나 "어둠보다 먼저 밝아오는 슬픔"으로 인해 딸아이도 세월 흘러 곧 어둠 속에 홀로 서 있을 수밖에 없으리란 걸, 심재휘 시인은 너무나 잘 안다. 그래서 "온몸에 가난한 어둠을 묻히고 다시 딸아이의 방으로 들어"가는 시인. 거기서 이불을 차버리고 잠이 든 딸아이의 모습이 서글프다고 한다. 그런데 그 서글픔이 가을햇살처럼 따스하게 다가온다.

최문자 시인은 그 옛날 "아파트가 꽃잎에게 감금당하던/봄밤"에 서쪽 하늘을 바라보며, '지독한 사랑'의 부들부들 떨었던 그 시절들을 회상한다.

릴케가 '어둠'의 포근한 고독 속에서 평행 애인이자, 친구인 '빛'속의 루 살로메에 대한 그리움으로 "내 눈빛을 지우십시오/나는 당신을 볼 수 있습니다.//내 귀를 막으십시오/나는당신을 들을 수 있습니다.//발이 없어도 당신에게 갈 수 있고/입이 없어도 당신을 부를 수 있습니다."라고 시를 쓴 것처럼……

> 그때,
> 아파트가 꽃잎에게 감금당하던
> 봄밤, 문 열고 나와보면
> 서쪽 하늘이 발그레했다.
> 연분홍 꽃잎들이 밤새 서쪽산을 넘어왔다.
> 바람 없이도 흑흑거리며 흩날렸다.
> 내 몸에 제 맘을 대고 부들부들 떨었다.
> 그 흐느낌만으로 알 수 있었던 분홍색 문장
> 그 아파트에 살적에
> 꽃잎이 하던 짓을
> 그도 따라 했다.
> 그가 서쪽 산을 넘어갈 때
> 나도 꽃잎처럼 몸을 부들부들 떨었다.
> 흐느낌 대신
> 연분홍이 다 빠져나간 허연 빛깔로
> 흑흑거리며 흩날렸다.
> 꽃잎이 하던 짓을 나도 따라했다.
> ― 최문자, 「서쪽 산 3 ― 꽃잎」 전문 (≪현대시≫, 10월호)

「서쪽 산」은 '어둠' 내지는 '죽음'에 가깝다. 그런데 어느 봄밤에 서쪽하늘이 발그레해지면서 어둠이 다가오자, 사랑하는 이가 연분홍 꽃잎(핑크레터)들을 가지고 밤새 서쪽 산을 넘어왔다고 한다. 그는 시인의 몸에 마음을 대고 부들부들 떨면서, 그 떨림의 흐느낌만으로도 그가 시인을 몹시 사랑하였다는 것을 꽃잎들의 분홍색 문장으로 가르쳐주었다. 즉, 죽음 같은 어둠의 서쪽 산을 넘어온 아름다운 이가 시인에게 사랑을 고백하였다. 그러나 그 사랑이 다시 어둠 속 서쪽 산을 넘어 죽음으로 떠나가 버렸을 때, 시인은 그가 하였던 대로, 아니 꽃잎들이 그러하듯이 부들부들 떨었다. 그런데 이번에는 "흐느낌 대신/연분홍이 다 빠져나간 허연 빛깔로/흑흑거리며 흩날"린다.

오라고 그러지도 않았는데, 미칠 듯 사랑이 찾아왔고, 가라고 그러지도 않았는데, 사랑이 먼저 가버렸다. 연분홍 꽃잎들만 허연 빛깔로 굳어져간다. 이러한 모습은 같은 지면에 발표된 사랑하는 이를 시로 빗댄 「서쪽 산 1 — 詩」이나, 서쪽 산으로 넘어간 지 10년이나 된 사랑하는 이를 찾아나서는 '발'을 그린 「서쪽 산 2 — 발」에서도 확인된다.

> 배곯은 벌레들이 땅에 구멍을 파고 있는 사이/새들은 서쪽 산을 넘어갔다./끝없는 벌판에서, 나도/벌레처럼 詩에다 구멍을 내고 있는 사이/날개 달린 시인들은 서쪽 산을 넘어갔다./이 무거움을 들고/어디까지 따라가야 하는가 생각해 보다가/혼자 남았을 때/이름 없는 나방까지 서쪽 산을 넘어갔다./무거움을 파다가 삽을 놓았다.//오, 지나가고 싶어, 나도/겨울숲을 가로질러/서쪽 산으로.//그 해,/삽 등에 쓰라린 녹이 쓰는 사이/나는 번데기처럼 놀았다/희끄무레한 고치를 뒤집어쓰고/겹겹의 실들이 엉기는 밤/나는 실을 뚫고 겨울숲을 가로지르는 꿈을 꾸었다.
> — 최문자, 「서쪽 산 1 —詩」 전문 (≪현대시≫, 10월호)

오세영 시인은 별이 어둠의 주위를 애무하는지, 어둠이 별의 주위를 애무하는지 경계가 모호한 밤하늘에서, 반짝이는 별을 보고 무위자연(無爲自然)의 '장자의 「꿈」'을 꾼다.

> 밤하늘에
> 무수히 반짝이는 별들을 보고 있으면 문득

밤바다에 명멸하는 어선들의 집어등(集魚燈)을
생각케 한다.
심해에서 회유하는 물고기들도
수면의 그 반짝이는 등불들을
별이라 믿지 않을까.
밤에 불빛으로 선단을 이루어
고기잡이에 나선 오징어 채낚선처럼
하늘의 별들도 하마
우리들을 낚시질할지 모른다.
별 하나 나 하나라 하지 않던가.
우주 밖은 또 다른 우주
꿈밖은 또 다른 꿈.

— 오세영, 「꿈」 전문 (≪현대시≫, 10월호)

  장자가 꿈에 나비가 되어 이리저리 날아다니며 꽃도 보고 들도 구경하는데, 어떤 나무 밑에 낮잠을 자는 한 사람을 발견하게 된다. 내려가 자세히 보니 다름 아닌 장자 자신이었다. 그때 꿈이 깬 장자가 자신이 사람으로서 나비의 꿈을 꾸고 있는가, 아니면 그 반대로 자신이 원래 나비인데 사람의 꿈을 꾸고 있는가? 라고 반문한다.

  오세영 시인은 우리 모두 별이라고 알고 있는 밤하늘의 별을 보고 "밤바다에 명멸하는 어선들의 집어등(集魚燈)을/생각"해낸다. 별이 집어등이라는 오세영식 생각을 뒷받침하기 위해서, 시인은 "심해에서 회유하는 물고기들도/수면의 그 반짝이는 등불들을/별이라 믿지 않을까."라고 보충증거를 제시한다. 나아가 "고기잡이에 나선 오징어 채낚선처럼/하늘의 별들도 하마/우리들을 낚시질할지 모른다."라면서 별과 우리를 등치시키는 데까지 이른다. 곧 별이 나이고 내가 별이라는 것을 "별 하나 나 하나라 하"면서 '장자의 꿈'속으로 빠져드는 오세영 시인. 그렇다, "우주 밖은 또 다른 우주"가 있고, "꿈밖은 또 다른 꿈"이 있는 것이다. 나도 이 시에 덧 붙여 "어둠이 곧 빛이요, 빛이 곧 어둠"이라는 '강성철식 장자의 꿈'을 꾸어본다.

  김종해 시인은 강화도 갯벌을 보면서, 달 밝은「보름밤, 얼굴이 달아오른다」고 한다. 밤은 밤인데, 달 밝은 날 밤이다. 시인은 밝은 달의 주위를 애무하는 어둠 속에 숨어, 관음증(觀音症)적인 시선으로 강화도 갯벌을 바라본다. 얼굴이 달아오를 정도로 에로틱하지만, 전혀 외설적이지가 않고 생명탄생의 작업일지를 엿보는 것 같다.

>하늘에 숨어서
>젖어 있는 강화도 갯벌을 보면
>나는 얼굴이 달아오른다
>특히 달 밝은 날 밤에
>하늘에 숨어서 보면
>황홀한 부위,
>물이 들어오고 물이 나가는 자궁 속으로
>생명을 몸속에 놓아기르는 여자,
>밤꽃향기 하얗게 귀두에 얹고
>하루에 두 번씩 완만하게 들락거리는 간만의
>그 수컷 역할의 징후를
>하늘에서 보면
>보름밤, 나는 부러워 죽겠다.
>― 김종해,「보름밤, 얼굴이 달아오른다」전문 (《시인세계》, 가을호)

  비행기를 타고 하늘에서 서해바다를 바라보면 서해바다 갯벌이 마치 여인네가 드러누워 있는 모습으로 우리에게 다가온다. 김종해 시인은 (특히) 보름달이 훤히 떠있는 하늘에 숨어(여기서 '숨어'라는 시어에 주목할 필요가 있다), 밀물과 썰물이 들락거리는 강화도 갯벌을 바라본다. 과학적으로 보름이나 그믐(초승)일 때, 조수간만의 차가 가장 크다고 하는데……

  그래서 그런가? 예로부터 보름이면 여인네들의 음기가 가장 왕성하다고 한다. 벌거벗은 갯벌의 황홀한 부위에 보름달이 비춰져 음기가 충만하게 되면, 수컷의 귀두가 부서지는 파도의 허연 포말을 얹친 채, 밤꽃냄새를 풍기며 황홀한 부위를 들락거린다고 한다. 그러면 여자는 물이 들어오고 나가는 황홀한 부위, 자궁 속으로 생명을 몸속에 놓아기른다고 한다. 자고로 갯벌은 생명의 산실이다. 갯벌에서 자라는 게, 바지락, 굴 등등의 온갖 생물들이 이런 자연교합의 산물들이리라. 정말 이 시는, 나도 얼굴이 후끈 달아오를 뿐만 아니라, 아주 부러워 죽을 정도로 잘 표현된 시다.

3. 흑암(黑暗)에 앉은 백성이 큰 빛을 보았다

강은교 시인의 「빨래 너는 여자」의 시작처럼, "햇빛이 '바리움'처럼 쏟아지는 한낮"에 박진성 시인은 응급실 쪽으로 먼저 누워버리는 지병인 '우울증'으로 인해, '식물의 호흡법'으로 식물인간처럼 살아가면서 이 병에는 「약도 없다」고 한다.

> 퇴원하던 날 어머니가 책상 밑에 놓아둔 식물 한 목숨, 아프다, 맑고 추운 날 방 안쪽으로 들여놓았는데 추운 내 영혼의 응급처방이었는데 식물에겐, 독이다, 햇볕 한 모금 없이 겨울을 견뎌낸 너의 며칠,
>
> 그리고 나는 아프다, 응급실 쪽으로 먼저 눕는 불안에 방을 다 내어주고 지금은 식물의 호흡법으로 새벽을 기다리는 시간, 언제 한 번 藥이 내 정신의 뿌리까지 물들인 적 있었던가 가지에 알약처럼 매달린 물방울, 네게, 밤 한 번 넘어가는 일이 쉬운 적 있었던가 알약을 밀어내고 목에 다다른 숨을 밑으로 밑으로
>
> 뿌리가 젖겠지 藥도 없지 불안을 스스로 밀어내는 기술, 새벽까지 풀 죽어 있던 이파리가 고개를 조금씩 쳐드네 약도 없지 배후도 없지 먼 데 볕의 냄새를 맡고 빳빳해지는 네 몸의 호흡법, 몸으로 기다리는 수밖에, 熱心으로 기다린 자에게 쏟아지는 햇빛은 정직하다, 오지게 뜨뜻해지는 건 뿌리렸다!
> ― 박진성, 「약도 없다」 전문(《현대시》, 10월호)

나도 시시때때로 찾아오는 우울증으로 인해, 박진성 시인의 「약도 없다」라는 시를 너무도 잘 이해하겠다. 시인이 퇴원하는 날, 어머니는 식물 하나를 시인의 방 책상 맡에 놓아둔다. 그런데 그 식물이 다름 아닌 시인 자신인 것이다. 식물이 추울까봐 응급처방으로 빛이 차단된 방안으로 들여놓았는데, 그것이 식물(시인 자신)에겐 독이었다. 햇볕 한 모금 없이 겨울을 견뎌낸 골방안의 며칠로 인해 식물도 나도 아프다. 응급실 쪽으로 먼저 누워버리는 지병인 불안증으로 인해 식물처럼 호흡을 하며 날밤을 새우는 시인. 그에겐 바리움 같은 항우울증 약도 시인 자신의 마음을 포근하게 못하여준다. 식물의 "가지에 알약처럼 매달린 물방울"이 잠 못 드는 시인의 모습을 너무 잘 표현하고 있다. 시인은 약을 밀어내고 '식물의 호흡법'으로 "목에 다다른 숨을 밑으로 밑으로" 내려 보낸다. 그것이 "불안을 스스로 밀어내는 기술"이라고 한다. 그리하여 밤새 풀이 죽어있던 식물의 이파리가 아침이 다가올수록 "볕의 냄새를 맡고 빳빳해지는 네(식물) 몸의 호흡법"으로 시인 자신도 열심히 기다린다. 밤새 기다린 끝에 다가오는 "햇빛은 정직하다고 한다" 그리하여 마음의 뿌리까지 따뜻해지는 시인.

그래, 박진성 시인아! 바리움 같은 독한 약으로도 치료가 안 되는 우울증엔 시간이 약이란다. 견뎌라, 시를 벗 삼아, 어둠을 벗 삼아 적극적으로 기다리다 보면 어둠의 끝에서 따스한 햇살을 만날 수 있으리라. 어둠의 실체를 알아버린 시인이여! 그대는 이미 세상의 모든 것을 알아버렸고, "흑암(黑暗)에 앉은 백성이 큰 빛을 보았다"라는 마태오 복음사가의 말이 있네.

어둠에서 빛을 보는 모습은 김태형의 아래의 시 「속불」에서도 나타난다. 느티나무는 그늘의 미학을 가지고 있다. 빛을 가려주는 그늘의 미학. 그런데, 불탄 느티나무는 그늘 대신 빛의 하늘을 이고, 텅 빈 자신의 몸속에 자궁을 이루어 아이들을 빛 속으로 걸어 나오게 한다고 한다.

느티나무 그늘은 넓다 아니 맑다
얼마나 됐다더라 오랜 세월을 고스란히 품었을 종무소 앞 느티나무는 그렇다
다원에 들려 차나 한 잔 하고 가려는 이들에게
맑은 그늘을 밟고 가라고 길을 내어준다
내가 아는 느티나무가 또 한 그루 있으니
화성 행궁 안의 불탄 느티나무
이 나무는 이제 그늘이 없다
굵은 가지를 뻗었을 자리에 대신 넓은 하늘을 이고 있다
가는 가지가 몇 개 새로 돋았다
그래도 나무가 숨을 쉬고 있다는 얘기다
느티나무에서 그늘을 빼면 남는 게 없다지만
그 오래 썩은 속은 제 그늘보다 더 깊다
이 나무가 그러했다
불탄 나무 빈속에서 아이들이 하나씩 걸어나온다
나무 밑동에서 나온 아이들이 제 엄마 얼굴이 어떤가 쳐다보는 신생아처럼
고개를 들고 나무 위를 올려다본다
분명 아이들이 바라보고 있는 곳이 이 나무의 얼굴일 것이다
막 빠져나오려고 몇 가닥 검은 머리숱을 들이밀던 자궁
이슬이 비치고 힘겹게 벌어지기 시작하던 자궁
나무는 속이 다 썩어서 비었던 게 아니었다
제 속에 자궁을 들이려고 해마다 그토록 넓은 그늘을 내렸다 거두었다 했던 것이다
그 그늘을 모아 속불을 지피려고 했던 것이다
그늘을 거두어들이기까지 꽤나 오래 걸렸다 자궁이 활짝 열렸다
아이들처럼 나도 나무 위를 올려다보고 있었다
— 김태형, 「속불」 전문 (≪현대시학≫, 10월호)

빛의 홍수 속에서 넓고 맑은 그늘을 내어주는 것이 보통의 느티나무다. 오랜 세월을 고스란히 품어온 종무소(사찰의 일을 보는 곳) 앞 느티나무가

그러한데, 김태형 시인이 알고 있는 화성 행궁의 느티나무는 그러하지 않다고 한다. 화성 행궁은 잘 알다시피 정조가, 뒤주 속에 갇혀죽은 사도세자(정조의 아버지)의 묘가 있는 수원 인근 화성에서 제사를 지내고 난 뒤 머물던 곳이다. 그 화성 행궁의 불탄 느티나무는 더 이상 우리에게 그늘을 제공하지는 않지만, 오래 썩은 속은 그 옛날 불타기 전에 제공하였던 그늘보다 더 아늑하고 깊은 그늘을 제공한다고 한다. 그리고 "불탄 나무 빈속에서 아이들이 하나씩 걸어나온다"라며, 그 느티나무가 자궁이 비어있는 '빈궁마마'가 아니라, 자신의 빈속에 생산을 위한 실(實)한 자궁을 들였다고 한다. 그리고 느티나무는 "그 그늘을 모아 속불을 지피려고 했던 것이다"라며, 그늘(어둠)을 모아 군불(빛)을 사르려고 한다는 것이다. 느티나무가 "그늘을 거두어들이기까지 꽤나 오래 걸렸"지만, 이내 자궁이 활짝 열리면서 빛의 세계로 나온 아이들처럼, 시인도 나무 위를 올려다본단다.

김태형 시인이여! 나도 그대가 본 '불탄 느티나무'처럼 50줄에 접어드는 속빈 느티나무지만, 내 속에 불이 날 '그날'을 기대해 보아도 되는지……

정임옥 시인은 「전생에 나는」 "어느 허름한 계집 한번 울려보지 못한/눈 먼 사내였는지도 모른다는 생각을" 하며, 현세의 '빛' 속에서 시인은 그나마 반짝이는 햇살을 볼 수 있으니, 저승의 눈 먼 '어둠' 속의 사내 보다 그래도 열배 백배는 행복하다고 한다.

    찔레꽃 피던 날 그곳에 있다
    가시덤불 헤치다 긁힌 손등에서 피가 흘러나왔다
    찔레 순을 내보내느라 봄날 하루를 다 써버린 찔레나무는
    수만의 가지를 물속에 드리우고 있었다
    속이 너무 깊어 훤히 들여다보이던 저수지
    이편의 내가 외로워보였을까, 물살 흔들어 반겼다

    연꽃이 피던 날 다시 그곳에 갔다

푸른빛을 잃어버린 저수지 위로
지나간 봄이 다시 오고 있었다
가지런히 신발을 벗어놓고 꽃그늘만 골라 앉았는데도
엉덩이부터 푸른 물이 들고 있었다
산다는 게 이렇게 푸를 수만 있다면야!
잠들지 못한 꽃들만 오래도록 물위를 서성거렸다

그 저수지에 앉아
일생에 한번 죽을 때 가장 긴 가시에 찔려 운다는
가시나무새를 떠올리다, 어쩌면 나는 전생에
어느 허름한 계집 한번 울려보지 못한
눈먼 사내였는지도 모른다는 생각을 했다
그런 전생을 고스란히 잊고 사는 이 생이 못 견디게 좋다고
목숨 바쳐 이뤄낼 사명은 없지만
반짝이는 햇살을 볼 수 있으니
눈먼 사내보다 열배 백배는 행복하다고

가끔 치받치는 슬픔이 없는 건 아니지만
그것도 다 따지고 보면
내 원초적 죄 때문일 거라고 생각하니 다소 위안이 된다
어떤 필생의 업이 아직 남아 있어
세상에서 가장 긴 가시나무를 찾아 헤맬까
— 정임옥,「전생에 나는」전문 (《문학사상》, 10월호)

시인의 현세의 삶(현생)은 아픔이다. 하여, 찔레꽃 피던 날에 저수지가 있는 그곳에 가서, 가시덤불 헤치다 손등에 피가 나는 시인. 저수지는 어찌 보면 이편과 저편, 현생과 전생, 빛과 그림자의 경계다. 그 저수지엔 찔레나무가 수만의 가지를 물속에 드리우고 있는데, 속이 깊어 훤히 들여다보이는 저수지가 시인이 외로워 보였는지 물살을 흔들어 반긴다고 한다. 연꽃이 피는 날 다시 저수지를 찾는 시인. 현생과 전생의 차원이라면 연꽃이

얼마나 잘 어울리는 꽃인가?

　푸른빛을 잃어버린 저수지 위로 지나간 봄이 돌아오고, 시인은 꽃의 그늘만 골라 앉았는데도, 저수지가 잃어버린 푸른빛이 시인에게로 물이 든다. 시인은 가시나무새 같은 험난한 현세의 삶을 떠올리다가 자신이 전생에 계집 한번 울려 보지 못한 눈 먼 사내라고 생각해 본다. 그런 전생의 눈 먼 사내 보다는 현세에서는 그래도 빛을 볼 수 있으니 오히려 행복하다는 시인. 가끔 슬픔에 치받치기도 하지만 그건 원초적 죄가 있어 그렇다는 시인. 그래서 그 업으로 인해 고통의 가시나무를 찾아 헤맨다고 한다.

　장인수 시인에게 있어 「유리창」은 새의 생사의 경계선이 된다. 여기서 유리창은 "새는 알을 깨고 나온다. 태어나려는 자는 하나의 세계를 파괴하지 않으면 안 된다. 새는 신을 향해 날아간다. 그 신의 이름은 아프락사스이다" 라는 「데미안」에서 '알'과 같은 존재다. 어두운 알 속의 세상에서 빛 속의 세계로의 이동은 아픔을 수반한다.

　　　종종 뒷산의 산새들이
　　　학교 유리창에 부딪쳐 죽는다
　　　유리창에 숨어사는 뒷산 때문이라고도 하고
　　　발효한 산열매를 쪼아 먹고 음주비행을 했기 때문이라고도 하지만
　　　새가 되고 싶은 유리창의 음모라는 풍문이 설득력이 있다
　　　유리창에는 새의 충격이 스며있다
　　　유리창은 종종 깊은 울음을 운다
　　　비가 올 때는 눈물실이 열 길 스무 길이 생긴다
　　　유리창에 부딪쳐 죽은 새는 다시 살아나
　　　유리창을 마음대로 통과하며 살아간다고 한다
　　　산맥과 달님도 마음대로 뚫으며 날아다닌다고 한다
　　　　　　　― 장인수, 「유리창」 전문 (≪시인세계≫, 가을호)

　유리창에 갇혀 어둡게 숨어사는 산새들이 더 넓은 세상으로 가기 위해

학교 유리창에 와 부딪쳐 죽는다고 한다. 그런데 여기서 새의 죽음은 단순한 죽음이 아니라 더 큰 세상으로의 비상을 위한 '통과의례'라고 할 수 있겠다. 마치 알을 깨고 나오는 「데미안」에서의 새처럼. "뒷산의 산새들이 유리창에 와 부딪쳐 죽는다"는데, 이유는 "유리창에 숨어사는 뒷산" 아니면 "발효한 산열매를 쪼아 먹고 음주비행을"한 것이라는데, 무엇보다 "새가 되고 싶은 유리창의 음모라는 풍문이 설득력이 있다"고 한다. 그래서 유리창은 깊은 울음을 울기도 하고 비가 올 때는 유리창에 눈물길이 열린다고도 한다.

 태어나려는 자는 하나의 세계를 파괴해야하는데, 새 역시 알을 깨는 아픔이거나 유리창에 와 부딪쳐 죽는 정도의 아픔을 겪어야만 진정으로 다시 태어날 수가 있다는 것이다. 그리하여 다시 살아난 새는 유리창도 마음대로 통과하고 산맥과 달님도 마음대로 뚫으며 자유로이 날아다닌다고 한다. 따라서 이 시에서 「유리창」은 생사의 경계선이라기보다는 알 속(유리창 안)의 어두운 세상에서 알 밖(유리창 밖)의 진정한 삶, 빛의 세계로 가는 통로인 것이다

 이관묵 시인은 너무 오래 어둠이 사는 흑암(黑暗)같은 집에서, 「오래된 장독」처럼 모든 생의 어려움을 삭히며 살아오는 시인 자신의 모습을 그리고 있다. 그런데 과연 잘 삭히고 있을까? 흑암에 앉은 시인이 과연 큰 빛을 보았을까?

   너무 오래 어둠이 사는 집
   너무 오래 햇볕보다 어둠이 더 깊은 골목
   저물어 이마에 노을을 얹고 들어오는
   그림자가 따뜻한 식솔들

   겨울 내내 마음에 추위를 들어앉히고

제 생각 삭히며 떠 있는 별같이 나는
　　어쩌자고 깊은 밤 홀로 깨어 먼 세상 아득히 내다보는 것이냐

　　이 깜깜함 비집고
　　서로 다른 세상을 가고 있는 먼 산기슭의 불빛들은
　　띄엄띄엄 어떤 뉘우침으로 깨어서 내게 저토록 안쓰럽게 반짝이는 것이냐

　　아무도 용서할 수 없다고
　　도저히 묵과할 수 없다고
　　월죽도(月竹圖)아래 무릎 세우고 앉아 옹색한 생을 뒤척거리며
　　나는 왜 자꾸 뜨거워지는 것이냐
　　뜨거워지는 것이냐
　　　　　　― 이관묵, 「오래된 장독」 전문 (≪현대시학≫, 10월호)

　위 시를 읽어 보면 흑암에 앉은 시인이 큰 빛을 보기보다는 산골 어둠의 따스한 공간(시인의 말대로 '숯덩이가 되어가던 마음을 결박하고 스스로 세상을 읽고 해석하는 독특한 독법을 익힌 견딤의 공간')속에서, 시인 나름대로 가시 돋친 마음을 수구려 놓기도 하고 질주하는 삶의 속도를 조절하기도 하고 죽(竹)을 치며 서늘한 기품을 끌어 모으는 등, '도시 소시민(小市民)'이 아닌 '산골 소시민(小詩民)'의 삶을 「오래된 장독」처럼 은은하게 풀어내기는 하는데……
　시인은 "너무 오래 어둠이 사는 집"에 살고 있다. 그 집은 "너무 오래 햇볕보다 어둠이 더 깊은 골목"에 위치해 있다. 해가 서물면 "이마에 노을을 얹고 들어오는 그림자가 따뜻한 식솔들"을 데리고 살아가고 있는 시인. 아! 이마에 노을을 얹고 그림자가 따듯한 식솔들이라니, 정말 눈에 보이는 듯 따스한 풍경들이다. 2연, 3연에 이르러 시인은 추운 겨울을 마음에 들여 제 마음을 삭히며 살아가는 별과 각기 다른 삶을 살고 있는 먼 산기슭의 불빛들이, 시인에게 다가와 시인 자신의 삶에 대한 뉘우침으로 깨어나 반짝인다.

아! 그런데,「오래된 장독」에 담겨진 간장이나 된장처럼 제 생각을 삭히며 잘 살아가야 하는데, 가끔은 안되는 게 있나보다. "아무도 용서할 수 없다고/도저히 묵과할 수 없다고" 옹색한 생을 뒤척거리며 자꾸 뜨거워진다고 하는 시인. 이관묵 시인은 같은 지면에 발표된「골방」에서도 시인자신의 유년의 삶을「오래된 장독」과 같은 톤으로 노래한다.

> 골방은 낮은 지붕 아래 있었다./할머니가 침침한 석유등잔 아래 무릎을 세우고/어둠을 지피던 방이었다./낮에도 어둠이 두꺼운 그 방이 나는 좋았다./심란한 낙서들이 귀를 세우는 겨울 밤/소란한 게 싫어서/나는 그 어둠 파먹으며 침묵을 학습했다./사방이 흙벽뿐인데도 굴뚝을 향한 납작한 봉창으로/밤이면 내가 궁금하다고 달이 떴다.//언제였을까/어린 마음에도 생각 짓찧고 싶을 때 있어/허공에 눈송이 꽂히는 한겨울 들판을 오려다가/종잇장 같은 마음에 걸어놓던/뼈가 하얗게 비치던 때가 있었다.
> — 이관묵,「골방」전문 (≪현대시학≫, 10월호)

릴케가 '어둠' 속에서 달빛 같이, 아니 별빛 같이 반짝이는 사물의 정수인 '빛'을 본 것처럼, 이관묵 시인도 "저녁, 어둠, 달빛, 호수, 수묵빛 산, 여백에 깃들인 적요. 그 격절의 공간에서 스스로 마음을 결박하고 살아가는 자들, …중략… 나는 어릴 적 '골방'이라는 어두운 폐쇄공간에서 꿈과 절망을 숙성시키며 삶의 여백을 이루어 왔다. 그러나 불행하게도 우리는 이 어둠의 세계를 잃고 산다. 전깃불 밑에서 광란하던 사람들이 왜 달빛 아래서는 숙연해 지는가를 모른다."라고 말한다.

4. 다시 릴케에게

당신의 이름 중에서 '라이너'라는 말이 보헤미안이라는 뜻을 가졌듯이, 당신은 무척이나 철저한 보헤미안이었습니다. 사람은 정도의 차이는 있을지는 몰라도 누구나가 조금씩은 어디론가 떠나고 싶은 방랑벽을 가지고 살아가고 있습니다. 그것은 어느 한 곳에 머물 수 없는 인간 본연의 '참을 수 없는 존재의 가벼움'이라고나 할까요.

그런 면에서 본다면 떠나고 싶어도, 결국은 일상적인 삶의 테두리에서 벗어날 기회가 좀처럼 다가오지 않는 저를 비롯한 현대인들은 참으로 불행하다고나 할 수 있겠습니다. 하여간 당신의 방랑벽은 '아르뛰르 랭보'의 경쾌하면서도 어찌 보면 경박한 방랑벽이나 '뽈 베를렌느'처럼 충동적이면서도 우울한 방랑벽과는 달리, 당신이 20대 초반 러시아에로의 여행에서처럼, 당시 유럽에 만연한 기독교 문명에서 벗어나 원시자연과 접하면서 어둠 속에서 인간과 사물의 본질에 대한 사색의 질을 한 단계 높여 범세계적으로 승화시키는 계기를 만들어 주기도 하였습니다. 이 러시아 여행은 당신의 생을 크게 변화시키는 '루 살로메'와의 운명적인 동행으로 이루어졌죠. 루 살로메와의 만남은 평생 아늑한 어둠 속에 당신의 생을 머물게 했지만 그 자체가 아름다운 열정으로 비춰졌습니다.

이 늦은 가을날, 그것도 남들이 모두 잠든 이 한밤중에 홀로 깨어 맥주잔을 기울이며 이렇게 당신께 편지를 보내는 것은 당신이라는 절대고독이 가을과 어둠이라는 인자로 인하여 내게로 전이되어 옴을 느꼈기 때문입니다.

《현대시》 2005년 11월호)

말들의 풍경

유 성 호

(문학평론가 · 한국교원대 교수)

 '시(詩)'를 정의하고 범주화하는 가장 일차적인 물리적 토대는 말할 것도 없이 '말(언어)'일 것이다. '언어(로 이루어진) 예술'이라는 자명한 기준은 시의 정체성을 규율하는 가장 근원적인 표지(標識)일 것이기 때문이다. 그래서 시인들은 언어적 자의식으로 충만한 이들이며, 그들의 시는 언어를 질료로 하여 세계를 해석하고 형상화한 정신과 방법의 산물이라 할 수 있다.
 언어적 상징에 대해 각별한 견해를 내놓은 바 있는 카시러(E. Cassirer)가 "인간은 언어가 형성해주는 현실만 알 수 있을 뿐이다."라고 말할 때, 우리는 언어를 통하지 않고는 어떤 의식도 형성할 수 없음을 다시 말해서 어떤 사물이나 관념도 언어로 구성되지 않으면 우리의 의식 속에 존재할 수 없음을 알게 된다. 그만큼 언어는 사물의 질서를 의식 안에 구성하는 필요불가결한 매재(媒材)이고, 시인들은 바로 그 언어를 통해 사물의 질서와 근원적 실재에 가 닿으려는 언어적 자의식을 지닌 이들이라 할 것이다.
 그런데 조금 생각을 바꾸어보면, 시는 '말(언어)' 자체에 대한 탐색에 그 무게중심을 현저하게 할애하는 예술 양식이기도 하다. 그 점에서 시는 영락없는 '언어(에 대한) 예술'이다. 여기서 시인은 언어적 자의식으로 충만한 사람이라는 자기 규정성을 뛰어넘어, 언어를 찾아 헤매고 궁극에는 사물들 속에서 언어를 발견하고 경험하려고 하는 이들로 바뀌게 된다. 다시 말하면 언어의 도구적 기능을 넘어서 언어 자체에 대한 메타적 탐색에 공을 들이는 이들이 시인이라는 뜻이 된다.

우리 시대의 시인들은 이 같은 언어적 자의식과 '말(언어)'에 대한 의식이라는 양날을 가지고 시 안으로 말들을 불러들인다. 우리는 그들이 구성하는 '말들의 풍경'을 통해 이 같은 시의 풍요로운 메타적 직능을 구체적으로 경험하게 되는 것이다.

생의 형식으로서의 '말'

사물 속에 깃들어 있는 언어를 일상의 순간 속에서 발견하고 그것을 중요한 생의 형식으로 은유하는 것은 시의 메타적 기능 가운데 매우 중요한 몫이다. 그래서 언어를 통해 사물의 질서를 구성하고 궁극의 근원에 가 닿으려는 언어적 자의식은 매우 중요한 시인적 자질 가운데 하나가 된다. 이처럼 남다른 언어적 자의식으로 사물의 질서를 상상적으로 구성해내는 데 일관된 적공(積功)을 들이고 있는 시사적 사례로서 우리는 최문자 시인의 시적 방법론을 각별하게 떠올릴 수 있을 것이다.

그는 일찍이 "그 해, 죽은 꽃들은 잘 알고 있었다. 온몸을 부들부들 떨면서도 고백하지 못했던 나의 말들을, 물빙울과 죽은 꽃 사이로 그득했던 나의 젖은 말들을. 한 줄도 써보내지 못했던 나의 사랑을."(「그 해」, 『나무고아원』, 세계사, 2003)라고 갈파한 적이 있는데, 이는 자신의 몸 안에 들끓고 있는 상처나 통증들을 '말' 속에서 앓고 있는 시인의 실존을 적극적으로 표상하고 있는 장면이다. 이처럼 '말'은 그에게 시적 형상화를 가능케 하는 질료로서의 기능을 뛰어넘어 생의 형식 그 자체를 은유하는 기능을 떠맡고 있는 것이다. 다음 시편 역시 그 연장선에서 씌어진 결과이다.

> 위암 말기라고 했다.
> 새카맣게 탄 말을
> 잘도 삼키더니
> 묻는 말에
> 대답 한 마디 못하고
> 혓바닥에서 푹 꺼진다.
> 손목을 잡아주었다.
> 가물가물한 체온이
> 이미 진흙을 덧바르고 있다.
> 찌르르 말이 흐른다
> 불 붙다 쓰러진 말
> 연기에 그슬린 문장
> 억지로 말문을 닫을 때마다
> 시계를 보며 시각을 읽었으리라
> 아무 것도 모르는 숫자를 읽으며
> 삼켜버린 말들
> 그때,
> 누군가가 가슴을 내밀고
> 받아적어야 했다.
> 손목에 차고 있던 그 말을
>
> — 최문자 「유언」(애지, 2006. 봄호)

시인의 시선에 "위암 말기"의 환자는 "새카맣게 탄 말"을 삼키고 "묻는 말"에는 대답을 못하는 일종의 언어 장애자로 나타난다. 이제 손목의 온기마저 가물가물한 환후(患候)로 보나 "이미 진흙을 덧바르고 있다"는 표현으로 보나 시인은 삶과 죽음의 경계를 오가고 있는 환자의 마지막 생을 바라보고 있다. 그런데 목숨이 경각에 달린 환자의 몸에 "찌르르 말이 흐른다"고 시인은 표현한다. 그 흐르는 '말'은 "불 붙다 쓰러진 말/연기에 그슬린 문장"으로 표현되는데, 말하자면 그것은 좌절과 상처로 얼룩진 미완의 '말'들인 셈이다. 이러한 미완의 말들을 읽어내는 시인의 눈은, 말기 암환자에 대한 단순한 연민을 넘어서 한 사람의 생의 형식을 고스란히 집약해내는 집중성을 보여주고 있는 것이다.

그래서 환자가 자신의 '말들(말/ 문장)'을 모두 삼켜버리기는 했지만, "그때,/ 누군가가 가슴을 내밀고/ 받아적어야 했"던 "손목에 차고 있던 그 말"을 시인은 새삼 떠올리고 있는 것이다. 이때 "손목에 차고 있던 그 말"은 이제 얼마 남지 않은 생애를 달리 표현한 것인 동시에 미완으로 마감되는 생의 형식을 은유하는 마지막 유언(遺言)인 것이다. 이처럼 최문자 시편 속에서 '말(언어)'은 의사소통에 필요한 도구적 매체로서가 아니라 생의 형식을 은유하는 실재로서 기능하고 있는 것이다.

> 비가 내리는 거리 알 수 없는 말들 알아들을 수 없는 말들은 땅에 떨어진다 그러는 동안 수염은 자라 수심 깊은 곳에 팔랑거리는 꽃잎을 모은다 비, 한없이 마음을 비워야만 젖어오는 것, 웃옷과 바지 밑 가랑이부터 차올라야 비로소 비로 덮일 수 있는 것, 여기로부터 저 높은 구름의 나라에까지 혹은 점점 지쳐가다 적막 앞에 서는 것
>
> 그렇다면 우글거리는 사람들의 잠의 끝에도 꽃이라고 부르는 것들이 필수 있을까 악수를 받아 일어서는 적막, 살 부러진 우산, 비는 안경에 붐벼오고 부딪는 어깨에 텅 머리가 비어도 오는데 평화는 적막 끝에 이르는 것인지 생은 희미하게 피어, 내낯처럼 투명을 가장히여 다가오는데
>
> 가장 은밀한 비명을 말하려는 듯 머뭇거리는 입술 사이를 비는 온다 비는 거리를 뛰어넘으며 온다, 희디흰 젖내 나는, 젖꽃판 위로 철철철 장마처럼 온다, 막무가내 초라해짐을 이기려고 머리카락 세우며 잡히지 않는 말들을 잡으며 온다
>
> ― 박주택 「말들의 나라에 내리는 비」 (문학수첩 2006. 봄호)

박주택 시인의 언어적 자의식은 '책(문장, 시, 글)'의 이미지 혹은 관념을 개별 시편 안에 줄곧 배치함으로써 그 어느 시인의 경우보다 강하게 나타난다. 일찍이 시인은 "이렇게 말하리라 정처 없이 헤매다 둥지를 튼 것은/눈 뜬 공포 속이었으며 다른 사람의 잔혹한/말의 틈이었으며 버거운 운명의 방이었다고, 무릇 무르익는/모든 것에서 배운 것은 환멸과 허무뿐이어서 어떤 생이든/잘못 읽을 수 없었다고"(「연못」, 『카프카와 만나는 잠의 노래』, 문학과지성사, 2004) 말하면서 자신의 공포와 환멸과 허무의 생을, 그리고 생에 깊이 박힌 시간과 운명의 표정을 기록한 바 있다. 이처럼 그에게 '말'은 잔혹한 생의 형식이며, 끊임없이 잘못 읽을 수밖에 없는 환각의 실체인 것이다.

위에 제시된 시편을 통해 시인은 "비가 내리는 거리"에서 수많은 말들을 발견하고 그것을 잡으려 하고 끝내는 빗줄기와 말이 섞여 있는 "말들의 나라" 속에 서 있는 자신의 모습을 보여주고 있다. 하염없이 "땅에 떨어"지는 빗줄기는 "알 수 없는 말들"이고 "알아들을 수 없는 말들"이다. 그 빗줄기가 쏟아지는 동안 시인은 "수심 깊은 곳에 팔랑거리는 꽃잎을" 모으고 있다. 여기서 수심(水深) 깊은 곳에 팔랑거리는 꽃잎들은 빗줄기 속에 몸을 섞은 낙화(落花)를 일차적으로 지칭하는 것이겠지만, 그것은 수심(愁心) 깊은 도회를 배경으로 흔들리는 일상적 풍경의 환유적 기제로도 작동한다. 이때 그 "비"는 "한없이 마음을 비워야만 젖어오는 것"이고 "웃옷과 바지 밑 가랑이부터 차올라야 비로소 비로 덮일 수 있는 것"이면서 "저 높은 구름의 나라에까지 혹은 점점 지쳐가다 적막 앞에 서는 것"이다. 이 '비움으로써 젖음'과 '차오름으로써 덮임' 그리고 '지쳐가다 적막해짐'의 대위(對位)적 진술들은, 쏟아지는 비를 중심으로 비대칭을 이루고 있는 시인의 정서적 균열들을 보여주는 대목이다.

이러한 알 수 없는 언어로 가득한 도시의 공간을 시인은 "우글거리는 사람들의 잠"과 "악수를 받아 일어서는 적막"으로 바라본다. 그 "적막 끝에 이르는" 평화처럼 권태로운 풍경을 뚫고 내리는 빗줄기는 마치 "희미하게 피어, 대낮처럼 투명을 가장하여 다가"오는 생의 다른 이름인 것이다. 그래서 마지막 연에서 "가장 은밀한 비명을 말하려는 듯 머뭇거리는 입술 사이"를 내리는 빗줄기를 바라보며 시인은 궁극적으로 "잡히지 않는 말들"로 가득한 공간을 보여주는 것이다. 그만큼 언어는 알 수 없는 환멸과 권태를 환유하는 기제이며, 시인은 영속적으로 미끄러질 수밖에 없는 기표일 뿐인 언어를 잡으려고 욕망한다. 하지만 그것은 내리는 빗물처럼 미끄러져 빠져나가는 환각의 실체일 뿐이다. 이것이 바로 "말들의 나라에 내리는 비"의 모습이자, 알 수 없는 말들로 채워진 우리 시대의 불모성을 환유하는 상상적 풍경인 것이다.

사물 속에 '편재(遍在)/부재(不在)'하는 말

그런가 하면 김형술 시인의 시편은, 사물 속에 편재한 듯이 보이지만 궁극적으로는 부재한 말을 탐지하고 발견하려는 욕망을 고스란히 들려준다. 일찍이 그는 시집 『나비의 침대』(천년의시작, 2002)에 실린 「봄의 방언」을 통해 "그날 아침 느닷없이 사랑에 빠졌다//떡갈나무는 검은 몸피 위로 눈 시린 연두색 혀들을 하늘로 밀어 올렸다. 더 이상 어찌지 못하는 뾰족뾰족한 혀들을 온몸에 매단 나무들. 귓속엔 부드러운 혀들로 가득찼다.//어지럼증을 일으키는 노오란 혀로 가득한 숲. 나무의 몸에서 날아온 혀들이 일제히 몸에 와 꽂히고, 몸 밖으로 비명 같은 빙인돌이 쏟아졌다. 우우 어어 누군가 쏜살같이 내 그림자에 깃들자 바람은 부드럽게 어깨를 짚어오고 숲은 갑자기 말을 멈췄다."라고 노래한 바 있다. 봄을 맞은 숲속의 '방언'들과 사랑에 빠진, 말에 대한 섬세한 의식을 보여준 것이다. 그가 이번에는 공간을 '바다'로 바꾸어 '말'에 대한 의식을 다른 풍경으로 보여주고 있다.

말을 찾으러 바다에 갔다

날카로운 물이랑
가파른 바람의 갈피마다 숨어
말의 발자국은 반짝이고 있었다

끊임없이 반복되는 물결의 주문
멱살을 움켜쥐는 바람의 직설
악수, 노래, 묘비명
거울, 암호, 유령의 옷자락

넘쳐나는 말의 흔적으로 바다는 술렁댔지만
내가 찾는 말은 없었다

너는 말을 보지 못한다
너는 말을 낳지 않았다
그저 네 몸속 또아리를 튼 무수한
타인의 입술을 가졌을 뿐

말없이 태어나 꽃피워 숲을 이룬
해송 몇 그루 이따금씩
고개를 주억거리는 그 바다에

말을 만나 말을 버리러 갔었다

태어나자마자 흩어져버리는
구름의 말들이
무수한 발자국을 등줄기에 찍었다

이 말들을 어떻게 하나
이 구름 그림자를 어떻게 해야 하나

꿈틀대는 내 속
이름 갖지 못한 한 떼의 말무리는 또
— 김형술 「잃어버린 말을 찾아서」 (문학사상, 2006. 3월호)

시인은 '말'의 탐색자이다. 말은 어디 고정된 실체로 존재하는 것이 아니라, 욕망하는 이의 시선에 의해 발견되는 어떤 것이다. 그래서 시인은 바다로 말을 찾아나섰고, 바다가 보여주는 온갖 언어의 변형체들 속에서 말을 찾고 있다. 이때 시인의 눈에 들어오는 "날카로운 물이랑"은 "가파른 바람의 갈피마다 숨어" "말의 발자국"이 반짝이고 있는 현상으로 비친다. 그 바다와 바람은 "주문/직설/악수, 노래, 묘비명/거울, 암호, 유령의 옷자락"으로 환유되면서 각종의 언어적 형식으로 변형된다. 특히 주문(呪文)과 직설(直說)은 자연 사물 속에 언어가 편재적으로 깃들여 있음을 알린다. 그런데 그 편재성이 결국은 부재로 몸을 바꾼다.

그런데 오히려 "넘쳐나는 말의 흔적으로 바다는 술렁댔지만/내가 찾는 말은 없었다"라고 시인은 말한다. 마치 바다는 "너는 말을 보지 못한다/너는 말을 낳지 않았다"라고 말하는 듯하다. 시인이 보았거나 낳았던 말이란 고작 "무수한/타인의 입술"이었을 뿐이다. 그와 반대로 "말없이 태어나 꽃피워 숲을 이룬/해송 몇 그루"는 말의 부재로 서 있는 시인과 극명한 대조를 이룬다. 그래서 "말을 만나 말을 버리러 갔"던 시인은 "태어나자마자 흩어져버리는/구름의 말들"을 발견하고는 '구름의 말들'이 찍어내는 "무수한 발자국"을 온몸에 받고 있다.

그 마지막 장면에 시인은 "이 말들을 어떻게 하나/이 구름 그림자를 어떻게 해야 하나"라고 하면서 "꿈틀대는 내 속/이름 갖지 못한 한 떼의 말무리"에 대한 의식을 표명하고 있다. 이러한 언어에 대한 남다른 그의 의식은, 온갖 자연 사물 속에서 갇혀 있는 '말들'을 풀어놓는 역할을 수행하고 있는 것이다. 이는 가장 최근의 시집에서 "가만히 혀를 뱉어 모래 속에 묻는/물고기의 모국어는 침묵/끊임없이 물결을 흔들어/날마다 새로운 청은

(靑銀)의 바다를 낳아 키우는/물고기 입 속은 꽃보다 붉고/물고기가 물어놓은 말들 속에서/일어서는 물기둥/뭍으로 오는 힘찬 물이랑/바람/세상에서 가장 큰 말을 가지고도/아무 말 하지 않는/물고기의 혀는 불/물 속의 투명한 불꽃"(「물고기의 말」, 『물고기가 온다』, 문학동네, 2004)이라고 노래한 것처럼, '말'에 대한 메타적 탐색을 그가 지속하고 있음을 선명하게 보여주는 대목이 아닐 수 없다.

김승희 시인의 다음 시편 역시 온갖 자연 사물에 흩뿌려져 있는 언어적 실재들을 찾아나서고 그것을 발견하는 과정에서 씌어진 것이다. 그것은 온갖 자연적 제약에도 불구하고 자기 목소리로 발화(發話)하는 사물의 제자리를 시인이 만들어주고 있다는 점에서 단연 생태적인 것이고, 동시에 언어에 대한 의식으로 충만한 사례가 되어주고 있다.

> 폭설의 밭에서 살고 있는 것들!
> 백설을 뿌리치고 뻗쳐 올라가는 푸른 청보리들!
> 폭설의 밭 속에서 꿈틀대고 있는 것들!
> 시퍼런 마늘과 홰를 치는 양파들!
> 다른 색은 말고 그런 색들
> 다른 말은 말고 그런 소리들!
>
> 하루를 살더라도 그렇게
> 사흘이나 나흘을 살더라도 그렇게!
> ― 김승희 「갑자기 그럼에도 불구하고!라는 말이 들렸다」(현대시, 2006. 3월호)

시인의 시선은 "폭설의 밭에서 살고 있는 것들!"을 향한다. 여기서 감탄 부호의 기능은 호명하는 순간의 가파른 호흡과 발견하는 순간의 경이로운 느낌을 동시에 환기한다. 그것들의 목록은 "백설을 뿌리치고 뻗쳐 올라가는 푸른 청보리들!"이나 "시퍼런 마늘과 홰를 치는 양파들!"이다. 다시 말하면 "폭설의 밭 속에서 꿈틀대고 있는 것들!"이다. 이처럼 "폭설의 밭"이라는 폭력적 외인(外因)에도 불구하고 푸른 빛깔의 생태적 경로를 엄연하게 유지하고 있는 "푸른 청보리들/시퍼런 마늘/홰를 치는 양파들"은 한결같이 "꿈틀대고 있는" 생명성을 우회적으로 표상한다. 그래서 시인은 이 고유한 생명의 빛깔과 소리를 두고 "다른 색은 말고 그런 색들/다른 말은 말고 그런 소리들!"이라고 외친다.

일정한 소품적(小品的) 성격에도 불구하고 이 시편은 시인이 갖고 있는 언어에 대한 남다른 의식을 선명하게 나타낸다. 이쯤 되면 크리스트교에서 상정하는 일반 계시의 차원으로 자연 사물은 격상되고 있는 듯이 보이기까지 한다. 그 편재하는 언어들 속에서 우리는 "하루를 살더라도 그렇게/사흘이나 나흘을 살더라도 그렇게!" 살 수 있는 것이 아니겠는가. 그래서 김승희 시인이 찾아낸 '말'은 자연이라는 거대한 랑그(langue)에서 각각의 표정과 빛깔과 목소리를 지닌 채 자신을 드러내는 빠롤(Parole)이 되는 것이다. 그 빠롤의 풍부함이 시인의 생태적 시선과 결합하여 "그럼에도 불구하고!"라는 역설의 상상력을 낳게 한 것이다. 이처럼 김승희 시의 방법론에서 '말들'은 사물 속에 편재해 있고, 시인은 그 숨겨진 말에 대한 섬세한 의식을 보여주고 있는 것이다.

이상에서 우리가 살핀 언어적 자의식과 말에 대한 의식을 집중적으로 보여준 시편들은, 새삼 세계 내적 존재로서 그리고 언어적 존재로서의 인간을 생각하게 한다. 이들의 시에 의하면 언어는 그 어디에나 있고 그 어디에도 없다. 그래서 언어는 모든 사물을 구성하는 편재적 원리이면서 동시에 미끄러지고 가 닿을 수 없는 환각의 실체로 현상한다. 이 같은 언어의 이중적 속성을 우리 시대의 시인들은 남다른 감각으로 발견하고 구성하여 다채로운 '말들의 풍경'을 보여주고 있는 것이다.

《문학사상》 2006년 4월호)

삶과 꽃 사이, 적요에 이르는 그토록 많은 길

유 지 현

(문학평론가·한경대 교수)

　시대와 공종하지 못했던 허 균(許筠)의 삶은 흥미롭다. 그가 혁신적인 사회사상을 품었던 동시에 현실을 초탈한 삶을 희구했음을 그가 편찬한 저서 『한정록(閑情錄)』을 통해 살펴볼 수 있다. 번잡한 일상을 초탈한 삶에 대한 동경과 현실적 좌절은 예나 제나 마찬가지인 듯 싶어 어지러이 돌아가는 삶의 한 구석에서 슬그머니 위안이 되는 부분이 적지 않다. 허 균이 평소 읽었던 여러 서적 가운데 한가함에 관한 부분을 골라두었다가 책으로 가다듬은 것은 역설적이게도 그의 삶이 백척간두에서 있던 시간을 통해서였다. 『한정록』에 의하면 명문장가였던 한유(韓愈) 또한 세간의 삶과 초탈의 삶 사이에서 갈등했다고 하며 소식(蘇軾) 역시 다르지 않았다고 한다. 한가함 가운데 내면의 의지를 다지며 자신이 하고자 하는 바를 꿈꾸는 시간은 일생을 통틀어 어느 정도의 시간이나 가능할까를 셈해보지 않을 수 없다. 나날의 자질구레함이 얼마나 우리의 삶을 좀 먹어드는가.
　아마도 현대인은 주의력결핍과잉행동장애(ADHD)의 잠재적 후보군에 들지 않았나 싶게 산만하고 주의력 부족이다. 선천적인 것으로 알려진 이 병은 일종의 정신 질환인데 아마도 현대사회에서 다른 이들과의 원활한 의사소통이 가능하려면 후천적 주의력결핍과잉행동장애를 자청하지 않고는 안 될 일이다. 정보화 사회라는 이름 하에 현대사회는 우리에게 내면의 집중과 무관하게 다종다양한 일을 챙겨야하는 '주의력결핍'을 요구하고 불필요한 '과잉행동'을 강요한다. 쉴 새 없이 울려오는 휴대전화와 덤벼드는 메일을 무시하고 주의력 깊게 자신의 일에만 몰입하며 지내다가는 도대체 연락이 안 되는 옛날 옛적 원시인이라며 쏟아지는 비난을 감수해야한다. 그 비난이 주는 두려움 때문에 전원을 꺼버리지 못하는 유약함이 빚어내는 갈등은 작지 않다. 저 휴대전화 벨소리는 왜 책장을 넘기며 막 독서의 서늘함에 잠수하려는 순간에 울려대는가. 한적한 시간을 파고드는 저 괴물을 어떻게 처단한단 말인가. 소부(巢父)와 허유(許由)는 깊은 산에서 자신의 정신적 세계를 지켜갔다지만 모처럼 찾아간 깊은 산의 정적을 마구 흐트러뜨리며 울리는 세상과의 이 질긴 끈은 어떻게 해결할 수 있단 말인가. 웹이라는 거미줄은 마법 같은 의사소통의 끈인 동시에 우리를 거미줄 위의 나비신세로 만들어 버리는 끈적이는 함정일지도 모른다. 세상과의 끈을 놓지 못하는 우리는 끈과 끈 사이에서 허덕이는 삶을 면치 못한다. 저 거미가 한 가닥 거미줄에 의존해서 그 생명을 영위해 나가듯이 우리 역시 세상과 연결된 끈이 없다면 심리적 불안감을 견디지 못할 것이다. 우리가 원하는 것은 아마도 적절한 중도(中道)의 끈일 것이다. 연결과 고립 사이의 적절한 경계. 우리는 한적한 고립을 꿈꾸는 동시에 깊은 밤 고요 속에서조차 불특정한 목소리들의 아우성을 궁금해하며 통신을 연결한다. 그러나 그 적절한 경계를 찾지 못하는 것이 적요함을 그리워하면서도 통신망을 잘라내지 못하는 대다수 범속한 우리네의 갈등일 것이다. 우리는 세상의 거미줄을 벗어나려 애쓰는 동시에 그 반짝이는 거미줄에서 자신의 이름이 호명되지 않음을 안달하는 모순덩어리는 아닌지 돌아볼 일이다.

> 샤워를 하다보니
> 여기저기 시퍼런 멍자국이 보였다.
> 세상에 간들간들 매달렸던 자리가 퍼랬다.
> 어디엔가 묶였던 자리는 더욱 퍼렇다.
> 도처에 끈뿐이었다.
> 끈과 끈 사이에서 살아왔다.
> 끈 하나를 끊고 나면
> 수없이 가위질하고 나면
> 하루가 저물었다.
>
> — 최문자, 「멍들다」 부분 (시와반시, 여름호)

사회와 연결된 보이지 않는 끈 사이에서 적절한 처신을 취하는 것은 사회적 동물로서 우리가 가져야 할 필수적인 삶의 적응 방식이다. 문제는 그 끈이 우리를 지치게 한다는 점이다. 밤이 되어야 우리는 잠시 사회와 연결된 끈에서 놓여난다. 그러나 완전히 자유로워지는 것은 아니다. 홀로 자신을 돌아보는 밤의 시간은 사회적 끈과의 연결을 통해 듣게 된 타인의 '피 묻은 말'이 멍으로 남았음을 확인하는 가혹한 시간이다. 정신적 상흔이 육화된 '시퍼런' 멍은 잘게 응어리진 죽음의 빛깔을 담고 있다. '멍'은 세속에서의 삶이 상처의 연속임을 확인시켜주는 증거물이다. 타인과의 삶에 부대껴 지친 시적 자아가 상처를 비껴가기 위해 가위질을 해대지만 가위 날의 끝이 향하는 것은 종내 자기 자신일지도 모르는 일이다.

멍으로 가득한 일상에 대한 한탄에서 벗어나려는 몸부림은 산수(山水)를 향한 초탈의 길을 찾아낸다. 이 은둔의 길은 일상적 나의 버림을 필요조건으로 삼는다.

> 산 위의, 더 높은 산에 둘러싸인 마을이다 우체국을 보았을까 황량한 마을 길 위에 내려선 또 하나의 나는 엽서 한 장을 쓰고 짐짓 바람에 날린다

양옆으로 둘러선 산과 산 좁은 사이로 나아간다…… 너는 지금 되돌아가고 있어 이 길은 네 집을 향하는 방향이야…… 산 위에는 잔설이 남아있고 폭포는 얼음을 다 녹이지 못해 흰 차돌처럼 산허리에 박혀있다…… 너는 지금 가보지 않은 길을 가고 있어 시간 속에 갇혀 있던 너를 길 위에 버리면서…… 이제 시야가 트이는가 간간이 집들이 눈에 띈다 비워버려 그래야 채워지지…… 막다른 길, 군부대 앞에서 되돌아 나온다

— 한득현, 「가보지 않은 길을 달리다」 부분 (시와반시, 여름호)

산은 오래 전부터 세속의 삶을 넘어서고자 하는 자의 일탈적 공간이다. 산 위에 또 산을 더한 곳에서 시적 화자가 쓴 한 장의 엽서는 지상과의 끈이다. 그러나 그는 짐짓 날려보냄으로서 세상과 교신의 끈을 잠시 놓아버린다. 엽서를 날려 보낸 바람은 기계적인 산업사회의 시간 밖으로 자신을 밀어내는 자의 꿈을 담고 있다.

낯선 곳을 향한 동경은 익숙한 공간이 주는 아늑함과 반대편의 짝을 이룬다. 일상에 지친 자아는 자신을 매어두는 사회적 관계의 실타래로부터 벗어나려는 쓸쓸한 매혹을 견디지 못한다. 그것이 '비껴간 사랑의 간극'으로 비롯된 것이어서 일상으로부터의 사라짐이 '비껴간 사랑'을 일치된 사랑으로 변화시키지 못한다 할지라도 일상 저 너머의 공간에서 현실의 속박을 벗어나보고자 하는 유혹은 강렬하다. 일상의 시간 밖으로 넘어갈 때 그에게 익숙한 공간은 낯선 길로 변화한다. 일상의 공간을 거부하며 잔설과 얼음 박힌 폭포를 향한 그가 얻는 것은 비움이 곧 채움이며 버림이 곧 얻음이라는 역설을 통한 삶에 대한 통찰이다.

사라짐을 통해 세상의 길을 비우고 또 다른 내면의 길을 추구하는 것은 삶의 균열을 응시하고 그 삶의 파열음으로부터 자유로워지고자 하는 몸부림이 담겨 있다. 그러한 몸부림이 담긴 시가 독자의 눈을 잡아두는 것은 아마도 아슬아슬하게 내면에 눌러둔 일상의 바깥을 향한 희구와 맞닿기 때문일 것이다.

사는 것이 끝없는 모욕의 연속일 때 문득 눈보라 속으로 가뭇없이 사라지
고 싶을 때
늘 철썩이는 파도
바닷물에 앞발을 담그기도 두려운 듯 야윈 개는 멀찍이 떨어져
수평선으로 향하는 몇 갈래 물위의 길을 바라본다
내가 사랑하고 내가 미워했던 것들 이젠 다 부질없다
까슬한 턱을 쓰다듬으며 마른 기침을 해보지만
가시를 곤두세운 바람이 쓸고 가는 지상엔
아침 햇살에 흩날리는 자디잔 먼지조각들뿐
눈 가늘게 뜨고
개 한 마리 모래 둔덕을 넘어 낭떠러지를 돌아 사라지는 것을 바라본다
― 남진우, 「석모도 해변을 거니는 검은 개 한 마리」 부분(시와반시, 여름호)

'눈보라 속으로 가뭇없이 사라지고' 싶은 어두운 소망을 감추어 둔 시적 화자는 내면의 고뇌를 해변의 풍경을 빌어 전달한다. 그 풍경에서 우리가 눈을 떼지 못하는 것은 내 안의 쓸쓸함을 불러내는 일상의 일탈에 대한 동경과 겹치기 때문이다. 생의 경계를 넘어가고픈 유혹은 철썩이는 파도처럼 끊임없이 달려든다. 첩첩산중을 향하는 길이 일상으로부터 이탈하는 수직적인 길이라면 파도 저 너머의 길은 모욕 같은 생을 벗어나는 수평적 탈출구를 제시한다. 남진우의 시에서 세상사의 아픔을 인지하는 방법은 한득현의 시에서처럼 몸소 산 사이의 길로 나아가는 행위로 구체화되는 것이 아니라 바라봄의 태도로써 나타난다. 이 점은 그가 파편화된 생의 고통에 대해 긍정하면서 생의 궤적을 거슬러가지 않으려는 명상적인 태도를 견지하고 있다는 사실을 드러내준다. 성찰적 거리를 내면화한 시적 화자는 생의 무의미함을 허무하게 반복하는 파도와 배회하는 야윈 개를 통해 삶의 무상성을 반추한다. '마른 기침'으로 생의 의미를 일깨워보던 그는 부유하는 '먼지조각' 속에서 배회하던 검은 개마저 사라지는 것을 바라봄으로써 허

무한 삶의 풍경을 완성한다.

허무한 사라짐은 모든 살아있는 존재의 숙명인가.

> 보랏빛 그 빛나는 부재의 향기를 따라 마냥 찬란한 꿈길에서든, 아니면 이제 이별이 두려운 것만이 아닌 현실의 길에서든 그 어느 때 어디서나 기적처럼 생기를 불어넣으며 라일락은 제 그리움의 그림자를 길게 드리우고 있다.
> ─ 임동확, 「라일락이 핀 오후」 부분(시와반시, 여름호)

지상의 꽃길은 소멸을 향해 있다. 소멸을 통해 꽃은 '부재의 향기'를 남기고 지상에서 생의 자취를 감춘다. 아쉽게 시간이 지나간 후, 자취가 사라지고 나서야 진실의 향기는 더욱 짙게 우리를 자극한다. 라일락은 스스로 사라짐으로써 소멸해 갈 자신의 운명을 완성하고 부재의 기억을 통해 자신의 존재를 부각시킨다. '영원히 시들지 않는 아름다움' 보다 '금세 부서질 사랑이 더욱 소중'하다는 시적 화자의 말은 생의 유한함이 주는 안타까운 황홀에 대한 기대감을 드러낸 것이다. 찰나적 아름다움이 더 큰 추억으로 남는다는 인식은 죽음을 통해 생을 얻고 비움을 통해 충만함을 이룬다는 역설적 언명과 닮아 있다.

> 꽃망울 그림자가 꽃망울로 돌아가자면
> 아직 길이 많이 남아 있다
> ─ 오규원, 「그림자와 길」 부분(시와반시, 여름호)

꽃망울 그림자에서 꽃망울로 돌아가는 길은 어떤 길인가. 그것은 세간의 끈 사이에 매몰된 자가 찾아 들어갈 수 없는 길이다. 그것은 철저히 홀로의 시간을 통해 자아와 만나본 자가 찾아낸 오롯한 생명의 공간이다. 주의력 산만한 세간의 길을 버린 후에야 온전히 얻어지는 길인 것이다. 그러나 그것은 거창한 초월의 길이 아니라 현세적 삶을 긍정한 초탈의 길이다. 현세에 숨은 초월의 길을 시는 열어 보인다. 그것은 거미줄에 걸린 우둔한 자가 갈 수 없는 길이며 부질없는 현세의 영원을 기원하는 자가 이룰 수 없는 공간이다. 찰라적인 생의 허무한 운명을 직시한 후에야 얻어진 적요에 이르는 길은 절박한 동시에 한적하기 그지없다. 허 균이 극도로 위태한 삶의 막바지에 이르러서야 한가함을 완성한 그 시간처럼.

(≪시와 반시≫ 2004년 가을호)

최문자의 「꽃냉이」를 읽고

손 현 숙

(시인)

사랑은 정녕 지나가는 것일까. 지나간 것은 모두 잊혀지는 것일까. 당신은 사랑을 무어라 생각하는가. 아니 당신, 전 생애를 걸고 사랑이라는 지독한 슬픔 앞에 당당했던 기억이 있는가. 당신의 모든 것을 내려놓고 사랑 그 자체를 통과해 본 경험이 있는가.

여기 지독한 사랑 시 한 편이 있다. 최문자 시인의 '꽃냉이'. 지금은 모래벌판에서 노랗게 꽃피우고 있는, 지나간 사랑의 흔적. 한 때는 붉은 피가 돌았던, 겹 백일홍이었을지도 모를, 겹 동백이었을지도 모를, 촘촘했던 그 사이. 시인은 지금 신두리 모래벌판에 서 있다. 오래 그리워했으므로 오래 아팠던 사랑.

당신은 꽃냉이가 어떻게 생겼는지 아시는가? 마른 모래벌산에 뿌리를 박고 피어나는 키 작은 꽃. 아무도 눈여겨보지 않는, 어쩌면 당신의 발바닥에서 한번 쯤 지긋이 눌려 죽었을지도 모를 슬픈 꽃. 최문자 시인은 그 속에서 지나간 사랑을 본다. 마른 모래벌판은 자신의 가슴이고 헐거워진 자국이고. 떠나간 맘들이고. 피마른 혈관이다. 지금은 손이 쑥쑥 들어가는 그와 나만의 이야기. 시인은 그런 것을 사랑이라고 말한다. 시인은 사랑을 잘 알고 있다. 사랑은 아무 것도 움켜쥘 수 없는 것이라고, 쓸쓸하게 말한다. 떠나간 자리마다 피는 노란 꽃. 함께 할 수 없었던 피마른 자국에서 피워내는 흔적. 보랏빛도 아니고 초록빛도 아닌 노란색의 황홀.

  한 편의 시를 읽으며 한 편의 드라마가 머릿속으로 스쳐간다. 지나간 사랑. 그 슬픈 힘. 오래 견디고 오래 그리워했으므로 그녀는 지금 눈부시게 아름답다. 신두리 모래벌판 꽃냉이 한철, 슬픔도 꽃처럼 환하게 피어난다.

(≪시를 사랑하는 사람들≫ 2006년 3·4월호)

몸을 통한 세상과의 소통

오 정 국

(시인 · 한서대 교수)

　최문자 시인은 명료한 진술의 시인이다. 그 진술은 주로 고통스런 삶의 기록들이며, 자기 고백적 형식을 지닌다. 1인칭 화자를 시의 전면에 내세워 시인이 겪었을 법한 체험을 직접 메시지로 전달하거나, 일상적 사물을 통해 시인의 체험을 간접적으로 드러내는 '비유적 진술'을 행하기도 한다. '진술위주'의 시들은 일방적인 의사전달을 꾀하는데, 이상하게도 최 시인의 시를 읽으면 쌍방향의 의사소통을 느끼게 된다. 가슴 먹먹한 감동이 온다. 그 이유가 무엇일까? 그의 시가 지닌 '진술의 호소력'은 과연 어디에서 오는 것일까? 아무래도 그 첫 번째 이유는 '체험의 시적 육화'이겠고, 두 번째 이유는 그 체험을 인체에 결부시켜 표현해내기 때문이 아닌가 싶다.
　그의 시에 등장하는 시적 화자의 몸엔 시인뿐만 아니라 우리 삶의 아픈 지형이 새겨져 있다. 그 곳엔 우리 삶의 춥고 어두운 습곡과 위태로운 벼랑길과 아득하게 깊어지는 골짜기가 있다. 그리하여 독자들이 새삼 소스라치듯 몸을 떨게 되는데, 그의 시엔 춥고 어두운 상처의 얼룩들이 많았으나 최근 그런 흔적이 차츰 사라지는 것 같다.

최 시인이 이번 《문예중앙》(2006년 봄호)에 발표한 시 3편과 그 예가 될 듯하다. 이 작품들 역시 자기 고백적 형식을 보여주는데, 시인이 겪었을 법한 체험을 몸에 결부시켜 표현해내고 있다. 즉,「실의 하루」중 '몸 전체가 매듭이다' '실은 매듭의 힘으로 버티고 있다'를 보면, 타자에 의해 상처받은 몸이 '매듭'처럼 얼기설기 이어진 채 존속되고 또 그렇게 존속되는 게 삶이란 걸 말해준다. 또한「알」에서는 '쪼개진 불구의 몸'이 등장한다. 시인은 어찌하여 '씨감자'를 '도려진 회음부 반쪽'으로 표현한 것일까? 이것이 바로 '몸'을 통해 세상을 읽어내고 세상과 소통하려는 시인의 뼈저린 몸짓이 아닐까?

「달맞이꽃을 먹다니」는 시적 화자가 먹은, 다시 말해 시적 화자의 몸에 들어온 '감마리놀렌산'을 통해 세상을 본다. 감마리놀렌산이 어느 정도 혈행에 좋은 건강식품인지 필자는 잘 모른다. 단지, 필자는 시적 화자가 그걸 먹고 나서 떠올린 달맞이꽃과 달빛과 나비를 주목했다. 이 시는 일단 감마리놀렌산의 효험과 만들어지는 관정을 말해준다.

> 감마리놀렌산이 혈행에 좋다고
> 그렇다고
> 그 꽃을 으깨다니
> 그 꽃 종자를 부수고 때리고 찢어서
> 캡슐 안에 쳐넣다니
> 그 피범벅 꽃을 먹고
> 혈관의 피가 잘 돌아가다니
> 욕심껏 부풀린 콜레스테롤이 그 꽃에 놀아나다니

시인은 '감마리놀렌산'의 제조 과정을 굳이 거친 어투의 직설적 화법으로 표현해낸다. '피범벅'이란 표현도 마다하지 않는다. 그리고 그 '피범벅'이 인체의 피를 잘 돌아가게 하고, 이윽고 인간 욕망의 잔존물인 콜레스테롤이 그 '피범벅'에 뒤섞이고 융화됨을 말해준다. 여기서 우리는 건강식품을 밝히는 인간의 탐욕을 유추해 볼 수도 있겠으나, 시인의 관심은 정작 다른 곳에 있다.

    그렇다고 나까지
    하루 두 번 두 알씩 그걸 삼키다니
    머지않아 꽃향기로 가득 찰 혈관
    그렇다고
    하필 그 환한 꽃을 죽이다니

  시인은 여기서 '나까지 그걸 삼키다니'를 통해 객관적 대상이던 '감마리놀렌산'을 육화시킨다. 이런 발화로 인해 이 다음 행의 진술들이 더욱 호소력을 갖게 되는데, 여기서 우리는 혈행에 좋다고 감마리놀렌산을 삼키는 행위에 대한 반성적 목소리를 유추해 볼 수도 있겠다. 그러나 시인의 관심은 여전히 다른 곳에 있다. 시인이 거친 어투로 '감마리놀렌산'의 제조 과정을 열거하고, 시적 화자까지 그걸 삼켰다고 말한 이유가 비로소 선연히 드러나는 것이니, 다음 행을 읽어보자.

    밤바다 달을 바라보던 그 꽃을
    꽃 심장에 가득 찼던 달빛을
    그 달빛으로 기름을 짜다니
    노오란 꽃에 앉았던 나비의 기억까지
    모두 모두 으깨다니

  그렇다. 시인은 '밤마다 달을 들여다보던 그 꽃'과 '꽃 심장에 가득 찼을 달빛'과 '나비의 기억'을 불러오기 위해 시를 여기까지 이끌어온 것이다. 시적 화자는 '피범벅 꽃'을 먹었지만, 그로 인해 '꽃'이 흔들리고 '달빛'이 내리고 '나비'가 날아다니던 세상을 떠올리고, 그 세상과의 소통을 꾀한다.

부서진 달빛, 나비,
두 알씩 삼키고 내 피가 평안해지다니
생수 한 컵으로 넘긴 감마리놀렌산 두 알
혈관에 달맞이꽃 몇 송이 둥둥 떠다닌다

  시인은 시적 화자를 통해 끝끝내 기억하고자 한다. '부저신 달빛'과 '으깨어진 꽃잎'과 '나비의 기억'이 시적 화자의 몸에 스미고 깃들어 다시 이 세상의 혈행을 틔워나갈 수 있게 되었음을.
  이 시는 시적 화자의 혈관 속에서 다시 피어나 떠다니는 '달맞이꽃의 눈부신 顯現'을 보여주는 것으로 끝나는데, 이 시와 동시에 발표된 「알」은 '씨감자'의 몸을 빌려 세상을 본다.

평창을 돌다가 감자밭 귀퉁이에 앉아
감자 심는 것을 구경했다.
씨감자에 재를 묻혀
밭고랑 따라 눌러놓고 흙을 덮을 때
작년에도
어떻게든 싹을 만들고 알을 만들었던
씨눈 한 점에게 묻고 싶었다.
질끈 눈 감은 시력 하나 가지고
도려낸 회음부 반쪽으로
어떻게 감자의 알을 부풀렸는지
앞이 안보여 수없이 찡그렸을 오그렸을
오목오목 들어간 그늘, 그 캄캄함
거기 고여 있던 흙이 그랬을까?
그 쪼개진 불구의 몸에다

안보여도.
몸 섞은 끝마다 아이를 밴 줄기

> 흙 속에 태아들이 둥글게 커간다.
> 빈 항아리 같은 고요가
> 감자밭을 지키고 있다.
> 알을 들여다보고 있다.
>
> ―「알」 전문(문예중앙, 2006년 봄호)

시인은 '씨감자'가 '도려낸 회음부 반쪽'으로 싹을 틔우고 '흙 속의 태아들'을 둥글게 둥글게 키워간다고 말하는데, 시인은 굳이 '씨감자'의 '재에 묻혀' '질끈 눈 감은 시력'과 '앞이 안보여 수없이 찡그렸을 오그렸을/오목 오목 들어간 그늘'에 눈길을 두고 있다. 말하자면, '불구의 몸'이 지닌 '상처'나 '그늘들'이다. 「달맞이꽃을 먹다니」에 나타나는 몸도 혈행이 좋지 않은, 그러니까 '온전치 못한 몸' '통증을 지닌 몸'이다. 이렇듯 시인은 상처나 통증을 지닌 몸을 통해 세상을 읽고 융화하고 소통한다. 이것이 이 시인이 지닌 시적 특성인데, 이 지상의 고통을 자신의 몸으로 앓고 견뎌내는 종교적 통과제의인 셈이다.

그리하여 체험과 기억으로 구축된 세상에서 또 다른 세상을 발견하게 되는 것이니, 「달맞이꽃을 먹다니」의 경우, 시적 화자는 혈행이 좋지 않아 감마리놀렌산을 먹었다. 그리고 '죽이다니' '짜다니' '으깨다니'란 탄식과 더불어 '꽃'과 '달빛'과 '나비'의 죽음을 앓게 되지만, 혈행이 좋지 않은 몸이었기 때문에 오히려 '꽃'과 '달빛'과 '나비'의 세상과 소통을 하게 된 결과는 얻었다. 이것은 하나의 아이러니이다. 어쩌면 우리네 삶이 이런 것이겠지만, 문제는 이런 비의를 발견해낼 수 있느냐는 것이다. 여기서 우리는 생의 아이러니에 대한 최문자 시인의 웅숭깊은 통찰력을 엿볼 수 있다.

(《현대시학》 2006년 5월호)

절망과 희망의 이중주(二重奏)

박 영 호

(문학평론가 · 협성대 교수)

— 최문자, 「달맞이꽃을 먹다니」(《문예중앙》 2006년 봄호)
— 이승하, 「심야통신」(《정인문학》 2006년 봄호)
— 서안나, 「2006年 서울 史記」(《시와 사상》 2006년 봄호)
— 이사라, 「불혹(不惑)」(《시와 사람》 2006년 봄호)
— 이규리, 「물 이야기」(《서시》 2006년 봄호)

1

 최근에 발표된 작품을 읽으며 다음과 같은 두 가지 문제에 대하여 생각해보았다. 하나는 이미 진부해져버린 이야기이지만 과거 문학이 누렸던 영화가 작금에 이르러 퇴색되고 있는 이유였다. 영상시대가 도래하며 활자가 더 이상 새로운 세대에게 감흥의 대상이 될 수 없다는 진단은 물론 상당한 유효성을 지닌 판단이다. 그러나 그 같은 외부적 요인보다는 문학 내부에 더 심각한 문제가 내재하고 있다는 오래된 생각이 새삼 환기되었다. 다시 말해 문학 특히 시문학은 왜 과거와 같은 파괴력을 상실했을까? 시가 독자들로부터 외면당하는 것은 바로 시가 지녀야 할 덕목을 충실하게 수행하지 못하기 때문이다. 독자들이 시를 읽는 이유는 무엇 때문일까? 독자들이 시를 읽을 때 기대하는 것은 새로운 정보나 고도의 지식이 아니다. 시인이 대상으로부터 받은 내밀한 감동을 독자들은 전달받고자 한다. 그런데 최근 우리 시 가운데 독자들의 마음을 움직일 만큼 섬세한 정서를 그린 감동적인 작품이 여전히 부재하고 있다는 참담한 사실을 재차 확인할 수 있었다.

또 다른 문제는 시에서 그려지고 있는 삶의 모습이 우리 현실과 지나치게 유리되어있다는 사실이다. 이는 시가 오늘을 살고 있는 우리의 모습을 다양하게 제시하여 지금, 여기서의 삶을 진단하고 나아가 보다 나은 미래를 건설하고자 하는 희망을 제시해주어야 한다. 물론 우리 삶을 제재로 삼은 작품은 허다하게 발표되고 있다. 그러나 문제는 현실을 진단하는 시인의 자세에 진지함이 결여되어 있다는 사실이다. 그와 같은 시선과 자세로 검증한 결과는 독자들로부터 외면당하고 나아가 시에 대한 독자들의 기대를 반감시키기는 요인으로 작용한다는 점에서 심각한 문제이다. 그럼에도 함께 읽을 만한 몇 편의 작품을 찾을 수 있었다.

따라서 이글에서는 우리 현실 또는 삶을 근원적인 문제로 설정한 작품을 대상으로 현실을 절망적으로 인식하는 시선과 그럼에도 희망을 이끌어 내고자 하는 두 개의 시선이 어떻게 변주되고 있는가를 살펴볼 것이다. 본고의 대상으로 삼은 작품이 필자의 우려를 씻어주고 나아가 독자들의 기대감을 충족시켜 줄 수 있기를 기대하며 작품들을 읽어보기로 하자.

2

감마리놀렌산이 혈행에 좋다고
그렇다고
그 꽃을 으깨다니
그 꽃 종자를 부수고 때리고 찢어서

>   캡슐 안에 처넣다니
>   그 피범벅 꽃을 먹고
>   혈관의 피가 잘 돌아가다니
>   욕심껏 부풀린 콜레스테롤이 그 꽃에 놀아나다니
>   그렇다고 나까지
>   하루 두 번 두 알씩 그걸 삼키다니
>   머지않아 꽃향기로 가득 찰 혈관
>   그렇다고
>   하필 그 환한 꽃을 죽이다니
>   밤바다 달을 바라보던 그 꽃을
>   꽃 심장에 가득 찼을 달빛을
>   그 달빛으로 기름을 짜다니
>   노오란 꽃에 앉았던 나비의 기억까지
>   모두 모두 으깨다니
>   부서진 달빛, 꽃잎, 나비,
>   두 알씩 삼키고 내 피가 평안해지다니
>   생수 한 컵으로 넘긴 감마리놀렌산 두 알
>   혈관에 달맞이꽃 몇 송이 둥둥 떠다닌다
>   ― 최문자, 「달맞이꽃을 먹다니」

달맞이꽃에서 채취한 감마리놀렌산은 혈행에 도움이 된다. 그리고 콜레스테롤은 과잉으로 섭취된 지방의 축적물로 혈관의 흐름을 방해하여 치명적 요인으로 작용한다. 하여 시인은 꽃 심장에 가득 찼을 달빛과 노오란 꽃에 앉았던 나비의 기억까지 모두 모두 으깨서 캡슐 안에 처넣은 감마리놀렌산을 매일 두 알씩을 섭취한다. 위 작품을 눈여겨보았던 것은 지극히 일상적이고 단순한 행위를 술회하고 있지만 그와 어울리지 않는 자책과 탄식의 어조 때문이었다. 그래서 읽고 난 뒤에도 오랫동안 여운으로 남아 거듭 읽어보게 하였다.

시인이 의도적으로 자책과 탄식의 어조를 활용한 것은 건강 보조제를 먹는 것이 단순한 행위가 아니라 부서진 달빛과 꽃잎 그리고 나비의 기억

을 섭취하는 비인간적 행위로 파악하고 있기 때문이다. 이 같은 시인의 인식은 나의 건강과 달맞이 꽃, 이기적인 인간의 욕망과 늘 제자리를 지켜주는 소중한 자연을 대비적으로 파악하는 데서 보다 명백하게 드러난다. 이 같은 대립적 인식은 자신의 건강을 위하여 지켜야 할 소중한 것을 아무런 죄의식 없이 파괴하는 인간의 이기적 행위를 지적하는 한편 우리가 소중하게 간직하여야 할 것과 그리고 이를 위하여 어떻게 행동하여야 하는가를 일깨워주려는 의도로 확장된다. 시인의 의도가 소중한 의미를 지니는 것은 저급한 이기주의와 과도한 욕망이 지배하고 있는 오늘 우리의 현실을 지적하고 나아가 견지하여야 할 삶의 자세를 동시에 제공해주고 있다는 점에서이다.

> 또다시 밤이야
> 홀로 있는 것이 견디기 힘들어
> 전화기를 드는 그대여
> 문자메시지를 보내는 그대여
> E-메일을 보내
> 는 그대여
>
> 밤이 다 가도록 통화가 되지 않을 때
> 회신이 없을 때, 답메일이 없을 때
> 그대는 피를 흘리지
> 피가 멎지 않는 밤이 얼마나 긴지
> 함께 있으면 금방 갈 이 밤이
>
> 우리는 모두 지구 위의 등불
> 어둠이 찾아오면 더 외로워지지
> 그래서일까 밤이 되면 우리는
> 정신이 맑아지고 귀가 크게 열려
> 어디서 또 고양이 울음소리가 들려.
>
> ― 이승하, 「심야통신」

밤은 일상의 분주함에서 제자리로 돌아가는 시간이며, 모든 관계가 일시적으로 종료되는 시간이다. 결국 혼자가 되어 고독감을 절감하는 순간이다. 우리는 그 같은 고독감에서 벗어나기 위하여 통화를 시도하고 문자 메시지나 E-메일을 보낸다. 그러나 소통은 이루어지지 않고 고독감은 증폭된다. 이를 시인은 지혈이 되지 않은 상태로 인한 고통과 함께 있으면 쉽게 극복될 것이라는 표현을 교차시켜 소통부재로 인한 고독감의 무게와 깊이를 우회적으로 암시하고 있다. 그리고 이 같은 인식은 마지막 연에서 보다 구체적으로 제시된다. 즉 '우리는 모두 지구 위의 등불 / 어둠이 찾아오면 더 외로워지지'라는 구절에서 지구위의 등불은 별을 지칭하는 것으로 별과 별 사이의 거리처럼 결코 합치될 수 없는 거리감과 그 거리감이 밤이 되면 더욱 선명해지듯이 우리의 고독감과 외로움도 깊어간다.

이렇듯 위 작품은 전화, 문자 메시지, 이 메일이라는 소통을 위한 첨단 도구가 우리 곁에 존재하고 있음에도 소통이 이루어지지 않음과 현대인의 절망적인 고독감을 보여주고 있다.

최문자 시인과 이승하 시인이 우리 현실에 드리워져 있는 문제점을 개인의 차원에서 모두가 공유할 수 있도록 그 의미를 확장시키고 있다면 다음에 인용할 작품은 우리 사회 전체를 대상으로 삼고 있다는 점에서 변별성을 지니고 있다.

    2006년 정월 초하루에 일식이 있었다.
    혜성이 잠시 나타났다 동남쪽으로 사라졌다
    새로 왕이 된 자가 친히 시조 묘에 제사를 지내고 궁을 새로 증축했다
    궁 서쪽 숲에 가슴은 없고 커다란 머리통을 가진 아이들이 태어났다
    왕이 친히 그 아이들을 왕궁으로 데려와 길렀다고 저녁 9시 뉴스에서 보도되었다
    정월 사 일에 날아가던 새가 허공에서 해를 삼켜버렸다

정월 십오 일에 조정 간신들에게 뇌물을 받친 이가 잡혔으나
일체 범행을 부인하였으며 수사가 오리무중 속으로 빠져들었다
백성들이 신문고를 울리며 그를 벌주라고 상소를 올렸다
정월 십육 일에 왕이 친히 지방을 순행하여
전답과 가옥의 값을 정하였으나 백성들이 이 말을 실천에 옮기지 아니하였다
가옥의 가격이 치솟고 굶고 병들어 죽는 자들이 많았으며
길가를 유랑하며 노숙을 하는 자들이 많았다
왕이 이 소식을 듣고 창고를 풀어 백성들에게 먹을 것을 나누어 주었으나
노인을 길거리에 내다 버리고 약탈과 도둑이 성행하였다
궁 남쪽 연못에서 하얀 잉어가 길게 세 번 울었다.
눈이 다섯 자나 쌓였으며 곡식들이 얼어 죽었다
정월 십칠 일에 왕이 신하들에게 시정에 떠도는 노래들을 옮겨 적으라 명했다
거짓말만 잘하면 먹고 살 수 있다는 노래가 백성들 사이에서 유행하였다
일하지 않고 잘 먹고 잘 사는 법에 대해 조정에서 9시간 동안 논의가 있었다
참다못한 젊은이들이 궁궐 앞에 모여 성토를 했고, 몇은 스스로 몸에 불을 질렀다
나라를 버리고 다른 나라로 이주하는 백성들이 많았다
발 빠르고 민첩한 자들이 가옥들을 다 점령하여 수도 경성을 다 접수했다
술 취한 조정 공신들이 향기로운 술과 기름진 고기를 쌓아놓고
밤마다 기생들과 노래를 불렀다
여자와 남자를 가리지 않고 보석으로 몸을 치장하고
얼굴에 붉은 화장을 하는 풍속이 나라 안팎에 퍼져 나갔다
정월 이십오일 궁 서쪽에서 용이 출현했다
동서남북 문마다 배곯은 여자들이 아이들을 안고
길거리로 나와 머리를 풀어헤치고 눈물을 흘리며 회심곡을 불렀다
배고픈 아이들이 어미젖을 빨기 위해 거미처럼 어미 몸을 파고들었다
지진이 있었고 번개가 치고 궁궐 안의 커다란 나무가 불에 탔다

— 서안나, 「2006年 서울 史記」

서안나 시인의 작품에 등장하고 있는 일식, 기형아의 출생, 새가 해를 삼켜버림, 하얀 잉어의 울음, 폭설과 그로인하여 농사를 망침, 나라를 뒤 덮은 기이한 풍속, 용의 출현, 지진과 번개는 변고이다. 변고의 원인은 고위 공직자의 부정과 삶의 근거지를 마련하지 못하여 유랑하며 노숙하는 사람들의 증가와 노인을 길가에 버리는 패륜적 행위 약탈과 도둑의 성행 그리고 백성들에게 골고루 전달되지 못하고 있는 정부의 시책, 일부 기득권층이 자행하는 투기와 사치 그리고 향락 등으로 파악하고 있다. 이들은 한 마디로 우리 사회가 이미 치유 불가능 상태에 빠져버릴 만큼 부패했으며, 이를 통제하고 개선하여야 할 정부 또한 무능력하다는 것을 암시하기 위한 것들이다.

예로부터 변고는 앞으로 불길한 일이 발생하는 것을 암시한다고 하여 상서롭지 못한 것으로 인식했다. 그리하여 변고가 발생하면 왕을 비롯한 위정자들은 먼저 자신들의 통치행위가 잘못되었음을 하늘에 빌고 반성하는 한편 일체의 향락적 행위를 금하고 자숙하였다. 그리고 변고가 예견하는 불길한 일이 백성들에게 화가 되어 미치지 않도록 노심초사하였다. 그러나 위 작품에는 그래야 할 위정자들이 오히려 부정과 패륜의 당사자로 그려지고 있다. 오히려 변고에 대한 책임으로 한 발 비껴서있는 백성들이 위정자들의 부정을 용서하지 말 것을 주장하고, 일부는 스스로 몸에 불을 붙이는 극단적 방법으로 자신들의 의견을 표출하고 있다. 그런데도 개선되지 않는 현실에 허탈감을 느낀 사람 가운데 일부는 아예 나라를 버리고 해외로 이주하고 있다.

비교적 호흡이 긴 장편의 작품이지만 천천히 읽어보면 시인이 제시하고 있는 부정적 모습이 과거의 일이 아니라 우리가 살고 있는 지금, 여기서 벌어지고 있는 일임을 알 수 있다. 즉 자신이 저지른 위법행위 때문에 사법기관에 출두하여 사법절차에 따라 조사를 받지만 얼마 안 가 법 집행의 형평성을 비웃듯 도로 풀려나는 일부 특권층, 폭설에 아무런 대책을 세우지 못하여 농사를 망친 농민들, 하루아침에 일자리와 삶의 근거지를 상실한 채 노숙자로 전락한 채 유랑하는 많은 사람들, 결식아동 등은 바로 우리의 자화상과 다르지 않다. 즉 정의를 지키고자 하는 일부 양심적인 사람들은 처절하게 자신의 생각을 주장하지만 개선의 여지는 보이지 않고 그로인한 허무와 자괴감만이 날로 증가될 뿐이다.

 현실 모순을 적극적으로 비판하거나 항의할 수 없을 때 소극적으로 혹은 간접적으로 야유하고 조소하는 비판 수단을 우리는 풍자(satire)라고 한다. 시인은 풍자의 방법을 활용하여 자기를 둘러싸고 있는 현실을 실감나게 인식하도록 해준다. 그리고 풍자의 최종 목표는 징계가 아니라 부정적 요인의 개선이다. 그리하여 부정적 요인이 제거되어 지금 보다 나은 사회를 건설하고자 하는 희망을 진작시키는 것이다. 그런 점에서 서안나 시인은 변고라는 기이한 현상을 나열하는 한편 그 원인과 결과를 교직시켜 우리 사회는 상식이 무너진 사회이며, 치유 가능성조차 상실한 채 참담함만이 우리를 지배하고 있음을 그리고 있다.

 모든 것이 충족된 완전한 사회가 실현된 적은 없었으며, 앞으로도 실현 불가능할 것이다. 그렇지만 오늘의 모순을 극복하여 보다 완전한 사회를 건설하고자 하는 희망 때문에 역사는 지속적으로 발전해왔다. 그러나 서안나 시인이 진단한 우리의 현실은 불길하다 못해 참담하다. 그깃은 희망조차도 가질 수 없을 만큼 철저하게 파괴되고 무너져버렸기 때문이다. 시인의 이 같은 시선을 주목했던 것은 우리 현실의 부성적 요인을 검증하고 이를 개선하고자 하는 수준 높은 사회성과, 도덕성과 윤리의식이 회복되기를 갈망하는 염원이 작품 전체에 드리워져 있다는 점에서였다.

  낙타가 모래산을 넘는다

발자취 찾을 수 없는 모래산에서도
발자국마다 추억이 모래처럼 쏟아져 내린다

모래산이 부서지고
해가 저물고
해가 다시 뜨고
바람 더 크게 불고
모래산이 다시 만들어지고
갈증과 추위가 아수라 같아도

낙타는 몸 크기만큼의 그늘을 품고 묵묵히 걸어간다

멀고 먼 모래 지평 사납게 흔들거려도
낙타다 가는 길은
적요(寂寥)를 찾아가는 길

옛 사진첩에서 모래 바람이 인다

낙타가 가는 길에서는 낙타가 가는 길만 생각하고 싶다
낙타가 가는 길에서는 낙타가 생각하고 싶다

— 이사라, 「불혹(不惑)」

 불혹(不惑)은 부질없이 망설이거나 무엇에 마음이 홀리거나 하지 아니한다는 말로 나이 마흔 살(不惑之歲)을 지칭하는 말이다. 그와 같은 삶의 자세를 견지하겠다는 시인이 의지가 전편을 이끌고 있다. 해가 저물고, 해가 다시 뜨는 모래 산을 낙타는 바람을 맞으며 걸어가고 있다. 온갖 고통을 뒤로 하고 걸음을 옮길 때마다 모래 산은 조금씩 쏟아져 내린다. 낙타는 그렇게 자기가 설정한 목적지를 향하여 쉼 없이 걸어가고 있다.
 작품에서 '낙타'는 삶을 사는 주체 곧 우리 자신을 가리키며, '모래 산'은 고통과 슬픔으로 가득한 우리 현실을 암유(暗喩)하고 있다. 특별한 기쁨도 즐거움도 없는 그렇다고 커다란 변화조차도 없는 오히려 갈증과 추위 같은 고통만이 존재한다고 진술하고 있다. 그렇지만 낙타가 자신의 몸과 같은 크기의 그늘을 만들며 묵묵히 걸어가듯이 우리 또한 우리가 감당하여야 할 만큼의 몫을 안고 가야만 한다. 그렇게 해서 낙타가 도달하고자 하는 곳은 어디인가? 이 말은 결국 우리가 우리 삶의 목표를 어디로 설정할 것인가 라는 물음과 같다. 시인은 그 곳을 '적요(寂寥)를 찾아가는 길' 즉 쓸쓸하지만 고요함에 이르는 것이라 하였다. 달콤한 유혹에도 가슴시린 상처에도 이제는 흔들리지 않겠다는 것이다.

시인은 행을 바꾸어 짐짓 호흡을 가다듬으며 '옛 사진첩에서 모래바람이 인다'고 독자들의 시선을 다른 방향으로 이끈다. 흔들리지 않아야 한다고 다짐했지만 그럼에도 잠시 동안 흔들림이 있음을 부인하지 않는다. 그러나 이내 마음을 가다듬어 자신의 삶을 건실하게 지켜나갈 것이라는 굳은 의지로 작품을 마무리하고 있다.

삶이란 달콤한 유혹과 가슴 시린 상처 사이를 끊임없이 배회하는 것인지도 모른다. 충족의 기쁨보다는 부족함에서 기인하는 슬픔이, 화합의 즐거움보다는 이별의 서글픔이 오히려 우리의 삶을 지배한다. 그렇기에 우리는 우리의 삶을 고통과 슬픔의 연속이라고 생각한다. 그럼에도 어찌할 것인가. 우리의 삶을 스스로 포기할 수도 없다. 시인은 세상의 유혹과 상처에 더 이상 미혹되지 않겠다는 '불혹(不惑)'이라는 명제를 통해 척박한 사막을 묵묵히 걸어가는 낙타처럼 자신의 삶을 굳건하게 견지할 것을 다짐하고 있다. 시인의 다짐은 곧 독자에게는 일깨움의 계기로 작용한다. 하여 시인의 다짐은 아름답다.

> 잘못 쏟아버린 물이
> 상가 앞 인도에 흥건하다
> 기다린 듯 맹추위가
> 재빨리 물을 살얼음으로 바꾼다

> 이 길로 학원 가는 아이들 미끄러질까
> 더 얼기 전 비로 쓸어내니
> 움푹한 데로 얼음물 고인다
> 때 맞춰 어디서 왔는지 꽁지 긴 새 한 마리,
> 겁도 없이 그 물 찍어 먹는다
> 오래 가물었구나
> 저 속이 갈급해 두려움조차 잊었으니
> 천천히 먹도록 멀리서 망을 봐 주었다
> 잘못 쏟은 물이 아니었다
> 새 한 마리를 씻어준
> 새 한 마리가 나를 씻어 준
> 환한 물
>
> — 이규리, 「물 이야기」

공자(孔子)는 일찍이 한 편의 시가 사람의 사악한 감정을 씻어내고 선(善)한 심성을 감발시킨다고 말한 바 있다. 시가 지녀야 할 효용론 따위를 논리적으로 설명하지 않아도 위의 작품을 읽으면 그 의미를 절로 파악할 수 있다.

한 번 상상해보라. 맹추위가 기승을 부리는 겨울 날 잘못하여 길 가에 물을 쏟아버렸다. 기다렸다는 듯 찬바람이 그 물을 결빙시켰다. 순간 학원 가는 아이들이 미끄러져 다칠까 걱정이 되어 물을 쓸어버렸다. 그러자 그 자리에 꽁지 긴 새 한 마리가 두려움도 잊은 채 달게 그 물을 찍어 먹는다. 그 만큼 갈증이 심했으리라. 하여 천천히 먹을 수 있도록 망을 봐주었다. 새 한 마리의 갈증을 씻어주고 나의 편협한 마음을 씻어주었음을 인식하는 순간 그 물은 잘못 버려진 물이 아니었다.

우리가 일상에서 마주하는 수 없이 많은 일을 어떤 자세와 마음으로 보아야 할 것인가? 보는 관점에 따라 오해와 갈등의 근원이 되기도 하고, 화해와 사랑의 근원으로 작용하기도 한다. 허다한 인간의 삶 가운데서 명백하게 잘못된 삶이라고 판단할 수 있는 근거나 기준이 존재하는 것일까? 또 그렇게 판단할 수 있는 권리가 우리에게 주어졌을까? 서로 다른 가치관을 지닌 사람들이 끊임없이 화해를 모색하여 함께 더불어 살아가는 것이 아름다운 삶이라 한다면 그리고 우리가 지향하여야 할 삶이 그러한 삶이라면, 우리가 지금 여기서 견지하여야 할 삶의 자세란 무엇이어야 하는가를 위의 작품은 일깨워주고 있다.

3

이미 본문 중에서도 언급한 바와 같이 삶이란 달콤한 유혹과 가슴 시린 상처 사이를 끊임없이 배회하는 것인지 모른다. 시인들은 둘 사이에 내재하고 있는 의미를 지속적으로 해명하고자 한다. 언제나 불가해하게만 보이는 우리의 삶의 의미를 밝히는 것이 자기들에게 주어진 소중한 책무라고 인식하고 있기 때문일 것이다. 그러나 글을 마무리하면서도 삶에 대한 명확한 답을 찾지 못했다. 어쩌면 그에 대한 답은 앞으로도 여전히 유보되어야 할 지난 한 명제일 것이다.

그렇다고 성과가 전혀 없었던 것은 아니다. 필자는 5편의 작품을 두 가지 측면에서 살펴보았다. 한 측면은 우리 현실에 내재하는 부정적 측면을 제시하고 있는 작품들로 이 들을 대상으로 부정적 요인을 검증하였다. 그리고 다른 한 측면은 우리가 지향하여야 할 삶의 자세를 드러낸 작품들이었다. 이들을 대상으로 그러한 자세가 왜 소중한 의미를 지니는가를 살펴보았다.

설사 우리의 현실과 삶의 자세가 이미 정상적인 궤도에서 벗어나있다는 부정적 인식에서 출발하고 있다 해도 그것들이 무의미하다고는 생각하지 않는다. 왜냐하면 그 같은 위기감을 왜곡된 현실을 바로잡고자 하는 굳은 의지로 전환시키고 있으며, 이 같은 의지는 지금 보다 나은 사회를 건설하고자 하는 희망의 원리로 작용할 것이라는 믿음 때문이다. 절망과 희망이 함께 변주되는 접점에서 그와 같은 소중한 의미를 찾고자 했다. 이를 다시 한번 확인할 수 있었다는 점이 바로 필자가 찾아낸 성과였다.

《정인문학》 2006년 여름호)

대담 기타

시인의 근황 • 이희중
사랑은 나에게 있어서 꽃같은 공포였다 • 주병율
삶, 그 '상처'의 본성 • 최광임

문학적 연대기/고통이여, 감사한 고통이여 • 구광본

시인의 근황

이 희 중

(시인·전주대 교수)

일 시: 1997년 8월 6일 오후 4시
장 소: 시와 시학사 회의실

이희중: 이번에 신작 열 편을 발표하시는 최문자 시인을 모시고 새 작품과 선생님의 근황에 대해서 말씀을 듣고자 합니다. 선생님은 시를 쓰시고 또 시를 가르치는 일을 오래 하고 계신데, 글을 쓰면서 동시에 가르치는 일이 선생님의 작업에 어떤 도움이 되는지, 또 어떤 어려움이 있는지를 말씀해 주시지요.

최문자: 강단에서 시를 가르치는 것이 참 어려운 일이에요. 저는 원칙적으로 열심히 배워서 좋은 시를 쓸 수 있다는 생각에 이의를 가진 사람이에요. 열심히 수학 문제를 풀면 수학 성적은 올라가기도 하겠지만, 시 쓰는 일은 좀 다르지요. 제 경험에 비춰 봐도 글쓰기는 교육면에서 합리성을 갖지 못하는 것 같아요. 그래서 스스로 가르치는 일에 회의를 가지고 있어요. 얼마 전 발표한 「위증」이라는 작품이 그런 고충을 담고 있어요. 학생들은 창작 이론을 열심히 배우면 시를 잘 쓰게 되는 줄 알지만 눈에 띄는 효과

를 기대할 수는 없어요. 나중에 어떤 형태로든 양식이 되기는 하겠지만요. 그래서 저는 학생들에게 충고해요. 정말 쓰는 사람은 자신이며, 자신이 시를 쓰고자 하는 열정과 시 쓰는 일에 대한 본질적인 필요를 느껴야만 한다고요. 이론적인 지식과 수사적인 재능뿐만 아니라 거기에 삶의 체험들까지 종합되어야 시인이라고 할 수 있다고 가르쳐요. 교수가 시를 잘 가르쳐서 시를 잘 쓰게 된다고 믿지는 않아요.

이: 옛날과 달리 요즘 대학의 문예창작 강의는 교육의 형식과 체제를 중시하는 시대 분위기에 맞추어 실질적인 창작 이론 교육에 치중하고 있습니다. 내실을 기한다는 좋은 측면이 있지만 글쓰기 교육이 기능 교육으로 타락하는 부작용이 우려됩니다. 그리고 실적주의도 문제고요. 근본적으로 글쓰기는 재주와 기술의 영역이 아니어서, 배우기만 한다고 되는 일이 아니라는 요지의 선생님 말씀에 저도 공감합니다. 결국 글 쓰는 사람으로서 자질이나, 정신의 깊이, 삶에 대한 통찰은 따로 스스로 챙겨야 할 몫으로 남겠지요. 선생님의 습작기와 등단 과정은 어땠습니까?

최: 저는 좀 방황을 한 편입니다. 고등학교 시절까지는 시를 열심히 썼어요. 그러다가 우연히 대학에 들어가는 해 신춘문예에 소설을 보낸 일이 있어요. 당선은 되지 못했지만 마지막 남은 몇 편에 들었어요. 그래서 자연히 소설 쪽에 관심을 많이 두게 되었지요. 이후 시와 소설을 함께 연습했습니다. 소설 습작이 꽤 되는데 지금 생각하면 그 시간이 아깝기도 합니다. 그러다가 결국 시로 《현대문학》을 통해 데뷔를 했어요. 당시는 3회 추천 완료였는데 1970년에 처음 추천 받았고, 1982년에 완료 되었어요. 아주 늦은 셈이죠.

이: 1982년부터 헤아린다면 15년 정도 활동하셨군요. 삶의 연륜이 문학에 어떤 영향을 끼친다고 생각하세요?

최: 저는 젊었을 때 썼던 글들을 가끔 다시 돌아봐요. 그 때마다 다시 그런 글을 쓸 수 없다는 생각을 하곤 하지요. 젊었을 때만 쓸 수 있는 글이

있어요. 참으로 싱싱하고, 아름답고, 어떻게 흉내도 낼 수 없는 그런 글들이에요. 그러나 정작 진정한 글이 완성되는 시기는 나이가 좀 들었을 때라고 봐요. 다들 나이가 들면 젊은 열정과 향기가 식었다고 낙담하고 붓을 놓는 경우가 많은데, 둘러보면 연륜이 깊어져 오히려 더 풍만하고 다양하고 가치로운 것들을 완성하는 경우도 많지요. 그래서 저도 앞으로 시를 열심히 쓰려고 생각하고 있습니다. 하지만 어쩔 수 없이 부러운 것은 젊은 사람들이 가진, 아무런 장애 없이 마음대로 쓸 수 있는 자유입니다.

이: 열정은 나이와 무관한 것 같습니다.

최: 열정 이상의 다른 것이 없어요. 이 일 아니면 안 되겠다. 모든 의미가 이 일에 모여 있다고 생각하면 열심히 하지 않을 수 없어요.

이: 선생님께서는 열정에서 젊은 시인들보다 별로 뒤지지 않는다고 자부하세요?

최: 그런 편이에요. 건방진 소리 같지만, 젊은 사람들과는 색깔이 다른 열정이겠으나, 저는 나름대로 상당한 열정을 가지고 있다고 생각합니다. 글을 계속 쓰는 사람은 누구나 다 그렇겠지만요. 젊은 대학생들을 가르치면서도 어떨 때 저는 용기를 얻어요. 젊으면서도 열정이 없는 학생들이 많이 있으니까요. 그리고 아주 편하게 글을 쓰려고 하는 젊은이들이 많아요.

이: 지금까지 시집 두 권 내셨고, 곧 다음 시집을 출간할 계획으로 알고 있습니다. 세상의 주목과 특히 평론가들의 평가에 불만을 갖고 있는 시인을 더러 보았는데요, 밖의 평가와 상관없이 스스로 자신의 시를 평가한다면 어떻게 말씀 하시겠어요?

최: 물론 평론가를 비롯한 외부의 의견을 경청해야 하겠지요. 자신의 시를 되돌아 볼 자극을 얻을 수 있을 테니까요. 그렇지만 그 때문에 지나치게 고민하거나 고무될 필요는 없다고 봐요. 미흡한 부분은 자신이 더 잘 알지 않겠어요? 현재 나의 문학에 안주하거나 만족하거나 착각하지 않고, 항상 못마땅하고 모자라고 그래서 목마른 자세로 작품을 써야겠다고 스스

로 다짐하고 있어요. 아직까지 제 작품이 크게 거론된 적이 없고 단지 몇 분 평론가들이 좋게 써 주셨기 때문에 잘 모르겠지만, 설사 아주 부정적인 비평이 있다 할지라도 방향을 크게 바꾸지는 않을 겁니다. 비평에 대해 한 가지 짚고 넘어가야 할 것은, 어떤 투는 안 된다, 어느 투는 된다는 식의 단정적인 비평에 대한 불만입니다. 그래서 때로 어떤 출판사가 우리는 이런류의 시만 취급한다는 식의 소문을 들을 때, 과연 시가 어떤 틀에 매일 수 있는가 하는 의문을 가져요. 좀더 너그러운 자세가 아쉬워요.

이: 이번에 발표하실「자라는 눈물」연작에 대해 말씀을 듣고 싶습니다. 이 연작으로 선생님께서 특별히 보이고 싶은 세계는 어떤 것입니까?

최: 살아보니까 눈물이 자란다는 것을 알겠어요. 보통 눈물이 많아져야 자란다고 생각할텐데, 제가 느껴 보니까 이상하게도 눈물이 자랄 때는 오히려 눈물이 거의 없어지면서 슬픔도 거의 느끼지 못하고 아픈 것도 거의 느끼지 못하게 돼요. 이런 일종의 마비 상태에서 눈물이 자랐다는, 아주 햇빛 같은 순간들을 맞게 돼요. 그래서 이걸 시로 써야 되겠다고 생각했어요. 이렇게 눈물이 자랄 때는 다른 것들도 함께 자라겠죠. 그런데 꼭 따가운 눈물을 흘려야 될 때 눈물은 없어요. 그러나 아, 이렇게 많이 눈물이 자랐구나 하는 것을 확실히 느껴요.

이: 눈물이 자라는 것은 세월과 직접적인 관련이 있나요?

최: 세월 때문에 눈물이 자란다고 보지는 않아요. 오히려 사회적인 것에 의해서 더 많이 자라고 멈춘다고 생각합니다.

이: 그럼 그 눈물은 삶의 고달픔에 대한 반응이기 보다는 실존주의적인 의미에 더 가깝겠군요.

최: 그렇죠.

이: 저도 삶에는 기쁨보다는 슬픔이 더 많다고 생각하는 사람입니다. 현실과 삶의 자리에서 감상적인 태도를 드러내는 것은 바람직하지 않다는 통설에 저도 동의합니다. 즐겁게 살아가는 모습이 이웃에게 더 힘이 되는

것이 사실이니까요. 어차피 살아가는 것은, 실존주의적인 의미에서 말하자면, 고달프고 서글픈 일이며, 목적 없는 방황처럼 보이기도 하지요. 우리는 모두 한정된 시간을 살다가 사라져 갈 존재들인 것이 사실이지만, 이 두려운 진설을 삶의 매순간에 드러내는 것을 우리는 서로 원하지 않아요. 사실 문화적인 기재들은 우리의 본질적 서글픔을 감추기 위한 세련된 방법이라고 할 수도 있지요. 그러나 현실의 사람에서는 그렇다 하더라도 문학까지 그것을 외면할 수는 없겠지요. 그것이 우리 삶의 진실이라면, 그 중요한 한 부분이라면요. 선생님의 시에도 중요한 대목에서 눈물, 슬픔, 울음 등이 자주 눈에 띄는데, 다른 사람들이 이를 감상적 또는 감상주의적이라고 낮추어 말한다면 어떻게 자기를 변호하시겠어요?

최: 저는 어떤 평론가가 '슬픔이란 말이 제일 진부한 말이다. 그러니까 시에서 슬픔이라는 마른 제명해야 한다. 슬픔이라고 쓰는 사람을 제일 싫어한다'고 말하는 것을 들었어요. 당시 저는 반론을 제기하지는 않았지만, 그렇게 생각하지는 않아요. 예를 들어, 잎사귀가 나뭇가지에서 흔들리는 것은 보편적인 사실 아니겠어요? 그러나 잎사귀가 작은 미풍에 흔들이는 것을 보고 양심의 흔들림을 느낀 윤동주는 훌륭한 시를 남겼지요. 그런데 어떤 사람이 잎사귀 하나 움직이는 것에서 자신의 양심까지 들먹이는 것이 감상이라고 비평한다면 이 세상에 감상이 아닌 시는 없을테지요. 배고픈 자에겐 빵이 감상일 수 없지요. 슬픈 자에게는 슬픔이 감상이 아닙니다. 슬프지 않은 사람이 볼 때는 슬픔이 감상일 수 있겠지만, 그러나 절박한 감정을 고작 감상으로 보이게 쓰는 데에는 시인의 책임도 있죠. 테크닉에 관한 문제일 수도 있겠어요. 학생들에게 시를 가르칠 때 저는 "사랑한다는 말을 '사랑한다'고 표현한다면 무슨 시가 필요하겠는가, 사랑이 아닌 다른 것으로 사랑을 더 크게 나타낼 수 있을 때 시가 필요한 것이다"라고 말하곤 해요.

이: 감상 또는 감상적, 감상주의적이라는 말 자체가 나쁘다 또는 좋다라

고 미리 정하고 사용할 필요는 없겠어요. 드러내는 방법이 문제이지, 그 자체의 진정성은 부인할 수가 없다는 뜻의 선생님 말씀에 저도 충분히 공감합니다. 다시 신작으로 돌아가겠습니다. 이번 신작에서는 '이브의 눈물'이란 구절도 있고, 또 '산을 낳고 싶다'는 구절도 있는데, 그렇다면 선생님의 시에서 슬픔이, 크게는 실존적인 슬픔이라고 하더라도, 스스로 한 사람의 여성으로서 또 아이들의 어머니로서 지내온 삶의 경험과도 관련이 있다고 볼 수는 없습니까?

최: 저의 시에는 산이 많이 나옵니다. 저는 산을 많이 다닌 사람 중의 하나입니다. 가고 싶으면 아무 때나 산으로 가지요. 정말 나와 내가 만날 수 있는 공간이 산 뿐이었어요. 자신과 얘기하려고 의도적으로 산으로 갈 적도 있어요. 시에서 '산을 낳고 싶다'는 식의 표현들은 현실에서의 상실과 결핍을 보상받으려는 어떤 갈망이라고 말할 수 있겠네요. 또 '이브의 눈물'이라는 표현은, 이브의 잘못으로 인해서 모든 인간들이 고통 받는 것이 아닌가라는 제 생각을 표현해 본 거지요. 이브가 눈물을 흘린다는 상황은 제 생각 속에서 큰 상징이자 생각의 씨앗이 되고 있어요. 그것이 제가 느끼는 또 우리가 느끼는 모든 슬픔의 기원과 관련이 있다고 생각했어요. 제가 기독교인이기 때문에 그렇게 해석을 했어요.

이: 선생님의 시의 슬픔이 종교와 관련이 있나요?

최: 전 어렸을 때부터 기독교인이었어요. 그래서 하나님이 문학을 버려라 하면 어떻게 할 것인가를 고민한 적이 있어요. 결국, 하나님은 문학을 하라고 나를 이 세상에 보냈으니까 절대 그러지는 않으실 거라 생각하고 다시는 그런 질문은 하지 않겠다고 다짐했어요. 남은 고민의 하나는 기독교와 문학의 만남에 관한 겁니다. 제가 있는 대학의 건학이념이 기독교라서 신학과 강의를 하기도 합니다. 거기서 전, 어떤 성서적인 어휘나 성서적인 용어, 성서적인 제스처로 하나님을 노래해야 한다고 생각하지 마라, 문학 자체로 훌륭한 문학이 하나님께 드리는 가장 아름다운 선물이다, 라고

말합니다. 제가 아직까지도 하나님 찬양하는 시를 못 쓰는 까닭이 여기 있어요. 가장 선하고 티없고 순결한 것을 드려야 될 텐데, 아직까지 그 경지에 이르지 못한 채 함부로 그런 냄새를 피우고 싶지 않아요. 먼 후의 제 일이겠지요.

이: 그렇군요. 저는 종교가 문학에 별로 도움이 되지 않는다고 생각하는 편입니다. 문학은 사람살이의 작은 고민들을 더 중시하려는 쪽인데 종교는 작은 고민들을 지우려는 쪽이죠. 그래서 종교에 귀의한다는 것은, 곧 문학이 필요 없는 세계로 들어간다는 것을 의미한다고 믿어요. 이른바 위대한 빛과 진리 앞에서 문학이 설 자리는 없겠지요.

최: 맞아요. 저는 성서에서 말하는 "항상 기뻐하라 쉬지 말고 기도하라"는 말을 지키지 못해요. 항상 기뻐할 일이 없어요. 감사할 수만은 없어요. 그리고 어떻게 기도하는 자세로 살 수도 없구요. 기도에 반대되는 자세로 살 때가 너무 많거든요. 이런 마음으로는 아무리 하나님을 기쁘게 하려 해도 거짓말이 될 뿐이지요. 그래서 나중에 더 좋은 문학을 하나님께 드리려고 생각해요.

이: 예, 이제 가벼운 얘기 좀 하겠습니다. 선생님은 한창 젊은 시인들이 쓸 만한 사랑 얘기나 실연 얘기도 자주 시에 쓰시는데, 바보 같은 질문인지는 모르겠습니다만, 옛날이야기 인가요?

최: 일흔, 여든이 되어도 연애 감정은 다 있다고 해요. 그것이 다른 어떤 감정보다도 선명하게 살아 있다고 합니다. 분명히 말씀드리고 싶은 것은, 그런 감정으로 인해 제가 20년을 우회하고 글을 안 썼던 기간들이 있었다는 거예요. 1960년대부터 1980년까지 침묵을 지키고 있었지요. 그러니까 그때의 기억들이 그런 시를 낳게 하는 것이겠지요. 요즘도 혹시 연애하는 게 아니냐는 오해를 받기도 해요. 연애는 모든 시인들이 다 하고 있다고 봐야죠. 자연과도 연애할 수 있고, 자기 상황과 연애할 수도 있고, 또 대상이 없어도 할 수 있는 거지요.

이: 역시 질문이 이상했어요. 저는 개인적으로는 쉬운 시를 좋아합니다. 어려운 얘기일수록 쉬운 말로 표현되어야 한다고 생각하는데요, 선생님의 시가 아주 쉽고 아주 편한 말로 되어 있어서 참 좋았습니다. 요즘 젊은 시인들이 시는 많이 어려운 편입니다. 유종호 선생은 그런 경향의 시를 "주문 같은 시"라고 했는데 참 적절하고 재미있어요. 쉬운 시를 쓰시는 선생님께서 젊은 시인들이 주문같은 시에 대해 어떻게 생각하시는지 궁금합니다.

최: 저는 젊은 시인들이 주문같은 시를 열심히 읽고 있어요. 왜냐하면 제가 그렇게 쓰지 않기 때문에 도대체 이 사람들이 왜 이렇게 쓰지 않으면 안 될까 하는 점이 궁금하기 때문이죠. 또 제가 가르치는 대상이 젊은 사람이기 때문이기도 합니다. 그런데 저는 그렇게 부정적인 것으로만 보지 않아요. 왜냐하면 우리도 어디선가는 주문을 외고 싶은 순간들이 있잖아요? 자기를 해체하거나 에라 모르겠다, 하고 막 살고 싶은 그런 순간들에는 다른 형식이 필요하다고 봅니다. 어느 쪽이건 이런 시만이 좋은 시라는 생각에는 반대하지만, 같은 이유로 꼭 그런 시만이 젊다는 생각에도 동의하지 않아요. 그래서 학생들에게도 말합니다. 우리 앞에는 너무 많은 시들이 있지만 어떤 시만이 좋다고는 말할 수 없다. 결국 자기 삶에서 받아들여져야 좋은 시라고요. 저는 무엇보다도 먼저 시는 읽혀져야 한다고 생각합니다.

이: 말씀 잘 들었습니다. 빠트린 말씀 있으시면 더해 주시지요.

최: 제가 여쭤 보고 싶은 건데, 제가 소설 쪽에 관심을 많이 가지고 있어서, 혹시 제 시가 어떤 산문적이거나 설명적인 냄새가 나지 않을까 두려워하거든요. 선생님은 어떻게 보셨는지요.

이: 특별히 선생님의 시를 읽으면서 특별히 선생님께서 걱정하시는 점을 느끼지는 못했어요. 제 식견이 부족해서 그런지 모르지만요. 선생님께서 더 잘 아시겠지만, 우리 시에는 백석, 이용악, 오장환, 신경림으로 내려

오는 서사적인 시의 전통이 이미 있지요. 설사 선생님의 소설에 대한 관심이 시에 드러난다 해도 심각하게 염려할 문제는 아니리라 생각합니다. 이번에 발표하시는 작품들을 읽으면서, 거의 매편에 등장하는 시상의 반전을 재밌게 봤어요. 반전이야말로 소설의 방법일 테지요. 앞으로 하실 일을 간단하게 말씀해 주시죠.

최: 저는 지금 참 행복해요. 자기가 하고 싶은 일을 하는 게 최고 일텐데, 시를 쓰면서 가르치는 일이 즐겁습니다. 곧 내 공부이기도 하니까요 감사하게 생각하고 있어요. 계획을 말씀드리자면, 구상하고 있는 연작시가 있어요. 산에 대한 것입니다. 곧 나올 시집에는 포함되지 않겠지만, 앞으로 시간을 좀 두고 열심히 써 볼 생각입니다.

이: 더 좋은 작품 많이 쓰시길 바랍니다.

최: 네 이렇게 얘기할 수 있고 또 작품 발표할 기회를 주신 시와 시학사에 감사드립니다.

《시와시학》 1997년 가을호

사랑은 나에게 있어서 꽃같은 공포였다

주 병 율

(시인)

연륜이라는 말을 들을 때마다 나는 파란의 세월을 견디고 건너온 뭇 삶들의 애환을 목격하는 것 같아 콧날이 시큰거린다. 그것은 동시대가 갖고 있는 시간성에도 관계하겠지만 무엇보다 의식의 저변에 깔려있는 시대정신의 공유에 더 큰 의미를 부여하고 있는데 근거하지 않나 싶다. 한 개인의 삶의 이력이라는 것이 다분히 주관적이고 지엽적이라고 하더라도 그것은 분명 중요하고 또한 소중한 전체의 한 작은 부분으로 작용하고 영향을 끼쳤을 것이다. 여기에 우리 시인들의 눈으로 보여진 작은 틈입의 세계가 개입됨으로써 주관적이고 지엽적인 문제들이 드러내어져 한 시대의 정신으로 올곧게 자리매김이 되지 않겠는가. 하물며 이 가을에 한 시인의 치열한 시적 이력을 들추고 그 정신을 탐한다는 것이 어떤 의미로 해석되어져야 할까를 생각하면 행복감이 부풀다가도 나는 이내 두려움을 느낀다.

최문자: 프로이트는 자아를 다른 것과 구별되는 고유한 특성을 가진 저항으로 정의한 바 있지만 그녀의 내면에 자리잡은 정신의 한 단면이 바로 이러한 다른 것과의 구별에 근거한 저항에 깊숙이 젖어 있는지 한마디로

정의하기는 아직도 시인의 필력은 완강하며 그 끝을 가늠하기 어려워 단정할 수는 없다. 그러나 그녀의 시는 다분히 주관적이고 개인사적 주변을 아우르며 시대의 중심에 놓여지고자 치열하게 내적 싸움을 지금도 계속 진행시키고 있다는 사실은 확실하다. 특히 그녀의 시가 안고 있는 중심기제의 억압적 속성에 대한 저항의 복선적 성격을 제대로 평가 받지 못했다는 아쉬움에도 불구하고 시인이 거쳐왔던 세월의 두께만큼이나 새롭게 날을 벼루어 우리들에게 다가온 것 또한 사실이다. 시인은 지금 대학강단에서 후학들의 정신적 모태의 역할을 기꺼이 분담하면서 그녀의 시적세계의 깊이를 바르게 전달하고자 한다.

왜 이러는가? 원칙과 혜안이 무뎌진 사회의 미래란 더 이상 내일 태양이 떠오르지 않는 혼돈 그 자체이기 때문이다. 아직은 이라고 말하기에 앞서 지금 시인들의 촉수는 너무 바쁘다.

나는 지난 토요일 오후, 드러내어짐에 너무나 인색했던 그녀의 은둔의 세월과 마주하고 싶어서 인사동 작은 찻집에서 시인을 만났다. 중년의 무게 탓일까, 그녀는 시종 잔잔하게 오랜 세월을 갈무리했던 정갈한 냄새를 풍기며 시인의 생각과 주변의 잡사를 펼쳐 놓는다. 들어보자.

―안녕하셨습니까, 선생님. 이렇게 뵙게 되어 반갑습니다. 지면으로만 뵙다가 늦게나마 인사를 드립니다. 요즘 선생님의 활동이 젊은 한 때의 시절로 다시 돌이간 것 같이 왕성하시던데 건강은 괜찮으신지요―

건강이야, 여러 선생님들이 염려해주신 덕택으로 좋습니다.

참으로 오랜만에 인사동에 발길을 놓으니 오늘이 무슨 축제인지 참 야단들이고 보기가 좋습니다.

―가을 인사동 축제가 공교롭게도 오늘 시작되는가 본데, 번잡스럽지는 않으셨는지요―

아뇨, 참으로 오랜만에 사람들 구경도 하고 더불어 날씨조차도 청명하니

차맛이 저절로 나겠는데요.

―사실 오늘 한정된 시간 안에서 선생님의 작품 전체를 알고자 하는 것은 무리인 줄은 압니다만 그래도 궁금한 것 몇 가지만 여쭤 보겠습니다. 최근 들어서 다시 작품 활동이 왕성하신데 무슨 비결이라도 있으십니까.―

비결은 무슨 비결이 있겠습니까. 다만 제 자신을 돌아보고 충실하고자 하는 일념이겠지요. 젊은 시인들이 열심히 사시는 모습을 보고 자극도 좀 받고, 뭐 여러모로 주위 분들이 고마워서겠지요.

―선생님의 시집 이야기에 앞서서 선생님의 시적 바탕을 이루고 있는 언어에 대해 묻고 싶은데요. 물론 통사론적 지배체제에서 오래도록 한 사회의 구성원으로 존재를 한다면 언어란 자동적으로 습득되어지기 마련이겠지만 언어가 자율적 바탕위에서 습득되어지는 문제와 피동적으로 습득되어지는 문제의 차이에 대해선 어떤 생각을 갖고 계십니까.―

저는 언어가 습득되어진다. 습득된다라고 하는 문제를 떠나서 나는 언어의 비자동화라는 측면을 매우 중요시 합니다. 언어를 수사학적인 면에 기대어 언어의 장식적 효과만을 기대해서 언어를 그쪽으로만 기대하려고 하는 측면이 있고 또 하나는 개인의 정서에 부합하는 언어를 생각해 볼 수가 있습니다. 시적언어라는 것은 비자동화 현상이 강한 것, 이를테면 '풀' 하면 '푸르다'라고 생각하는 이런 자동화 현상이 아니라 비자동화 현상들이 내포된 인식체계 속에서 시인들이 얼마나 노력하는가하는 것이지 언어가 습득된다, 되어진다라는 문제에 대해 깊이 생각해 본 바는 없습니다. 이렇게 그러니까 제가 앞에서도 말씀 드렸듯이 수사학적 효과만을 기대할 때 이것은 인위성이 다분히 내포된 것이라고 생각할 수가 없습니다. 그러나, 자기 내면의 시세계에 충실을 기하고자 할 때는 자연발생적이라고 볼 수가 있겠고 인위적인 것을 무시할 수는 없겠지만 통사론적인 차원의 문제를 시적인 언어는 넘어서야 한다고 봅니다. 넘어서는 혹시 인위성이 개입이 된다고 하더라도 그런 것들은 극복이 되어져야 한다고 생각합니다.

―한 시인이 시를 쓸 때 언어의 법칙성 안에서만 모든 창작적 행위들이 행해진다면 그것은 너무나 조직적이다. 또한 허구 내지는 허상이란 문제가 보편적 정서와 밀접하게 연관 지어지면서 언어 또한 인위성이 강하게 개입하여 왜곡되는 형상들이 있는데 이런 점들에 대한 선생님의 견해는 어떤 것입니까―

저는 시를 쓸 때 인위적 의식을 강하게 드러내면서 시가 쓰여져야 된다고는 생각지 않습니다. 모든 시적 언어는 시의 본질을 가장 우수하게 나타내어지는 언어가 시적인 언어라고 생각하는데, 우수하게 나타난다는 것은 자동적이어서는 안 된다. 즉 비자동화된 언어들 일 수 밖에 없다. 자동화된 언어의 표현 양식들만이 최고의 시적 표현이라고는 생각지 않는다라는 것입니다.

―우리가 시를 얘기하면서도 다른 장르의 예술적 행위, 다시 말하면 음악이나 미술, 무용같은 장르와는 틀려서 언어를 바탕으로 구축되는 예술의 표현 양식이 되다 보니까 습득되어지는 이런 문제들이 혼란스럽게 항상 생각이 든다고들 말합니다.―

예를 들면, 테크노스의 시가 있거든요. 그 시를 보면 석탄의 검은 색깔들을 인용하여 꽃잎처럼 하얀 것을 아름답게 표현하고 싶어서 석탄을 극적으로 대비시켜서 표현하는 것을 볼 때 이것은 자연 발생적인 것은 아니지 않습니까. 하얀 색깔을 더욱 강하게 표현하려고 석탄을 '하얗다'라고 한다는 것은 어떻게 보면 인위적이고 작위적인 것 같지만 훌륭한 표현을 위해서 시적 동기를 부여하면서 언어를 찾으려고 고심하는 이런 것들은 습득되어진 문제를 일탈한 것 아닙니까. 습득되어지지 않았다고 해서 시인이 언어의 본질을 왜곡했다고 보지는 않는다는 점입니다.

―그런 것들이 시론에서도 언급이 되었지만 낯설게 하기의 유형의 일종일수가 있다고 볼 수 있는데 시인이 언어를 활용함에 있어서 통사론적인 범주를 넘어서서 표현된다면 어디까지 허용되어야 하겠습니까.―

시라는 것은 언어의 통사론적 입장을 넘어서야 된다고 봅니다. 만약 통사론적인 입장을 넘어서지 못한다면 시라고 명명될 수가 없습니다. 우리가 모든 글을 시라고 보지는 않지 않습니까?

―시의 본질 문제를 방금 언급을 하셨는데 시의 본질을 말씀하신다면―

시의 본질, 정의, 개념 등을 모두 열거하여 설명을 할 수는 없겠지만 시의 본질을 우리가 우회할 때가 많은데 시를 지극히 개인적인 정서 표현이라고 생각한다면 이것은 시의 본질을 전부 말하는 것은 아닌 것 같아요. 시의 본질은 아름다움이 추구하는 상상력이나 즐거움을 추구하는 체험놀이 이런 것들을 다 공유하고 자기와 가까운 사회 이야기나 자기와 아무런 관계가 없는 모든 사회적 이야기를 공유해서 추정할 수도 있겠지만 그런 것들이 다 공유된 어떤 객관성과 주관성 사이에서 진동하는 것이 시의 본질이 아닌가 생각합니다. 제가 학생들을 가르치면서 시가 어디에서 진동해야 하는가를 이해시켜주는 것이 학생들을 가르치는데 있어서 하나의 중요한 요소가 아닌가 생각됩니다.

―이제 이야기를 좀 넘겨서 선생님이 그 동안 두 권의 시집을 펴내시지 않았습니까. 조만간에 또 다른 시집을 준비하실 텐데 첫 시집 『귀 안에 슬픈 말 있네』 두 번째 시집 『나는 시선 밖의 일부이다』 엮을 때 상황을 설명해 주시죠.―

첫 시집은 정말 시를 쓰는 이력은 길지만 막상 시집을 만들려고 생각을 하니까 용기가 나지 않았습니다. 많은 시를 쓰는 것보다 좋은 시를 쓰고 싶다라는 욕망이 강했는데 첫 시집은 주로 30대, 그 터질 수밖에 없는 답답함, 폭발해 보리고 싶은 욕구, 그런 것들을 하나도 표현하지 않고 오히려 숨기는 상태, 표현을 가장한, 어떻게 보면 제가 아닌 것들을 대상화 시켜서 시를 쓴 것 같습니다. 『귀 안에 슬픈 말 있네』라는 이 제목은 이명에 시달려서 제재소에서 톱날이 서로 부딪히는 것 같은 소리들이 내면의 정서를 끝없이 흔들어 놓은 상황들을 펼쳐 놓고 노래한 것입니다. 정상적 언어 표현으로는 도저히 나의 이런 혼란스러움을 다 표현해 내지 못할 것 같아서 귀를 통해서라도 표현하고 싶다는 강한 욕구의 다른 표현이었습니다. 이 시를 쓸 당시의 내적 상황이 무던히도 주변 상황들에 부침을 당하고 괴롭힘을 당하던 시기였습니다. 슬픈 상황들을 감출 수밖에 없었던 한 시기에 쓰여진 시들입니다. 예를 들면 「난초」라는 시가 있는데 난초라는 것은 인위적이지 않은 공간을 확보한 자리에서만 진정한 난초로서 가치와 존재 동기를 부여 받을 수 있는데 그런 것들이 인위적 공간 속으로 편입이 된다면 그 '난초'는 이미 하나의 '풀'로서 우리들에게 읽혀진다는 생각을 많이 했습니다. 내가 이 '난초'라는 가시적 대상에 실어서 표현해 보고 싶었던 거죠.

그리고 두 번째 시집 『나는 시선 밖에 머물고 싶다』 제목 그대로 서문에도 썼지만 가지고 있으면 불안하고 손 안에 무엇을 들고 있으면 다 내다 버리고 싶고 설사 내가 가진 것들을 잃어버려도 허망하지 않고 실제적으로 가끔 잃어버리기도 하지만 잃어버림이 또 다시 나를 충만케하고 편안하게 하는 상황들을 노래한 시들입니다. 시선 안에 들어간다는 것은 너무 불안·초조하고 시선 밖에서 시선 안을 조용히 응시했던 40대에 쓴 시들입니다. 여기서는 첫 시집하고 조금 다른 것은, 아주 미미한 상태이긴 하지만 제가 진정으로 하고 싶었던 이야기를 했다는 것입니다. 첫 시집의 바탕이 내면의 슬픔을 슬픔 그 자체로 드러내지 못하고 우회적으로 드러내면서 억압과 혼란을 극복하고자 했다면 두 번째 시집은 다소 자유스러웠던 겁니다.

―첫 번째 시집의 슬픔이라는 문제를 더 자세히 더듬어 간다면 과연 슬픔의 실체는 무엇이었을까요―

들려나옴이죠. 하나를 끄집어 내면 고구마의 알 뿌리처럼 전체가 드러내어질 것 같은 혼재된 욕망의 덩어리였죠. 그렇게 정제되지 않고 조련되지 못한 욕망들이 한꺼번에 쏟아져 버리고 난 후의 감당할 수 없는 제 자신의 감정들의 두려움이었습니다. 그러한 것들이 나를 끝없이 잡고 슬프게 했습니다. 한편, 슬픔이라는 것은 너무 진부한 표현이지만 슬픔이라고 쓰지 않고는 배길 수 없는 상태에 가보지 못한 사람은 도저히 이러한 절망을 이해할 수 없다고 저는 생각합니다. 그렇다고 제가 첫 시집 『귀 안에 슬픈 말 있네』 숨겨진 슬픔의 실체를 지금 드러내어 놓기는 사실 굉장히 망설여집니다. 이러한 문제들은 훗일 기회가 닿는다면 걸림 없이 풀어 놓고 싶어요.

―사실 저는 선생님의 첫 시집 『귀 안에 슬픈 말 있네』 두 번째 시집 『나는 시선 밖의 일부이다』 읽으면서 참으로 답답하다는 느낌을 강하게 받았습니다. 왜냐하면 가령 어두운 일기·4 부제―내출혈 같은 시를 보면 '대문을 잠그고/현관문을 잠그로/거실 유리문을 잠그고/방문을 잠그고/가슴을 잠그고/멀거니 앉아/바깥에 있을 사람을/그리워 한다'(하략)라고 하면서 반어적으로 나의 의식은 끝없이 열린 공간에 머물고자 하거든요. 그렇다면 이러한 것들이 조금 전에 말씀하셨던 시의 본질과 근원적인 슬픔 속에서 상호 어떤 연관 관계를 맺고 있습니까.―

지극히 개인적인 차원에서 이 시적 동기는 출발을 하지만 지극히 개인사적인 문제라고 하더라도 그것은 사회와 일정한 관계를 지속합니다. 그렇게 봤을 때 이 시는 개인적이었지만 그 시의 정서적 바탕은 사회성에 닿아 있다고 해도 무방할 겁니다. 저는 개인적으로 프로이드의 무의식 속에 잠재된 억압기제들에 굉장히 관심이 많습니다. 내가 쓴 학위 논문도 '무의식의 원형이 시적 표현들과 어떤 관련성을 띠고 있나'라는 것이었는데 제가 좀 혼란을 느끼는 것은 출생 이전이나 출생에 있어서 근원적인 무의식 세계에 싸여진 것들이 없는데도 왜 그런 것들이 한꺼번에 많이 싸여져야 되는가라는 점입니다. 근원적이 아닐까 하는 것이죠.

―또 하나, 선생님의 작품에서 궁금한 것은 평자들이나 다른 어떤 글에서도 한 번도 그런 억압과 욕망의 문제를 깊이 있게 다룬 것을 본 기억이 없다는 겁니다. 그리고 저도 차후에 또 얘기가 되겠습니다만 라깡의 욕망

이론에 굉장히 매료되어 있는 편인데 저의 편견인지는 모르겠습니다만 선생님의 시적세계의 범주는 욕망에 근거한 무의식적 세계에 대한 분출, 그 다음에 그런 세계를 반어적으로 표현해 내고자 하는 것들이 강하게 드러나 있다고 보는데 선생님은 어떻습니까.—

네, 그래요. 그러한 일련의 현상들이 매우 강한 편입니다. 주위에서도 그런 소리를 많이 듣는 편인데 내 시의 매력은 반전에 있다. 자연스러운 진행 중에 획기적으로 반전을 한다, 라는 소리를 자주 듣습니다. 저도 학생들에게 라깡의 욕망이론을 가르치고 있지만 제 시에 지배적인 요소와 지배소가 뭐냐 하면 욕망에 대한 그 문젭니다. 저는 특히 제 의식의 저변에 자리한 욕망들이 강하게 억압적 상태에 놓여 있기 때문에 이러한 것들을 시적 표현으로 풀어버리고자 하는 점이 많이 있습니다.

—우리가 흔히 안과 밖이란 그런 말들을 쉽게 하지 않습니까. 이것은 두 번째 시집 제목의 일부와도 관련을 짓습니다만 선생님이 생각하고 계신 시선 밖의 세계와 시선 안의 세계는 어떤 것입니까.—

저도 시선 밖의 세계와 안의 세계에 대해 새삼스럽게 생각을 해봤어요. 시인이 시를 쓴다는 것은 자발성을 가지고 작업에 임하는 것이 아니겠어요. 그러니까 시인은 모든 사람이 공감해주는데 만족하지 않는다. 공감만 하는 것으로 만족하는 것이 아니라 공감하지 않는 또 다른 세계에 대해 저는 기대를 하고 있습니다. 구태여 시선을 의식할 필요는 없다고 봅니다. 예이츠는 뭐리고 했냐하면 공존적인 조그만 그늘만 있어도 나는 시를 쓰지 못한다고 했거든요. 그러니까 공개된 외부사실이 조금만 접근해도 그는 시를 쓰지 못한다고 한 말을 저는 좋아 합니다. 저는 자발적 표현 양식에 의존하기 때문에 시선의 안과 밖을 크게 의식하지는 않습니다.

—한정된 지면에 너무 무거운 질문만 드려서 죄송합니다. 제가 선생님께 꼭 이것만은 질문에 삽입을 시켜야만 되겠다고 생각했던 것들은 시인이 시로써 표현되어진 시적언어와 독자들이 읽고 이해하는 괴리감. 일상성 곳

에 내재한 권력적 속성이 문학이란 이름으로 어떻게 작용하는가. 선생님이 추구하고자 하시는 일관된 시적정신, 문학이 가지는 대 사회적 역할과 기능 그 속에서 선생님의 작품들은 어떻게 작용될 것인가라는 것들이었는데 지면이 도저히 다 소회 시키지 못할 것 같아서 세 가지 정도만 더 질문을 드리고 이 시간을 마칠까 합니다. 먼저 앞으로 선생님께서 들춰 보고 싶은 세계가 있다면 어떤 것입니까.—

　남성과 여성을 구분해서 이야기 하고 싶지는 않지만 지금 우리들이 살고 있는 한국적 사회의 여건 속에서 남성들이 갖는 여성의 편견과 억압에 대해 들춰 보고 싶고요, 그리고 또 하나 여성들이 갖고 있는 미적 속성들이 시에서 어떻게 발화가 되는지 정작 제가 여자이면서 아직도 이러한 것들에 일천하다는 것은 부끄러운 일이고 앞으로 들춰보고 싶은 세계입니다.

　—저는 아직 시대를 걱정하고 고민할 위치에 서지는 못합니다만 어른들이나 의식을 가진 분들을 뵈면 이 시대가 왜 이렇게 혼란스럽고 병적 증상들에 심하게 노출이 되었는가라고 합니다. 시인들 또한 제 목소리를 내지 못하고 있는 이런 점들에 대해 걱정을 많이 하십니다. 선생님이 보시는 이 시대의 아픈 현상들은 무엇입니까.—

　저 역시 시대 운운하기에는 좀 그렇고 가까이 제가 가르치는 젊은 학생들을 보면서 이런 생각들은 합니다. 그들은 앞으로 시를 쓰려고 할테고 작가가 되고자 할 것이지만 문제는 생각하기를 싫어한다는 겁니다. 생각하기를 싫어한다는 것은 시인이 되기를 포기하는 것과 같은 겁니다. 더욱 안타까운 것은 정작 그들은 그런 위험한 문제를 심각하게 생각하지 않다는 데 있는 것입니다. 시를 쓸 때 깊이 사고하지 않고, 공부하지 않고 쓰기 때문에 이를테면, 아이들은 천재성에 대하여 일종의 환상같은 것을 가지고 있는데 천재성에 대한 이론들이 분분하지만 전면 부인하는 사람도 있고 인정하는 사람도 있습니다. 천재성에 대해 기대를 가지면서 사유하는 행위를 저버리는 모습, 그것은 굉장히 위험한 발상입니다. 그래서 젊은 세대에서 쓰고자 하는 행위들이 어떤 진정성의 여과없이 마구 흘러 넘쳐서 시라고 생각되어지고 있다는데 저는 문제가 있다고 생각 합니다.

―이제 마지막 이야기로 접어든 것 같은데 앞으로 선생님이 구상하는 시 이야기도 좋고 이것만은 꼭 이야기를 했으면 좋겠다고 생각하는 것들이 있다면 들으면서 마무리를 하겠습니다.―

저는 제 개인적인 욕심이 있다면 여행을 두루 다니면서 내가 갖고 있는 막힌 부분의 정서를 좀 순화시키고 이완을 시켰으면 좋겠다는 바램을 갖고 있습니다. 평소에 하고 싶었던 얘기는 정말 좋은 시들은 좋은 시로써 온전하게 드러내어지고 올바른 평가를 받았으면 하는 생각입니다. 시에 대한 애정을 가지고 좋은 시들이 사장되지 않도록 발굴해 내는 일, 그것이 중요하고 시를 바라보는 시가들을 좀 넓혀서 편견을 없애고 두루 아우르는 장들이 하루 빨리 형성되었으면 좋겠습니다.

―긴 시간을 할애해 주신데 대해 감사를 드립니다. 내내 건강하시고 다음 시집에서 선생님의 좋은 작품들을 만났으면 좋겠습니다.―

앞에서도 잠시 언급이 되었지만 긴 시간을 할애하여 여러 가지 질문에 답해 주신 최문자 시인에게 감사를 드리며 아울러 지면이 허락한 부분을 십분 활용하지 못하고 많은 질문과 대답들이 생략된 점을 사과드립니다.

(《현대시》 1998년 11월호)

삶, 그 '상처'의 본성
― 최문자 시인의 유년을 찾아서

최 광 임

(시인)

"암담한 기억 때문에 우리 같으면 고개도 돌리지 않을 것 같은데 이곳을 기억하고 찾아오셨다니 남다르십니다."

"웬걸요. 저 같은 거지를 밥 먹여주고 키워 준 곳인걸요 그리고 제 문학의 모태가 된 곳입니다"

충청북도 청원군 현도면 면장님과 최문자 시인이 주고받은 이야기이다. 현도면은 지리적 구분이 청원군일 뿐 거리상으로는 대전 신탄진에서 금강 다리 하나 건너에 있는 대전 근교다. 시인은 '거지'를 내내 '그지'라고 발음했다. 어눌한 듯한 특유의 말솜씨에 묻어나오는 그 소리엔 다스릴 수 없는 감정이 담겨 있는 듯 했다. 당시의 상황을 알 리 없는 나조차 시인의 50여 년을 단숨에 거슬러 올라 여덟 살 소녀의 절박했을 그 어떤 사정을 떠올리기에 충분했다.

시인과 만난 날은 폭우에 폭풍까지 겹친 날이었다. 협성대학교 교수이면서 대학원장을 맡고 있는 시인의 바쁜 일정과 내 사정 때문에 차일피일 미루었던 것이 칠월 중순을 넘겨 원고 마감을 눈앞에 두고 겨우 만남이 이루어진 것이다. 더 이상 날씨를 가려 시간을 낼 여유가 없었다. 그래서 장마철을 무릅쓰고 만났던 것이다.

아침 일찍 출발한 시인을 만난 것은 7월 11일 오전이었다. 대전역 앞에서 만난 시인은 언제 보아도 단아한 모습이었다. 정확한 나이를 가늠할 수 없을 만큼 꼿꼿한 모습과 패션 감각은 젊은 내 눈에도 부러움의 대상이 되고도 남음이 없었다. 후일 나도 저리 곱게 나이 들 수 있었으면 하는 바람이 저절로 드니 말이다.

대부분이 그렇겠지만 사람보다 작품으로 먼저 만났던 시인이 역시 오래오래 가슴에 남는다. 나와 시인의 관계도 작품을 통해서이다.

> 맨 처음
> 그대가 왼손으로 서툴게 다가와 시작했으므로
> 나도 별안간 왼손잡이가 되었다.
> 왼손이 이렇게 오른손처럼 되긴 처음이다.
> 그대가 왼손으로 마우스를 잡고 클릭할 때
> 장난처럼 마구 움직이던
> 헛짚은 세상
> 헛짚은 사랑처럼
> 서로가 서로를 집으려다 배운 헛손질
> 다 끝나고 나니,
> 오른손은 왼손의 잔량처럼 작아 보였다.
> 아무리 마음을 먹어도
> 왼손으로 살 안 싶히던 그내 놓지고
> 금방 날아가 죽을 것처럼 푸드득거렸다. 왼손은.
> 그러다가 갑자기 고요해졌다. 기죽은 왼손은.
> 땅 속의 뿌리처럼.
> 그대와 나,
> 잘못된 왼손끼리의 어설픈 사랑의 화법은
> 밤처럼 더더욱 깊어만 간다.
> 무수히 서로 헛짚고 나서도.

> 금이 간 오른손의 깁스 붕대를 풀기 전에
> 나는 그대의 왼손을 잡고 싶다.
> 다시는 오른손으로 돌아갈 수 없도록
>
> ―「왼손잡이 사랑」 전문

　이 시는 내게 매우 신선한 감각으로 다가왔으며 최 시인과 인연을 맺어 준 작품이다. 구체적인 비유로 빚어진 수려한 문장도 그러했거니와 세상을 향해서 스스럼없이 뱉어내는 도발성(?) 또한 나를 매료시켰던 것이다. 그 뒤 나는 그의 시를 빼놓지 않고 읽었다. 역시 독자의 시선을 붙들어 매는 강력한 그 무엇이 있었다. 때로는 아픔으로 때로는 위험함으로 또 때로는 포근한 사랑과 깨달음으로 나를 붙들어 맸다.
　그 후 시인과는 행사장을 오며가며 눈인사를 건넸고 그리고 몇 해가 되었다. 언젠가는 조용히 만날 때가 있으리라 생각하면서……

　"선생님, 제가 만나고 싶은 시인 두 분이 계신데 그 중 한 분이 선생님이었습니다."
　"그러게요, 나도 최 시인과 많은 이야기 하고 싶은데……, 미안해요"
　최문자 시인은 나이가 한참 아래인 내게도 언제나 극존칭이다.
　재작년 겨울이었던가, 동인지 원고 청탁을 하고 세미나 형식으로 1박을 하기로 했을 때였다. 꼭 참석하셔서 하룻밤을 함께 보내자고 프러포즈를 했다. 그러나 아쉽게도 선생님의 바쁜 일정으로 무산되고 말았다. 선생님은 <백지> 동인의 오랜 멤버였고 나는 몇 년 전 가입한 신입인 셈인데, 같은 동인이면서도 몇 해를 넘기고서야 이제 기회가 온 것이다.

　"신탄진에 가야해요. 그 곳에 가서 점심을 먹었으면 하는데 최 시인에게 물어보고 정하려구요."
　"그렇게 하시죠."
　자동차에 오르자 두어 통의 전화를 한다. 통화 중간중간 나오는 지칭이

'이장'이며 '면장'이다. 내가 처음 잡았던 만남의 방향과는 다르게 이제 시인이 이끄는 대로 함께 따라갈 수밖에 없었다. 내가 미리 준비한 질문에 따라 글을 엮어가기 보다 시인의 그대로를 보고 들은 후 대신 이야기해 주는 일이 더 재미있을 수 있겠기 때문이다.

그런데 첫 만남자가 양지리 이장이었다. 이용한 이장님은 시인의 현도초등학교 동창이라는데, 50대와 40대의 두 여성을 대동하고 있어 나는 의아하게 생각했다. 알고 보니 놀랍게도 오십 대 초반의 미모를 겸한 여성분은 박종숙 현도면장님이었고 40대 여성분은 조일월 계장님이었다.

"우리 고장에서 이렇게 훌륭한 시인이 나셨는데 면살림 하는 저로서는 당연히 나와 인사를 드려야지요. 아주 귀한 분을 만나게 되어 제가 도움 받을 일이 많을 것 같습니다."

앞으로 있을 지역 문화행사에 적극적인 도움을 달라고 면장님이 부탁을 한다.

"태어난 곳은 서울 안국동이지만 그때의 기억은 아주 희미해요. 여덟 살부터 여기서 살았으니까 되려 유년의 기억은 이곳에 다 있는 거지요. 그때 상황은 말이 아니었어요. 머리에 이는 득실득실하고, 논에 가서 새를 쫓으라 하면 새도 쫓아주고 아이도 봐 주고 잠은 헛간에서 자기도 하고 사랑방이나 마루에서 자기도 했어요. 그렇게 1년은 살았을 거예요. 그런데 어느새 나는 그 동네 명물이 되어있었어요. 일찍 한글을 깨친 내가 동네방네 다니며 할아버지 할머니들에게 책을 읽어주었기 때문이죠. 그 덕분에 주식은 해결을 한 셈이죠."

옆에 앉은 이장님은 동네 살림을 도맡아 하시는 분답게 넉넉한 표정을 짓고 있다. 시인이 하는 이야기에 고개를 크게 끄덕이기도 하고 몇 마디 덧붙이기도 한다. 우스갯소리를 하자면 시인은 이장님을 만나러 가기 전에 재미있는 이야기를 해주었다.

"이장은 학교 다닐 때 공부를 참 하지 않았어요. 그렇지만 사람이 참 좋았어요. 한 번 만나 봐요. 이장 일을 아주 잘 하고 있대요."

'고향' '동창'이란 단어에는 어릴적 기억으로 되돌아가 장난기가 발동하는 본성 같은 것이 있음을 확인하는 순간이다. 이장님은 현재 현도면 이장단의 대표까지 맡고 계신단다. 삶을 어떻게 개척해 가는가가 중요한 일임을 생각하며 나도 집으로 돌아가 아이들에게 공부에 대한 부담을 주지 않아야겠다는 엉뚱한 생각가지 해 본다.

그건 그렇고 시인이 안국동에서 살다 대전까지 와서 살게 된 유래는 역시 전쟁이었다. 재동초등학교를 입학하여 다니던 그해 6·25 사변이 일어났다. 이리저리 피난을 하다가 평택쯤 머물렀을 때 어머니가 아무래도 안 되겠다며 오빠와 시인을 먼저 이모네 집으로 내려 보냈다. 그 와중에 오빠는 군인들에게 트럭에 강제로 실려 간 후 시인만 지금의 현도면 양지리 2구 어느 집에 혼자 남겨졌다. 이때부터 시인은 상거지 신세가 된다. 그렇게 보내게 된지 딱 1년 만에 백방으로 수소문하던 어머니가 찾아왔다. 그런데 어머니는 딸을 서울 집으로 곧장 데려가지 않는다. 오히려 그 동네에 집 한 채를 사서 얼마간 살게 된다. 나는 이 대목에서 부모가 어떤 가치관의 소유자인가에 따라 자녀의 앞날에도 지대한 영향을 미친다는 것을 다시금 되새긴다. 어렵사리 찾은 딸을 바로 데려가지 않고 그 곳에 두어 살게 한 이유는 어처구니없게도 딱 한가지였다. "우리 딸은 거지가 아니다. 꽤 괜찮은 집 딸"이었음을 주민들에게 확인시키기 위함이었다는 것이다. 그것은 달리 해석해 그동안 동네방네 떠돌았던 어린 딸의 자존심을 세워주고자 한 어머니의 깊은 사랑에서 기인한 것이라 할 수 있을 것이다.

"말도 마세요. 우리 어머니는 요샛말로 치자면 치맛바람 깨나 날리던 분이셨어요. 우리들을 언제 어디서나 최상으로 만들어야 했어요."

어릴 적 기억으로 어머니가 늘 건강치 못해 사대문 밖으로 요양을 떠날 때에도 어린 그만 데리고 갔다고 하니 어쩌면 자식들 중 가장 애지중지하던 아픈 손가락이었을지도 모른다.

  이후 대전으로 이사를 하였지만 시인이 중3 때까지 그 집을 팔지 않고 놓아둔다. 이때도 어머니의 영향으로 인해 무시험 특차전형으로 대전사범병설중학에 입학하게 된다. 어머니는 청주한씨 양반가 지주 출신의 장녀로 성격도 꼿꼿하고 정숙했다한다. 선생님의 나직나직하면서도 부드러운 말씨 속의 깍듯한 예절이랄지 정년이 얼마 남지 않은 나이임에도 불구하고 단아함을 유지할 수 있는 것은 바로 어머니를 닮았기 때문인지도 모른다. 5대 독자인 아버지는 자수성가를 하셨다. 한때는 원효로 4가에 있던 대형병원을 소유한 적도 있다. 꽤나 내노라 하는 갑부집이었던 모양이다.

  시인의 기억을 거슬러 올라가면 안국동 집에 관한 이야기도 그렇다. 솟을 대문을 열면 중문이 나오고 중문을 열면 안채로 들어가는 문이 또 있었고 뒷결 정원의 오른 편엔 우물과 쪽문이 있었다. 방이 열 개쯤 되었고 어머니는 최문자 시인과는 다르게 키가 160센티미터가 넘는 큰 키에 갸름한 얼굴을 하였으며 남빛 스란치마를 끌고 대청마루를 왔다 갔다 하며 지냈다. 집에서 나와 골목을 타고 올라가면 삼청공원이 있었는데 지금의 삼청공원과는 아주 달랐다. 나무와 풀꽃이 뒤덮인 동산이었으며 풀을 밟고 가면 길이 되었다. 시인의 기억에 얼마나 아름다운 장소로 남아있음인지 소설 「폭풍의 언덕」의 배경이 된 곳에 갔을 때에도 시인이 맘껏 뛰어놀았던 삼청공원의 동산만 못했다는 소회를 밝힌다.

  시인은 태어나면서부터 타고나는 것인지두 모른다. 사대문 안의 갑부집 딸이 풀섶을 헤치며 놀기를 더 좋아했다니. 그러고 보면 최 시인의 시에서는 건강한 자연성과 삶에 대한 강렬한 애착이 묻어난다. 상처와 소외를 이야기하는 시에도 건강함이 깃들어 있다. 때로는 강렬한 문장으로 때로는 격한 어조로 그것들을 뿜어낸다. 읽고 나면 악착같이 살고 싶어지는 것이다. "쇠와 섞이고 싶은 살이 있다./더 깊이 찔리우고 싶은 상처가 있다."(「못의 도시」), "얼마 남지 않은 체액까지 말리고 싶은 그와/한 식탁에 마주보고 앉아 그동안 오래오래 마른식사를 해왔다./피곤의 된밥과 빡빡한 고통의 반찬들"(「죽음에 이르는 식사」), "아무리 뜨겁게 품고 굴려도/그대의 씨눈과 알끈에선/아무것도 돋아나지 않았어./그날 이후/닭이 될 수 없는 시간들은/생판 다른 곳에서 닭처럼 울고 있었지."(「사막일기 22」) 등 그의 시에는 상처로 점철된 이미지가 주조를 이루고 있다. 그 이미지들은 최문자 시인의 손끝에서 강렬한 문장으로 되살아난다. 그리고는 "오래 전 날아간 살점을 생각하고 있었다./아직도 푸른 싹이 나지 않는 나의 살점은/서쪽 어디쯤 날고 있을까/……자욱한 서쪽을 향해/따라가 볼 수 없는 나의 살점."(「그날의 꽃구경」) 같이 끝도 없이 내달리는 삶의 시간성을 고즈넉이 관조하기도 한다. 그러한 시인의 심상은 어쩌면 풀섶을 헤치며 놀던 안국동의 동산과 양지리 마을 앞을 흐르고 있는 도도한 금강의 물줄기에서 연원을 같이하고 있는지도 모른다. 고요한 듯하나 수면 깊숙한 곳에서는 자잘한 모래 한 알까지도 저 하구로 쓸어내리는 그 도저한 물의 힘 같은 것 말이다.

점심을 먹고 우리는 마을로 향했다. 경부선 굴다리를 지나자 아담한 마을이 나온다. 예나 지금이나 마흔 다섯 채 정도 모여 산다는 양지리는 뒤로는 야산이 둘러쳐져 있었고 그 언덕바지에 옹기종기 집들이 모여 있다. 앞에는 폭우에 불어난 금강의 누런 황톳물이 교각 아래까지 올라와 흐르고 있다. 풍수를 모르는 어설픈 내 눈에도 이 마을은 명당으로 보인다. 그래서인지 작은 마을임에도 불구하고 굵직한 인물이 많이 났다고 한다. 이때 이 마을에 살면서 동기동창이었던 사람들 중에는 <조선일보> 이사와 청원군수를 역임한 오효진 씨와 헌법재판소 소장인 송인준 씨도 있다.

이 마을은 오씨 집성촌이다. 학교에서 출석을 부르면 시인만 타성이었단다. 남존여비 사상과 가부장적 제도의 표상이 되는 마을이기도 했다. 마을은 오씨 집성촌이었으므로 연애 사건은 별로 없었으나, 불미스런 사건은 몇 건 있었던 것으로 기억한다. 발각되면 기둥에다 남자를 묶어놓고 어른들이 때리는 걸 본 기억이 어렴풋하다고 시인이 말한다.

아침이면 금강으로 나가 세수를 했으며 돌아올 때는 반드시 샘에 들러 양동이 가득 물을 담아오도록 아버지가 시키곤 하셨다. 시인은 그것이 운동하는 방법을 제시해 준 것이라고 생각했다. 그리고는 비포장 신작로를 따라서 사십 여분 걸리는 학교를 걸어서 다녔다. 학교 가는 길에는 지금과 똑같은 철길을 건너다녀야 했다. 여름이면 가끔 큰 장마가 지고 그 해에는 강물이 불어 마을 가까이까지 찼으며 그 물살에 실종된 사람도 있었고 다리에서 실족하거나 익사한 사람도 생기곤 했다.

이야기 도중 시인은 노후를 이 마을에 와서 보내고 싶다고 말한다. 자신이 살던 그 집을 살 수 있으면 더욱 좋겠단다. 몇 해 전부터 이장님에게 그 동네에 집을 사달라고 부탁해 두었으나 파는 집이 없단다.

우리는 마을회관으로 들어갔다. 그 곳에는 할아버지와 할머니들이 십 여 분 앉아계셨는데 시인을 보고는 화들짝 놀라며 모두가 반기신다.

"아이구, 요맨헌 애기였는디 같이 늙네. 이렇게 잊지 않고 찾어와 주니 참말로 고맙구먼."

최 시인이 아재라 부르는 할아버지의 말씀이시다. 그 아재의 형님께서 가장 많이 어린 시인을 돌봐주었다고 한다. 그 아재내외 또한 형님 못지않게 시인을 돌보아 주신 분이기도 하단다. 그 후 최 시인의 가족이 이사를 오자 부모님과 그분들과 절친하게 지내는 사이가 되었다. 그래서인지 할아버지 할머니 내외분의 얼굴이 유독 후덕해 보인다.

"그때는 새댁들이셨는데 어느새 할머니가 다 되셨네요. 아주머닌 그래도 고운 얼굴이 그대로 남아있어요"

그 곳에는 시인이 대전으로 나갈 때 그 집을 샀던 할아버지 내외분도 계셨다. 어깨를 감싸안고 반가워하시는 표정이 영락없이 수양딸을 만난 표정이다. 시인이 봉투에 주섬주섬 무엇을 챙겨 넣는가 싶더니 마을회관에 계신 분들께 넌지시 건넨다. 되려 준비없이 와서 죄송하다며 마음을 전한다.

우리는 할아버지를 따라 시인이 살았던 옛집으로 왔다. 겉은 손보지 않고 집 안만 리모델링 했다는데 시골집 치고는 잘 가꾸어져 있었다. 마당에서 보니 금강의 도도한 물결이 한 눈에 들어온다. 집 뒤로는 바로 언덕이었으며 옆으로는 철길이다. 집은 그 마을에서도 가장 좋은 위치를 차지하고 있었다. 아, 이런 환경에서 자란 시인이었기에 타고난 시심이 무르익었을 것이리라. 3,4살 때 한글을 떼고 하얀 벽만 보면 낙서를 해대는 낙서광이었다는 시인의 시심은 바로 이곳에서부터 구체화 되지 않았을까? 초등학교, 중학교 백일장 입상은 물론이고 대전사범학교를 졸업하던 해에는 한국일보 신춘문예 최종심에 소설「탈출구」가 오른 전력도 있다. 이러한 최 시인의 문재(文才)는 학교생활 내내 두각을 나타냈으며 이때 한성기 시인이 이 학교에 교사로 있었다.

실지로 그가 즐겨 사용하는 시의 소재들은 어릴적 보고 자란 것들이 많다. 손에 잡히지 않고 떠도는 '바람' '구름' 따위가 아닌 눈으로도 손으로도 잡히는 '풀' '돌' '나무' '꽃' '과일, '흙' 등이 그것이다. 먼저 '풀'에 관한 모티프를 차용한 시들을 대략 꼽아보아도 「풀」「냄새 2」「풀장난」「강가에서 3」「질경이」「노랑나비」「당신의 풀」 등이 있다. 또한 '돌'을 모티프로 차용한 시는 「강가에서 1」「돌」「내안의 돌」 등이며 '나무'를 모티프로 한 시는 「닿고 싶은 곳」「나무들」 그 외에도 「꽃이라면 좋겠다」「그날의 꽃구경」 같은 '꽃'에 관한 시 등이 수없이 많다.

이러한 모티프들은 자연과 가깝거나 희망적이거나 행복하거나 한 소재로서 활용되는 것이 아니라 대부분이 통증이나 상처로 전이되고 있다는데 그 특징이 있다. 시 한 편을 보기로 한다.

처음엔 여린 줄 알고 풀로 장난을 시작했다. 블라우스 앞섶에 풀의 눈물을 묻히고 쓸쓸해서 풀처럼 한번 쓰러져 보았다. 공포도 없이 고향 같은 빛깔 위로 그냥 쓰러져 봤다. 은은했던 외로움이 풀물 들고도 모자라 우리는 와락 껴안고 어느 날 사랑이 되었다. 풀물이 눈물로, 눈물이 핏물로, 끝내는 나의 내장을 베고도 풀잎은 얼마든지 무죄였다.
  풀밭에서 일어섰을 때는 으깨어진 풀잎에 더운 피가 묻어 있었다.
  잔혹한 사랑.
  그 해 여름. 심한 장마가 들었다. 풀이 잠기고 풀이 슬프고 풀이 아플 때까지 황톳물이 어디나 범람했다. 여러 번 빨아 입은 블라우스 앞섶에 아직도 시퍼런 멍이 있다. 피 묻은 흔적이 흉하게 남아 있다. 아픈 듯 얼굴을 찡그리고 남아 있다.

― 「풀장난」 전문

  이 시는 삼청공원의 풀밭과 양지리가 시적 배경이 되고 있다. 그런데 이 배경은 왜 아픔으로 점철되어 등장하고 있는가. 이 같은 시인의 아픔과 상처는 어디로부터 발원하는가. 그것은 다름 아닌 삶에 대한 열정으로부터 나온다고 볼 수 있다. 시인의 풀에 대한 기억은 '여림'에 있다. "공포도 없이 고향 같은 빛깔"로 부드럽고도 은은한 존재로서의 원형적 이미지라 할 수 있다. 그 원형적 이미지는 원형적 공간과 맞닿아 있다. 원형적 공간이란 바로 유년의 대지와 어머니의 안온함이 있는 곳이며 곧 고향과 등가를 이룬다. 그것은 하이데거의 말처럼 고향이란 삶의 터전으로서의 공간이며 상처받지 않은 대지로 인식되는 공간이기 때문이다. 그런데 그 원형적 공간의 기억은 현실의 삶과 부딪치게 되면서 통증으로 전이된다. 다시 말해 상처받지 않은 원형적 대지의 풀이 삶 속에서 비롯된 상처투성이의 풀과 서로 충돌하면서 빚어지는 통증인 것이다. 시인의 시들이 아픈 이유가 여기에 있다. 시적 화자가 말하는 "잔혹한 사랑"이란 여덟 살의 나이로 의지할 곳 없는 곳에서 어떻게든 홀로 견뎌내야 했던 삶에 대한 견딤이라 할 수 있다. 그 견딤이란 근성에서 나오는 것이 아니겠는가.
  삶에 대한 강한 욕구와 근성은 그 욕구가 상처가 되고 근성이 그 상처를 싸매면서 세상을 향해서 솔직하게 말할 수 있는 힘을 갖게 한다. 위험은 사회 곳곳에 도사리고 있다. 또한 위험이란 내 안의 나와의 충돌도 위험이 될 수 있다. 내 안의 나와의 충돌은 시인 본연의 자아와 현실적 자아 사이에서 오는 갈등인 것이다. 그런가 하면 시인의 시 곳곳에는 현실적 자아가 받은 통증의 소리와 '나'와 '그' 혹은 '그대'란 타자와의 갈등에서 오는 힘겨움이 자리하고 있다. 「강가에서 1」「k 게이트」「공복」「문이야기 2, 3」「시간 밖에서 보낸 시간」「무서운 흐름」「풀」「벽과의 동침」등 시집 어디를 펼쳐 보아도 힘겨움의 시들을 쉽게 발견할 수 있다.

저 돌들이 모두 보이지 않는다면
나는
강물 하나로 아무것도 추억하지 않는다
그 꽉 들어찬 사상의 무게로 인해
문득 깊은 산에 가고 싶으면
오래도록 돌들을 만나고 왔다
무성한 돌들이 마음에 들어와
덜커덩거리며 핏줄에 닿을 때
돌의 영혼에 찰랑거리던 강물보다
더 없이 차가워
굳게 다문 심장까지 시렸다.

나, 하나 없어도 없어짐 없이
삶으로만 돌아앉던 돌들
멀리 있다가 와보는 나에게
돌보다 무거워져서 돌아오는 나에게
흠집 많은 그 웃음 웃어줄 때
내 영혼도 주름 많은 돌이 되고 싶었다.
돌이 나를 보듯
나도
저에게로 깊이 내려서서

뜨거운 피 통하며
돌에게, 깊은 돌에게로
없어질 듯 없어질 듯
돌의 삶 속에 섞여들고 싶었다.

— 「강가에서 1」 전문

"가슴에 커다란 돌덩이 하나 안고 살았어요. 그렇게 하지 않으면 강물에 떠내려 갈 것 같아 가슴보다 더 큰 돌덩이 하나 안고 살았어요."

몇 해 전 '한성기 문학상'을 탔을 때 시인은 그간의 문학과 삶의 길에서 만난 역경을 이렇게 압축해 말했다. 그 말이 어찌나 가슴에 담기던지 아직까지 또렷하다. 도대체 시인의 삶에서 무엇이 그렇게 힘겨운 것들이었을까. 한나절이 넘도록 함께 하는 내내 선생님은 말을 아꼈다. 시간이 그리 넉넉지 못한 탓도 있었지만 평소 시집을 읽으면서 궁금했던 이야기를 나 또한 묻지 않았다. 그저 시로 미루어 짐작하고 시인의 현실을 보면 되지 않겠는가 싶어서였다. 서로 말하지 않아도 시 곳곳이 아리고 무겁지 않은가.

위 시에서도 강물에 쓸리고 깎이는 돌의 존재 또한 힘겹다. 그런데 지금 시적 화자는 그 "주름 많은 돌"보다 더 무겁다. 그럼에도 불구하고 그 돌들이 없다면 "강물 하나로 아무것도 추억하지 않겠다"고 말한다. 그리고 "돌의 삶 속에 섞여들고" 싶다고까지 한다.

시인의 어느 시편들을 읽어보아도 이러한 자세는 쉽게 만날 수 있다. 이것은 시인의 일관된 사유방식이다. 상처까지도 끌어안고 그것들을 사랑하겠다는 것이 그것이다. 상처란 외부와의 마찰이 있을 때 생긴다. 상처를 끌어안겠다는 것은 시적 화자를 둘러싼 외부의 모든 것들과 거리를 두지 않고 수용하겠다는 의지의 표현이다. 이러한 의지는 삶에 대한 강한 근성이 있지 않고서는 불가능하다. 그렇다면 이러한 시인의 근성은 어디서부터 연유하는 것일까. 도대체 자신의 상처는 물론이고 '나'를 둘러싼 모든 것들을 감싸 안을 수 있는 힘은 어디에서 생기는가.

나는 그간 시 속에 숨어있던 비밀 하나를 알아냈다. 동인 활동을 하면서 몇 번의 만남과 통화를 할 때 오랫동안 함께 이야기할 시간이 없거나 참석하지 못하는 이유가 "교회 일이 바빠서…"였다. 그날도 빗속을 뚫고 다니는 동안 교회이야기가 몇 번 나왔다. 그것을 증명이라도 하듯이 교회와 연관된 전화가 빗발쳤다. 방학이어서 행사가 더 많은 탓이었으리라.
"이 신작로를 걸어서 새벽마다 교회에 갔어요."
서두에 말한 바와 같이 그의 시들이 아프고 저린 통증의 시들임에도 불구하고 그 상처조차 건강하게 읽히는 이유가 바로 이 신앙이 있기 때문이 아닌가 싶다.
더욱 놀라운 것은 시인의 삶이 기독교 정신에 입각해 있으면서도 문학 속에 종교의 냄새를 남기지 않는다는 점이다. 문학이 종교를 표방하거나 종교가 문학을 표방하지 않고 삶을 관통해 하나로 어우러진 세계를 이루고 있는 것이 그것을 말해주고 있다.

집을 팔게 되면 꼭 시인에게 되팔겠다는 할아버지의 이야기를 들으며 우리는 옛집을 나와 초등학교로 갔다. 자그마한 단층 건물이다. 건물의 외관과 실내는 변해있지만 학교 왼쪽에 위치한 동산과 사당은 그대로 있다. 쉬는 시간만 되면 그 정자로 달려가 놀곤 했단다. 운동장 끝으로 가장 반가운 것이 있다. 70년은 족히 넘었을 아름드리 플라타너스가 무성한 입을 키우고 있었다. 우리는 움푹움푹 빠지는 학교 운동장을 나와 이장님과 마지막 인사를 나눴다.
정년을 하면 양지리 이곳으로 와 시창작에만 전념하겠다는 시인의 이야기를 들으며 우리는 빗속을 뚫고 금강 다리를 넘어 대전으로 향했다. 한때 사색의 힘 하나만으로 행복했던 때가 있었다는 시인은 다시 세상사 다 털고 돌아와 사색의 힘 하나의 행복에 매달리겠다니 그 이후의 시들이 내겐 벌써부터 울렁임으로 온다. 언제까지나 건강하게 좋은 시를 쓰셨으면 하는 바람을 가진다.

> 사색의 힘 하나만으로 행복했던 적이 있었다.
> 사색의 힘으로
> 펜촉은 푸른 이빨을 갈며
> 밤마다 쓰러진 문장의 날을 일으켰고,
> 사색의 힘으로
> 어떤 병에도 전염되지 않던 피가
> 기대지 않아도 직립하던 피가
> 가득가득 고이던
> 그 숱 많던 사색의 풀숲은 참으로 알록달록했다.
> 사색의 힘으로
> 왈칵왈칵 토해 냈던 지성의 푸른 산소는
> 구 시절 우리들의 배부른 양식이었고,
> 헌 자전거를 끌고 그 길 몇 바퀴 돌다 나오면
> 바지는 몽상의 풀잎 몇 개 붙이고
> 흠뻑 젖어 있었다.
> 사색의 힘 하나만으로
> 젖은 바지가 세상을 꽉 누르던
> 정말 힘이 셌던 사색의 힘을 지금 추억한다.
> 사색의 힘 하나만으로 행복할 수 없는 시간 속에 살고 있다.
> 사색의 힘에서 나오자,
> 곧 문장도 사랑도 지루했고
> 미지근한 네 발의 언어가
> 피곤할 때끼지 땅을 기고 있었다.
> 피가 찍히지 않는 흐릿한 발자국으로.

— 「사색의 힘으로」 전문

(《시와상상》 2006년 가을호)

문학적 연대기
고통이여, 감사한 고통이여

구광본
(협성대 교수)

⊙ 1943년

서울시 종로구 안국동 45번지에서 최형진(崔亨鎭)과 한구현(韓九玄) 사이에서 막내딸로 태어나다.

⊙ 1943년~1950년

최문자 시인은 부친이 자수성가하여 많은 재산을 모았으나 돈을 잘 쓰지 않는 분이었던 것으로 기억한다. 연희의전을 나온 최상훈, 최상섭이란 두 분의 의사와 친분이 두터웠고 그 분들과 의료사업을 벌이면서 당시 큰 문제 없이 재산을 불리던 것으로 봐서 지금 생각으론 진일 쪽이 아니었나 하고 추측도 해본다.

아버지가 5대 독자였으므로 별 친척이 없었다. 그러나 가세가 풍족했으므로 침모, 식모, 잔심부름하는 처녀들로 집안이 늘 북적거린다.

모친은 대농가 한씨가의 고명딸로 미모가 뛰어나고 음식 솜씨, 바느질 솜씨 좋기로 소문이 났으며, 성격은 차분하고 친절했다. 지병이 있어 용산구 원효로 4가 산천동(한강에서 도보로 10분 거리)에 24칸의 큰 한옥을 사서 휴

양처로 삼아 거처하였다. 그때 모친을 따라 그곳에서 많은 시간을 보낸 것이 문학의 시원이 된다. 이 시기 중앙감리교회(당시 화신 백화점 뒤에 있었음) 유아부, 유치부를 주일 성수하여 열심히 다녔다. 한강 주변과 삼청공원이 중요한 놀이터였으며 그때의 기억들은 최문자의 문학에서 매우 중요한 부분이 되어 시화되고 있다.

⊙ 1950년

재동 초등학교를 4월에 입학하여 하얀 손수건을 가슴에 달고 두 달 정도 다니다가 6·25 사변을 맞게 된다. 새벽에 총소리가 수없이 울려왔고 아버지가 마루 밑 지하실로 데리고 가 전쟁이 났다는 이야기를 해 주신다.

⊙ 1950년~1951년

어머니는 당시 17세가 된 오빠가 군대에 끌려갈까봐 염려되어 막내딸(최문자 시인)과 함께 당시 전라도 지방에 살던 친척의 집으로 내려 보낸다. 그런데 충북 청원군 현도면 양지리 부근에서 오빠가 군 트럭에 실려 내려가고 최문자 시인 혼자만 거리에 남게 된다. 양지리를 떠나지 않고 문전걸식하다가, 어머니의 추적으로 6개월 만에 극적으로 상봉한다.

⊙ 1951년~1955년

어머니가 최문자 시인을 서울로 데려가지 않고 오히려 그곳에 큰 집을 사서 딸이 거지가 아니라 괜찮은 가문의 딸이라는 것을 알리는 기간으로 삼는다. 현도 초등학교 3학년에 입학. 공부는 물론 글짓기 대회에서 항상 상을 타는 아이가 된다. 시골이라 5km정도 떨어진 곳에 교회가 있었는데 주일은 물론 새벽기도까지 걸어서 다녔다. 양지리라는 마을은 그 경관이 매우 좋은 곳이다. 앞으로는 넓은 들판이 펼쳐져 있고, 그 끝에는 금강이 흐른다. 뒷산은 우람하고 높다.

이곳에서 보낸 시간이 뒷날 자연을 대상으로 쓰는 시들의 바탕이 되며 도시적 삶을 살면서도 시골 정서를 갖게 한 중요한 계기가 되기도 한다.

⊙ 1956년~1959년

대전 사범 병설 중학교(지금의 사대부중 같은 격)에 무시험 특차로 입학한다. 부모님이 서울 재산을 정리하고 대전에 집을 사서 이사한다. 집은 교회(남부감리교회) 문 바로 건너편에 있었고, 거기서 중고등부 활동을 열심히 한다. 김지길 목사님께 세례 입교한다. 중고등부 부회장으로 활동.

각종 백일장에서 늘 상을 타던 아이, 중3 때는 문예부에서 교지 출간을 맡아 일하면서 잡지 ≪학원≫에 시를 발표하다.

사범학교 시절, 문예활동을 적극적으로 벌여 백일장에서 늘 수상하고 시화전도 연다. 그때 같이 문예반 활동을 한 선배로는 소설에 이규희(동아일보 장편소설 당선), 조선작이 있고 시에는 이명희, 곽우희, 최창렬, 김순일, 변재열, 김원태, 정광수, 이정숙, 조인자, 김소엽, 김광옥 등이 있다(그들 대부분은 지금도 문단에서 활동하고 있다). 한성기 선생님, 김승옥 선생님, 송백현 선생님의 지도 아래 '숲 동인'으로 활동하며 사화집도 낸다.

⊙ 1959년~1961년

당시 인문계로 진학하려고 서울 경기여고 원서까지 썼지만 아버지가 어린 딸의 하숙 생활을 반대하는 바람에 마음에도 없는 (당시에는 수재들만 입학해서 바보가 되어 나온다고 하는) 사범학교에 입학한다. 주당 2시간 영어, 2시간 수학. 나머지는 교직과목과 교육실습이었는데 실습이 너무 싫었다. 뒤늦게야 사범학교가 적성에 맞지 않음을 느끼고, 충남대 국문과 송백헌 교수(당시 국어교사)께 과외 지도도 받고, 영수학원을 다닌다.

◉ 1962년

연세대 국문과 특차 전형을 목표로 내신 성적에 신경 쓰고 있는 사이 1961년 9월 입시 제도가 바뀌어 대학입학 예비고사가 최초로 시행된다. 350점 만점에 체력장이 50점이었고 특차 전형이 없어졌으므로 별안간에 앞이 막막해지던 해였다. 하는 수 없이 체력장에서 0점을 받아도 들어갈 수 있는 숙명여대 국문과에 입학하였으나 곧 학업을 포기하고 자퇴한다. 개인사에서 가장 암울한 시기의 하나로 회고된다. (밝힐 수 없는 사정으로) 경기도 한 외딴섬으로 잠적하여 있다가 부모님 모르게 경기도 교육위원회 교사 채용고시에 응시해 몇백 명 중에서 2등으로 합격되어 원했던 섬으로 발령을 받는다. 그러나 찾아 나선 오빠에게 알려져 다시 서울로 붙잡혀 온다.

◉ 1963년~1966년

아무것도 쓰고 싶지 않은, 아무것도 생각하고 싶지도 않은 기간이다. 다만 이 때 최초로 쓴 소설 「탈출구」를 한국일보 신춘문예에 투고한 것이 예선을 통과하여 신문에 게재 된 일 말고는 모든 것이 악몽 같던 시간이다. 이 때를 이제 시인은 작품을 쓰는데 10년을 우회하게 만든(10년을 뒤로 가게 만든) 아픈 기억의 시간으로만이 아니라, 예상 못한 고통을 통과하면서 자신을 단련할 수 있어 문학적으로는 유익할 수 있었던 기간으로 생각한다.

◉ 1967년

어머니의 반대를 꺾고 정형기(1938. 4. 5)와 결혼하다. 아스토리아호텔에서 화려한 결혼식을 마치고 곧 보증금 3만 원에 월 2천 원씩 내는 방 한 칸에서의 결혼 생활을 시작한다. 문이 작아서 장도 들어가지 않을 정도의 방.

◉ 1967년~1977년

이 10년 시기에 딸 셋을 낳는다. 시가는 시부와 남편이 월남한 터라 도와

줄 사람이 원래 없고, 친가도 결혼 문제로 섭섭하였던 터라 아무것도 돌봐 주지 않는다. 가난과 소외에 시달리고, 광야에 떨어진 느낌으로 살면서 인천에 있는 교육대학 부속 국민학교에서 4년간 교직에 있었다(사범학교를 졸업했으므로 교사자격증 있었음). 이 시기의 고통을 이길 수 있었던 것은 오로지 신앙의 힘과 엄마라는 이름. 인천 숭의감리교회에서 이호문 목사님(담임 목사님)으로부터 29세에 집사 직분을 받았고 동1속 속회지도자로 고등부 교사로 봉사한다. 10년 동안 시는 쓰지 않았으나 늘 시는 가슴에 있었다. 한성기 선생님이 편지로 빨리 등단하라고 재촉하셨다. 여러 문예지를 권했으나 ≪현대문학≫이 아니면 그만 두겠다고 고집을 부리다가 마침내 ≪현대문학≫에 초회 추천을 받게 된다.

⊙ 1978년~1988년

남편의 직장을 따라 서울로 이사하여 제기동 미주 아파트에서 살다. 상동감리교회로 교적을 옮긴다(박설봉 담임 목사님 재임시). 1982년이 되어서야 겨우 ≪현대문학≫에 추천 완료가 된다(당시는 3회 추천 완료). 시인이 등단하자마자 한성기 선생님이 돌아가신다. 대학원에 갈 수 있는 길을 찾기 위해 학사 편입을 한다. 졸업 후 연세대학교에서 교육학 석사를 마치고 1988년 첫 시집 『귀 안에 슬픈 말 있네』를 문학세계사(김종해 선생님 주간)에서 출간하였다. '화답 동인'(한영옥, 구순희, 조인자, 김광옥, 박서혜 등. 뒷날 바꿈)의 한 사람으로 시집을 출간했으나 아무런 반응도 없었다. 반응이라면 임영조 시인의 편지가 유일한데, 앞으로 유명한 시인이 될 터이니 두고 보라는 내용이었다.

이 기간 중에 자궁 외 임신으로 대수술을 받는다. 퇴원 후 협성대학교에 시간강사로 출강하여 '대학 국어'를 가르친다.

⊙ 1991년~1996년

성신여자 대학교 대학원 박사과정에 입학해 국문과에서 이성교 선생님을

지도교수로 모시고 박사학위를 받게 된다. 한영옥 교수의 격려가 큰 힘이 되었다. 이 시기에 김남조 선생님, 이형기 선생님, 감태준 선생님, 정진규 선생님, 최동호 선생님, 원구식 선생님, 김재홍 선생님의 시적 평가로 문예지에 특집의 기회를 가졌고 좋은 평을 듣게 되어 1993년 두 번째 시집『나는 시선 밖의 일부이다』를 출간한다. 평자와 독자들 눈에 뜨이게 된다.

이 시기 대학에서는 전임이 된다. 처음에는 교양과 교수로 있다가 1994년에 문예창작학과 신설 요청이 수락되어 문예창작학과 교수로 자리를 옮긴다. 4년간 학과장에 학보사 주간을 겸한다. 교회에서는 1996년 권사로 임명된다.

⊙ 1997년~2001년

1998년 세 번째 시집『울음소리 작아지다』가 세계사에서 출간되다. 몇 개의 신문(문화일보, 중앙일보, 경인일보, 경기일보, 중부일보 등)과 여러 문예지에서 거론된다.

우선 작품 청탁이 많아 행복한 시기. 안식년을 맞아 미국과 유럽을 돌면서 알찬 한 해를 보내기도 한다. 국내외에서 초청되어 시낭송을 하고, 초청강연자, 발표자, 토론자로도 활동하게 된다.

⊙ 2002년~현재

2002년 안식년(연구년)에서 돌아와 2003년 11월 네 번째 시집『나무고아원』을 출간하다. 차녀를 결혼시키고 학교에서는 학장과 대학원장 보직을 맡아 분주한 시간을 보낸다. 2003년 상동감리교회에서 장로로 피선되어 교회에서 봉사하고 있다.

'청렴결백한 공무원 상'을 지닌 남편은 33년 동안 공직에 근무하다가 정년퇴임하였으며, 장녀는 고려대 영어교육학과를 나와 고등학교 교사에 재직하다가, 지금은 드라마를 쓰고 있다. 차녀는 연세대 대학원을 나와 중학교 사회 교사로, 막내는 연세대학교 성악과를 나와 이탈리아에서 수학한 후

로마 극장에서 오페라 주역을 맡는 등 연주활동을 활발히 하고 있다.

자신이 지나온 모든 길(구불구불한 길, 신작로처럼 넓은 길, 아예 앞을 가로막는 듯한 산길과 고통의 먹구름으로 뒤덮인 길)에서 하나님이 인도해주셨다고 믿는다며 최문자 시인은 감사해 하고 있다. 모든 것이 시의 질료가 되고 있으니 고통을 고통으로 보지 않고 고통을 감사해 하게 되지 않았는지 추측해 본다.

그동안 키운 많은 제자는 사업가, 의사, 검사, 판사, 아나운서, 연예인, 시인, 소설가 등으로 사회 각 분야에서 활동하고 있으며 협성대학교에서 가르친 제자들은 신춘문예 당선(문화일보 2명과 가톨릭신문, 경인일보 각 1명)과 문예지 신인상, 대산신인문학상(2명) 등으로 문단에 나와, 이제 문단의 선후배로 자주 만나 문학에 대하여 이야기를 나눌 수 있게 되었다.

최문자 시인은 앞으로의 일은 하나님께 온전히 맡긴다며 죽는 날까지 좋은 시를 쓰는 것이 하나님께 영광을 돌리는 일이라고 담담하게 말을 마친다.

2006년 11월에 랜덤하우스코리아에서 다섯 번째 시집 『그녀는 믿는 버릇이 있다』를 펴낸 최문자 시인은 이제 문단에서 탄탄한 자리를 확보했으며 주목 받는 시인이 되어 있다. 문운과 건강을 기원하며 마무리를 하는 이 순간, 한 학과에 있는 사람으로서 가까이 지켜봤지만 제대로 모르고 있던 최문자 시인의 구불구불하고 긴 생애를 짧고 평면적인 글로 정리해버렸다는 느낌을 지울 수 없다.

최문자 시세계의 지평

2006년 11월 25일 1판 1쇄 인쇄
2006년 11월 30일 1판 1쇄 발행

엮은이 • 박영호 · 정동환 · 구광본
펴낸이 • 한 봉 숙
펴낸곳 • 푸른사상사

등록 제2-2876호
서울시 중구 을지로3가 296-10 장양B/D 701호
대표전화 02) 2268-8706(7) 팩시밀리 02) 2268-8708
메일 prun21c@yahoo.co.kr / prun21c@hanmail.net
홈페이지 //www.prun21c.com
편집 / 심효정 • 지순이 • 이선향

ⓒ 2006, 박영호 · 정동환 · 구광본

ISBN 89-5640-513-1-03810
값 27,000원

☞ 푸른사상에서는 항상 양서보급을 위해 노력하고 있습니다.
　 저자와의 합의에 의해 인지 생략함.